全球银行同业实务丛书
全球债券市场实务丛书

债券收益率曲线手册

Analysing & Interpreting the Yield Curve

[英] 莫德·休亨瑞（Moorad Choudhry）／著

北京融和友信科技有限公司／译

企业管理出版社

图书在版编目（CIP）数据

债券收益率曲线手册／（英）莫德·休亨瑞（Moorad Choudhry）著；北京融和友信科技有限公司译. -- 北京：企业管理出版社，2016. 8

书名原文：Analysing and Interpreting the Yield Curve

ISBN 978 - 7 - 5164 - 1321 - 0

Ⅰ. ①债…　Ⅱ. ①莫…　②北…　Ⅲ. ①债券投资 - 投资收益 - 手册　Ⅳ. ①F830. 59 - 62

中国版本图书馆 CIP 数据核字（2016）第 183566 号

书　　名：债券收益率曲线手册

作　　者：（英）莫德·休亨瑞（Moorad Choudhry）

译　　者：北京融和友信科技有限公司

责任编辑：解智龙

书　　号：ISBN 978 - 7 - 5164 - 1321 - 0

出版发行：企业管理出版社

地　　址：北京市海淀区紫竹院南路 17 号　　**邮编**：100048

网　　址：http：//www. emph. cn

电　　话：总编室（010）68701719　发行部（010）68701816　编辑部（010）68701638

电子信箱：80147@ sina. com

印　　刷：北京虎彩文化传播有限公司

经　　销：新华书店

规　　格：170 毫米 ×240 毫米　　16 开本　19. 25 印张　335 千字

版　　次：2016 年 8 月第 1 版　　2021 年 3 月第 3 次印刷

定　　价：168. 00 元

序

我非常荣幸地为莫德·休亨瑞（Moorad Choudhry）的这本新著《债券收益率曲线手册》作序。

莫德绝对是固定收益证券领域的大师，他近几年所著的《全球回购市场手册》《全球货币市场手册》以及《资本市场工具手册》最为引人注目。我非常欣赏莫德对复杂概念所作的深入浅出的讲解，他的论述方法非常符合教学规律。这本新著将清晰的阐释与实用的案例结合起来，更臻完美。

本书的核心内容是各种收益率曲线，包括即期收益率曲线和远期收益率曲线、国债收益率曲线和掉期收益率曲线、无违约收益率曲线和风险收益率曲线、零息债券收益率曲线和平价收益率曲线等。本书提出了很多工商管理硕士生、工学硕士生以及市场从业人员非常感兴趣的问题，例如"如何拟合收益率曲线?""收益率曲线的形状揭示了什么信息?""如何模拟收益率曲线?""如何解释远期收益率曲线?"以及"如何制定赚钱的战略?"

在讨论收益率曲线拟合的那一章里，作者就实施有效的相对价值模型提出了独创性见解，这对于发现债券定价错误具有决定性的作用。

就定价而言，实施能够考虑到主要估价决定因素的模型就足够了，但对衍生产品研究人员来讲，为产品卖方提供准确的对冲组合才是关键所在；与利率建模相关的各章对这些研究人员将大有裨益。

关于远期收益率曲线的几章主要是针对战略分析人员的，他们的任务是发现远期曲线和波动率曲线的反常之处，以推荐投资者感兴趣的产品。例如，两个月以前，即2003年5月，欧元远期收益率曲线表明，30 年期和 2 年期之间的曲线斜率在 2008 年之后将变为负值，在 2018 年甚至将达到 -60 个基点。以前的历史经验表明，这种情况较为罕见，因为自 1999 年以来，掉期收益率曲线曾在 2000 年 8 月达到最为平坦的水平，而当时收益率为 +48 个基点。在这种情况下，如果签订一份在 5 年期远期互换合约，在 10 年内支付两年期的固定期限互换利率，同时接收 30 年期的固定期限互换利率，就是一个十分诱人的获利机会。

莫德对这类问题提出了许多十分有趣的解决方案。对于学习固定收益证券的学生来讲，本书对他们理解收益率曲线大有帮助；对实际从业人员来讲，本书又为他们在实际工作中遇到的诸多问题提供细致入微的答案。鉴此，我极力推荐本书。

菲利普·普里奥兰德 教授

汇丰银行集团　固定收益战略师

前 言

本书是一本兼具教材性和实用性的工具书。据我所知，这是全球范围内唯一一本讲解债券收益率曲线解析知识的著作。在本书快要出版之际，简单地写几句话来介绍本书还是有必要的。

在拙作《债券和货币市场》（The Bond and Money Markets）中，我曾试图初步解释全球债券市场的重要性，并介绍债券市场中相互关联的各种参与者。鉴于全球债券市场的重要性，有关知识掌握得再多也不为过。然而，本书不打算全面介绍债券市场，只介绍其中一个非常具体和重要的部分。在发达国家和相当多的发展中国家中，通常在同一时间有很多收益率和到期期限各不相同的债券在交易。投资者和交易商需要认真分析同种类型不同债券的收益率之间的关系。将到期期限不同（而其他方面相同）的各种债券的收益率描绘下来，就会得到所谓的收益率曲线。收益率曲线代表了债券市场的状况。收益率曲线有时也称为利率期限结构，但正如下文所述，“利率期限结构”一词仅指一种特殊类型的收益率曲线。后面将详细介绍这些曲线。

债券市场中的分析和定价大都以收益率曲线为中心。政府债券的收益率曲线是一个国家资本市场的主要收益率曲线。因此，美国市场中主要的收益率曲线是美国国债的收益率曲线。本书主要（但不限于）关注政府债券的收益率曲线。笔者曾经做过五年多的英国政府债券交易商（或者说是金边债券市场的做市商），因此，本书的大部分案例都取自金边债券市场。尽管如此，本书所讲述的基本原则适用于所有的市场。正是收益率曲线在金融领域的重要性促成了本书的写作，我们的目标是：

- 描述收益率曲线。

- 解释收益率曲线能够告诉我们哪些信息。
- 解释收益率曲线的各种具体形状。
- 说明应如何利用收益率曲线。
- 介绍如何进行收益率曲线建模。
- 讲述如何根据市场利率拟合收益率曲线。

为实现这些目标，本书先介绍债券和债券数学方面的一些基本知识。我们假定读者已具备债券和市场制度方面的基本知识，集中讲解收益率曲线。这个课题虽颇有难度又较为专业，但却值得研究。我们将讲述期限结构理论，介绍模拟收益率曲线时常用的数学方法，讨论如何使用计量经济学方法拟合收益率曲线。债券市场的参与者包括交易商、债券销售人员、基金经理、研究分析人员以及债券发行人等，这些知识对所有这些参与者都非常有用。对收益率曲线的理解有助于更好地认识市场情绪。因此，股票市场的投资者也可从中受益。我们当然应专注于并专门讨论收益率曲线。我们希望条理清晰地展示这些更为专业性的信息，以使其更具可读性。对初学者来讲，有很多教科书可供参考。本书各章末的参考书目中推荐了其中部分书目，还推荐了一些深度阅读书目。

全书共包括13章，分为以下四个部分：

- 债券收益率、即期利率和远期利率的概念。
- 利率模型。
- 使用样条方法拟合收益率曲线。
- 根据收益率曲线进行相对价值交易。

在每一个阶段，我们都会参考一些最重要的文献，并在附录中提供必要的背景知识。读者可在每章末提供的参考书目中找到更专业的背景知识。

莫德·休亨瑞

目　录

第一篇　债券收益率与收益率曲线

第1章　债券收益率 …………………………………………………………（2）

1.1　当前收益率 …………………………………………………………（5）

1.2　简单到期收益率 ……………………………………………………（6）

1.3　到期收益率 …………………………………………………………（6）

1.4　零息债券的收益率 ………………………………………………（12）

1.5　修正债券收益率 …………………………………………………（14）

1.6　债券收益率之间的转换 …………………………………………（17）

1.7　计算赎回收益率时的假设 ………………………………………（18）

1.8　持有期收益率 ……………………………………………………（20）

1.9　内嵌期权的债券 …………………………………………………（21）

1.10　指数关联债券 ……………………………………………………（28）

1.11　浮息票据 …………………………………………………………（34）

1.12　债券组合收益率的度量 …………………………………………（38）

1.13　价格/收益率关系 …………………………………………………（43）

1.14　小　结 ……………………………………………………………（44）

附　录 ……………………………………………………………………（45）

参考书目 …………………………………………………………………（47）

第2章　收益率曲线 ………………………………………………………（48）

2.1　收益率曲线概述 …………………………………………………（49）

2.2　到期收益率曲线 …………………………………………………（53）

2.3 附息债券的收益率曲线 …… (58)
2.4 平价收益率曲线 …… (59)
2.5 零息债券(或即期)收益率曲线 …… (59)
2.6 零息贴现系数 …… (62)
2.7 远期收益率曲线 …… (66)
2.8 年金收益率曲线 …… (72)
2.9 收益率曲线解析 …… (73)
2.10 拟合收益率曲线 …… (89)
2.11 市场上的即期利率和远期利率 …… (94)
2.12 案例练习 …… (97)
2.13 案例研究:推导贴现函数 …… (100)
2.14 案例研究:零息(即期)利率曲线的理论推导 …… (105)
附 录 …… (111)
参考书目 …… (115)

第3章 即期利率和远期利率 …… (117)
3.1 基本概念 …… (117)
3.2 连续时间的债券价格 …… (121)
3.3 远期利率 …… (126)
3.4 在实践中计算即期利率 …… (130)
3.5 使用连续时间内的即期和远期利率进行债券分析 …… (132)
附 录 …… (136)
参考书目 …… (140)

第二篇 收益率曲线建模

第4章 利率建模(I):基本概念 …… (144)
4.1 收益率曲线的动态过程 …… (144)
4.2 期限结构建模 …… (146)
4.3 建模方法 …… (150)
4.4 单因素模型、双因素模型和多因素模型 …… (150)

4.5 短期利率与收益率曲线 …… (151)
4.6 无套利模型和均衡模型 …… (152)
4.7 相关数学基础知识 …… (152)
附 录 …… (156)
参考书目 …… (157)

第5章 利率建模(Ⅱ):资产价格的动态演化 …… (160)
5.1 资产价格的习性 …… (160)
5.2 随机微积分模型:布朗运动与伊藤微积分 …… (169)
附 录 …… (176)
参考书目 …… (179)

第6章 利率模型(Ⅰ) …… (181)
6.1 引 言 …… (181)
6.2 利率模型 …… (182)
6.3 利率过程 …… (183)
6.4 单因素模型 …… (185)
6.5 无套利模型 …… (191)
6.6 拟合模型 …… (197)
6.7 小 结 …… (198)
参考书目 …… (199)

第7章 利率模型(Ⅱ) …… (201)
7.1 引 言 …… (201)
7.2 背景知识 …… (203)
7.3 跳跃模型 …… (207)
7.4 期限结构模型的选择 …… (209)
参考书目 …… (212)

第8章 指数关联债券的收益率曲线 …… (215)
8.1 指数关联债券与实际收益率 …… (215)

8.2 实际利率期限结构 …………………………………………………… (217)
8.3 估计实际期限结构 …………………………………………………… (218)
参考书目 …………………………………………………………… (222)

第 9 章 长期债券收益率的分析 …………………………………………… (223)
9.1 长期债券收益率理论 ………………………………………………… (223)
9.2 长期债券的定价 …………………………………………………… (227)
9.3 对长期债券收益率的进一步分析 …………………………………… (229)
参考书目 …………………………………………………………… (231)

第三篇 收益率曲线拟合

第 10 章 估计和拟合收益率曲线(Ⅰ) ………………………………………… (233)
10.1 收益率曲线平滑 …………………………………………………… (234)
10.2 使用立方多项式 …………………………………………………… (237)
10.3 非参数方法 ………………………………………………………… (239)
附 录 ……………………………………………………………… (243)
参考书目 …………………………………………………………… (248)

第 11 章 估计和拟合收益率曲线(Ⅱ) ………………………………………… (250)
11.1 引 言 …………………………………………………………… (251)
11.2 债券市场信息 ……………………………………………………… (253)
11.3 曲线拟合方法:参数法 ……………………………………………… (255)
11.4 估计和拟合收益率曲线的立方样条法 ……………………………… (258)
11.5 安德森—思利斯模型 ……………………………………………… (262)
11.6 对安德森—思利斯模型的评价 ……………………………………… (263)
附 录 ……………………………………………………………… (267)
参考书目 …………………………………………………………… (268)

第四篇 根据收益率曲线进行相对价值交易

第 12 章 收益率曲线与相对价值 ……………………………… (272)
12.1 政府债券收益率的决定因素 ……………………………… (272)
12.2 收益率利差交易 ……………………………… (277)

第 13 章 收益率利差交易例解 ……………………………… (281)
13.1 引 言 ……………………………… (281)
13.2 收益率的决定因素 ……………………………… (281)
13.3 收益率利差交易的风险权重 ……………………………… (282)
13.4 构建收益率利差交易 ……………………………… (287)
13.5 票面利息利差 ……………………………… (288)
13.6 蝴蝶型交易 ……………………………… (290)

第一篇

债券收益率与收益率曲线

第一篇第1章使用传统分析方法介绍债券收益率的概念。我们假设大部分读者已熟知净现值和内部报酬率等概念。第2章详细描述和讨论收益率曲线，考察不同类型的收益率曲线，重点介绍关于收益率曲线的主要理论，并对收益率曲线作出解释。为便于债券市场参与者理解这些理论，我们尽量使用非专业性的语言。本篇最后讨论即期和远期利率以及由市场收益率所衍生出来的一些利率概念。

收益率曲线分析和利率期限结构建模是金融经济学最重要的研究领域之一。为尽量简洁起见，本书省略了一些细节信息，有兴趣的读者可参考每章末的参考书目，这些参考书目都经作者精挑细选，很容易找到，也极具可读性。

第 1 章 债券收益率

在本书的前言中,我们提到了收益率曲线对理解债券市场的重要性。但在讨论收益率曲线之前,我们必须熟悉债券收益率的概念及其度量,本章将向初学者介绍这方面的内容。

从对金融数学的初步了解中,我们已经掌握如何利用合适的贴现率计算债券的价格,该贴现率称为债券的收益率。同样,使用选定的贴现率也可以计算债券现金流的净现值。我们也可以将这个过程颠倒过来,即在债券价格已知的情况下计算债券的收益率,这就相当于计算债券的内部报酬率(IRR)。但是,内部报酬率的计算没有现成的公式可用,数值迭代方法是一个解决方案。内部报酬率经常作为债券的到期收益率或赎回收益率,也是市场上用来估计债券持有报酬率的一种收益率指标。本章将考察这些指标在普通债券中的应用。

在大部分市场,债券一般是根据价格交易的,但由于债券现金流非常复杂,不同的债券一般根据它们的收益率进行比较。也就是说,做市商虽然通常同时报出某一债券的买入价和卖出价,但对做市商的客户来说,真正重要的是债券的收益率。这是因为,债券的价格并不能告诉我们债券交易的损益情况。此外,在任何市场中,各种债券的发行人、票面利率和到期期限均各有不同。即使在类似英国政府债券(金边债券)市场等同质性非常高的市场中,不同的金边债券也是按照不同的特征进行交易的。因此,在比较市场中的不同债券时,我们需要比较债券的收益率,而不是比较它们的价格。基金经理在得知债券报价后就可以立即意识到该价格所代表的收益率,以及该收益率是否反映债券的公允价值。

因此,对债券交易商来说,价格所代表的收益率才是重要的指标。我们可以用报纸上所刊登的金边债券价格来说明这一点。图 1.1 是 2003 年 6 月 9 日《金融时报》的摘录,它显示了英国金边债券的价格和收益率,我们可据以比较不同债券的报酬率。该表如果只列出了各种债券的价格,则只能对那些已经以一定价格购买该债券并且希望知道债券当前价格的个人投资者有所帮助,但不能比较各种债券的报酬率。请注意,从图 1.1《金融时报》的摘录中,我们还可看到各种债券与零息债券收益率曲线之间的收益率差额,该表中三种分离型金边债券就是零息金边债券。比较金边债券收益率与零息债券收益率曲线之间差额能使我们知道附息债券在理论上的公允价值。后文将详细探讨这个概念。

英国金边债券:现货市场

6 月 6 日	价格	每周的百分比变化 +/-	红色收益率	天	……收益率变化…… 周	月	年	上一次除息日	利息支付日
Tr8pc'03........	100.00xd	....	3.59	-	-	+0.09	-0.07	30.5	Je10 De10
Tr10pc'03..........	101.58	-0.1	3.48	-0.01	+0.10	-	-0.19	28.2	Mr8 Se8
Tr$6\frac{1}{2}$pc'03..........	101.52xd	-0.1	3.37	-	+0.05	-0.06	-0.30	29.5	Je7 De7
Tr5pc'04.........	101.66xd	-0.1	3.29	+0.02	+0.06	-0.13	-0.35	29.5	Je7 De7
Tr$6\frac{3}{4}$pc'04..........	104.85	-0.1	3.32	+0.01	+0.04	-0.16	-0.42	21.5	My26 Nv26
Cn$9\frac{1}{2}$pc'05............	110.92	-0.2	3.38	+0.02	+0.03	-0.17	-0.52	16.4	Oc18 Ap18
Tr$8\frac{1}{2}$pc'05.........	111.94xd	-0.1	3.46	+0.03	+0.02	-0.20	-0.50	29.5	Je7 De7
Tr$7\frac{3}{4}$pc'06.........	112.69	-0.1	3.57	+0.03	-	-0.21	-0.50	28.2	Mr8 Se8
Tr$7\frac{1}{2}$pc'06.........	112.73xd	-0.1	3.59	+0.03	-	-0.21	-0.49	29.5	Je7 De7
Tr$8\frac{1}{2}$ pc'07.........	118.23	-0.1	3.67	+0.03	-	-0.21	-0.49	8.1	Ja16 Jy16
Tr$7\frac{1}{4}$ pc'07.........	114.56xd	.....	3.70	+0.03	-0.01	-0.22	-0.47	29.5	Je7 De7
Tr5pc'08.........	105.46	.....	3.73	+0.03	-0.01	-0.22	-0.46	26.2	Mr7 Se7
Tr$5\frac{1}{2}$pc'08~12.........	108.01	.....	3.80	+0.03	-0.01	-0.23	-0.45	28.2	Mr10 Se10
Tr4 pc'09............	100.90	0.1	3.82	+0.04	-0.02	-	-	-	Mr7 De7
Tr$5\frac{3}{4}$pc'09.........	110.70xd	.....	3.87	+0.05	-0.01	-0.22	-0.40	29.5	Je7 De10
Tr$6\frac{1}{4}$pc'10...........	114.69	0.1	3.96	+0.06	-0.01	-0.19	-0.36	4.6	My25 Nv25
Cn9pc Ln'11........	134.26	.....	4.00	+0.06	-0.01	-0.18	-0.37	2.1	Jy12 Ja12
Tr7 $\frac{3}{4}$pc'12~15........	124.98	......	4.26	+0.06	-	-0.16	-0.31	17.7	Jy26 Ja26
Tr5pc'12..........	106.85	......	4.06	+0.07	-	-0.17	-0.31	26.2	Mr7 Se7
Tr8pc'13..........	132.77	-0.1	4.07	+0.06	-	-0.16	-0.30	23.4	Mr27 Se27
Tr5pc'14.........	107.19	......	4.19	+0.06	-	-0.15	-0.22	26.2	Se7 Mr7
Tr8pc'15........	136.50xd	-0.1	4.21	+0.06	-	-0.16	-0.22	29.5	Je7 De7
Tr$8\frac{3}{4}$pc'17.........	147.18	-0.1	4.28	+0.06	-0.01	-0.15	-0.19	27.12	Fe25 Au25

图 1.1　《金融时报》英国金边债券市场 2003 年 6 月 6 日的收盘价

Tr8pc'21........	145.08xd	-0.3	4.36	+0.07	+0.03	-0.13	-0.12	29.5	Je7De7
Tr5pc'25........	108.34	-0.4	4.40	+0.07	+0.03	-0.12	-0.08	26.2	Mr7 Se7
Tr6pc'28......	124.23xd	-0.6	4.41	+0.08	+0.04	-0.11	-0.05	29.5	De7 Je7
Tr4$\frac{1}{4}$pc'32.........	97.45xd	-0.8	4.41	+0.08	+0.05	-0.10	-0.03	29.5	De7 Je7
Tr4$\frac{1}{4}$pc'36.........	97.48	-1.0	4.40	+0.08	+0.06	-0.09	-	-	De7 Je7
War Ln3$\frac{1}{2}$pc.........	79.32	-0.7	-	-	-	-	-	21.5	Je1 De1
Tr2$\frac{1}{2}$pc............	55.41	-0.6	-	-	-	-	-	26.3	Ap1 Oc1

资料来源：Debt Management Office(DMO)

非本国居民投资所有英国金边债券都是免税的。收盘中价以每100英镑名义金额为基础。每周的百分比变化是指上一个星期五到下一个星期五的百分比变化。基准债券和流动性最强的债券以粗体标出。

金边债券－零息债券收益率差额

	6月6日	6月5日	一周前	一月前
5 yrs v 2 yrs	41	39	44	55
10 yrs v 5 yrs	46	43	46	49
20 yrs v 10 yrs	29	29	25	23

资料来源：UBS Warburg, Gilt Strategy Perspectives

分离型金边债券

	价格	6月6日的收益率	一周前的收益率	一月前的收益率
7.25% '07	84.70	3.70	3.71	3.92
8% '15	58.59	4.33	4.32	4.47
8% '21	44.98	4.49	4.45	4.60

资料来源：DMO. 参见 www.dmo.gov.uk

图1.1(续)　《金融时报》英国金边债券市场2003年6月6日的收盘价

任何投资的收益率都是使该投资的现金流现值等于该投资的初始成本(即价格)的利率。数学上，一项投资的收益率 r 是满足以下等式(1.1)的利率：

$$P = \sum_{n=1}^{N} \frac{C_n}{(1+r)^n} \tag{1.1}$$

其中，

C_n 是第 n 年的现金流。

P 是该投资的价格。

n 是年数。

按等式(1.1)计算的收益率称为内部报酬率。

如前所述，出于不同的目的，市场上可能使用不同类型的收益率指标，其中最重要的指标包括债券的赎回收益率、即期利率和远期利率。接下来，我们将讨论各种收益率指标，说明如何计算这些收益率指标，然后探讨每种指标的用途。

1.1　当前收益率

债券收益率指标的最简单形式是当前收益率，也称为当期收益率、利息收益率或现行收益率。现行收益率的计算如等式(1.2)所示：

$$rc = \frac{C}{P} \times 100 \tag{1.2}$$

其中，

C 是债券票面利息。

rc 是当前收益率。

P 是债券的净价。

在等式(1.2)中，C 不用小数表示。当前收益率忽略了持有和交易该债券所可能获得的任何资本利得或损失，也没有考虑货币的时间价值。等式(1.2)本质上是计算债券票面利息收入占债券购买价格的比例，并且为了准确计算，不得不假设该债券更类似于年金，而不是固定期限金融工具。因此，它实际上并不是"利率"。

当期收益率用来简便粗略计算利率非常有用，常用来估计短期持有一种债券的成本或利润。如果 1 周或 3 个月的利率等其他短期利率高于当前收益率，就可以说持有这种债券具有"现行成本"，也称做"负利差"。债券交易商和做市商以及杠杆投资者经常使用这个术语。对所有市场参与者来说，债券的利差是一个非常有用的指标，因为它表示持有该债券或者为该债券进行融资的成本。融资利率是债券持有人的短期资金成本。个人投资者也可以将该指标应用于短期持有的债券。

例 1.1　现行收益率

如果票面利率为 6% 的债券以 97.89 的除息价格（净价）进行交易，则该债券的当前收益率是多少？

$$rc = \frac{6\%}{97.89} \times 100 = 6.129\%$$

票面利率为 7%、除息价格为 103.49 的债券的当前收益率又是多少？

$$rc = \frac{7\%}{103.49} \times 100 = 6.76\%$$

从上述计算结果可以看出，如果债券价格低于面值，则当前收益率就会高于票面利率；如果债券价格高于面值，则当前收益率就会低于票面利率。

巴杜尔(Badur)先生购买了一份债券，其票面利率为 10%，价格为110.79，巴杜尔先生购买该债券时使用信用卡进行了融资，利率为 8.75%，并且巴杜尔先生持有该债券 3 个月。如果忽略交易成本，则巴杜尔先生能否从持有该债券中获利？

该债券的现行收益率为9.026%，而巴杜尔先生支付的借款利率为8.75%，因此，如果忽略出售该债券时的资本利得或损失，巴杜尔先生的净利差或融资报酬率约为0.276%。

1.2 简单到期收益率

简单到期收益率通过考虑资本利得或损失，弥补了当前收益率的某些缺点。计算简单到期收益率时，假设债券的资本利得或损失在债券的剩余期限内平均分布，其计算公式为：

$$rs = \frac{C}{P} + \frac{100 - P}{nP} \tag{1.3}$$

其中，

P 是该债券的净价。

rs 是简单到期收益率。

n 是距离到期日的年数。

对于例 1.1 中所讨论的债券，假设 $n=5$ 年，则：

$$rs = \frac{6.00}{97.89} + \frac{100 - 97.89}{5 \times 97.89} = 0.06129 + 0.00431 = 6.560\%$$

简单到期收益率用于近似计算非常有用，其主要缺陷是没有考虑复利或货币的时间价值，对所产生的任何资本利得和损失都假设平均分布在距离到期日的剩余年份里。事实上，收到的票面利息可以再投资，从而获得一些利息收入，因此可增加持有该债券的总报酬率。故而，简单到期收益率指标并不完全适用，它在金边债券市场中并未得到普遍应用。不过，简单到期收益率是日本政府债券市场的主要收益率指标。

1.3 到期收益率

债券到期收益率的计算

债券持有报酬率最常用的指标是到期收益率（YTM）或毛赎回收益率①。到期收益率考虑了票面利息的支付模式、债券距离到期日的期限以及债券在剩余期限的资本利得或损失，这些都是决定债券价格的重要因素。如果设定一组现金流的

---

① 本书中，到期收益率和毛赎回收益率两个术语是同义词，毛赎回收益率在英镑市场中更为常见。

内部报酬率是适用于起始日至到期日的利率，就可假定内部报酬率就是这些现金流的到期收益率，因此，到期收益率就等于债券的内部报酬率，它等于将该债券的现金流贴现为当前价格时所使用的贴现率。计算债券到期收益率时，假设持有该债券直至到期日，现金流包括债券在到期日前的所有现金流。同时，债券到期收益率的计算还考虑了货币的时间价值。

可见，到期收益率的计算公式本质上是该债券价格的计算公式。对于每年支付票面利息的债券来说，到期收益率按等式(1.4)计算，式中假设第一笔票面利息正好等于一个付息期的利息。因此，对每年支付一次票面利息的债券而言，第一笔票面利息正好在一年后支付。

$$P_d = \frac{C}{(1+rm)^1} + \frac{C}{(1+rm)^2} + \frac{C}{(1+rm)^3} + \cdots + \frac{C}{(1+rm)^n} + \frac{M}{(1+rm)^n} \tag{1.4}$$

其中，

P_d 是债券的总价。

M 是面值或赎回支付(100)。

n 是付息期期数。

C 是票面利息。

rm 是年到期收益率(YTM)。

每年支付一次票面利息的债券，其付息期数等于距离到期日的年数，因此，这种债券到期收益率计算公式中的 n 就等于距离到期日的年数。

使用 $\sum$ 公式，可以将等式(1.4)简化为：

$$P_d = \sum_{n=1}^{N} \frac{C}{(1+rm)^n} + \frac{M}{(1+rm)^n} \tag{1.5}$$

注意，等式(1.5)中有两个变量参数，即价格 P_d 和收益率 rm，因此不能通过对等式进行变形来直接求解收益率 rm，只能使用数值迭代方法。迭代求解的过程是，先估计 rm 的值，再计算与所估计的收益率有关的价格。如果计算得到的价格高于当时债券的价格，说明估计的收益率过低，必须进行调整，重新计算，直到计算得到的价格等于该债券在当时的实际价格①。

对于每半年支付一次票面利息的债券来说，在使用等式(1.5)计算其到期收益率时，还必须对等式进行相应地调整，如等式(1.6)所示。式中同样假设距离下次

① 彭博公司(Bloomberg)也使用术语"截止收益率"，其中"截止(workout)"是指该债券的到期日。

票面利息支付日的时间正好为 6 个月：

$$P_d = \sum_{n=1}^{N} \frac{C/2}{\left(1 + \frac{1}{2}rm\right)^n} + \frac{M}{\left(1 + \frac{1}{2}rm\right)^n} \tag{1.6}$$

其中，n 是该债券在其生命期内付息次数，等于距离到期日的年数乘以 2。

采用手工计算收益率时，可以对等式（1.5）和等式（1.6）进行简化，以减少计算量。对于按实际天数/365 天计算的每半年支付一次票面利息的债券来说，可以将等式（1.6）重写为：

$$P_d = \left[\frac{1}{\left(1 + \frac{1}{2}rm\right)^{N_{tc}/182.5}}\right] \times \left\{\frac{C}{rm}\left[\left(1 + \frac{1}{2}rm\right) - \frac{1}{\left(1 + \frac{1}{2}rm\right)^{n-1}}\right] + \frac{M}{\left(1 + \frac{1}{2}rm\right)^{n-1}}\right\} \tag{1.7}$$

其中，

P_d 是债券的总价。

rm 是到期收益率。

N_{tc}是两个付息日之间的天数。

n 是在赎回之前付息的次数。设 T 是在赎回之前剩余的实际年数，若在赎回之前付息的次数为偶数，则 $n = 2T$；若在赎回之前付息的次数为奇数，则 $n = 2T + 1$。

以上所有到期收益率的计算公式都按 rm 将债券的现金流贴现到下一个付息日，并将债券在下一个付息日的价值贴现到计算日。换句话说，rm 就是内部报酬率，它使该债券现金流的贴现值等于债券当前的总价。内部报酬率就是贴现率，如果按内部报酬率贴现所有的现金流，所得的值就等于债券当前的总价（即现值）。假设所支付的票面利息按内部报酬率进行再投资且持有该债券直至到期日，内部报酬率就可以作为到期收益率。实际上，这两个指标是一致的，再投资报酬率保持不变这个假设使我们可以计算内部报酬率，因为它就等于赎回收益率。公司财务人员在进行项目评估时通常使用内部报酬率，而债券市场通常使用赎回收益率。该等式中的 rm 值不能通过解析方法求解，必须通过数值迭代方法求解。即首先估计两个用于试错的收益率 rm，然后使用线性插值公式进行求解。现在通常使用电子数据表程序或可编程计算器（如惠普计算器）来计算。

对于等式（1.7），我们通常将第一项的贴现率指数简化为 $N/182.5$，这是一个特例，并且仅仅适用于按照实际天数/365 天计算的债券。这种情况下的到期收益率有时也称为“协议收益率”，它等于假设两次息票支付之间的时间正好是 182.5 天时的赎回收益率。由于大多数发达国家的债券市场都按“实际天数/实际天数”①计算，因此协议收益率在这些市场上并不常见。

例 1.2　每半年支付一次票面利息的债券到期收益率

某债券每半年支付一次票面利息，其全价为 98.50 英镑，年票面利率为 6%，并且距离到期日正好还有一年。该债券在到期日之前还会发生三次现金流，包括两次数额为 3 英镑的票面利息支付以及 100 英镑的赎回支付。根据等式(1.7)可得：

$$98.50=\frac{3.00}{\left(1+\frac{1}{2}rm\right)}+\frac{103.00}{\left(1+\frac{1}{2}rm\right)^2}$$

注意，我们使用到期收益率 rm 值的一半，因为该债券每半年支付一次票面利息。上式是一个二次方程式，可按二次方程的标准解法求解，如下式所示：

$$ax^2+bx+c=0\Rightarrow x=\frac{-b\pm\sqrt{b^2-4ac}}{2a}$$

在上式中，令 $x=(1+rm/2)$ 可得：

$$98.50x^2-3.00x-103.00=0$$

求解这个标准的二次方程，可以得到两个解，但只有一个解为正的赎回收益率，该解为 $rm/2=0.037929$，因此 $rm=7.5859\%$。

作为迭代求解方法的一个例子，假定先设 rm 的试错值为 $r_1=7\%$，将该值代入等式(1.7)，得出右边的 $RHS_1=99.05$，即比左边的值大($LHS=98.50$)，因此 rm 的试错值过低。再令 $r_2=8\%$，得到右边的 $RHS_2=98.114$，即小于 LHS 的值。由于 RHS_1 和 RHS_2 分布在 LHS 值的两边，因此 rm 的准确值位于 7% 与 8% 之间，则使用线性插值方法可得：

$$rm=r_1+(r_2-r_1)\frac{RHS_1-LHS}{RHS_1-RHS_2}$$

这样所得到的赎回收益率近似值为 $rm=7.587\%$，它非常接近于 rm 的精确值。

例 1.3

我们要计算例 1.1 中债券的毛赎回收益率。假设对到期期限为 5 年的债券进行准确分析，该债券的结算日为 1999 年 8 月 3 日，每半年支付一次票面利息。则该债券的现金流包括应付 10 次票面利息(每次为 3 英镑)，以及在 5 年后的赎回支付 100 英镑。为计算赎回收益率 rm，我们需要使用不同的贴现率 rm 值进行试错，直到所得到的现金流现值等于 97.89。我

① 实际天数/实际天数：分子表示债券的实际持有天数，分母表示两个息票日之间间隔的实际天数。

们知道,到期收益率一定大于票面利率6%,因为债券的交易价格小于面值。在下面的表格中,我们使用不同的 rm 值进行试错,直至得到半年的贴现率为3.25%,即到期收益率为6.50%。在实务中,我们将得到两个利率,其中一个使现值大于97.89,另一个使现值小于97.89,然后使用数值迭代公式得出 rm 的值。

年收益率(%)	半年收益率(%)	所有10次息票支付的现值	赎回支付的现值	总现值
5.0	2.50	26.2563	78.1120	104.3638
5.5	2.75	25.9202	76.2398	102.1600
6.0	3.00	25.5906	74.4094	100.0000
6.5	**3.25**	**25.2672**	**72.6272**	**97.8944**
7.0	3.50	24.9498	70.8919	95.8417

计算收益率时,我们可以采用以下公式计算现金流的现值,其中 n 是债券在到期日前的付息期数。

应付票面利息的现值:

每年支付一次票面利息的债券:$C\left(\frac{1-(1/(1+rm)^n)}{rm}\right)$

每半年支付一次票面利息的债券:$C\left(\frac{1-(1/(1+rm/2)^n)}{rm/2}\right)$

赎回支付的现值:

每年支付一次票面利息的债券:$M\left(\frac{1}{(1+rm)^n}\right)$

每半年支付一次票面利息的债券:$M\left(\frac{1}{(1+(rm/2))^n}\right)$

注意,本节中所讨论的赎回收益率是毛赎回收益率,即应付票面利息没有扣减税金之前的收益率。净赎回收益率可按票面利率 $C\times(1-$边际税率$)$计算。净收益率是投资者在市场上交易债券时所得到的收益率,这时投资者收到的利息为净利息,即扣除税金后的利息收入。因此,净赎回收益率总是小于毛赎回收益率。

赎回收益率的使用

我们已经说明到期收益率计算时的一个关键假设,即收益率 rm 在债券的整个寿命期内保持不变。如果假设收益率不变,我们就可以认为所有票面利息可按同样的收益率 rm 进行再投资。对于例1.3中的债券,这意味着如果所有的现金流都按6.5%的利率贴现,就可以得到总净现值97.89。同时,如果在债券到期日之前收到的所有现金流都按6.5%的利率再投资直至该债券到期,最后所得到的赎回收益率就是6.5%。然而,这种情况并不切实际。因为我们可以预计,与该债券具有相似到期日的金融工具的利率不可能在未来5年内的每个付息日都是6.5%。

实际上，投资者要求与其所支付的债券价格对等的报酬率，而赎回收益率只是其中的一个指标。更为精确的度量可能是以远期利率为贴现率计算未来现金流的现值。然而，远期利率是一种隐含的利率，与传统等式一样，按远期利率计算的到期收益率也可能带有猜测性，因为任何时点的实际市场利率与远期市场早先所隐含的利率肯定是不同的。因此，在实务中按远期利率计算到期收益率也是不切实际的。① 如下文所述，零息债券的利率才是任何到期期限债券的真实利率。不过，到期收益率尽管受其假定的局限，仍是市场度量报酬率的主要指标。

例 1.4　不同收益率指标的比较

本节的例 1.3 解释了票面利率为 6%、交易价格为 97.89 的 5 年期债券的各种收益率，根据三个常用报酬率的计算公式我们可以得到：

现行收益率 = 6.129%

简单收益率 = 6.560%

赎回收益率 = 6.50%

三种收益率指标各不相同，如图 1.2 所示。

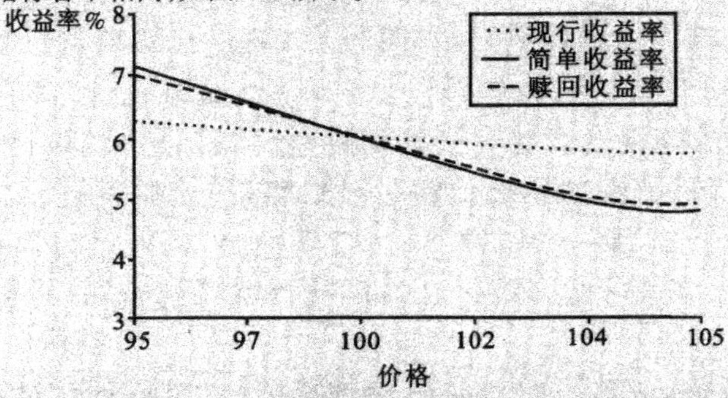

图 1.2　票面利率为 6%、到期期限为 5 年的债券收益率指标

计算付息日之间的赎回收益率

收益率的计算公式(1.4)可用来计算任何结算日在付息日的债券的收益率，也就是说，计算日距离下次付息日之间的时间长度正好是一个付息期。如果结算日落在两次付息日之间，价格/收益率关系保持不变，到期收益率仍然是使债券现金流净现值等于其当前全价的利率。不过，这时需要对计算公式做一些调整，以适应分布不均匀的付息期，如等式(1.8)所示：

$$P_d = \frac{C}{(1+rm)^{w}} + \frac{C}{(1+rm)^{1+w}} + \frac{C}{(1+rm)^{2+w}} + \cdots$$

① 然而，这种方法可以用于为利率互换定价。

$$+\frac{C}{(1+rm)^{n-1+w}}+\frac{M}{(1+rm)^{n-1+w}} \tag{1.8}$$

其中，

w = 结算日与下次付息日之间的天数/付息期的天数。n 是债券在到期日之前付息次数。其他参数同前。同理，等式(1.8)可以简化为以下等式(1.9)：

$$P_d = \sum_{n=1}^{N}\frac{C}{(1+rm)^{n-1+w}}+\frac{M}{(1+rm)^{n-1+w}} \tag{1.9}$$

债券面值所代表的收益率

债券的一个特征是，当要求的收益率等于债券的票面利率时，债券的价格等于其面值(100%)。这是因为，债券的现金流是固定支付的票面利息，这些现金流按票面利率贴现，其净现值即为100。如果要求的收益率小于票面利率，则债券的净现值将上升；相反，如果要求的收益率大于票面利率，则债券的净现值将下降。如果收益率与票面利率相等，就可以用债券的面值近似表示其价格。不过，由于债券的应计利息按单利计算，而其价格则是按复利计算的，因此，只有在付息日计算的债券价格才正好等于其面值。在其他任何时间，即使收益率等于其票面利率，债券的价格也不会正好等于其面值。规则就是，在非付息日，如果债券的价格等于面值，则赎回收益率略小于票面利率。结算日距付息日越远，两者的差距越大，短期债券尤为如此。不过，在大部分情况下，债券的这个特征并没有任何现实影响。

用债券面值表示收益率时，我们偶尔会遇到"面值收益率"的说法，它是指债券按等于或近于其面值(100%)的价格交易时的收益率。在实务中，这是指债券价格在99%到101%之间。因此，面值收益率实质上是按面值或接近面值交易的债券的票面利率。

1.4 零息债券的收益率

零息债券有时也称为分离型债券，这种债券在到期日之前并不支付利息，因而只有一次现金流，即在到期日的赎回支付。实际上，所有零息债券只在赎回日支付一次，且支付的金额等于债券的面值(100)。因此，零息债券是以贴水的形式发行的，并且在到期日之前也是以贴水的形式交易的。对于只有一次现金流的债券来说，其收益率没有必要按等式(1.4)计算，而改按等式(1.10)计算：

$$P = \frac{C}{(1 + rm)^n} \tag{1.10}$$

其中,C 是到期赎回价格,通常为面值(100),这是“传统”方法。注意,零息债券的价格 P 只有一个意义,因为这种债券并不产生应计利息,因而也没有所谓的“全价”。

等式(1.10)仍然用 n 表示债券在到期之前的付息期数。由于零息债券实际上并不支付利息,因此其付息期数称为“准付息期数”。准利息期是一个假设的付息期,我们假设这种债券支付零利息。记住这一点非常重要,因为在那些按半年付息的市场,零息债券的付息期数 n 等于其距到期日年数的两倍。而在那些按年付息的债券市场,n 就等于距离赎回日期的年数。根据等式(1.10)可得收益率 rm 的表达式:

$$rm = \left(\frac{C}{P}\right)^{\frac{1}{n}} - 1 \tag{1.11}$$

例 1.5(Ⅰ)

某零息债券距离到期日还有 5 年,其交易价格为 77.795 英镑,其到期收益率是多少?

$$rm = \left(\frac{100}{77.795}\right)^{\frac{1}{5}} - 1 = 0.0515009$$

由上述计算结果可知,该债券的收益率为 5.15%。

例 1.5(Ⅱ)

某零息债券距离到期日还有 5 年,其交易价格为 77.795 英镑,其到期收益率是多少?

由于这是一个英镑债券,应假定每年有两个付息期,因此 n 等于 5×2,即 10 个付息期,即:

$$rm = \left(\frac{100}{77.795}\right)^{\frac{1}{10}} - 1 = 0.02543$$

计算结果为 2.543%。为计算债券年到期收益率[①],我们将该数字乘以 2,可得年收益率为 5.0854%。

例 1.5(Ⅲ)

如果在两个付息日之间分析零息债券,就应调整计算方法,以便像传统债券那样按天计算。考虑下述从另一个债券中分离出来的零息债券,是每半年付息一次:

到期日:2009 年 12 月 1 日

结算日:1999 年 8 月 1 日

① 即将半年收益率换算为年收益率——译者注。

收益率:5.465%

天数计算基础:实际天数/实际天数

该债券的价格是多少?

准付息日为每年的6月1日和12月1日。根据实际/实际的天数计算方法,应计利息的天数为122/183。因此,该债券的价格为:

$$\frac{100}{\left(1+\frac{0.05465}{2}\right)^{\frac{122}{183}+20}}=57.2846$$

例1.5(Ⅳ)

如果例1.5(Ⅲ)中的零息债券是欧元分离型债券市场中的一种债券,在计算时就应进行调整,以适应不同的惯例。该债券的价格为:

$$57.2846=\frac{100}{(1+rm)^{\frac{243}{365}+10}}$$

整理上式即可计算收益率:

$$rm=\sqrt[10.665753]{\frac{100}{57.2846}}-1=5.362\%$$

例1.5中表明,由于市场惯例不同,计算出来的零息债券收益率是有差别的。由于其中两种债券按每年支付一次票面利息计算,而另外两种债券按每半年支付一次票面利息计算,这种差别是不难理解的。市场的惯例是,为了便于收益率之间的比较,需要将一种收益率转换算另一种收益率。如果将例1.5(Ⅲ)中的收益率转化为年度收益率,会发生什么情况呢?我们首先想到的是,由于两种债券的交易价格相等,两个收益率必定相等。但是,检查一下就会发现,这两者之间仍然存在差别:因为$(1+0.05465/2)^2-1=5.540\%$,可见,将每半年付息一次的债券收益率转化为年度收益率之后,所得的收益率要高一些。这是因为按照实际/实际基础计算天数的方式时,每半年支付一次票面利息的债券的付息期数通常并不相等。

1.5 修正债券收益率

短期债券

只剩一次票面利息未支付的债券通常作为货币市场工具进行交易,因为这种债券只有一次现金流,即赎回支付和最终在到期日支付的票面利息。实际上,按低于面值交易的债券也具有短期零息债券的特征。市场上通行的做法是根据货币市场惯例调整债券的收益率,即按单利而不是按复利贴现其现金流。

最后一次支付票面利息的短期债券的收益率计算公式如下：

$$m = \left(\frac{\text{最终的现金流}}{P_d} - 1\right) \times \frac{B}{\text{距离到期日的天数}} \tag{1.12}$$

其中，B 是该债券的天数计算基础，如 360 天、365 天或 366 天。

货币市场收益率①

一国货币市场的定价和收益率计算习惯通常不同于该国债券市场，例如美国货币市场计算天数的习惯通常是“实际天数/360 天”，而国债市场的习惯是“实际天数/实际天数”。Choudhry(2001)的附录 4.1 给出了不同国家计算天数时的习惯。

由于货币市场与债券市场的习惯不同，比较不同市场的收益率就存在一些困难。在进行比较时，对不同的收益率作出调整非常重要，通常是将债券市场的收益率换算为与货币市场对等的收益率。我们可以通过比较大额存单(CD)市场与债券市场所使用的不同方法说明这一点。货币市场工具所支付的利息是实际利息金额，不是近似金额。期限较长的大额存单按准确的天数计算价格(而债券则按假设的一定时间间隔计算价格)，并且按单利而不是连续复利将最后一次票面利息支付从最近的付息日贴现到结算日。为了比较货币市场收益率与债券市场收益率，需计算债券的货币市场收益率。在美国市场，根据等式(1.13)调整债券的收益率，式中使用“实际天数/360 天”的习惯调整债券的天数：

$$P_d = \frac{M}{\left(1 + \left(\left(\frac{r_{me}}{n}\right) \times t\right)\right)} \times \left(\frac{C}{n} \times \frac{1 - \dfrac{1}{\left(1 + \left(\frac{r_{me}}{n}\right) \times \frac{365}{360}\right)^{N}}}{1 - \dfrac{1}{\left(1 + \left(\frac{r_{me}}{n}\right) \times \frac{365}{360}\right)}} + \frac{1}{1 - \dfrac{1}{\left(1 + \left(\frac{r_{me}}{n}\right) \times \frac{365}{360}\right)^{N-1}}} \right) \tag{1.13}$$

其中，r_{me} 是债券的货币市场收益率。

---

① 作者在另一本著作《债券与货币市场：战略、交易与分析》(*The Bond and Money Markets*: *Strategy*, *Trading*, *Analysis*, Butterworth Heinemann 2001)的第 31 章中，详细介绍了货币市场的情况。此外，弗兰克·法博兹(Frank Fabozzi)、史蒂文·曼(Steven Mann)以及莫拉德·乔德里(Moorad Choudhry)等合著的《全球货币市场》(*The Global Money Markets*, Willey 2002)有更为详细的介绍。

t 是根据货币市场天数基础计算的债券付息期数的分数。

Moosmuller 收益率

一些德国政府债券和国内债券使用一种称作 Moosmuller 收益率计算方法，该方法按单利而不是复利将下一个付息日的现金流贴现到结算日，这一点与货币市场收益率的计算类似，但该方法采用的天数计算方法与债券市场相同。该方法所计算的收益率如下式(1.14)所示：

$$P_d = \frac{M}{\left(1+\left(\left(\frac{r_M}{n}\right)\times t\right)\right)} \times \left(\frac{C}{n}\times\frac{1-\frac{1}{\left(1+\left(\frac{r_M}{n}\right)\right)^N}}{1-\frac{1}{\left(1+\left(\frac{r_M}{n}\right)\right)}}+\frac{1}{1-\frac{1}{\left(1+\left(\frac{r_M}{n}\right)\right)^{N-1}}}\right) \quad (1.14)$$

其中，r_M 是 Moosmuller 收益率。

1.6 债券收益率之间的转换

贴现和息票面利息支付频率

前文对收益率的讨论中，我们已注意到计算每年支付一次票面利息和每半年支付一次票面利息的两类债券赎回收益率之间的区别。分析每半年支付一次票面利息的债券时，需要将每半年所支付票面利息按半年贴现，这种方法适用于大部分英国和美国债券。然而，大部分欧洲大陆国家的政府债券和欧洲债券都是每年支付一次票面利息，计算这些债券赎回收益率时，需要按年度贴现。这导致两种收益率指标之间不能进行直接比较。不过，欧洲债券每年支付的票面利息若按半年贴现，就可与英国金边债券直接比较；同理，英国金边债券每半年支付的票面利息若按年度贴现，就可与欧洲债券直接比较。

下面列出了在各种市场中所可能遇到的不同贴现方式下的价格/收益率计算公式（与往常一样，我们假设在付息日进行计算，即应计利息为零）。

- 每半年支付一次票面利息的债券按半年贴现：

$$P_d = \frac{C/2}{\left(1+\frac{1}{2}rm\right)} + \frac{C/2}{\left(1+\frac{1}{2}rm\right)^2} + \frac{C/2}{\left(1+\frac{1}{2}rm\right)^3} + \cdots + \frac{C/2}{\left(1+\frac{1}{2}rm\right)^N} + \frac{M}{\left(1+\frac{1}{2}rm\right)^{2N}} \quad (1.15)$$

- 每年支付一次票面利息的债券按年贴现：

$$P_d = \frac{C}{(1+rm)} + \frac{C}{(1+rm)^2} + \frac{C}{(1+rm)^3} + \cdots + \frac{C}{(1+rm)^N} + \frac{M}{(1+rm)^N} \quad (1.16)$$

- 每年支付一次票面利息的债券按半年贴现：

$$P_d = \frac{C}{\left(1+\frac{1}{2}rm\right)^2} + \frac{C}{\left(1+\frac{1}{2}rm\right)^4} + \frac{C}{\left(1+\frac{1}{2}rm\right)^6} + \cdots + \frac{C}{\left(1+\frac{1}{2}rm\right)^{2N}} + \frac{M}{\left(1+\frac{1}{2}rm\right)^{2N}} \quad (1.17)$$

- 每半年支付一次票面利息的债券按年贴现：

$$P_d = \frac{C/2}{(1+rm)^{\frac{1}{2}}} + \frac{C/2}{(1+rm)} + \frac{C/2}{(1+rm)^{\frac{3}{2}}} + \cdots + \frac{C/2}{(1+rm)^N} + \frac{M}{(1+rm)^N} \quad (1.18)$$

前面曾考察过全价为 97.89、票面利率为 6% 并在 5 年后到期的债券，该债券按不同收益率计算方法计算的毛赎回收益率如下表所示：

贴现率	支付频率	到期收益率(%)
半年	每半年	6.500
年度	每年	6.508
半年	每年	6.428
年度	每半年	6.605

这就证明了先前的结论，即付息频率和贴现频率对所计算的债券赎回收益率有影响。可以看出，贴现频率越高，收益率越低；付息频率越高，收益率越高。因此，比较具有不同计算惯例的各种市场中的债券收益率时，将所有的收益率换算为相同的计算基础非常重要。

1.6　债券收益率之间的换算

直觉上，我们可能认为将半年收益率加倍就可以得到年收益率，事实上这样计算年收益率是不准确的,因为贴现的乘数效应会低估真实的年收益率水平。将半年收益率或季收益率换算为年收益率的正确方法如下。

不同收益率之间的换算公式的一般形式如下：

$$rm_a = (1 + 利率)^m - 1 \tag{1.19}$$

其中,m 是每年支付票面利息的次数。特别地,可以使用等式(1.20)对以复利计算的年收益率和半年收益率进行换算：

$$rm_a = \left((1 + \frac{1}{2}rm_s)^2 - 1\right)$$

$$rm_s = ((1 + rm_a)^{1/2} - 1) \times 2 \tag{1.20}$$

同样,可以使用等式(1.21)对以复利计算的年收益率和季收益率进行换算：

$$rm_a = \left((1 + \frac{1}{4}rm_q)^4 - 1\right)$$

$$rm_q = ((1 + rm_a)^{1/4} - 1) \times 4 \tag{1.21}$$

其中,rm_q、rm_s 和 rm_a 分别表示使用复利计算的季度、半年度和年度到期收益率。

例 1.6

某英国金边债券每半年支付一次票面利息,到期期限为 10 年,收益率为 4.89%,具有相同到期日的某欧洲政府债券的收益率为 4.96%,哪个债券的有效收益率较高?

金边债券的年有效收益率为:

$$rm = \left(1 + \frac{1}{2} \times 0.0489\right)^2 - 1 = 4.9498\%$$

因此,金边债券的有效收益率较低。

市场有时也将半年收益率进行简单的加倍以计算年收益率,但这样做无法得到精确的年收益率,只有在进行近似计算时才可以接受这种做法。将半年收益率乘以 2 所得到的年收益率称为债券的等价收益率。

1.7 计算赎回收益率时的假设

到期收益率虽然是最常用的收益率指标,但有一个很大的缺陷。在计算到期收益率时有一个隐含的假设,即每次支付的票面利息以相同的利率 rm 进行再投资。由于利率的波动性以及债券临近到期日，这个假设实际上不大可能成立。在现实中，即便将债券持有至到期日，到期收益率本身也并不等于持有该债券的实际报酬率。也就是说，虽然债券市场的标准做法是将到期收益率作为债券的报酬率，还是应牢记计算过程中所隐含的假设。将等式(1.15)中每半年支付一次票面利息的债券价格/收益率公式两边同时乘以$\left(1+\frac{1}{2}rm\right)^{2N}$，就可解释这个假设的不准确性：

$$P_d\left(1+\frac{1}{2}rm\right)^{2N}=\left(\frac{C}{2}\right)\left(1+\frac{1}{2}rm\right)^{2N-1}+\left(\frac{C}{2}\right)\left(1+\frac{1}{2}rm\right)^{2N-2}+\cdots+\left(\frac{C}{2}\right)+M \qquad (1.22)$$

等式(1.22)中，左边是该债券在到期日的价值，即按复利计算的赎回收益；右边是持有该债券所得报酬的最终价值。在到期日之前，收到第一笔票面利息进行再投资的期限是$(2N-1)$个半年，收到第二笔票面利息进行再投资的期限是$(2N-2)$个半年，以此类推。上述关系只有在利率在未来的所有期限内保持不变时才成立，即无论贷款期限多长，存贷款的利率应该保持不变。这只适用于平坦的收益率曲线环境中。然而，平坦的收益率曲线意味着所有债券的到期收益率都相同，在现实中这种情况极少存在。

到期收益率指标的另一个缺陷是，投资者在大部分情况下并不会持有债券至到期日。如果未持有至到期日，计算赎回收益率就没有多大用处。因此，投资者可能对其他报酬率指标更感兴趣，我们将在后文中讲述这些指标。

下面重复一下赎回收益率指标的两个假设：

- 持有该债券直至到期日。
- 债券在到期日之前支付的所有票面利息都以相同的利率（赎回收益率）进行再投资。

因此，到期收益率可以看作是一种预期收益率或期望收益率。如果投资者在债券首次发行时就购买该债券并持有至到期日，到期收益率就非常接近于实际报酬率。即使这样，在到期日所实现的实际收益率也与理论上所计算出来的数字不同，因为上述第二个假设还是不能成立。

此外，由于每次支付的票面利息都按每个债券的具体收益率进行贴现，采用这种收益率指标比较不同的债券就会非常不准确。例如，2 年期和 5 年期债券在前两年发生的票面利息现金流将以不同的利率进行贴现（假设不存在平坦的收益率曲线），因为 5 年期债券的到期收益率不同于 2 年期债券的到期收益率。然而，使用不同的利率贴现两种债券在前两年发生的票面利息现金流明显不对，因为我们知道，两年后发生的相同额度的现金流其当前的现值应相等，无论该现金流来自 2

年期债券还是5年期债券。即使满足上述计算到期收益率的第一个假设,除了到期期限极短的债券,其他债券都不可能将所收到的票面利息按相同的利率进行再投资。而且,市场利率处于不断变化之中,这对再投资利率也有影响。因此,尽管到期收益率是进行债券评估时所采用的一个主要市场指标,但到期收益率并不是真实利率。这是一个重要的结论,我们将在本书以后的章节中探讨真实利率的概念。

1.8 持有期收益率

投资者往往并不会持有债券至到期,而是在债券到期前转手卖掉。因此按这种方式持有债券的报酬率就是债券购买价格和出售价格以及所收到的票面利息的函数。在这种情况下,投资者也许需计算持有期收益率。持有期收益率也称为再投资收益率,是指在债券持有期间实现的平均收益率,它考虑了展期利率(将收到的利息用作再投资时的利率)的变化。由于在两个付息日之间展期利率会发生变化,持有期收益率可能低于债券的赎回收益率。展期利率低于到期收益率的风险称为再投资风险。

持有期收益率 rh 可以根据等式(1.23)计算,计算时同样假设在付息日购买该债券(因此应计利息为零),并在收到偶数次利息之后卖出(因此 N 就是一个整数)。注意,等式(1.23)只适用于每半年支付一次票面利息的债券:

$$P_d\left(1+\frac{1}{2}rh\right)^{2N}=\left(\frac{C}{2}\right)\left(1+\frac{1}{2}r_1\right)^{2N-1}+\left(\frac{C}{2}\right)\left(1+\frac{1}{2}r_2\right)^{2N-2}+\cdots+\left(\frac{C}{2}\right)+P_1 \tag{1.23}$$

等式(1.23)可以进行变形和简化,从而得到等式(1.24):

$$rh=\left(\left(\frac{(C/2)\left(1+\frac{1}{2}r_1\right)^{2N-1}+\cdots+(C/2)+P_1}{P_d}\right)^{\frac{1}{2N}}-1\right)\times 2 \tag{1.24}$$

其中,r_i 是将收到的第 i 次用作再投资时的展期利率,P_1 是债券的卖出价格,P_d 为债券的买入价格。

例 1.7

某票面利率为6%的5年期债券的原购入价格为97.89(代表6.50%的收益率),其结算日为付息日,两年后以98.95的价格卖出。假设在持有期内利息收入再投资利率分别为5.5%、5.1%和6.8%,该债券在这两年内的报酬率是多少?

使用等式(1.24),可以计算该债券的持有期收益率为:

$$rh=\left(\left(\frac{3\left(1+\frac{1}{2}(0.055)\right)^{3}+3\left(1+\frac{1}{2}(0.051)\right)^{2}+3\left(1+\frac{1}{2}(0.068)\right)+(3+98.95)}{97.89}\right)^{\frac{1}{4}}-1\right)\times 2$$

$$=0.0797451$$

即持有期的报酬率为7.97%,而该债券的到期收益率为6.50%。

以上方法是传统方法。20世纪80年代和20世纪90年代公开发表的研究成果提出的一些关于债券价格和收益率的其他方法,我们将在以后介绍。读者可参考Jarrow(1996)、Neftci(1996)、Baxter and Rennie(1996)、Hull(1997)、Ross(1999)、James and Webber(2000)以及其他文献。

1.9　内嵌期权的债券

到目前为止,我们已经讨论了普通附息债券。还有一些债券具有某些特殊特征,需采用略为不同的收益率分析方法。下面将介绍其中的一些主要考虑因素。非普通债券的一个常见类型就是内嵌期权的债券,即在到期日之前可以赎回的债券。分析赎回日期不确定的债券的收益率时,需要考虑一些额外的因素。这是因为这种债券的现金流在某些方面具有不确定性,如单笔支付发生的时间和现值都是不确定的。可以将这种债券与具有确定现金流模式的传统债券做个比较,普通债券的现金流是确定的,我们可以进行到期收益率分析。如果现金流具有不确定性,我们就需要调整收益率分析方法。本节将讨论内嵌期权债券的收益率计算,这类债券主要包括可赎回债券、可退回债券和附带偿债基金条款的债券。

可赎回债券允许借款人在到期日之前赎回部分或全部债券。债券发行人拥有该债券的看涨期权。发行人赎回债券时的价格称为赎回价格。赎回价格既可以是特定时点的固定价格,也可以是不同时点的一系列不同价格,后者称为赎回安排。此外,该债券可以是在一个连续的期间内可赎回,也可以是只有在某些确定的日期才可赎回,分别称为连续赎回和离散赎回。在很多情况下,发行人通常是在债券发行数年之后才进行赎回,此时称为递延赎回。

可退回债券允许债券持有人在债券到期日之前、在确定日期按面值将债券回售给发行人。因此,具有退回条款的债券允许投资者改变债券的到期期限。可退回债券的发行条款规定了可以将该债券退回给发行人的期间或具体日期;退回价格一般是债券的面值,有时也可以对债券的退回价格进行安排(类似"赎回安排”)。

有些债券在发行时附带有偿债基金条款。偿债基金是存于单独的托管账户中的一种存款,用于按预先安排偿还债券的名义本金,而不管该债券在二级市场上的价格如何变化。偿债基金一般要求在债券生命期内的某个特定时点赎回特定数额债券。有些情况下,偿债基金还要求在公开市场上购回一定数额的债券。无论偿债基金的具体条款如何,都会在到期日之前赎回部分或全部债券,这使收益率分析更为复杂。

考察可赎回债券和可退回债券收益率时,一般采用二项式模型和期权调整利差分析,本书稍后会探讨这些方法。所有具有内嵌期权的债券所面临的主要问题都相同,本节介绍有关可赎回债券和可退回债券的一些基本概念。

可赎回债券的收益率分析

可赎回债券的发行人保留在约定偿还日期之前向债券持有人买进或赎回已发行债券的权利,赎回安排的细节由债券的发行章程规定。在利率下降或发行人财务状况改善后希望取消现有贷款并以较低利率借入新贷款时,发行人一般会赎回债券。由于可赎回债券可以在到期日之前的某个时点赎回,而投资者又可能愿意继续持有该债券,赎回条款就像对债券的价值设置了一个上限,债券的价格不能上涨到这个限额之上。更准确地说,也就是债券的收益率不能下降到一定水平之下,否则该债券就会被赎回。可赎回债券具有多个可能的到期日,包括各个赎回日期或连续赎回期间的任何日期以及最后的到期日。因此,这种债券的现金流是不明确的,其收益率要根据假设的到期日来计算。

可赎回债券可以由发行人提前赎回,在市场利率低于该债券的票面利率时,发行人就可能会赎回该债券。在这种情况下,债券将以高于赎回价格(通常是面值)的价格成交。举例来说,假设某一 15 年期债券于 1999 年 8 月 3 日发行,可在 5 年后赎回,该债券在发行时附有一个 5 年递延赎回期权,具体赎回安排如下:

赎回日期	赎回价格
2004 年 8 月 3 日	102.00
2005 年 8 月 3 日	101.50
2006 年 8 月 3 日	101.00
2007 年 8 月 3 日	100.50
2008 年 8 月 3 日以后	100.00

该债券第一次以面值进行赎回的日期是 2008 年 8 月 3 日,自此之后直至 2014 年 8 月到期,该债券均可按面值赎回。首次赎回收益率是该债券在第一个赎回日

赎回的到期收益率,可以根据等式(1.4)计算,同时令 $M=102.00$。同样,第二次赎回收益率是该债券在第二个赎回日赎回时的到期收益率。可赎回债券的有效寿命是该债券的预期寿命,它取决于债券的当前价格和赎回安排。如果债券的当前交易价格低于面值,其有效寿命就可能等于距离到期日的年数,因为这意味着市场利率高于该债券的票面利率,提前赎回债券对发行人不利。如果债券的当前价格高于债券面值,该债券的有效寿命就取决于赎回价格低于当前价格的日期。例如,如果该债券的当前价格是101.65,则该债券就不太可能在2007年8月3日以前被赎回。类似地,有效收益率可能是到期收益率,也可能是在相关赎回日期的收益率,这取决于该债券的交易价格与面值之间的关系。

不过,一般来说,债券持有人会根据假设的赎回日期计算可赎回债券的到期收益率,这种提前赎回收益率就是使债券在假设赎回日期之前的现金流净现值等于其当前全价的贴现率。对于每年支付一次票面利息的债券来说,假设债券在付息日结算,提前赎回收益率的一般表达式如下:

$$P_d=\frac{C}{(1+r_{ca})}+\frac{C}{(1+r_{ca})^2}+\frac{C}{(1+r_{ca})^3}+\cdots+\frac{C}{(1+r_{ca})^{Nc}}+\frac{P_c}{(1+r_{ca})^{Nc}} \tag{1.25}$$

其中,

r_{ca}是提前赎回收益率。

N_c 是在假设赎回日期之前的年数。

P_c 是该债券在假设赎回日的赎回价格,也就是面值或赎回安排中约定的价格。

对于每半年支付一次票面利息的债券来说,等式(1.25)需要调整以适应半年贴现率和每半年付息一次,调整方式与普通债券一样。

等式(1.25)通常重写为等式(1.26):

$$P_d=\sum_{n=1}^{Nc}\frac{C}{(1+r_{ca})^n}+\frac{P_c}{(1+r_{ca})^{Nc}} \tag{1.26}$$

例 1.8

重新考虑例1.1中的债券,该债券的毛赎回收益率为6.50%。如果假设该债券在两年以后可以赎回,并且赎回价格为102英镑、结算日为1999年8月3日,我们就可以计算该债券在第一个可赎回日的提前赎回收益率,赎回日之前该债券的现金流包括每6个月一次、每次3

英镑的票面利息(总共4次)以及两年之后按102英镑赎回。提前赎回收益率 r_{ca} 就是使债券现金流的净现值等于债券价格97.89时的贴现率。再次使用试错法:

年收益率(%)	半年收益率(%)	4次息票支付的现值	赎回支付的现值	总现值
8.0	4.00	10.8897	87.1900	98.0797
8.1	4.05	10.8769	87.0226	97.8994
8.2	4.10	10.8641	86.8555	97.7196
8.4	4.20	10.8386	86.5225	97.3911
9.0	4.50	10.7625	85.5333	96.2956

该债券利息的现值可按下式计算:

$$3\left(\frac{1-\left(\frac{1}{(1+r_{ca})^{4}}\right)}{r_{ca}}\right)$$

而赎回款的现值可以使用 $102/(1+r_{ca})^4$ 进行计算。

该债券在第一个赎回日赎回的提前赎回收益率换算为年收益率为8.10%,所对应的债券价格接近于97.89。可以将该结果与5年期传统债券的到期收益率相比较,后者的到期收益率为6.50%。

可退回债券的收益率分析

可退回债券赋予债券持有人根据约定条款和条件将债券回售给发行人的权利。对于可退回债券,我们需要计算该债券在某退回日的退回收益率。退回收益率的计算方式与提前赎回收益率相似,不同之处在于可退回债券的赎回选择权在于投资者,投资者只有在债券价值最大化时才会行使退回权。具有退回期权的债券总是根据到期收益率与退回收益率之中的较大者进行交易的。

用来计算退回收益率的价格/收益率公式与用来计算提前赎回收益率的公式相同,但须用假设的退回日期和退回价格代替假设的赎回日期和赎回价格。假设可退回债券在付息日结算,则每年付息一次的债券的一般表达式如下:

$$P_d = \sum_{n=1}^{N_c} \frac{C}{(1+r_p)^n} + \frac{P_p}{(1+r_p)^N} \tag{1.27}$$

其中,

r_p 是退回收益率。

N 是在假设退回日之前的年数。

P_p 是该债券在假设退回日的退回价格。

同时具有可赎回和可退回特征的债券

美国国内市场中,还有一些在约定条件下既可赎回也可退回的债券。可根据某些一般假设计算这些债券在未来一些特定日期的提前赎回收益率和退回收益率。在这种情况下,应计算该债券在某赎回日之前的到期收益率,债券在这一赎回日的可能收益率最低,彭博公司将这种收益率称为最差收益率,这个术语在内嵌期权的各种债券中很常见。最差收益率是交易价格高于面值并以面值赎回的债券在首个可赎回日的收益率,或者是交易价格低于面值的债券的到期收益率。可按面值赎回且交易价格高于面值的债券将被发行人赎回,因为这时的债券价格表明发行人能够以更低的利率筹集资金。因此,在计算赎回收益率时使用的合适日期就是第一个可以赎回的日期,且该收益率就是最差收益率。对于同时可赎回和可退回的债券来说,最差收益率就是该赎回日期的收益率,它是最低的收益率,至于是由发行人赎回还是由债券持有人退回并不重要,可赎回日期和可退回日期也可能在同一天。

平均年限收益率

正如本节开始时所述,一些公司债券可能具有附带偿债基金或购买基金条款。如果债券在发行时约定了这些条款,债券就可能被提前部分或全部赎回。部分或全部赎回的流程在执行时常以随机选择的债券序列号为基础,或者直接在二级市场购买一些债券而赎回。如果债券在发行时包括赎回安排,赎回安排中应规定赎回的具体日期、赎回比例以及(如果赎回流程随机执行)赎回价格。

持有和交易附带此类条款的债券的投资者有时会使用不同的收益率指标代替传统的到期收益率指标。一个常用的报酬率指标是债券的平均年限收益率。债券的平均年限是指以对应的赎回现金流为权重加权平均时间,计算平均年限的表达式如下:

$$\text{平均年限} = \frac{\sum_{t=1}^{N} A_t \times M_t \times t}{\sum_{t=1}^{N} A_t \times M_t} \qquad (1.28)$$

其中,

A_t 是在 t 年赎回的债券占全部债券的比例。

M_t 是该债券在 t 年赎回时的赎回价格。

N 是距离到期日的年数。

计算平均年限收益率时必须使用债券赎回安排中约定的平均赎回价格。平均赎回价格可按下式计算：

$$P_{ave} = \sum_{t=1}^{N} A_t \times M_t \qquad (1.29)$$

其中，P_{ave}是平均赎回价格。

例 1.9 展示了平均年限收益率的计算过程，该例假设债券的票面利率为 6%、距离到期日还有整整 5 年时间。已发行债券总额为 2 亿英镑，债券具有如下表所示的固定赎回安排。

例 1.9 平均年限收益率

某债券发行总额为 2 亿英镑，其发行说明和条件中附带有一个偿债基金条款。该债券的票面利率为 6%，每年付息一次，距离到期日还有整整 5 年的时间，赎回安排如下表所示：

表 1.1 债券赎回安排

年(t)	赎回金额（百万英镑）	赎回比例(A_t)	赎回价格(M_t)	$A_t \times M_t \times t$	$A_t \times M_t$
1	10	0.05	102.00	5.10	5.100
2	10	0.05	101.50	10.15	5.075
3	10	0.05	101.00	15.15	5.050
4	10	0.05	100.50	20.10	5.025
5	160	0.80	100.00	400.00	80.000

假设在距离到期日正好 5 年时进行分析，可以按等式(1.28)计算该债券在当时的平均年限，如下所示：

$$平均年限 = \frac{5.1 + 10.15 + 15.15 + 20.10 + 400}{5.1 + 5.075 + 5.05 + 2.025 + 80}$$

根据计算结果，该债券的平均年限为 4.494 年。

现在考虑 3 年以后的情景，该债券已经赎回了 3000 万英镑。下一年还要赎回 1000 万英镑，占剩余 1.7 亿英镑债券的 5.88%。在第 4 年赎回 1000 万英镑之后，还有 1.6 亿英镑没有赎回，占 1.7 亿英镑债券的比例为 94.12%，而这些未赎回的债券在最后一年要全部赎回。因此，该债券在 3 年之后的平均剩余年限为：

$$平均年限 = \frac{(0.0588 \times 100.50 \times 1) + (0.9412 \times 100.00 \times 2)}{(0.0588 \times 100.50) + (0.9412 \times 100.00)}$$

根据计算结果，该债券在 3 年之后的平均剩余年限为 1.9409 年。

该债券在任何时点的平均赎回价格可以使用等式(1.29)进行计算。因此,该债券在 3 年之后的平均赎回价格是(0.0588×100.50)+(0.9412×100.00),即 100.0294。

然后,可以计算该债券在此时的平均年限收益率。该债券的平均年限收益率是其赎回收益率或者假设该债券在给定平均年限到期时的到期收益率,此时应使用平均赎回价格而不是面值。如果该债券此时的实际价格为 99.875 英镑、收益率为 6.068%,则平均年限收益率 *ral* 就是以下表达式的解:

$$99.875=\frac{6}{(1+ral)}+\frac{6}{(1+ral)^{1.9409}}+\frac{100.0294}{(1+ral)^{1.9409}}$$

上式的求解方法与传统的赎回收益率相同。方法之一是使用微软 Excel 等电子数据表,附录 1.1 给出了这方面的例子。

该债券的价格/收益率公式所得出的平均年限收益率为 6.267%,同时可以计算债券价格为 99.875 时的传统到期收益率为 6.068%。传统到期收益率低于平均年限收益率,因为该债券的交易价格低于面值,且赎回安排减少了债券持有人获得资本利得所需要的时间,因此平均年限收益率有所上升。

等价年限收益率

在一些市场中,附带偿债基金条款的债券还采用一个称为等价年限收益率的指标进行分析。债券的等价年限是指以对应赎回现金流现值为权重的加权平均赎回日期,等价年限考虑到了赎回支付是在不同时间收到这一事实。

债券的等价年限可用下式计算:

$$\text{等价年限}=\frac{\sum_{t=1}^{N}A_t\times PVM_t\times t}{\sum_{t=1}^{N}A_t\times PVM_T}\qquad(1.30)$$

其中,PVM_t 表示该债券在第 t 年赎回时赎回价格的现值,A_t 与 N 的含义与等式(1.29)相同。

在等价年限收益率中,用来计算债券赎回价格现值的贴现系数是收益率,因此,在计算债券的等价年限之前,必须先计算该债券的等价年限收益率。每年支付一次票面利息的债券的等价年限收益率 *rel* 可以通过求解等式(1.31)来计算,该式同样需假设在付息日进行分析,因为这时应计利息为零:

$$P_d=\frac{C+(A_1\times M_1)}{(1+rel)}+\frac{C+(A_2\times M_2)}{(1+rel)^2}+\cdots+\frac{C+(A_N\times M_N)}{(1+rel)^N}\qquad(1.31)$$

为说明等式(1.31)的应用,重新考虑例 1.9 中的债券,该债券的到期期限为 5

年,并在3年后买入,则等式(1.31)变为:

$$99.875 = \frac{6 + (0.0588 \times 100.50)}{(1 + rel)} + \frac{6 + (0.9412 \times 100)}{(1 + rel)^2}$$

求解上式可得,等价年限收益率 *rel* 为6.262%,附录1.1介绍了利用电子数据表进行计算的过程。可以将等价年限收益率与平均年限收益率进行比较,平均年限收益率为6.267%。然后就可以使用等式(1.30)计算该债券对应的等价年限,如下式所示:

$$\text{等价年限} = \frac{\left(0.0588 \times \left(\frac{100.50}{1.06262}\right) \times 1\right) + \left(0.9412 \times \left(\frac{100.00}{1.06262^2}\right) \times 2\right)}{\left(0.0588 \times \left(\frac{100.50}{1.06262}\right)\right) + \left(0.9412 \times \left(\frac{100.00}{1.06262^2}\right)\right)}$$

根据以上计算结果可知,该债券的等价年限为1.937年,小于该债券在同一时点的平均年限1.9409年。

债券的等价年限和等价年限收益率总是小于对应的平均年限和平均年限收益率,原因在于,在计算债券的等价年限和等价年限收益率时,我们采用的是赎回现金流的现值而不是实际值,这样会赋予较早的现金流较大的权重,所得到的收益率因此就会偏低。

与可赎回债券一样,附带偿债基金条款的债券的有效寿命和有效收益率取决于债券当前的价格和赎回安排。如果该债券的交易价格低于面值,发行人就可能在市场中回购债券,而不是按约定价格赎回,因为约定赎回价格高于此时回购债券的成本。因此,如果债券的交易价格低于面值,该债券的收益率就是其到期收益率。如果该债券的交易价格高于赎回价格,发行人就可能按约定赎回价格赎回债券。如果债券的交易价格高于其面值,常使用的债券收益率指标就是等价年限收益率。

1.10 指数关联债券

指数关联债券是指报酬率与零售价格指数或消费者物价指数等外部参考指数变动相挂钩的债券,包括报酬率或与利率挂钩,或与本金挂钩,或与两者都挂钩。指数关联债券的收益率计算涉及更多一些因素,现讨论如下。

指数关联债券收益率的计算

在包括英国市场在内的某些市场中,政府和一些公司发行的债券的利息或本金会与某个价格指数相挂钩,如零售价格指数(RPI)、商品(如小麦)价格指数或股票市场指数等①。英国市场一般使用RPI,其他国家的市场一般使用消费者物价指数(CPI)作为价格指数②。计算这些指数关联债券的收益率时,必须对相关指数作出预测,用于计算收益率。以1981年3月英国首次发行的指数关联政府债券为例,该债券的本金和利息都与RPI相挂钩,设计这种债券的目的是使其具有稳定的实际收益率。指数关联金边债券第一次在英国发行时,英格兰银行认为,养老基金向客户支付的养老金本身是与指数相挂钩的,因此只允许养老金基金购买该债券。然而,指数关联债券的潜在投资者范围要大得多,因此在这种债券引入后不久,所有的投资者都可以持有指数关联金边债券。大部分指数关联债券都由英国政府发行,票面利率都是2%或2.5%,这是因为,从理论上讲,债券的现金流会随通货膨胀率的上升而上升,因此,指数关联债券的报酬率代表的是实际报酬率。从历史上看,英国市场中债券的实际报酬率长期内大概在2.5%左右。

不同市场中的指数关联债券具有不同的特征。一些市场中只有债券的本金与指数相关联,而其他市场中只有利息与指数相关联,本金却并不与指数相关联。在英国市场中,指数关联金边债券的本金和利息的支付都与RPI相挂钩③。因此,指数关联金边债券每次应付的利息和到期时应偿还的本金是根据两个RPI值的比率来计算的。主要的RPI指标是在发行金边债券发行日8个月之前的RPI,该指标称为基本RPI。基本RPI是指数指标的分母,而分子是利息支付月份8个月之前的RPI,或者是债券到期日8个月之前的RPI。

指数关联金边债券应付的利息如下:

$$\text{应付利息} = \left(\frac{C}{2}\right) \times \frac{RPI_{C-8}}{RPI_0} \tag{1.32}$$

由等式(1.32)可见,利息在度量之前会除以2,因为指数关联金边债券是每半年支付一次利息。经过相应修正,该公式可以计算每年支付一次利息的指数关联债券的应付利息。这种债券应偿还的本金由以下等式决定:

$$\text{应偿还的本金} = 100 \times \frac{RPI_{M-8}}{RPI_0} \tag{1.33}$$

---

① “本金”是指债券的到期支付或赎回支付。

② 在2003年6月评估英国是否应加入欧元区的“5项测试”的声明中,英国财政大臣戈登·布朗(Gordon Brown)宣称英国的通货膨胀指标将由RPI-X改为消费者物价指数。其他欧盟国家也是使用消费者物价指数,并且随着英格兰银行将目标通货膨胀率转变为新的消费者物价指数指标,我们可以大胆地假设指数挂钩型金边债券将支付与消费者物价指数相关联的报酬率。然而,这种变化引起了很大的争议,并且在本书写作之时尚未得到确认。

③ 与传统金边债券一样,这些债券也是每半年支付一次息票。

其中，C 是年票面利息。

RPI_0 是债券发行日 8 个月之前的 RPI 值（基本 RPI）。

RPI_{C-8}是利息支付月份 8 个月之前的 RPI 值。

RPI_{M-8}是债券赎回日 8 个月之前的 RPI 值。

注意，在英国金边债券市场的计算中，等式（1.32）和等式（1.33）之所以使用每次现金流发生日 8 个月之前的 RPI 值，是由于一些技术上的原因。因为支付当局（本例中为英格兰银行）需要在实际支付发生前 6 个月知道每笔付息金额，以便确定两次付息日之间的应计利息，这就导致了至少 6 个月的时滞。另外两个月是由于公布 RPI 需要有一个月的延迟（例如 1 月份的 RPI 直到 2 月份才可以公布）和计算应付利息金额所需要的时间。因此，时滞就是 8 个月。价格指数有时需要重置，即重新设定基本 RPI 水平。在英国，RPI 曾重置过两次，最近一次重置发生在 1987 年 1 月，当时将 1974 年 1 月的 394.5 重置为 100。

例 1.10

一个指数关联金边债券的票面利率为 4.625%，于 1988 年 4 月发行，到期日为 1998 年 4 月。与该债券进行比较的基础指标是 1987 年 8 月的 RPI，即 102.1，1997 年 8 月的 RPI 为 158.5。我们可以根据这些数据计算该债券在 1998 年 4 月最后应支付的利息金额和本金金额，如下式所示：

$$\text{应支付的利息} = \left(\frac{4.625}{2}\right) \times \frac{158.5}{102.1} = 3.58992$$

$$\text{应支付的本金} = 100 \times \frac{158.5}{102.1} = 155.23996$$

可以根据最后一次应付利息计算最后 6 个月付息期的应计利息，即从 1997 年 10 月到 1998 年 4 月之间的应计利息，如下式所示：

$$3.58992 \times \frac{\text{应计利息天数}}{\text{该期间内的实际天数}}$$

指数关联债券有两个主要的收益率指标，即货币或名义收益率和实际收益率，都是到期收益率的演化形式。

为了计算指数关联债券的货币收益率，我们需要预测该债券未来的所有现金流。由于指数关联债券的未来现金流具有不确定性，我们需要预测所有相关的未来 RPI，然后根据 RPI 计算该债券的现金流。实际上，市场通常使用最近期的 RPI 并假设通货膨胀率（通常为2.5%或5.0%）不变。按照相同的通货膨胀率，我们可以设定未来的 RPI 水平，然后根据 RPI 值计算未来的现金流。

使用下式预测第一个相关的未来 RPI：

$$RPI_1 = RPI_0 \times (1+\tau)^{m/12} \tag{1.34}$$

其中，

RPI_1 是预测的 RPI 水平。

RPI_0 是可以获得的最近期的 RPI。

τ 是假设的未来年度通货膨胀率。

m 是 RPI_0 和 RPI_1 之间的月数。

考虑一个在每年 6 月和 12 月支付利息的指数关联债券。为方便分析，要求预测每年 6 月和 12 月之前 8 个月的 RPI 值，即 10 月和 4 月的 RPI 值。如果现在是 2 月，要求预测 4 月份的 RPI，并令等式(1.34)中的 $m=2$，然后使用等式(1.35)预测随后每个相关的 RPI 以计算债券的现金流：

$$RPI_{j+1} = RPI_1 \times (1+\tau)^{j/2} \tag{1.35}$$

其中，j 是在 RPI_1(即当年 4 月份的 RPI 预测值)之后每半年预测一次 RPI 的预测次数。例如，如果 2 月的 RPI 是 163.7，并且假设年通货膨胀率为 2.5%，则所预测的 4 月份的 RPI 是 $RPI_1 = 163.7 \times (1.025)^{2/12} = 164.4$，接下来 10 月份的 $RPI_3 = 164.4 \times 1.025 = 168.5$。在对 RPI 进行预测之后，就可以计算该债券的收益率。此时同样需要我们所熟悉的假设，即在付息日进行分析，该债券的应计利息为零。通过求解等式(1.36)可计算该债券的货币收益率 ri：

$$P_d = \frac{\left(\frac{C}{2}\right)\left(\frac{RPI_1}{RPI_0}\right)}{\left(1+\frac{1}{2}ri\right)} + \frac{\left(\frac{C}{2}\right)\left(\frac{RPI_2}{RPI_0}\right)}{\left(1+\frac{1}{2}ri\right)^2} + \cdots + \frac{\left(\left(\frac{C}{2}\right)+M\right)\left(\frac{RPI_N}{RPI_0}\right)}{\left(1+\frac{1}{2}ri\right)^N} \tag{1.36}$$

其中，

ri 是半年的到期货币收益率。

N 是到期日之前应支付利息的次数，即付息期数。

等式(1.36)可用来计算每半年支付一次利息的指数关联债券(如指数关联金边债券)的货币收益率，每年支付一次利息的指数关联债券的收益率计算公式如下：

$$P_d = \frac{C\left(\frac{RPI_1}{RPI_0}\right)}{(1+ri)} + \frac{C\left(\frac{RPI_2}{RPI_0}\right)}{(1+ri)^2} + \cdots + \frac{(C+M)\left(\frac{RPI_N}{RPI_0}\right)}{(1+ri)^N} \tag{1.37}$$

指数关联债券的实际收益率 ry 通过等式(1.38)与货币收益率关联起来,而且等式(1.38)只适用于每半年支付一次利息的债券,该等式最早出现在1930年费雪(Fisher)所著的《利息理论》(*Theory of Interest*)一书中:

$$\left(1+\frac{1}{2}ry\right)=\left(1+\frac{1}{2}ri\right)/(1+\tau)^{1/2} \tag{1.38}$$

举例来说,假设某债券的货币收益率为5.5%,预测通货膨胀率为2.5%,则使用等式(1.38)所计算的实际收益率如下:

$$ry=\left(\frac{\left(1+\frac{1}{2}(0.055)\right)}{\left(1+\frac{1}{2}(0.025)\right)^{\frac{1}{2}}}-1\right)\times 2=0.0297 \text{ 或 } 2.97\%$$

可以整理等式(1.36)中的项,并使用等式(1.38)求解实际收益率,如等式(1.39)所示。等式(1.39)只适用于每半年支付一次利息的债券。再次强调,我们是在付息日计算的:

$$P_d=\frac{RPI_a}{RPI_0}\frac{(C/2)(1+\tau)^{\frac{1}{2}}}{\left(1+\frac{1}{2}ri\right)}+\frac{(C/2)(1+\tau)}{\left(1+\frac{1}{2}ri\right)^2}+\cdots+\frac{((C/2)+M)(1+\tau)^{\frac{N}{2}}}{\left(1+\frac{1}{2}ri\right)^N}$$

$$=\frac{RPI_a}{RPI_0}\left(\frac{(C/2)}{\left(1+\frac{1}{2}ry\right)}+\cdots+\frac{(C/2)+M}{\left(1+\frac{1}{2}ry\right)^N}\right) \tag{1.39}$$

其中,$RPI_a=RPI_1/(1+\tau)^{1/2}$,$RPI_0$ 即上面所说的基础指数水平,RPI_a/RPI_1 是债券发行日与收益率计算日之间的通货膨胀率。在分析货币收益率与实际收益率之间的关系时,最好考虑计算赎回收益率时所使用的贴现率,等式(1.36)中的货币收益率可看作贴现货币或名义现金流的合适贴现率。整理等式(1.36),使其形式与等式(1.39)相似,就可以看出实际收益率是贴现实际现金流的合适贴现率。

对指数关联债券的收益率的评价

指数关联债券并不能完全保护投资的实际价值免受下跌。也就是说,尽管指数关联债券(包括指数关联金边债券)的现金流是与RPI等价格指数相关联,但这类债券并不能提供有保证的实际报酬率。原因是指数化存在一些时滞,对指数关联金边债券来说,这个时滞为8个月。时滞意味着指数关联债券最近利息期间的通货膨胀风险不能得到保护,对于金边债券来说,不能得到保护的利息期间为6个月。在最后利息期间发生的通货膨胀不能反映在债券的现金流之中，这就降低了赎回支付的实际价值，并因此降低了债券的实际收益率。如果通货膨胀率较高，投资者就可能非常关注这一点。债券持有人有效消除通货膨胀风险的唯一方式是，将支付指数化中的时滞减少到1～2个月。

债券分析人员经常将指数关联债券的收益率与传统债券的收益率进行比较，从中推测市场对通货膨胀率的预期。为了比较指数关联债券与传统债券的报酬率，分析人员会计算盈亏平衡点的通货膨胀率，即使指数关联债券的货币收益率等于具有同样到期期限的传统债券的赎回收益率的通货膨胀率。粗略看来，指数关联债券收益率与具有相同到期期限的传统债券收益率之间的差额，就是市场对债券生命期内通货膨胀率的预期，即传统债券收益率的较高部分就是通货膨胀溢价。1999年8月，票面利率为5.75%、2009年到期的国债（10年期基准金边债券）赎回收益率为5.17%。如果通货膨胀率为3%，则利率为2.5%、2009年到期的指数关联金边债券的实际收益率为2.23%。根据等式（1.35），可以计算隐含的盈亏平衡点通货膨胀率：

$$\tau = \left(\frac{(1 + \frac{1}{2}(0.0517))}{(1 + \frac{1}{2}(0.0223))^{\frac{1}{2}}} \right)^2 - 1 = 0.029287 \text{ 或 } 2.9\%$$

如果我们认同金边债券市场之类的成熟、高度发达和流动性强的市场，即便不是强势市场，至少也是半强势市场的话，那么，此类市场关于通货膨胀的预期就会在这些金边债券的收益率中得到反映。然而，如果这种隐含的通货膨胀率低于某些市场参与者的预期，投资者就会持有更多的指数关联债券，而不是传统债券。这将迫使指数关联金边债券的收益率下降、传统债券的收益率上升。相反，如果投资者认为隐含通货膨胀率高于通货膨胀预期，他们就会持有更多的传统债券。上面的例子中，市场预期长期通货膨胀率在2.9%左右或更低，而2009年到期、票面利率为5.75%的债券所具有的较高收益率反映了这一通货膨胀预期。基金经理在决定将多少资金投资于指数关联金边债券，多少资金投资于金边债券时，除了要考虑其他因素以外，还会考虑通货膨胀因素。有些负债是与指数挂钩，比如养老金合同，它们要根据每年的通货膨胀率情况而增加支出，对这一类负债，投资经理在投资组合中一般会持有相应的指数关联债券。

因此，传统债券收益率高出指数关联债券收益率的溢价部分，是对投资者因持有前种债券而承担的通货膨胀风险的补偿。债券持有人如果担心不可预期的通货膨胀风险,就会选择持有指数关联债券而不是传统债券。个人对预期通货膨胀的看法取决于若干因素,包括当前的宏观经济环境和货币当局的信誉。这里的货币当局指中央银行或政府。在英国和新西兰等一些国家中,中央银行有明确的通货膨胀目标,投资者可能认为这些目标在长期内是可以实现的。如果货币当局的历史记录是可信的,投资者可能会认为通货膨胀不再是一个非常严重的问题。在这种情况下,持有指数关联债券的需求就会减少。

其他债券市场中的指数关联债券的实际收益率水平也是影响个人通货膨胀预期的一个因素。在过去 20 年中,全球资本市场已日益紧密地联系在一起,资本的全球流动意味着投资者会摒弃通货膨胀率较高的市场。因此,长期地看,在成熟和流动性较高的市场中,预期报酬率将会大致相等,全球的实际收益率因而也会大体相近。如果我们认可这种假设,就可以预期不同指数关联债券的实际收益率将会趋同,不管这些债券在哪个市场交易。例如,我们预期英国的指数关联债券的收益率将与美国市场指数关联债券的收益率趋同。但事实上,1999 年 5 月英国市场交易的长期指数关联金边债券的实际收益率仅略高于 2%,美国市场交易的长期指数关联债券的实际收益率却达到了 3.8%。因此,分析人员认为,国际资本并不像以前设想的那样可以充分流动,美国经济中生产率的提高和技术进步扩大了对资本的需求,实际收益率不得不有所提高。然而,不容置疑的是,指数关联债券中包含着大量的信息,与传统债券相比,分析人员通常对指数关联债券的收益率水平更感兴趣。

1.11 浮息票据

浮息票据(FRN)是指一种不支付固定利息而根据另一种特定参考利率变动情况确定应付利息的债券。在英国和美国等国家,浮息票据市场规模巨大,发展成熟,浮息债券极受短期投资者和银行等金融机构的欢迎。除了利息支付安排不同之外,浮息票据与传统债券大体相似。浮息票据的到期期限从 2 年到 30 年以上不等,浮息债券所支付的利息随市场利率的变化而变化。按照利息支付频率(通常为每季度或半年支付一次),所支付的利息定期根据伦敦银行间同业拆借利率(LIBOR)等货币市场指数重新确定。浮息票据所支付的利率通常比 LIBOR 高出一个利差,这个利差在债券的整个生命期内是固定不变的。例如,英国全国建房互助协会(Nationwide Building Society)所发行的英镑浮息票据在 2001 年 8 月到期,每半年支付一次利息,利率为 LIBOR 上浮 5.7 个基点①。这意味着这种债券的应付利息每 6 个月按照 6 个月期的 LIBOR 加上一个固定的利差调整一次,调整浮息票据利率所依据的利率称为参考利率,参考利率可能是 3 个月或 6 个月期的 LIBOR 或其他利率指数。在美国市场,浮息票据的利率通常根据短期国债利率进行调整。浮息票据利率高出参考利率的差额称为指数利差,指数利差就是高出参考利率的基点数。在极少数的情况下,指数利差可能是一个负数,即需要从参考利率中减去该指数利差。

收益率度量

浮息票据每次的应付利息都要重新确定,因此这种债券的现金流是不能提前确定的,也就不可能计算浮息票据的传统到期收益率指标。为此,债券市场采用一个称为"贴现利差"的指标来估计持有浮息票据的报酬率。贴现利差用来度量在假设参考利率保持不变的条件下,债券生命期内所收到的利率高于参考利率的平均利差。参考利率保持不变是一个关键的假设,这个假设虽然不太切合实际,却有助于比较不同债券的收益率。此外,贴现利差方法也有与传统赎回收益率计算方法相同的缺陷,即需要假设贴现率保持不变。

为了计算贴现利差,首先应选择一个参考利率,并假设该参考利率在债券到期前保持不变,一般做法是将参考利率设定为其当前水平。然后,将浮息债券的利差或指数利差与参考利率相加(如果利差为负,就从参考利率中减去利差)。得到这个"固定"利率之后,就有可能确定浮息票据的现金流,然后将现金流按选定的固定利率贴现。正确的贴现率应使现金流的现值等于债券价格。由于参考利率是不变的,为了获得正确的贴现率,我们需要改变浮息票据的利差。当所选择的贴现率能使债券现金流的净现值等于债券价格时,就可以得到相应的贴现利差。

由于浮息票据应支付的利息需要每季度或每半年作一次调整,因此浮息票据的交易价格通常非常接近于债券的面值。在利率重置日,债券的价格一定等于其面值。当浮息债券的价格等于面值时,贴现利差就是高于参考利率的那个固定利差。注意,有些浮息票据高出参考利率的利差也是浮动的,这种债券称为可变利率票据。

① 一个基点是 1% 的 1%,即 1 个基点 = 0.01%。

例 1.11

假设某浮息票据的面值为 100 英镑,交易价格为 99.95 英镑,每半年支付一次利息,利率为 6 个月期的 LIBOR 加 10 个基点,该债券距离到期日还有整整 3 年,因此我们是在付息日计算贴现利差。表 1.2 展示了现值的计算过程,从中可以看出,99.95 的价格所代表的年贴现利差为参考利率上浮 12 个基点。

该 3 年期浮息票据的价格为 99.95,利率为 6 个月期的 LIBOR 上浮 10 个基点,而 LIBOR 为 5.5%。

在我们的计算中,6 个月期的 LIBOR 为 5.50%,因此我们假设该利率在债券生命期内保持不变。由于该利率是一个年利率,我们所需要的半年利率就是 2.75%。该债券每年付息两次,因此在到期之前有 6 个付息期、6 次现金流。由于已经假定参考利率保持不变,因此可以确定该债券应支付的利息和赎回时应支付的本金,如表 1.2 中"现金流"一栏所示。每次所支付的利率都是年参考利率的一半加上年利差的一半,也就是 2.75% 加上 5 个基点,即每半年应支付的利息为 2.80 英镑。最后一笔现金流就是最后一笔应付利息 2.80 英镑加上赎回支付 100.00 英镑。然后,可以将以上现金流按选定的利差贴现,直到现金流的净现值等于该债券的当前价格。从表 1.2 可以看出,使现金流净现值等于债券价格的贴现利差是半年参考利率加上 6 个基点,也就是年贴现利差等于年参考利率加上 12 个基点。

表 1.2　某 FRN 的贴现利差计算（假设在付息日计算）

利息期间(n)	6 个月期 LIBOR	半年利率	现金流	10	11	12	13	14	15
				现金流的现值：按高于参考利率的一定利差贴现（基点）					
1	5.50%	2.75%	2.80	2.72374	2.72360	2.72347	2.72334	2.72321	2.72307
2	5.50%	2.75%	2.80	2.64955	2.64929	2.64903	2.64878	2.64852	2.64826
3	5.50%	2.75%	2.80	2.57738	2.57701	2.57663	2.57625	2.57589	2.57550
4	5.50%	2.75%	2.80	2.50718	2.50669	2.50621	2.50572	2.50523	2.50474
5	5.50%	2.75%	2.80	2.43889	2.43830	2.43771	2.43711	2.43652	2.43593
6	5.50%	2.75%	102.80	87.10326	87.07785	87.05244	87.02704	87.00166	86.97628
净现值				100.00000	99.97274	**99.94549**	99.91824	99.89103	99.86278
按 C/(1 + 参考利率 + 利差)^n 计算的现值				1.028	1.02805	1.0281	1.02815	1.0282	1.02825

1.12 债券组合收益率的度量

投资者如果持有由两个 或两个以上的债券所构成的投资组合,往往希望度量投资组合的整体报酬率,而不是仅仅度量个别债券的收益率。例如,当某个投资组合的目标是达到或超过某种债券指数的业绩或者有一个明确的报酬率目标时,通常需要度量投资组合的整体报酬率。在这种情况下,度量投资组合的报酬率就比度量单个债券的报酬率更为重要。债券市场主要采用两种方法度量投资组合的报酬率,即加权平均收益率和内部报酬率或总报酬率。虽然内部报酬率法在逻辑上更为合理,但人们经常将加权平均法作为一种方便(尽管不是十分完善)的收益率指标。

投资组合的加权平均收益率

确定债券投资组合的收益率时,投资者通常按照投资组合中每个债券的赎回收益率计算加权平均收益率。然而,加权平均收益率并不是一个精确的指标,如果投资组合中所持有的债券权重不是非常平均、到期日差别很大,就不能使用该指标。

为了计算加权平均收益率,令:

MV_p 表示债券 p 的市值占投资组合总市值的比例。

r_p 表示债券 p 的到期收益率。

n 表示投资组合中证券的数量。

则,投资组合的加权平均收益率如下式(1.40)所示:

$$r_{\text{port}} = MV_1 r_1 + MV_2 r_2 + MV_3 r_3 + \cdots + MV_n r_n \quad (1.40)$$

其中,r_{port}是投资组合的加权平均收益率。

例 1.12

1999 年 8 月 25 日,假设某金边债券投资组合由以下五种债券组成。表 1.3 中,各种金边债券的到期期限从 2 年到 9 年不等,最高和最低收益率之间相差仅为 36 个基点。投资者希望按加权平均方法计算该投资组合的收益率。

表 1.3 投资组合加权平均收益率的计算

债券	名义金额（百万英镑）	价格	到期收益率(%)	市值（百万英镑）
7% 2001	10	102.59	5.72	10.259
7% 2002	20	103.15	5.76	20.630

续表

债券	名义金额（百万英镑）	价格	到期收益率（%）	市值（百万英镑）
8% 2003	30	107.54	5.76	32.262
5% 2004	20	97.64	5.57	19.258
9% 2008	15	125.65	5.40	18.8475
			市值总额	101.5265

该投资组合的市值为 101 526 500 英镑，并且包含五种债券，因此可以按如下所示设定计算时的参数：

$MV_1 = 10.259/101.5265 = 0.10105 \quad r_1 = 5.72\%$

$MV_2 = 20.630/101.5265 = 0.20320 \quad r_2 = 5.76\%$

$MV_3 = 32.262/101.5265 = 0.31777 \quad r_3 = 5.76\%$

$MV_4 = 19.528/101.5265 = 0.19234 \quad r_4 = 5.57\%$

$MV_5 = 18.8475/101.5265 = 0.18564 \quad r_5 = 5.40\%$

按等式(1.40)计算该投资组合的加权平均收益率，如下式所示：

$0.10104(0.0572) + 0.20320(0.0576)$

$+ 0.31777(0.0576) + 0.19234(0.057) + 0.19564(0.0540)$

$= 0.0567753$ 或 5.678%

该投资组合的加权平均收益率为 5.678%。

例 1.12 中，由于投资组合本身的性质，我们对计算结果感觉满意，即该投资组合所持有的债券到期日和比例都非常平均。一个投资组合中，如果各种债券比例不平衡，例如期限非常长和非常短的债券之间的比例不平衡，就不能采用加权平均方法精确度量其收益率。因此，在使用加权平均收益率指标时需要非常小心。

投资组合的内部报酬率

上面讨论了债券投资组合的加权平均报酬率，直觉上看，它也许是度量投资组合收益率的最好方式，但是，与单一债券收益率的度量一样，数学上更为精确的方法是净现值方法。净现值方法本质上是度量投资组合的整体到期收益率，这个指标也称为投资组合的内部报酬率。

前面已讨论过内部报酬率的计算。假设在债券到期前再投资利率保持不变，内部报酬率就是该债券的到期收益率。采用相同的方法和程序，贴现投资组合的现金流就可以计算投资组合的内部报酬率。计算投资组合的内部报酬率或收益率时,我们先将投资组合产生的现金流作为一个整体进行贴现,然后采用常规方法确定这些现金流的内部报酬率。如果一个投资组合由五种债券组成,且每种债券的付息日相同,那么,这个投资组合的内部报酬率就是使总现金流的现值等于该投资组合当前价值的贴现率。投资组合的市场价值就是五种债券市场价值的总和。例 1.13 说明了一个包含五种债券的投资组合内部报酬率的计算过程,我们假定在付息日进行分析,并假设这五种债券都是每年支付一次利息,付息日相同①。由于例 1.13 中的债券每年支付一次利息,付息期数 N 就等于距离到期日的年数。

例 1.13

所假设的投资组合在 2002 年 8 月 3 日包括以下五种以欧元标明面值的债券,如表 1.4 所示:

表 1.4　债券投资组合

债券	名义金额	价格	收益率
8% 2001	200 万	102.50	6.6245%
7% 2002	300 万	103.20	5.8071%
6% 2003	500 万	103.05	5.1371%
5% 2004	300 万	97.60	5.5630%
5% 2005	100 万	98.25	5.3486%

如表 1.5 所示,这些债券各年的现金流包括每年支付的利息和最后的赎回支付,支付的现金总额为 17200000 欧元。

① 最后一点假设也有现实依据。例如,在英国金边债券市场中,基准金边债券的付息日是相同的(每年的 6 月 7 日和 12 月 7 日),利息也是可分离的。

表 1.5　　**投资组合内部报酬率的计算**

假定日期　2002 年 8 月 3 日

名义金额	2 百万	3 百万	5 百万	3 百万	1 百万				
价　格	102. 5	103. 2	103. 05	97. 6	98. 25				
收益率	6. 6245%	5. 8071%	5. 1371	5. 5630%	5. 3486%	市场价值 = 14209000		现值 >	
债券	8% 2 年	7% 3 年	6% 4 年	5% 5 年	5% 6 年	总计		5%	4%
年份:1	160000	210000	300000	150000	50000	870000	870000	828571. 43	836538. 46
2	2160000	210000	300000	150000	50000	2870000	2870000	2603174. 60	2653476. 33
3		3210000	300000	150000	50000	3710000	3710000	2738375. 19	3298176. 49
4		5300000		150000	50000	5500000	5500000	4524863. 61	4701423. 05
5				3150000	50000	3200000	3200000	2507283. 73	2630166. 74
6					1050000	1050000	1050000	783526. 17	829830. 25
						17200000	17200000	13985784. 73	14949611. 32

投资组合的内部报酬率 = 4. 76841%

根据债券的价格可以确定该投资组合的市值为 14209000 欧元。为了计算该投资组合的内部报酬率或赎回收益率,我们需要得到使投资组合现金流净现值等于 14209000 欧元的贴现率。一般情况下,可以使用惠普计算器或电子数据表程序获得所需要的贴现率。在本例中,我们先采用试错法选择两个贴现率计算,然后根据两个贴现率进行插值计算,从而得出该投资组合的内部报酬率。

采用5%的贴现率试错时,净现值为 13985784.73 欧元;采用4%的贴现率试错时,净现值为 14949611.32 欧元。采用数值迭代公式,可计算该投资组合的收益率为 4.768%,如下所示。

该投资组合的"价格"就是其市值 14209000 欧元,因此收益率为:

$$IRR_{port} = 4\% + (5\% - 4\%) \times \frac{14949611 - 14209000}{14949611 - 13985784} = 4.76841\%$$

如何将投资组合的内部报酬率与加权平均收益率进行比较呢?表 1.6 展示了每种债券的市值及其在投资组合中的权重,根据这些数据就可以计算投资组合的加权平均收益率,计算方法与例 1.12 相同。计算结果为该投资组合的加权平均收益率是 5.614%:

表 1.6 投资组合的加权平均收益率

MV_1	0.144275	(2050000)	/(14209000)
MV_2	0.21789	(3096000)	/(14209000)
MV_3	0.362622	(5152500)	/(14209000)
MV_4	0.206067	(2928000)	/(14209000)
MV_5	0.069146	(982500)	/(14209000)
加权平均收益率 =0.056138759 或 5.614%			

总报酬率

我们已经知道,计算债券的赎回收益率时需要一些假设,如果不能满足这些假设,收益率的计量就是不准确的。利息收入可按与赎回收益率相同的利率进行再投资这一假设是不切实际的。利息收入所获得的利息可能占债券总报酬的很大一部分,因此,如果按低于收益率的利率进行再投资,所得到的总报酬率就会低于赎回收益率。投资者如果希望计算持有该债券的总报酬率,必须对债券生命期内所能实现的再投资利率作出非常明确的假设。例如,如果收益率曲线非常陡峭或者收益率非常高,投资者就可能假设具有较高的再投资利率,并在计算收益率时使用这一较高的再投资利率假设。假设的再投资利率水平取决于投资者对未来市场状况的看法。总报酬率是一种收益率指标,它假设再投资利率与赎回收益率不同。

计算投资组合的总报酬率时，必须先根据明确的假定再投资利率计算投资每个债券所产生的现金流总值。然后计算总报酬率，总报酬率就是使债券的原始投资总额与所计算出的现金流总值相等的利率。计算债券总报酬率的这种方法在特定投资期限上有效，每半年支付一次利息的债券总报酬率将在下文进行讨论。

首先，根据假设的利率计算全部应收利息与“利息的利息”之和。若用 I 表示，其计算公式如下：

$$I = C\left(\frac{(1+r)^N - 1}{r}\right) \tag{1.41}$$

其中，r 是每半年支付一次利息的半年再投资利率；N 是到期日之前的付息期数，对于每半年支付一次利息的债券来说就是距离到期日年数的两倍。然后，投资者需要确定在计划投资期间末债券的预计销售价格，预计销售价格是投资期末预期要求的收益率的函数，等于按预期要求的收益率贴现债券剩余现金流所得的现值。按假设的再投资利率和投资期末预期要求的收益率计算，总利息收入和预计销售价格二者之和就是投资该债券所收到的现金流总值。每半年支付一次利息的债券总报酬率，按下式计算：

$$\left(\frac{\text{总现金价值}}{\text{债券的购买价格}}\right)^{\frac{1}{n}} - 1 \tag{1.42}$$

其中，n 是投资期内的付息次数。该公式可由等式(1.11)推导出来，而等式(1.11)是零息债券收益率的计算公式。然后，将半年总报酬率加倍就可以得到年总报酬率。此外，采用前文中所讲到的方法对以上等式进行修正，就可以用来计算每年支付一次利息的债券总报酬率。

1.13　价格/收益率关系

以上两节介绍了债券的一个基本属性，即债券价格上涨将导致收益率下降，反之亦然。由于债券价格是现金流的现值，这一结论是显而易见的。例如，如果债券所要求的收益率下降，其现金流的现值和价格都会上升。债券的这个基本属性还反映了一个事实，即由于普通债券的票面利率是固定不变的，只有债券价格的变动才能反映市场收益率的变化，而这一点可用来描绘债券收益率与价格之间的关系。图 1.3 是一个典型的价格/收益率关系图，该图显示了一个凸曲线。再次强调，对于票面利息固定的普通债券来说，只有价格变动才可以反映市场环境的变化。如果债券的票面利率等于市场利率，该债券的价格就等于其面值。如果市场所要求的利率在某个时点高于债券的票面利率，债券的价格就会向下调整以使债券持有人实现所要求的额外报酬率。同样，如果所要求的收益率低于债券的票面利率，债券的价格就会向上调整，并使债券的收益率等于市场利率。由于债券到期时是面值赎回的，因此，在到期日所实现的资本增值就是在票面利率低于市场收益率时对债券持有人进行的补偿。

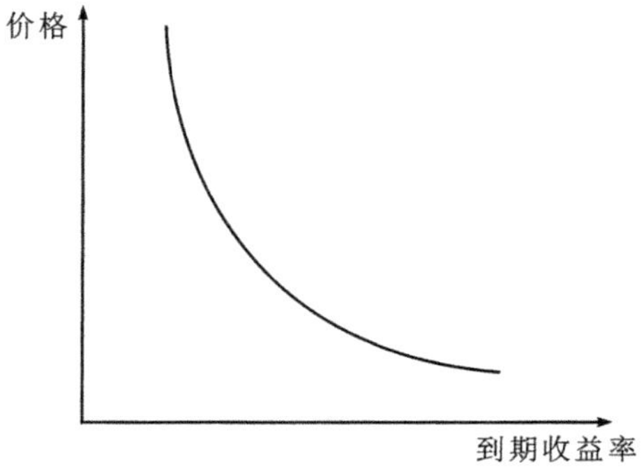

图 1.3 债券价格/收益率之间的关系

债券的价格会由于多种原因而发生变化，其中包括下列与市场有关的因素：

- 由于基本利率的变化或债券发行人信用质量的变化（信用质量因素不影响发达国家所发行的政府债券），市场所要求的收益率会发生变化。
- 随着债券距离到期日的时间越来越近，债券价格会逐渐向面值靠拢。
- 由于可比债券收益率发生变化导致市场所要求的收益率发生变化。

债券价格还可能由于流动性以及总供求关系而发生变化，例如，如果某种债券的发行规模非常大，这种债券就很容易成交。同样，如果客户基础扩大，对该债券的需求也会增大。“流动性”这一术语是指市场参与人买卖债券的难易程度。如果某种债券总是有大量的买方或卖方，该债券就很容易在市场上成交。

1.14 小 结

本章讨论了市场上计算债券收益率的一般做法，关键是所有债券所表现出来的价格/收益率关系以及各种收益率计算方法所使用的各个假设。不同市场所使用的不同方法虽然不会影响任何特定金融工具的经济基础，但为了比较不同债券的收益率，采用相同的基础计算收益率非常重要。在一些市场中，如英国分离型金边债券市场，债券是根据收益率而不是价格交易的。我们在本章开始时曾提到过，收益率才是投资者需要的关键信息。在分析不同市场中的债券时，定价和收益率惯例并不是非常重要,但它们能提醒我们关注真正重要的东西,即对各种金融工具的分析应在同等条件下进行。

本章探讨的其他主题包括:

• **单利和复利**。包括美国国债和德国政府债券市场在内的一些特定市场使用单利计算只剩下一次利息支付的债券的收益率。

• **复利方法**。债券市场最常见的做法是按复利对整个期间内的现金流进行贴现,复利贴现系数如下式(1.43)所示:

$$\left(\frac{1}{(1+r)}\right)^{\frac{\text{距下一个息票支付日的天数}}{\text{利息期间的天数}}+N} \tag{1.43}$$

现实中,采用下式(1.44)确定更精确的复利贴现系数也很常见:

$$\left(\frac{1}{(1+r)}\right)^{\frac{\text{距下一个息票支付日的天数}}{\text{一年的天数}}\times N} \tag{1.44}$$

• **年收益率**。债券的收益率报价一般与其付息频率一致,每年支付一次利息的债券所报出的收益率是年收益率,每半年支付一次利息的债券所报出的收益率是半年收益率,以此类推。在比较不同付息惯例的债券的收益率时,收益率换算非常重要。

如果假设现金流的再投资利率与收益率相同,则债券的赎回收益率或到期收益率就是债券的内部报酬率,这是赎回收益率指标的一个重要特征。我们还讨论了基本计算的一个变化,即在确定了固定的再投资利率之后,可以按这个再投资利率计算债券未来的现金流。本书随后章节会讨论零息债券收益率或即期收益率以及真实利率的概念。本章旨在为后面详细考察收益率曲线奠定基础。

附　录

附录 1.1:平均年限收益率

在确定例 1.9 中债券的平均年限收益率时,需求解下式中的 ral 值:

$$99.875 = \frac{6}{(1+ral)} + \frac{106.02946}{(1+ral)^{1.9409}}$$

微软公司的 Excel 表可用来计算债券现金流的现值,如图 1.4 所示。

为了得到 ral 的值,我们需求解该式,这是计算内部报酬率或净现值的传统方法。第一笔现金流是为购买该债券所支付的价格,在本例中为 99.875,在录入数据表时这个数值应用负数表示。该债券的现金流是两次利息支付以及最后赎回时的支付。然后录入计算每笔现金流现值的公式,并使用所选择的贴现系数。现金流现值的总和就是净现值,如图 1.4 所示。然后选择“工具”栏中的“单变量求解”,令净现值单元格为零,并将贴现系数的值设定为可变以使净现值为零。这样,电子数据表就可以得出所需要的贴现系数,即 6.262% 。为了求解到期收益率,可以设计如图 1.5 所示的表格。

单元格	*D*	*E*	*F*	
7		贴现率 =	0.06267275	
8				
9				
10	年	现金流	现值	
11	0.0000	-99.875	-99.875	“ = E11/(1 + F7) ^ D11
12	1.0000	6	5.64614084	“ = E12/(1 + F7) ^ D12
13	1.9409	106.0294	94.2296181	“ = E13/(1 + F7) ^ D13
14				
15		净现值 =	0.00075892	“ = SUM(F11:F13)
16				

图 1.4 使用微软 Excel 表计算内部报酬率

	贴现率 =	0.060682542	
年	现金流	现值	
0	-99.875	-99.875	“ = D9/(1 + $E $5) ^ C9
1	6	5.656734943	“ = D10/(1 + $E $5) ^ C10
2	106.0000	94.21824784	“ = D11/(1 + $E $5) ^ C11
	净现值 =	-1.72149E	“ = SUM(E9:E11)

图 1.5 计算到期收益率

最后，使用电子数据表计算等价年限收益率指标，如图 1.6 所示：

	贴现率 =	0.062621
年	现金流	现值
0	-99.875	-99.875
1	11.9094	11.20757
2	100.1200	88.66741
	净现值 =	-1.8E

图 1.6　计算等价年限收益率

参考书目

Fabozzi, F. ,*Bond Markets, Analysis and Strategies*, Chapter 2, Prentice Hall, 1989.

Frost, A. J. and Hager D. P. , *Debt Securities*, Heinemann, 1990.

Jarrow, R. and Turnbull, S. , *Derivative Securities*, 2nd edition, South-Western, 2000.

Jones, P. , *Introduction to Financial Market Mathematics*, Astra Books, 1999.

Sundaresan, S. , *Fixed Income Markets and their Derivatives*, South-Western Publishing, 2nd edition 2001.

本章还参考了以下专著，但这些专著与本书以后章节的内容更为相关：

Baxter, M. and Rennie, A. , *Financial Calculus*, Cambridge University Press, 1996.

Hull, J. , *Options, Futures and Other Derivatives*, 3rd edition, Prentice Hall, 1997.

Neftci, S. , *Mathematics of Financial Derivatives*, Academic Press, 1996.

James, J. and Webber, N. , *Interest Rate Modelling*, John Wiley and Sons, 2000.

Jarrow, R. , *Modelling Fixed Income Securities and Interest Rate Options*, McGraw-Hill, 1996.

第 2 章　收益率曲线

到目前为止，我们已讨论了与持有债券有关的主要报酬率指标，即到期收益率和毛赎回收益率。在发达国家和一些发展中国家的债券市场中，一般都有很多具有不同的收益率和到期期限的债券在同时进行交易。投资者和交易商经常考察同一类型的不同债券的收益率之间的关系。根据只有到期期限不同的债券的收益率所绘制的图形称为收益率曲线。收益率曲线是债券资本市场的一个重要指标，是了解债券市场的一个重要工具①。收益率曲线有时也称为利率的期限结构，但严格地讲这种叫法是不正确的，因为“利率的期限结构”这个术语只适用于零息收益率曲线，我们将在后文详细探讨这个问题。

收益率曲线描述了赎回收益率与债券到期期限之间的关系，债券市场的很多分析和定价行为都是围绕收益率曲线进行的。根据债券的到期期限结构绘制债券的收益率图示，我们就可以得到收益率曲线。一条收益率曲线只能描绘同类型发行人所发行的债券或流动性程度相同的债券，这一点非常重要。例如，可以分别绘制英国金边债券或 AA 级欧洲英镑债券的收益率曲线，但绝对不能同时为这两种债券绘制一条收益率曲线，因为金边债券和欧洲债券是不同类型发行人所发行的债券。在任何国内资本市场中，政府债券的收益率曲线是最主要的收益率曲线，例如美国资本市场中最主要的收益率曲线是美国国债的收益率曲线。随着欧元在欧盟国家的使用，理论上可以使用任何欧元区的政府债券绘制无违约风险的欧元收益率曲线。但实际上，由于各种原因，欧元区各国所发行的不同债券在交易时的收益率是各不相同的。只有同一政府所发行的不同债券才能用来绘制同一条收益率曲线，除政府债券的收益率曲线之外，还可以分别绘制欧洲债券、货币市场工具、表外金融工具以及几乎所有债务市场金融工具的收益率曲线。因此，在分析不同市

---

①　作者在看到下面这句话时深感共鸣，说这句话的人明显同作者一样对收益率曲线怀有一种激情；Ryan（1997）写道：“全球经济的……未来……可能在很大程度上取决于我们如何成功地分析和利用收益率曲线。上帝保佑国债收益率曲线！”

场的收益率曲线时，重要的是要记住只有同类债券的收益率曲线才能进行比较。

本章将考察到期收益率的收益率曲线以及可能构造的其他类型的收益率曲线，讨论如何根据当前的赎回收益率曲线确定即期和远期收益率。重点是诠释收益率曲线的形状，并解释各种形状的形成原因。本书稍后将考察拟合、分析和解释收益率曲线的一些更高级的方法。

下面先向初学者介绍收益率曲线，可当作是对全章内容的一个概述。

2.1　收益率曲线概述

本节向个人投资者概述收益率曲线的重要性和应用。

什么是收益率曲线

收益率曲线是根据不同到期期限债券的收益率所绘制的图形，它反映市场当前的收益率水平。收益率曲线不是历史数据图形，不能反映一段时期内的收益率水平，反映一段时期收益率水平的图形称为历史价格图或历史收益率图。

收益率曲线就像足球，掌握基本知识非常容易，成为专家却非常困难，这就像参加星期日早上公园足球小组的比赛与成为大卫・贝克汉姆(David Beckham)、史蒂文・杰拉德(Steven Gerrard)以及米歇尔・欧文(Michael Owen)的队友一样，两者之间无疑有天壤之别。考察如下的金边债券收益率(见表 2. 1)，它是《金融时报》在 2002 年 8 月的某天所报道的收益率：

表 2. 1　金边债券的收益率

金边债券	赎回收益率
Tr 8% 03	3. 79
Tr 5% 04	4. 00
Tr 7. 25% 07	4. 62
Tr 5% 12	4. 70
Tr 8. 75% 17	4. 74
Tr 8% 21	4. 68
Tr 4. 25% 32	4. 52

表 2. 1 展示了到期期限分别为 1 年、2 年、5 年、10 年、15 年、20 年和

30 年的金边债券的收益率。票面利率为 8%、2021 年到期的金边债券，其到期期限略低于 20 年，但我们将它当作 20 年，因为当时并没有 2022 年到期的金边债券。

打开微软 Excel 软件①，在一栏中输入到期日，另一栏输入收益率。以“距到期日年数”为横轴，“收益率”为纵轴，利用 Excel 的“数据透视表和图表报告”功能即可绘制收益率曲线，结果如图 2.1 所示。

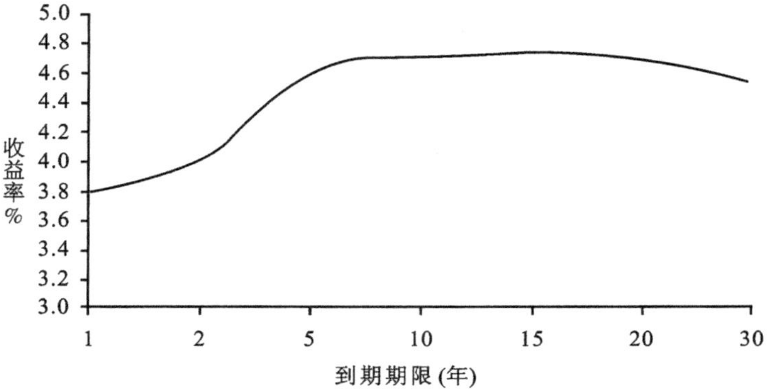

图 2.1 在 Excel 中绘制收益率曲线

这条曲线看起来很合理。直觉上，我们预期到期期限越长，收益率越高。如果我们借给某人一定金额的货币供其使用 1 年，借给另外一个人同样金额的货币供其使用 10 年，两个人的借款利率肯定不一样（假设两人具有同样的信用风险），我们会向 10 年期借款人收取更高的利率，原因有二：

- 通货膨胀会侵蚀较长期贷款的价值。
- 长期借款人的信用风险虽然可能与短期借款人一样，但他还存在其他风险。例如，长期借款人可能在 10 年内去世。因此，作为贷款人，我们就会要求较高的报酬率以补偿更高的贷款风险。

因此，我们就会得到一个斜率为正的收益率曲线，如图 2.1 所示。然而，如果事实果真如此，为什么收益率曲线不是继续向上倾斜，直到 30 年期的那个点？向上倾斜的趋势在 5 年期处达到最大之后就向下倾斜，一直到 30 年期处。很多市场都具有这样的特征，养老金基金等机构投资者对 30 年期债券（通常称为长期债券）的需求很大，长期债券的需求总是大于供给，导致长期债券的价格上升，从而使长期债券的收益率低于应有的水平。

---

① 作者无意视微软 Excel 为首选产品。作者还记得，刚开始工作时曾用过 DOS 系统中的 Lofus 1－2－3……

绘制批发市场的收益率曲线比这里所讲的要稍微复杂一些,而且,为了获得用于拟合收益率曲线的模型,还需要使用一些非常复杂的数学方法,本书以后章节会讲述这方面的内容。

收益率曲线的应用

收益率曲线可以告诉我们债券市场当前的交易价格,还隐含有未来的交易价格,或者至少隐含了市场对未来的预期。换句话说,收益率曲线是反映未来市场状况的一个很好的指标。与个人投资者使用的其他指标相比,收益率曲线要可靠得多,实证经验已很好地证明了这一点。

作为对收益率曲线分析的一个概述,让我们先介绍它的一些主要用途。债券资本市场的所有参与者都对收益率曲线的当前水平和形状以及它们所隐含的未来信息非常感兴趣。收益率曲线的主要用途可总结如下。

确定所有债务市场工具的收益率。收益率曲线基本上确定了期限结构不同的各种债券的价格。不同期限的政府债券收益率为市场中其他债务工具的收益率设定了基准,因为其他所有债务工具都是根据政府债券的收益率定价的。这意味着什么呢? 从本质上来说,这意味着如果5年期政府债券按5.00%的收益率成交,则无论是谁发行的所有其他5年期债券在发行时的收益率都会在5.00%以上。高出5.00%的这一部分称为利差。可见,债务工具的发行人是根据收益率曲线为债券和所有其他债务工具定价的。为新发行的证券定价时一般使用零息收益率曲线,而不使用赎回收益率曲线(参见后文)。

作为未来收益率水平的指示器。正如本章稍后所述,收益率曲线的形状与市场对未来利率的预期相对应。债券市场参与者分析收益率曲线当前形状的目的,就是为了获得曲线中所隐含的有关市场利率未来走向的信息,这也许是收益率曲线最重要的一个功能。如何解释收益率曲线,既是一门科学,又是一门艺术。不但债券交易商和基金经理会仔细审察收益率曲线所包含的信息,公司财务人员在进行项目评估时也会考虑收益率曲线所披露的信息。此外,中央银行和政府财政部门也会分析收益率曲线,从中获得有关远期利率和通货膨胀水平的信息,并利用这些信息设定整个国家利率水平,或者像欧洲中央银行一样为整个欧洲设定利率水平。这表明,收益率曲线与我们的生活息息相关,对所有人都极其重要。

度量和比较不同期限的债券的报酬率。投资组合经理可以根据收益率曲线评估到期日不同的各个投资的相对价值,因为收益率曲线揭示了不同到期时点上的报酬率。收益率曲线对固定利率基金经理非常重要,他们可以根据收益率曲线评估曲线上哪个时点提供的相对报酬率最高。

揭示到期期限相似的不同债券的相对价值。收益率曲线可以揭示哪个债券最贵、哪个债券最便宜。还记得图 2.1 中所描述的 30 年期债券的收益率吗？该债券在收益率曲线上的位置表明，其实际成交价格高于曲线所隐含的价格，因为该债券的收益率低于其“应有”的值。将其他债券的收益率曲线与零息债券的收益率曲线进行对比，可以帮助我们明确应买进或卖出哪些债券，或者应如何从事债券利差交易。

为利率衍生产品定价。期货或掉期等利率衍生产品的价格需要根据收益率曲线确定。在短期内，远期利率协议（FRA）等产品是根据期货曲线定价的，而期货价格反映了市场对 3 个月远期存款利率的预期。在长期内，利率掉期是根据收益率曲线定价的，而可转换和可赎回债券等具有期权特征的混合金融工具也反映了当前的收益率曲线水平。无风险利率是期权定价中的一个重要参数，是短期国债利率或短期政府债券的回购利率，这两者都是货币市场收益率曲线的组成部分。

收益率曲线对个人投资者的意义

正如前文所述，收益率曲线所包含的信息可以告诉我们市场作为一个整体对未来市场的看法。但这有什么意义呢？如果我们还记得我们本身也是市场的一部分，这当然有意义。贷款人、借款人、银行、投资者、交易商、经纪商，从政府和全球投资银行到个人储蓄者，他们共同构成了市场。市场的总体看法都表现在收益率曲线的形状中。

因此，收益率曲线是投资者所常用的一项指标，对理解和跟进市场非常重要。收益率曲线的形状可以告诉我们很多信息。例如，我们已经知道收益率曲线略为向上倾斜正是我们的期望。它表明，贷款人对于较长期限的贷款会要求较高的报酬率，因为较长期限贷款的风险较高而且可能面临较高的通货膨胀。它还表明，短期利率应该保持在较低的水平，并且在短期内不会上升。而反向收益率曲线则表明，短期利率较高或者在近期内会上升。收益率曲线由正向变为反向，是市场反馈的或向市场传达的一个强有力的信号。

投资者应按照收益率曲线所揭示的信息进行投资，理由如下：

- 利用收益率曲线进行预测简单快捷，不需要复杂的分析。
- 收益率曲线简单可靠，可用来验证从其他指标中所得出的结论。如果收益率曲线所揭示的信息与其他指标所揭示的信息不一致，我们应质疑从其他指标中所得出的结论。
- 收益率曲线可以作为一个很好的市场情绪指标。如前所述，收益率曲线的形状可以告诉我们市场的整体看法。

收益率曲线的形状还反映了以下几个方面的信息：

- 中央银行对基准利率预期的变化。
- 持有长期金融资产的风险溢价范围。如果收益率曲线的斜率为正且非常陡峭,则风险溢价就非常高,投资者就不太愿意持有长期债券。另一方面,如果收益率曲线的斜率为正但不是非常陡峭,则投资者就会非常高兴,因为这意味着经济处于繁荣时期。

- 如果收益率曲线是反向的,反向的程度可以揭示市场对经济衰退程度的预期。反向程度越大,所预期的经济衰退就越严重。

假如风险溢价是 50 个基点,我们如何知道这个数值是高还是低呢? 了解收益率反向程度或变化程度的唯一方式就是将这些反向或变化的程度与历史数据进行比较。如果知道收益率曲线过去的形状,我们就可以知道它现在的形状所表示的意义。因此,应定期跟踪收益率曲线上的某个点。收益率曲线是一个可靠的指示器,相比股票市场或股指而言,收益率曲线能更好地预测经济状况①。

下面转向讨论更为技术化的收益率曲线分析。

2.2　到期收益率曲线

到期收益率曲线是最常用的收益率曲线。第 1 章已给出了到期收益率的计算公式。到期收益率曲线是根据一组相同类型债券的到期期限和到期收益率绘制的。图 2.2 展示了三种不同的到期收益率曲线。用来构建收益率曲线的各种债券距离赎回日的期限很少正好是整数年,然而收益率曲线的 X 轴上所标注的通常是整数年,这是因为,一个债券一旦被指定为某种期限的基准,它的收益率也就被当作代表性的收益率。例如,当时英国金边债券市场的 10 年期基准债券是票面利率为5.75%、2009 年到期的国债,在 1999 年和 2000 年都是基准债券,即使当其到期期限低于 10 年时也是如此。到期收益率曲线之所以是最常见的收益率曲线,原因就在于到期收益率是最常用的报酬率指标。各种日报的商业版所刊登的债券收益率,通常是到期收益率。

不难理解,受绘制收益率曲线的源数据质量的影响,到期收益率曲线有时可能不够准确。前面已指出,到期收益率指标的主要缺陷是假设债券在其生命期内的利息能够按赎回收益率再投资。由于市场利率是随时波动的,这个目标是不可能达到的,这就是所谓的再投资风险。只有零息债券的持有人可以避免再投资风险,因为零息债券在其生命期内不支付利息。

---

① 在《战略性债券投资者》(*The Strategic Bond Investor*)一书中,安东尼·克瑞森兹(Anthony Crescenzi)列举了很多研究,以证明收益率曲线在预测经济衰退和复苏方面的可靠性,例如国债收益率曲线形状的变化就可以预测 1980 年、1982 年以及 1989 年美国经济的衰退。《经济学家》杂志(*The Economist*)也得出了相似的结论。

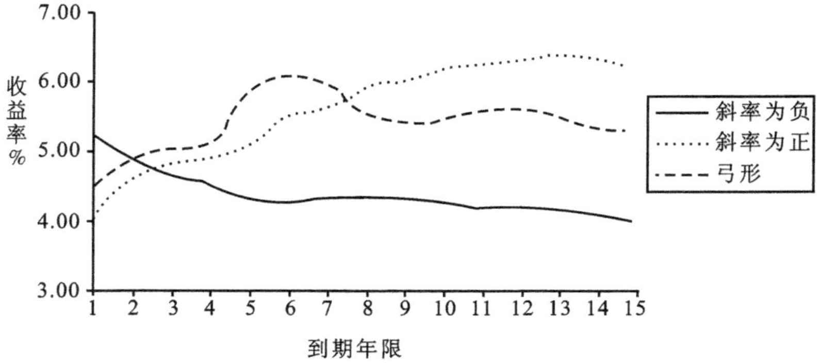

图 2.2　到期收益率曲线

彭博系统的使用者可以调出不同市场和不同金融工具的各种收益率曲线，主菜单是 IYC，是政府债券赎回收益率曲线菜单。例如，图 2.3 是英国金边债券 2003 年 6 月 18 日赎回收益率曲线的 IYC 菜单。其中的收益率曲线所代表的债券包括各种基准债券、金边零息债券或分离型债券。图 2.4 将金边债券的收益率曲线与英镑掉期的收益率曲线进行了对比，图 2.5 是法国和德国政府债券的收益率曲线，图 2.6 是美国国债的基准收益率曲线。

图 2.7 是 FMC 菜单，其中包含很多不同的政府债券和公司债券的收益率曲线，使用者可以从菜单中选择自己所需要的曲线。图 2.7 中的 664、670 和 673 分别代表 AAA、A 和 BBB 级公司债券的复合收益率曲线，这些收益率曲线如图 2.8 所示。

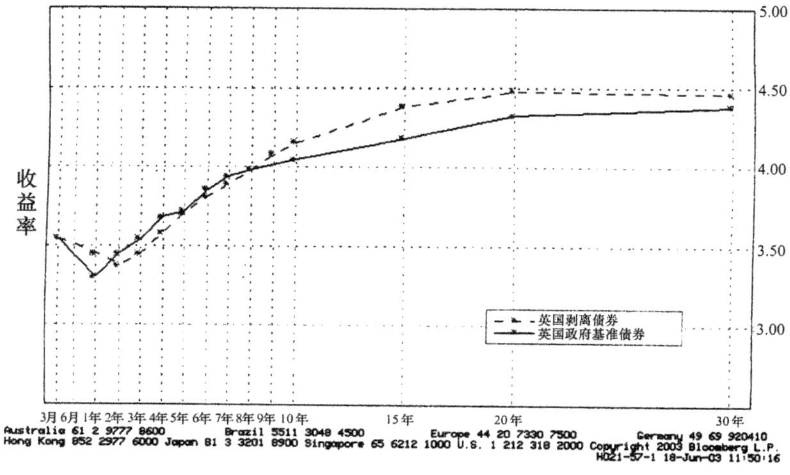

图 2.3　2003 年 6 月 18 日英国金边债券的收益率曲线

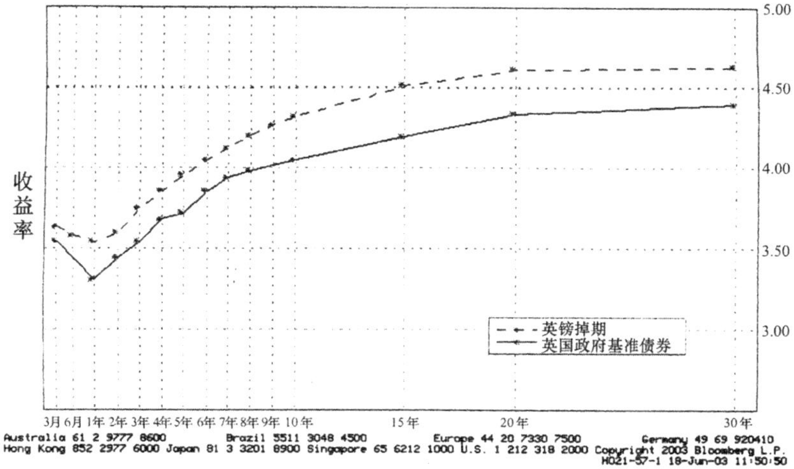

图2.4 2003年6月18日英国金边债券的收益率曲线和英镑利率掉期曲线

彭博公司版权,经允许复制

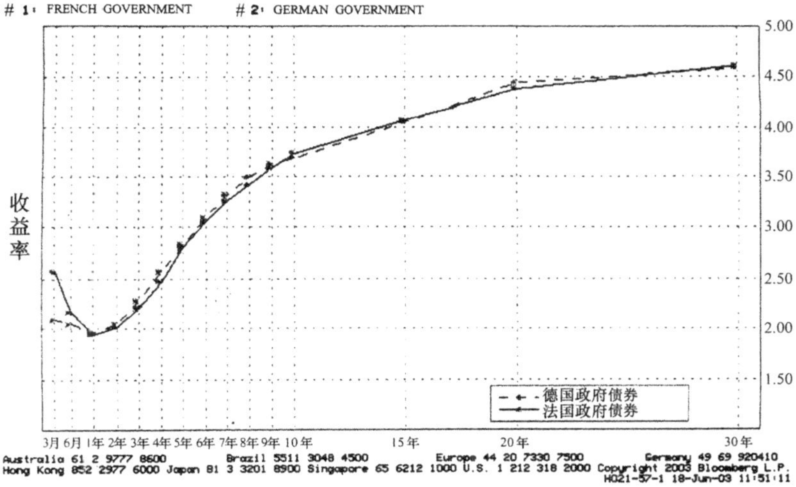

图2.5 2003年6月18日法国和德国的政府债券收益率曲线

彭博公司版权,经允许复制

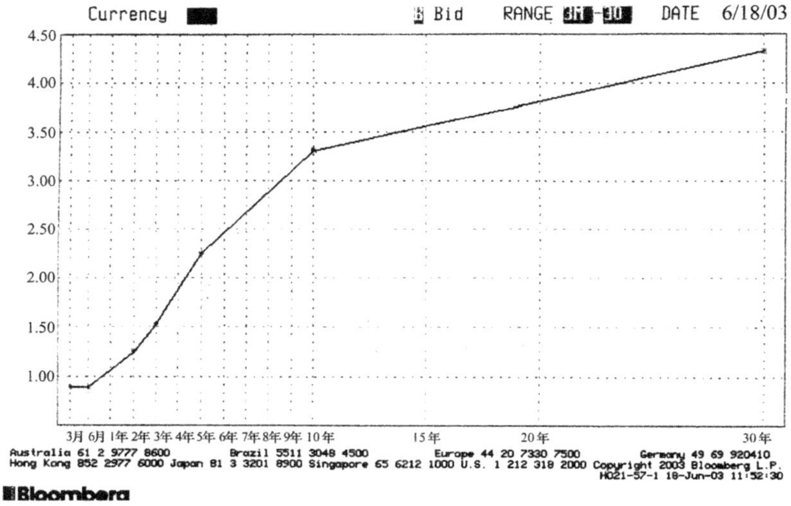

图 2.6　2003 年 6 月 18 日的美国国债收益率曲线

彭博公司版权,经允许复制

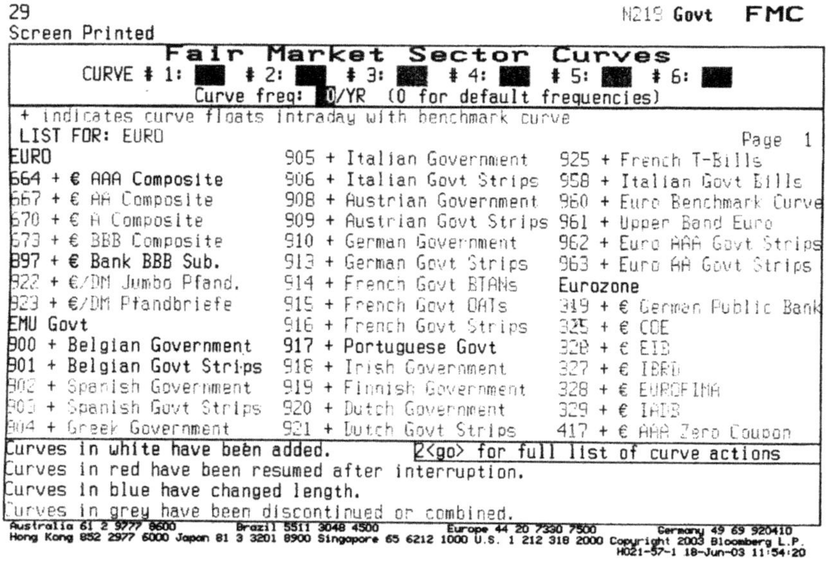

图 2.7　FMC 菜单:公司债券和政府债券收益率曲线

彭博公司版权,经允许复制

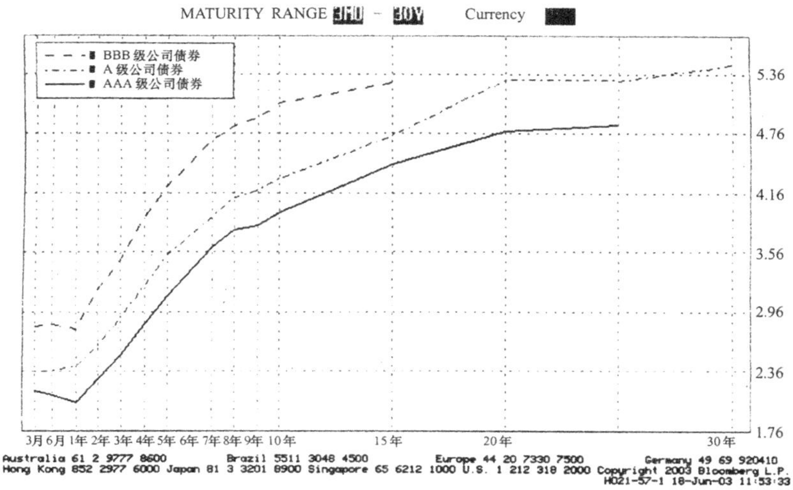

图 2.8　FMC 菜单:2003 年 6 月 18 日 AAA、A 和 BBB 级公司债券的收益率曲线

彭博公司版权,经允许复制

最后,图 2.9 是 SWCV 菜单,即利率掉期的收益率曲线。选取的部分为英镑的利率掉期收益率曲线。

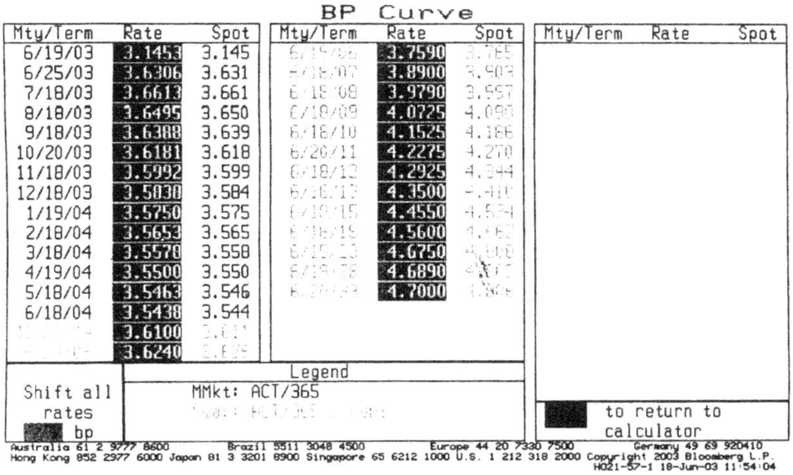

图 2.9　SWCV 菜单:2003 年 6 月 18 日英镑掉期曲线

彭博公司版权,经允许复制

到期收益率曲线并未区分各种债券因票面利率不同而造成的不同还本付息模

式之间的差异。也就是说,与具有相同到期期限的债券相比,票面利率较低的债券在后期的现金流支付比例较大。收益率曲线还假设所有债券的现金流都是平均分布的。因此在这种情况下,对收益率曲线构建时所使用的债券来讲,其现金流并不是按恰当的贴现率来贴现的。为弥补这一点,债券分析人员有时根据一组票面利率相同的债券的到期收益率和到期期限,构建一个附息债券收益率曲线。如果这一组债券中包含票面利率非常高的债券,这种收益率曲线可能会非常有用,因为票面利率较高的债券往往有较低的交易价格,即具有比到期期限相同、但票面利率较低的债券较高的收益率。究其原因,往往是由于存在再投资风险,以及一些债券市场(包括英国市场)中存在的税收原因。

由于以上原因,如果认为到期收益率曲线不合用,在分析时往往使用其他类型的收益率曲线。

2.3 附息债券的收益率曲线

附息债券收益率曲线是根据一组具有相同票面利率债券的到期收益率与到期期限所绘制的收益率曲线。通过这样的收益率曲线可知,一般而言,由于存在再投资风险以及税收问题,票面利率高的债券的价格较低(收益率较高)。例如,在英国,任何资本利得都是免税的,但金边债券的利息却需要缴纳所得税。即使在债券的资本利得需要纳税的国家,资本利得税往往可以递延,而所得税却不能递延。通常情况下,到期期限相同的债券收益率会因票面利率的不同而有很大的不同,票面利率不同的债券收益率,也会因到期期限的不同而有很大的不同。换句话说,我们常常可以看到,不同的附息债券收益率曲线不仅收益率水平不同,收益率曲线的形状也不同。如果不考虑各种债券票面利率的不同,到期收益率曲线就会发生扭曲。因此,债券分析人员往往会通过根据赎回收益率绘制一条最佳拟合的曲线,因为一组债券的票面利率效应将导致所得到的曲线高低起伏。图 2.10 展示了一组假设

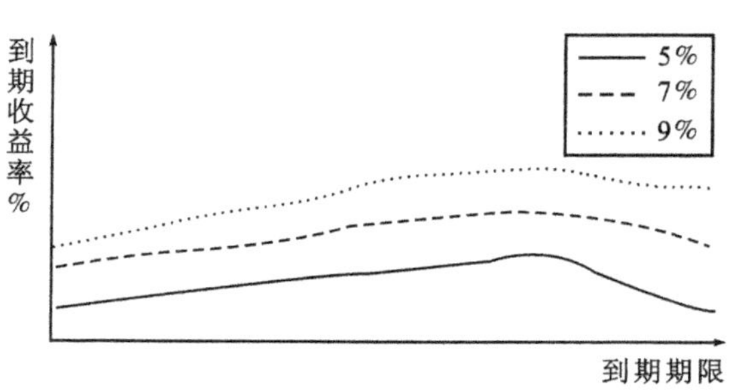

图 2.10 附息债券的收益率曲线

的附息债券收益率曲线。不过,由于现实中很难得到一组票面利率相同、到期期限各异的债券,这种收益率曲线非常少见。

2.4　平价收益率曲线

平价收益率曲线在二级市场的交易中不常使用,但发行市场或一级市场中的公司财务人员和其他人员经常使用这种收益率曲线。平价收益率曲线根据当前以面值交易的债券的到期收益率和到期期限绘制①。因此,对那些以面值或接近面值的价格交易的债券来说,其平价收益率等于这些债券的票面利率,因为交易价格等于面值的债券的到期收益率就等于票面利率。一级市场的参与者可按平价收益率确定按面值发行的新债券所需要的票面利率。投资者倾向于以不高于面值的价格购买新发行的债券,因此债券的票面利率应与债券发行价格等于或稍低于债券面值相匹配。

当债券以面值或接近面值的价格交易时,可以直接根据债券的收益率绘制平价收益率曲线。如果市场中的债券价格严重偏离面值,所得到的曲线就会发生扭曲,这时必须运用迭代法根据即期收益率曲线,推导出平价收益率曲线。正如我们可能看到的,任何期限的债券的交易价格都很少等于面值。因此,债券市场利用实际的非平价普通债券收益率曲线推导出零息债券的收益率曲线,然后在假设债券以面值进行交易的情况下绘制假设的平价收益率曲线。

2.5　零息债券(或即期)收益率曲线

零息债券(或即期)收益率曲线根据零息债券的收益率(或即期收益率)和到期期限绘制。如果存在具有流动性的零息债券市场,可根据这些债券绘制零息收益率曲线。然而,绘制零息债券收益率曲线并不必需一组零息债券,我们可以根据附息债券收益率曲线或平价收益率曲线推导出零息债券收益率曲线。实际上,在很多没有零息债券交易的市场中,可以根据传统到期收益率曲线构建即期收益率曲线。这当然是一种理论上的零息债券(即期)收益率曲线,它不同于所谓的市场

---

① 接面值交易的债券价格通常是100%,有些债券的面值则定义为1000‰。

即期收益率曲线或实际观察的即期收益率曲线①,后者是根据市场上实际交易的零息债券绘制的。

基本概念

即期收益率必须满足等式(2.1),该等式假设债券每年支付一次利息,并且在付息日进行计算,因而应计利息为零:

$$P_d = \sum_{n=1}^{N} \frac{C}{(1+rs_n)^n} + \frac{M}{(1+rs_N)^N}$$
$$= \sum_{n=1}^{N} C \times df_n + M \times df_N \qquad (2.1)$$

其中,rs_n 是到期期限为 n 年的债券的即期或零息收益率;$df_n = 1/(1+rs_n)^n$ 表示对应的贴现系数。

在等式(2.1)中,rs_1 是当前的 1 年期即期收益率,rs_2 是当前的 2 年期即期收益率,以此类推。理论上讲,某一到期期限债券的即期收益率等于具有相同到期期限的零息债券的收益率。这是一个重要的结论,正因为如此,我们可以根据市场中实际观察的赎回收益率推导出即期收益率,这也是即期收益率也称为零息收益率的原因。

与赎回收益率曲线一样,债券市场中也经常使用即期收益率曲线。即期收益率曲线被认为是真实的利率期限结构,因为此时不存在再投资风险,即事先确定的收益率就等于实际的年报酬率。也就是说,到期期限为 n 年的零息债券收益率被认为是真实的 n 年期利率。由于观察到的政府债券赎回收益率不是真实的利率,分析师经常构建理论上的即期收益率曲线。本质上,附息债券可以分解为一系列的零息债券,因而可以将观察到的每个附息债券分解为一系列现金流来构建即期收益率曲线。例如,到期期限为 2 年、票面利率为 5%、面值为 100 英镑并且每年支付息一次的债券可以分解为一个面值为 5 英镑的 1 年期零息债券和一个面值为 105 英镑的 2 年期零息债券。

假设债券市场中有 30 种每年支付一次利息的债券。第一个债券的到期期限为 1 年,第二个债券的到期期限为 2 年,以此类推。我们已知每种债券的价格,并且希望确定这些价格所隐含的市场对未来利率的估计,而且我们预期利率会随时变动,所有同一天的支付按同一利率确定支付额度。对于 1 年期的债券来说,我们

---

① "即期利率"和"零息利率"两个术语通常被当作同义词,然而即期利率通常是一个理论利率,在市场中是无法观察到的。即期利率是指现在投入的 1 单位现金流在将来某个时点所收到的报酬率,它非常接近于零息债券收益率的定义,而零息债券的收益率可以从市场中直接观察到。因此,在实践中零息利率可以当作即期利率,这是两个术语经常交替使用的原因。

知道其当前价格和在1年后所收到的支付金额(包括一次付息和赎回付款),假设1年期债券的票面利率为5%,就可以计算第一年的利率。如果该债券的价格等于面值,现在投资100英镑,一年后可以收到105英镑,利率显然就是5%。对于2年期的债券,利用上述计算出来的利率计算其当前价格在一年后的未来价值,该价值就等于我们在1年期债券上投资相等额度而在一年后收到的金额。然而,2年期债券在第一年末将支付一次利息,从当前价格的未来价值中减去该利息额,剩下的就是为了获得剩余支付而在第一年放弃的金额。根据这些数字,可以计算第二年的利率。

假设2年期债券的票面利率为6%、价格为99.00英镑,如果这99.00英镑按我们所计算出的1年期债券的利率(5%)再投资,一年后其价值将为103.95英镑,包括99英镑的本金和4.95英镑的利息。在1年后的付息日,1年期债券到期,2年期债券的票面利率为6%。如果所有人都预期2年期债券的价格在当时应高于97.95(即103.95减去6.00),就没有投资者会购买1年期的债券,这是因为,购买2年期债券并将其在一年后卖出可获得更高的报酬率。同样,如果2年期债券的价格低于97.95,就没有投资者购买2年期债券,因为购买较短期的债券并在1年期债券到期后用收到的收益购买较长期的债券更便宜。因此,2年期债券的价格在12个月之后必须等于97.95,为使这97.95英镑在一年后增长到106.00英镑(即2年期债券的到期收益,包括赎回本金和支付利息),第二年的利率必须是8.20%。我们可以使用前面介绍过的现值公式对上述过程进行检验。可以认为,在这两个利率下,这两个债券是均等的。

这是一个重要的结论,它表明收益率曲线在理论上不存在套利机会,即按现在的利率计算的购买2年期债券的报酬率必须等于购买1年期债券并在到期后将所得收益再滚动(再投资)一年所获得的报酬率,这就是无套利法则中所谓的"均等原则"。

采用同样的方式,可根据3年期债券的价格和票面利率计算第三年的利率。依次使用各个债券的有关信息,我们就可以将所隐含的一年期利率与到期期限最长的债券联系起来,这个过程称为"分步法"。给定期间的平均利率就是该期限内的即期收益率。在上面的例子中,第一年的利率为5%,第二年的利率为8.20%,按这些利率投资100英镑在两年后将得到113.61英镑,因此两年内该投资的增值比例为13.61%或者说每年为6.588%(平均利率不能用13.61除以2来计算,应根据现值公式计算,即先计算(1+利率)的平方根,然后将所计算的结果减去1)。因此,第一年的收益率为5%,第二年的收益率为8.20%。

现实市场并不像上文这样简单和直接,例如在同一天可能有很多票面利率各不相同的债券同时到期,而在另一天却可能没有到期的债券。上文中提到的债券赎回日以一年期为间隔均匀分布的情况在现实中基本不可能存在。因此,分析人员一般使用软件模型计算能最好地匹配债券市场价格的隐含即期利率。例如,如果有多种1年期债券,每种债券的价格都可能隐含一个不同的利率,我们应选择平均价格误差最小的利率。在现实中,所有债券都可以用来确定一年期的利率,所有到期期限长于一年的债券都可以用来计算两年期的利率,以此类推。而且,零息债券收益率曲线还可以直接根据附息债券收益率曲线来计算,所使用的方法与上文所描述的方法类似。在这种情况下,这些债券的价格应等于其面值,票面利率也应等于平价收益率。

零息债券收益率曲线在推导隐含远期利率(下文对此有讨论)和界定利率期限结构时非常有用。零息债券收益率曲线也是确定债券相对价值的最好曲线,还是为新发行债券定价的最好曲线(无论这些债券的票面利率如何)。然而,零息债券收益率曲线并不是平均市场收益率的绝对精确指标,因为大部分债券都不是零息债券。

2.6 零息贴现系数

介绍了零息债券收益率曲线的基本概念之后,我们可以进一步解释相关的数学计算。根据赎回收益率推导即期收益率时,我们将传统债券视为由年金和零息债券两部分组成,其中,年金是指固定票面利息,零息债券则是指在到期日赎回的金额。为了推导利率,我们可以使用等式(2.1),令 $P_d = M = 100, C = m_N$,如等式(2.2)所示。假设附息债券按面值交易,因此票面利率等于收益率:

$$\begin{aligned} 100 &= rm_N \times \sum_{n=1}^{N} df_n + 100 \times df_N \\ &= rm_N \times A_N + 100 \times df_N \end{aligned} \tag{2.2}$$

其中,rm_N 是到期期限为 N 年的债券的平价收益率,贴现系数 df_N 是面值为1英镑、到期期限为 N 年的零息债券的公平价格,并且

$$A_N = \sum_{n=1}^{N} df_n = A_{N-1} + df_N \tag{2.3}$$

是 N 年内每年1英镑年金的公平价格,一般令 $A_0 = 0$。将等式(2.3)代入等式(2.2),并作整理,可得计算 N 年贴现系数的表达式,如2.4式所示:

$$df_N = \frac{1 - rm_N \times A_{N-1}}{1 + rm_N} \tag{2.4}$$

假设1年期、2年期和3年期债券的赎回收益率分别为5%、5.25%和5.75%，可得贴现系数的解分别为：

$$df_1=\frac{1}{1+0.05}=0.95238$$

$$df_2=\frac{1-(0.0525)(0.95238)}{1+0.0525}=0.90261$$

$$df_3=\frac{1-(0.0575)(0.95238+0.90261)}{1+0.0575}=0.84476$$

可以将这些贴现系数代入等式(2.2)以验证它们的正确性，代入之后可得，价格等于面值的1年期、2年期和3年期债券（票面利率分别为5%、5.25%和5.75%）的结果如下：

$$100=105\times0.95238$$

$$100=5.25\times0.95238+105.25\times0.90261$$

$$100=5.75\times0.95238+5.75\times0.90261+105.75\times0.84476$$

现在已经得到了正确的贴现系数，然后可以按等式(2.1)直接计算即期收益率如下：

$$df_1=\frac{1}{(1+rs_1)}=0.95238 \quad 即\ rs_1=5.0\%$$

$$df_2=\frac{1}{(1+rs_2)^2}=0.90261 \quad 即\ rs_2=5.269\%$$

$$df_3=\frac{1}{(1+rs_3)^3}=0.84476 \quad 即\ rs_3=5.778\%$$

等式(2.1)根据相应的 n 年期即期收益率将第 n 年的现金流进行贴现，第 n 年的现金流包括利息支付和本金偿付。换句话说，rs_n 就是 n 年期债券的时间加权报酬率。因此，如上节所述，即期收益率曲线是定价或现金流估值的合理方法，其中包括对不规则现金流的估值，这是因为，即期收益率曲线使用了正确的贴现系数。也就是说，即期收益率曲线可以将每笔现金流与现金流支付期间所使用的贴现率匹配起来。将这种方法与上文所讨论的到期收益率方法进行比较，就可以知道为什么 N 期零息利率是 N 年期债券的真实利率，而到期收益率方法按相同的到期收益率对所有现金流进行贴现。

上述表达式可以使用微软 Excel 等电子数据表应用程序中的“工具”和“单变量求解”功能进行求解（将等式中的各个要素输入到电子数据表的单元格中），也可以采用传统代数方法求解。

例 2.1 零息债券收益率

考虑以下的零息债券市场利率：

1 年期	5.000%
2 年期	5.271%
3 年期	5.598%
4 年期	6.675%
5 年期	7.213%

计算以下债券的零息贴现系数以及价格和收益率：

(a)票面利率为 6% 的 2 年期债券。

(b)票面利率为 7% 的 5 年期债券。

假设两种债券都是每年支付一次利息。

零息贴现系数为：

1 年期：1/1.05	=0.95238095
2 年期：$1/(1.05271)^2$	=0.90236554
3 年期：$1/(1.05598)^3$	=0.84924485
4 年期：$1/(1.06675)^4$	=0.77223484
5 年期：$1/(1.07213)^5$	=0.70593182

然后，使用现金流现值的一般计算公式就可以得到票面利率为 6% 的 2 年期债券的价格：

$(6\times 0.95238095)+(106\times 0.90236554)=101.365$

可以使用微软 Excel 的"单变量求解"或惠普计算器，采用迭代方法计算到期收益率，计算的结果为到期收益率等于 5.263%。

票面利率为 7% 的 5 年期债券的价格为：

$$(7\times 0.95238095)+(7\times 0.90236554)$$
$$+(7\times 0.84924485)+(7\times 0.77223484)$$
$$+(107\times 0.70593182)=99.869$$

其到期收益率为 7.032%。

公式总结

例 2.1 证明了等式(2.5)的正确性，它表明 n 年期债券的零息贴现系数为 df_n 以及 N 年期债券的平价收益率为 rp。

$$(rp\times df_1)+(rp\times df_2)+\cdots+(rp\times df_N)+(1\times df_N)=1$$

$$\Rightarrow rp\times(df_1+df_2+\cdots+df_N)=1-df_N$$

$$\Rightarrow rp=\frac{1-df_N}{\sum_{n=1}^{N}df_n} \tag{2.5}$$

使用即期利率进行债券分析

债券市场的一般做法是，非政府债券的收益率报价比到期期限相同的政府债券收益率（通常是毛赎回收益率）高出一个特定的利差。交易商和投资经理将根据债券发行人的相关风险和该债券收益率利差的大小评估持有非政府债券的相对价值。例如，2002年年初，英国国家电力供应公司（National Grid）、塞文—特伦特水务公司（Severn Trent Water）、阿比国民银行（Abbey National）以及特易购（Tesco）等公司都发行了以英镑标价的债券，这些债券都以与相同期限金边债券的一定利差表示其收益率①。图2.11展示了英国市场中2001—2002年度公司债券高于金边债券的平均收益率利差。

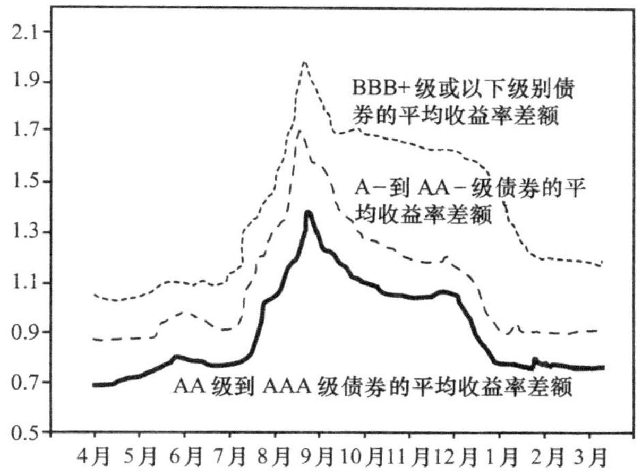

图2.11　2001—2002年度英国公司债券与金边债券之间的平均收益率差额

资料来源：英格兰银行，经允许复制

传统上，投资者会比较其所分析的债券的赎回收益率与到期期限相同的政府债券的赎回收益率。然而，正如赎回收益率指标本身一样，这种比较也有一个缺点，即所报出的利差并不具有完全可比性，因为这些收益率并不能反映即期利率曲线的真实期限结构。此外，还存在另一个缺点，即两个债券的现金流不匹配，事实上两种债券的现金流很少能完全匹配。

因此，评估公司债券收益率利差的正确方法是将公司债的现金流换算为政府债券的现金流，理论上，将公司债券的现金流与一组具有相同名义价值的政府零息

① 当然，该利差并不固定，而是随市场状况和供求关系而变动。

债券的现金流进行匹配就可以做到这一点。如果不存在零息债券市场，可以先根据零息利率对附息债券的现金流进行估值，然后进行匹配。当然，公司债券的价格是其所有现金流现值的总和，应根据相匹配的即期利率进行估值。每笔现金流高于相同期限政府债券即期利率的收益率利差就是真实的收益率利差。

该指标在美国市场中称为零波动率利差或静态利差，用来衡量持有公司债券至到期时能实现的高于政府即期利率收益率曲线的利差。该指标不同于传统的利差，它不是赎回收益率曲线某时点的利差，而是整个持有期间的利差。零波动率利差是使按相应期间相关政府债券的即期利率贴现的公司债券现金流现值等于债券价格的利差。该利差可以通过一个迭代过程确定，是比传统指标更为现实的收益率利差。

2.7 远期收益率曲线

远期收益率

市场中大部分交易是即期交割的，称为现货市场，实务中也称为“即期市场”，这种说法在外汇市场中更为常见。现货市场交易是直接清算的，债券购买者自结算日起就取得了相应的利益①。还有一个巨大的远期交易市场，远期交易在当时完成，但在以后的某一时间结算。在远期金融交易中，交易双方约定在未来某个时间按现在确定的价格用现金交换某个证券。因此，债券所适用的远期利率是债券在未来的即期收益率，也就是所购买的债券在未来某个时点结算时的零息债券的收益率。远期利率是现在根据当前的收益率曲线数据推导出来的，因此，认为远期利率是对未来即期利率的预测是不正确的。

远期利率可以根据即期利率推导，推导出的利率称为隐含远期利率，是当前即期利率所隐含的利率。远期收益率曲线或远期对远期收益率曲线根据远期利率和到期期限绘制。远期利率满足等式(2.6)：

$$
\begin{aligned}
P_d &= \frac{C}{(1+{}_0rf_1)} + \frac{C}{(1+{}_0rf_1)(1+{}_1rf_2)} + \cdots + \frac{M}{(1+{}_0rf_1)\cdots(1+{}_{N-1}rf_N)} \\
&= \sum_{n=1}^{N} \frac{C}{\prod_{i=1}^{n}(1+{}_{i-1}rf_i)} + \frac{M}{\prod_{i=1}^{N}(1+{}_{i-1}rf_i)} \qquad (2.6)
\end{aligned}
$$

① 我们称为“立即”交割，然而交易日与结算日之间也存在一些时滞，而且这些时滞可以从 1 天到 7 天不等，在一些市场中甚至更长。最常见的结算期间被称为“即期交割”，具体指两个工作日的时滞。

其中，${}_{n-1}rf_n$ 是隐含的 1 年期债券的远期利率或远期对远期利率，该债券在第 N 年到期。

由于远期收益率或远期对远期收益率隐含在即期利率之中，远期利率就是远期的零息利率。比较等式(2.1)和等式(2.6)可知，即期收益率是远期利率的几何平均值，如下式所示：

$$(1+rs_n)^n=(1+{}_0rf_1)(1+{}_1rf_2)\cdots(1+{}_{n-1}rf_n) \tag{2.7}$$

上式隐含了即期和远期利率之间的以下关系：

$$\begin{aligned}(1+{}_{n-1}rf_n) &= \frac{(1+rs_n)^n}{(1+rs_{n-1})^{n-1}} \\ &= \frac{df_{n-1}}{df_n}\end{aligned} \tag{2.8}$$

使用以前所计算的即期收益率，可以推导等式(2.8)中的隐含远期利率。例如，第二年和第三年的远期利率为：

$$(1+{}_1rf_2)=\frac{(1+0.05269)^2}{(1+0.05)}=5.539\%$$

$$(1+{}_2rf_3)=\frac{(1+0.05778)^3}{(1+0.05269)^2}=6.803\%$$

利用上式还可以计算出：${}_0rf_1$ 为 5%，${}_1rf_2$ 为 5.539%，${}_2rf_3$ 为 6.803%。这意味着在根据 1 年期、2 年期和 3 年期债券的赎回收益率计算出当前的即期收益率之后(债券按面值定价)，市场预期 3 年后的 1 年期债券的收益率为 6.803%，即第三年的 1 年期远期利率为 6.803%。

平价收益率、即期收益率以及远期利率之间的关系如表 2.2 所示：

表 2.2　附息债券、即期和远期收益率

年	附息债券的收益率(%)	零息债券的收益率(%)	远期利率(%)
1	5.000	5.000	5.000
2	5.250	5.269	5.539
3	5.750	5.778	6.803

图 2.12 展示了我们所得出的三种收益率曲线，同时显示了三种收益率曲线之间的又一个重要属性，即当原始附息债券收益率曲线向上倾斜时，即期和远期收益率曲线都位于其上方，本章稍后将讨论其中的原因。

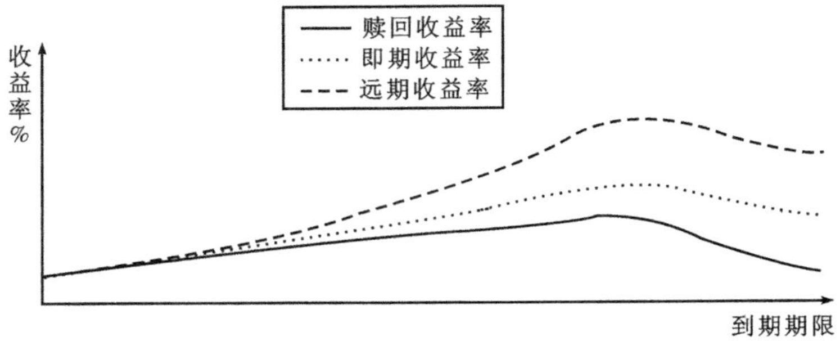

图 2.12 赎回收益率、即期收益率和远期收益率曲线：传统分析

现在考虑这样一个例子。假设一个 2 年期的债券在第一年结束时的现金流为 5.25 英镑，在第二年结束时的现金流为 105.25 英镑，其交易价格等于面值，则该债券的赎回收益率为 5.25%（也是平价收益率），即表 2.2 中的债券。正如我们在零息债券收益率部分和均等原则中所讲到的，为了构造与该附息债券等价的债券，需要构造一个纯零息债券或者一个只在第二年结束时一次性支付的贴现债券（这样在第一年结束时就不会有现金流），而零息债券或贴现债券的报酬率为 5.269%，它是即期收益率。也就是说，对于同样的 100 英镑的投资，到期时的价值必须等于 110.82 英镑，即 $100 \times (1+0.05269)^2$。

这就表明了为什么在发行新债券时零息债券收益率曲线对公司财务人员非常重要。如果知道即期收益率，就可以计算在这种利率条件下按面值发行的 3 年期债券所需要的票面利率，计算公式如下：

$$100 = \frac{C}{(1.05)} + \frac{C}{(1.05269)^2} + \frac{C+100}{(1.05778)^3}$$

用传统的代数方法可以解出 C 等于 5.75%。

即期收益率与远期利率之间的关系如等式（2.8）所示，解释如下。如果即期收益率是平均报酬率，远期利率就可以解释为边际报酬率。如果边际报酬率从第二年的 5.539% 提高到第三年的 6.803%，平均报酬率就会从 5.269% 提高到第三年的即期收益率 5.778%，如下式所示：

$$((1.05269)^2(1.06803))^{1/3} - 1 = 0.05777868$$

可见，该收益率为 5.778%，如表 2.2 所示。

公式总结

从付息期 a 到付息期 b 的远期零息利率如下式（2.9）所示：

$$ {}_a rf_b = \left(\frac{(1+rs_b)^b}{(1+rs_a)^a}\right)^{1/(b-a)} - 1 \tag{2.9} $$

其中，rs_a 和 rs_b 分别是 a 期间和 b 期间的即期利率。

从付息期 a 到付息期$(a+1)$的远期利率如下式(2.10)所示：

$$ {}_a rf_{a+1} = \frac{(1+rs_{a+1})^{a+1}}{(1+rs_a)^a} - 1 \tag{2.10} $$

根据远期利率计算即期利率

上文讨论了即期利率与远期利率之间的关系。正如我们已按照这种数学关系根据即期利率推导出远期利率一样，也可以将这个过程颠倒过来，根据远期利率计算即期利率。如果已有一条根据一系列单期的远期利率绘制的远期收益率曲线，我们就可根据这条曲线构建即期收益率曲线。等式(2.7)表明了即期利率与远期利率之间的关系，将该式变形就可用来求解即期利率，如下式(2.11)所示：

$$ rs_n = ((1+{}_1rf_1)\times(1+{}_2rf_1)\times(1+{}_3rf_1)\times\cdots \times(1+{}_nrf_1))^{1/n} - 1 \tag{2.11} $$

其中，${}_1rf_2$、${}_2rf_3$ 等表示第一期对第二期、第二期对第三期的远期利率，直到第$(n-1)$期对第 n 期的远期利率。

在计算与付息期不同的存款有关的远期利率时，应对等式(2.11)作必要调整。如果计算当前6个月期的即期利率以及隐含的未来6个月的远期利率，这些期间与 n 期即期利率之间的关系如等式(2.11)所示，类似于当前一年期的即期利率与隐含的一年期远期利率之间的关系。

例2.2(I)

1年期现货市场的收益率为5.00%，市场预期1年后的1年期利率为5.95%，2年后的1年期利率为7.25%。根据这些远期利率计算，当前3年期的即期利率是多少？

为了进行计算，我们假设一项按远期利率投资的策略，并计算该策略的报酬率。该策略的3年期报酬率由终值决定，本例中终值为1.05×1.0595×1.0725=1.1931。

3年期的即期利率为：

$$ \left(\frac{1.1931}{1}\right)^{\frac{1}{3}} - 1 = 6.062\% $$

例 2.2(Ⅱ)

考虑以下 6 个月期即期利率为 4.0000% 时的 6 个月隐含远期利率：

${}_1rf_1$	4.0000%
${}_2rf_1$	4.4516%
${}_3rf_1$	5.1532%
${}_4rf_1$	5.6586%
${}_5rf_1$	6.0947%
${}_6rf_1$	7.1129%

某投资者正在以下两个选择中犹豫不决，其一是以 72.79481 英镑的价格购买面值为 100 英镑的 3 年期零息债券；其二是购买一个 6 个月期的零息债券，并在以后的三年中每 6 个月进行一次滚动再投资。如果该投资者将每 6 个月所得到的收益按当前的实际远期利率再投资，三年后可以得到的收益是多少？

以即期利率 4% 投资 72.79481 英镑，然后在以后的三年中按上述远期利率再投资可以得到的最终价值为：

$$72.79481 \times (1.04)(1.044516)(1.051532)(1.056586) \times (1.060947)(1.071129) = 100$$

这反映了我们所说的即期利率与远期利率之间的关系，即如果所有的远期利率都可以实现，投资 72.79 英镑所得到的最终价值与投资按 3 年期即期利率定价的 3 年期零息债券相同，这就解释了 3 年期即期利率、6 个月期即期利率以及隐含 6 个月期远期利率之间的关系。那么，3 年期零息债券的即期收益率是多少呢？根据等式(2.11)，可得问题的解为：

$$rs_6 = ((1.04)(1.044516)(1.051532)(1.056586) \times (1.060947)(1.071129))^{1/6} - 1 = 5.4346\%$$

由此可得，3 年期即期利率 rs_6 为 5.4346%。虽然可以根据零息债券的传统价格/收益率公式计算 rs_6，但上述计算过程可以反映即期利率和远期利率之间的关系。

即期利率与远期利率的一个重要注意事项

任何时点存在的远期利率都反映了直到当时为止市场中的已知信息。一些市场参与者可能认为远期利率曲线是对未来即期利率曲线的预测，因为这是无偏预期假设所隐含的原理，我们将在下文讨论这个假设。实际上，远期利率曲线与即期利率曲线之间并没有直接的关系，这方面的出色分析请参见 Jarrow(1996)。例如，当远期利率曲线向上倾斜时，短期即期利率曲线却可能向下倾斜。

将远期利率曲线看作利率的指示器是对该曲线的误用。远期利率的推导过程反映了所有当前已知的市场信息。假设所有发达国家的债券市场都至少是半强式①,为了保持市场均衡,从给定的即期收益率曲线中只能推导出一组远期利率。然而,这并不意味着这些推导出的利率是预测利率,因为在计算出这些远期利率之后不久,就可能出现新的市场信息,而这些新的市场信息可能改变人们对未来利率的看法,并相应地引起远期利率曲线的变化。

远期利率非常重要,它们能在当前确定未来交易的价格。例如,银行的公司客户可能希望现在确定一年后生效的一笔贷款的利率,银行应如何向该客户提出利率报价呢?做市商也可以利用远期利率进行交易报价。远期利率是在给定到目前为止的市场信息的条件下对未来利率的最好预期,却并不是对未来即期利率的预测。如果银行具有内部信息,事情又会怎样变化呢,例如银行可能知道中央银行的基准利率会马上发生变化,拥有这些信息的银行(姑且忽略商业伦理问题)就不会根据即期利率曲线给出远期利率,而是会报出可以反映其内部信息的利率。

使用远期利率为债券定价

远期利率与即期利率之间存在某种关系,这种关系虽然可能是间接的,却能告诉我们,在为传统债券定价时,不管是采用远期利率还是采用即期利率,在理论上并没有什么区别。在期间 n 收到的现金流 C 的现值可按下式计算(采用远期利率):

$$PV_C = \frac{C}{(1+rs_1)(1+{}_1rf_1)(1+{}_2rf_1)\cdots(1+{}_nrf_1)} \tag{2.12}$$

因此,根据等式(2.12)就可以根据隐含远期利率计算 N 期债券的现金流现值,将全部现金流的现值加总起来,就是对债券的定价,如等式(2.13)所示。注意,根据债券是每年支付一次利息还是每半年支付一次利息,应分别使用6个月或1年期的即期利率以及6个月或1年期的隐含远期利率。等式(2.13)假设距离到期日的付息期正好为整数。

$$P_d = \frac{C}{(1+rs_1)} + \frac{C}{(1+rs_1)(1+{}_1rf_1)} + \frac{C}{(1+rs_1)(1+{}_1rf_1)(1+{}_2rf_1)} + \cdots + \frac{C+M}{(1+rs_1)(1+{}_1rf_1)(1+{}_2rf_1)\cdots(1+{}_Nrf_1)} \tag{2.13}$$

债券分析人员尽管可能使用即期或隐含远期利率对现金流进行贴现,其最终

① 参见作者的另一本书《债券和货币市场》(*The Bond and Money Markets*)的前言。"半强式"这一术语是 Fama(1970)首次使用的。

结果应与所使用的何种利率无关,按这两种利率所得出的结果应相等。

2.8 年金收益率曲线

寿险公司以及其他个人养老金公司常使用年金收益率曲线,该曲线根据年金收益率与到期期限绘制。年金收益率是按即期收益率为年金产品定价时所隐含的收益率。在等式(2.2)中,我们将一个债券分解为一个年金和一个零息贴现债券,并按即期收益率为贴现债券部分定价。现在,我们研究如何为年金即纯利息部分定价。

债券年金部分的价值由下式(2.14)决定:

$$A'_N = \sum_{n=1}^{N} \frac{C}{(1 + rs_n)^n} = \sum_{n=1}^{N} C \times df_n$$
$$= C \times A_N \tag{2.14}$$

其中,rs_n 和 df_n 是前面所定义的 n 期即期利率和贴现系数,A_N 是每年支付 1 英镑并连续支付 N 年的年金的公允价格。不过,A_N 也可根据下列标准公式(2.15)计算:

$$A_N = \frac{1}{ra_N}\left(1 + \frac{1}{(1 + ra_N)^N}\right) \tag{2.15}$$

其中,ra_N 是 N 年期年金的年金收益率。

使用与以前相同的利率,考虑一个票面利率为 5.75% 的 3 年期债券。该债券中年金部分的价值可按等式(2.14)计算如下:

$$A'_3 = \frac{5.75}{1.05} + \frac{5.75}{(1.05269)^2} + \frac{5.75}{(1.05778)^3} = 15.52$$

计算表明,A_3 的价值为 2.70 英镑,即 15.52 除以 5.75。根据这个计算结果,可按等式(2.15)或年金表计算年金收益率 ra。本例中,3 年期年金的收益率为 5.46%。

即期收益率曲线和年金收益率曲线之间的关系取决于市场利率水平。如果即期收益率曲线向上倾斜,年金收益率就在期末即期收益率曲线之下;如果即期收益率曲线向下倾斜,年金收益率曲线就位于即期收益率曲线之上。当票面利率较低时,债券的现金流的现值主要由最后的支付决定,年金收益率曲线与即期收益率曲线就比较接近;当票面利率较高时,这两条曲线就会逐渐分开。

2.9 收益率曲线解析

根据对任何时点上不同市场的收益率曲线的观察,我们注意到,收益率曲线可分为以下四种基本类型:

- 正常的或传统的收益率曲线。表示收益率位于平均水平,且随着到期期限的延长而稍微向上倾斜。
- 向上倾斜的或正的或上升的曲线。表示收益率从历史上来看较低,且长期收益率显著高于短期收益率。
- 向下倾斜的或负的或下降的曲线。表示收益率从历史上来看较高,但是长期收益率显著低于短期收益率。
- 弓形曲线。表示收益率在到期期限的中部达到峰值,随着到期期限的进一步延长,收益率会逐渐下降。

某些收益率曲线有时会兼具以上各种特征。

债券分析师和经济学家已在收益率曲线解析方面投入了大量精力。对任一种收益率曲线,与某一时点相关的信息往往有很多。例如,图 2.13 展示了英国金边债券从 1989 年 6 月到 1999 年 6 月 10 年内三个不同时点的赎回收益率曲线,这三条收益率曲线的形状能告诉我们哪些关于英国债券市场和英国经济在某个特定时点的信息呢?

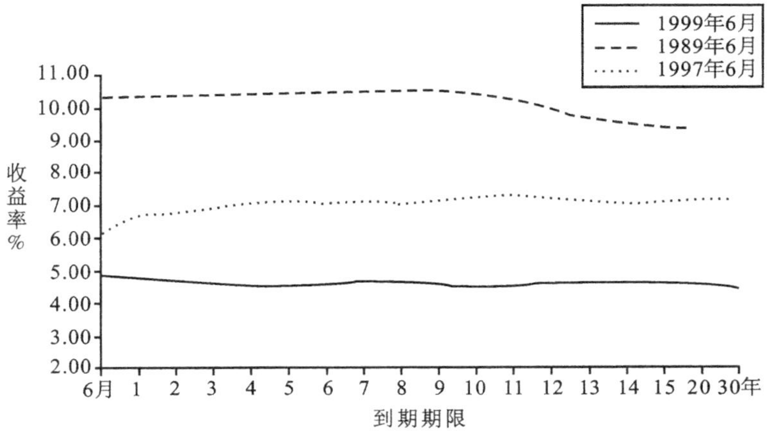

图 2.13 英国金边债券的赎回收益率曲线

本节考察对不同时点的收益率曲线形状的各种解释。没有哪个理论可以充分解释与收益率曲线及其在不同时点的形状相关的所有问题,因此,观察家一般都要综合使用公认的理论解释特定的收益率曲线。收益率曲线的分析和解释是一个十分宏大的主题,实际上可以将这一主题扩展为好几本书,这里只介绍与这一主题相关的主要思想,更详细的解释将在本书以后部分讨论。

收益率曲线的存在本身表明,不同到期期限的融资工具有不同的成本,否则我们只会得到一个平坦的收益率曲线。但现实中我们并没有观察到任何平坦的收益率曲线,这说明投资者会根据其持有的金融工具的到期期限要求获得不同的报酬率。本节评价有关解释收益率曲线的主要理论,这些理论的渊源极深。

在 1987 年,乔纳森·英格索尔(Jonathan Ingersoll)出版《金融决策理论》(*Theory of Financial Decision Making*)一书。该书第 18 章对期限结构作了非常精彩的解释,实际上,仅仅为了第 18 章就值得购买这本书。另一个对期限结构的不错解释可参见 Shiller(1990)。下面将介绍到目前为止对这个主题所进行的研究。

预期假设

预期假设认为,债券持有人的预期决定未来的利率走向。这一假设有两个相互竞争的主要版本,即局部预期假设和无偏预期假设。此外,还有到期报酬率预期假设和到期收益率预期假设,这方面的知识可以参考 Ingersoll(1987)。局部预期假设认为,到期期间不同、同一种类的所有债券具有相同的预期持有期报酬率,也就是说,平均而言,在同一个持有期内,6 个月期债券和 20 年期债券报酬率是相同的。因此,如果我们希望持有一个债券 6 个月,则无论购买哪种具体债券,都可以获得相同的报酬率。笔者认为,这个理论尽管数学计算上是成立的,却并不总是适用或相关的,但仍值得花费一些时间讨论。平均而言,长期债券的持有期报酬率一般要高于短期债券。直觉上,我们认为事实也应如此,即为了补偿较大的价格波动(风险),长期债券应提供较高的报酬率。局部预期假设与传统观点并不一致,传统观点认为投资者是风险规避者,因此需要较高的报酬率作为对承担较大风险的补偿。此外,局部预期假设没有提供任何对收益率曲线形状的分析。考克斯(Cox)、英格索尔(Ingersoll)和罗斯(Ross)在 1981 年撰文指出,局部预期假设最好地反映了即期收益率与远期收益率之间的均衡。这一点可以使用詹森(Jensen)不等式作很好地说明,该不等式在附录 2.2 中有讨论。Robert Jarrow(1996)写道:

"……在经济均衡中,具有类似到期期限的零息债券……的报酬率之间不可能有太大差异。如果这些债券的报酬率之间有很大不同,就没有投资者愿意持有报酬率较低的债券。在经济均衡中,债券报酬率之间的这种差异是不会持久的。"

这反映了经济学上的逻辑,但在实际中,其他一些因素可能影响到期期限不同的债券的持有期报酬率。举例来说,投资者所能持有的债券可能会受到限制。例如,为了保持流动性,银行和建房互助协会就只能持有期限较短的债券,在经济不均衡的环境下,即便持有期报酬率较低,这些投资者仍然不得不持有期限较短的债券。

因此,尽管在理论上完全可以预期期限较长债券的报酬率等于一系列期限较短债券进行滚动投资所得到的报酬率,但期限较长债券的无违约风险报酬率通常会高于期限较短债券。因此,将一系列短期零息债券进行持续滚动投资的投资者所得到的报酬率会低于投资期限较长的零息债券所获得的报酬率。对此,Rubinstein(1999)给出了一个可以接受的出色解释,他认为,与理论模型相比,现实中未来的即期利率是不确定性的。这意味着,由于以下两个原因,短期零息债券对投资者更有吸引力:首先,这些债券是用来对冲的更为合适的工具;其次,这些债券是流动性更强的工具,它们比长期债券更容易转换为现金。关于对冲,考虑利率上升的风险敞口。如果收益率曲线在未来某个时点向上倾斜,长期债券的价格就会下降。这对持有长期债券的投资者来说十分不利,而短期债券的投资者则能从资金滚动投资中受益,因为再投资的利率较高。对于第二个原因,Rubinstein(1999)写道:

"……经验表明,在一个充满风险规避个体的经济中,与整体消费时机有关的不确定性、实际投资的部分不可逆性(即长期实际投资不能无代价地转化为具有更早的支付流的投资),[以及]……在短期内支付的实际资产往往具有流动性优势。"

因此,对短期金融工具的需求一般较高,这导致短期金融工具的报酬率通常低于长期金融工具。

纯粹或无偏预期假设更为常见,该假设认为,当前的隐含远期利率是对未来即期利率的无偏估计①,投资者的行为方式将消除持有特定到期期限的金融工具的各种优势。因此,如果收益率曲线向上倾斜,无偏预期假设表明市场预期即期利率将会上升。同理,反向的收益率曲线表明即期利率将下降。如果预期短期利率上升,长期债券的收益率应高于短期债券。否则,投资者就会只购买短期债券,并在到期时进行滚动投资。同理,如果预期利率将下降,长期债券的收益率应低于短期债券。无偏预期假设认为,长期利率是预期未来短期利率的几何平均值。这就是按照等式(2.5)和等式(2.7)推导远期收益率曲线的理论依据,因此我们可以得到:

$$(1 + rs_N)^N = (1 + rs_1)(1 + {}_1rf_2)\dots(1 + {}_{N-1}rf_N) \tag{2.16}$$

或者

---

① 对此的最初讨论,参见 Lutz(1940)和 Fisher(1986)。

$$(1+rs_N)^N=(1+rs_{N-1})^{N-1}(1+{}_{N-1}rf_N) \tag{2.17}$$

其中，rs_N 是 N 年期债券的即期收益率，${}_{N-1}rf_N$ 是隐含的第 N 年的 1 年期利率。例如，如果当前的 1 年期即期利率为 $rs_1=5.0\%$，且市场预期 1 年后的 1 年期利率将会上升为 ${}_1rf_2=5.539\%$，则市场预期 100 英镑分两次投资于 1 年期债券时，在两年后最终可以得到：

$$100(1.05)(1.05539)=110.82$$

对应地，投资 2 年期债券必须得到相等的金额，这意味着当前的两年期利率为 $rs_2=5.27\%$，如下式所示：

$$100(1+rs_2)^2=110.82$$

因此，rs_2 等于 5.27%，并且可以得到该债券的终值为：

$$100(1.0527)^2=110.82$$

计算结果必然是 110.82 英镑，只有这样才可以确保市场中不存在套利机会。这些已在上文介绍远期利率时有所提及。因此，按照无偏预期假设，远期利率 ${}_1rf_2$ 就是对一个期间以后的可观察到的即期利率 rs_2 的无偏估计。平均来说，远期利率应等于随后的即期利率。此外，该假设可以用来解释收益率曲线的各种形状。

因此，上升的收益率曲线表示投资者预期短期利率将上升，即 ${}_1rf_2>rs_2$；下降的收益率曲线表示投资者预期短期利率将下降；弓形的收益率曲线表示投资者预期短期利率将上升，而长期利率将下降。此外，市场未来走向的预期主要表现为预期通货膨胀率的函数。如果市场预期未来的通货膨胀压力增大，收益率曲线就有正的斜率；如果市场预期未来的通货膨胀压力将减轻，收益率曲线就有负的斜率。然而，包括 Fama（1976）在内的一些经验研究表明，远期利率是对未来即期利率的有偏估计，并且经常高估未来的即期利率水平。无偏假设还由于认为投资者能够预测非常长期的即期利率而广受批评，因为这一点看起来不切实际。由于大部分发达国家市场中存在的收益率曲线所包含的债券通常都是在 30 年以后或更长的时间以后到期，这些批评可能非常重要。投资者真的能够预测 10 年、20 年或者 30 年以后的利率吗？也许不能，尽管这的确是 30 年期债券所隐含的信息。由于债券的收益率是市场决定的，认为市场能够预测 30 年后的通货膨胀率和未来利率还比较合理。

预期假设可以有多种表达方式，比如前面讲过的局部预期假设。另一种版本的预期假设是到期报酬率预期假设，它是指持有零息债券直至到期的总报酬率等于在相同期限内持有短期金融工具并进行持续滚动投资所得到的报酬率。还有一种到期收益率假设认为，持有零息债券的期间报酬率等于将一系列附息债券进行滚动投资所得到的报酬率。不过，这里指的是每年所挣得的年报酬率，而不是债券生命期内的总报酬率。根据这一假设，可以按照附息债券的赎回收益率推导出零息债券的收益率曲线。无偏预期假设认为，远期利率等于市场所预期的未来即期利率。考克斯—英格索尔—罗斯所认为，只有局部预期假设描述了一个真正的无套利模型，而在其他情境下可以使用一定的投资策略获得高于隐含远期收益率的回报。尽管有观点认为①，局部预期假设与无偏假设之间的区别是不重要的，但是描述该情境的模型并没有反映投资者的观点，这正是必须在该领域展开进一步研究的原因。

无偏预期假设本身并没有解释收益率曲线的各种形状或者收益率曲线所隐含的信息，因此必须结合流动性偏好理论等其他解释一起使用。

预期假设的数学描述

简单地说，预期假设认为，收益率曲线的斜率反映了市场对未来利率的预期。实际上，总共有四种各不相同、互不兼容的预期假设版本。预期假设已经有很长的历史，1896 年，费雪首次对其进行了描述，此后希克斯（Hicks 1946）等人作了进一步发展②。Shiller（1990）认为，预期假设背后的思想可能来源于市场参与者在评估是购买长期债券还是购买短期债券时对未来利率走向的看法。例如，如果预期利率将下降，投资者就会购买长期债券，因为这样可以锁定当前长期债券较高的收益率。如果所有的投资者都有相同的观点，由于需求的增加，长期债券的价格就会上升，从而导致收益率下降。只要短期利率预期将下降，这种较低的收益率就会一直保持下去，而只有在对长期债券的需求下降时长期债券的收益率才会提高。因此，向下倾斜的收益率曲线是利率下降的指示器，而向上倾斜的收益率曲线则表明市场预期短期利率将上升。

下面简单分析一下这里所涉及的主要思想。无偏预期假设认为，当前的远期利率是对未来即期利率的无偏估计。令 $f_t(T,T+1)$ 表示 t 时刻从期间 T 到期间 $T+1$ 的远期利率，如果在 T 时刻一个期间的即期利率为 r_T，根据无偏预期假设就有：

$$f_t(T,T+1) = E_t[r_T] \tag{2.18}$$

该等式表明远期利率 $f_t(T,T+1)$ 是 T 时刻未来一个期间即期利率 r_T 的期望值。

到期报酬率预期假设认为，从 t 时刻持有某债券直到 T 时刻的报酬率，等于持

① 例如，参见 Campbell（1986）和 Livingstone（1990）。

② 参见 Shiller（1990）第 644 页的脚注，该脚注对预期假设的渊源作了生动的描述。另外可参见 Ingersoll（1987，389－392 页）对预期假设所作的出色综述。

有一系列单期债券并在到期时进行持续滚动投资所得到的预期报酬率。这一点可以正式地表示如下：

$$\frac{1}{P(t,T)} = E_t[(1+r_t)(1+r_{t+1})\cdots(1+r_{T-1})] \tag{2.19}$$

等式(2.19)左边表示投资者持有零息债券直至到期的报酬率，它等于将1英镑从t时刻到T时刻进行持续滚动投资所得的报酬率，这些持续滚动投资的收益率都等于未来的即期利率r_t。对该假设的一个出色证明可参考Jarrow(1996,52页)，约罗(Jarrow)认为，在经济均衡情境下，具有相似到期期限的零息债券其报酬率本质上不能有太大的差别，否则投资者就不会持有报酬率较低的债券。对不同到期期限的附息债券也有相似的结论。因此，收益率上的任何差别并不会因为经济重新实现均衡而消失。然而，不管短期债券的收益率如何，投资者都会出于各种原因而持有短期债券，因此到期报酬率假设有可能不适用。本质上，到期报酬率假设表示一种均衡状态，在这种均衡状态中持有期间的预期报酬率都相等。然而它并没有表明不同债券持有策略的报酬率相同。

根据等式(2.18)和等式(2.19)可以确定，无偏预期假设和到期报酬率假设是互不兼容的，除非未来利率之间没有相关性。正如Ingersoll(1987)所言，尽管模拟这种经济环境(即未来利率之间没有相关性)是可能和有趣的，但由于利率具有高度的相关性，这种经济环境是不符合实际的。如果一定期间内利率之间有正的相关性，当债券的到期期限长于两个期间时，债券在无偏预期假设下的价格将高于到期报酬率假设下的价格，当债券的到期期限正好等于两个期间时，债券在两种假设下的价格是相同的。

到期收益率预期假设可以用收益率来描述，如下所示：

$$\left[\frac{1}{P(t,T)}\right]^{\frac{1}{T-t}} = E_t[\{(1+r_t)(1+r_{t+1})\cdots(1+r_{T-1})\}^{\frac{1}{T-t}}] \tag{2.20}$$

其中，等式的左边是零息债券在t时刻的到期收益率。在到期收益率预期假设下，将一系列单期债券进行持续滚动投资所得到的持有期间预期收益率，等于持有长期债券直至到期所获得的收益率。

局部预期假设表明，如果持有期限较短，所有的债券都会产生相同的预期报酬率，即：

$$\frac{E_t[P(t+1,T)]}{P(t,T)} = 1 + r_t \tag{2.21}$$

这是唯一一个符合无套利原则的预期假设，因为所有债券的预期报酬率都等于无风险利率。因此,局部预期假设有时也称为风险中性预期假设。

流动性偏好理论

直觉上,我们可能认为到期期限较长的投资比到期期限较短的投资具有更大的风险。如果将资金借给同一个客户,则贷款期限为 5 年的投资所要求的利率通常比贷款期限为 5 个星期的投资高。这是因为在较长的期限内借款人可能无法偿还贷款,因为他们在这段较长的期间内可能破产。因此,期限较长债券的收益率应高于期限较短债券的收益率,以补偿贷款人在贷款期间面临的较高风险①。

也可以根据通货膨胀预期考虑该理论。如果预期通货膨胀率在长期内将大致保持稳定,市场就会预测收益率曲线斜率为正。然而,预期假设本身并不能解释这种现象,因为在通货膨胀率稳定的状态下人们将预期具有较平坦的收益率曲线。长期投资所固有的风险或者流动性偏好理论可以用来解释斜率为正的收益率曲线。一般地讲,借款人偏好借款的期限尽可能长,而贷款人偏好贷款的期限尽可能短。因此,正如前文所述,较长的贷款期限必须对贷款人的流动性损失作出补偿。这种补偿被认为是一种溢价。贷款期限越长,这种溢价就越高,因此,在其他条件相同的情况下,期限最长的投资就有最高的收益率。所以,流动性偏好理论表明,收益率曲线应该永远具有正的斜率,只有这样才能反映债券持有人对流动性和较短期限债券的较低风险的偏好。将流动性偏好理论与无偏预期假设相结合,也可用来解释反向的收益率曲线。弓形的收益率曲线可以看作反向收益率曲线和斜率为正的流动性偏好曲线的组合。

由无偏预期给出的收益率曲线和实际观察到的收益率曲线二者之间存在一些差别,这种差别有时称为流动性溢价。流动性溢价反映了这样一个事实,即短期债券在有些情况下比长期债券更容易在市场中进行交易。然而流动性溢价在任何情况下都不是固定不变的,而是随时变动的,因而是难以量化的。流动性溢价的目的是为了鼓励投资者持有收益率高于短期证券的期限较长的证券,短期证券的流动性高,更容易转化为现金。流动性溢价就是对持有流动性较低的金融工具的补偿。如果期限较长的证券能够如流动性溢价所表明的那样提供较高的收益率,它们就可以在投资期间内产生较高的平均总报酬率,这与局部预期假设是不一致的。更正式地,我们有:

$$0 = L_1 < L_2 < L_3 < \cdots < L_n$$

并且

① 原始讨论参见 Hicks (1946)。

$$(L_2 - L_1) > (L_3 - L_2) > \cdots > (L_n - L_{n-1})$$

其中,L 是到期期限为 n 年的债券的溢价。上式表明,溢价随着到期期限的延长而提高,且收益率曲线斜率为正。随着到期期限的延长,收益率曲线的斜率会逐渐减小。这与在正常情况下所观察到的收益率曲线是一致的。

预期假设认为,远期利率等于预期的未来即期利率,如下式(2.22)所示:

$$_{n-1}rf_n = E(_{n-1}rs_n) \tag{2.22}$$

其中,$E()$是指当前期间的期望值。该假设意味着远期利率是对未来即期利率的无偏估计,这一点前面已有提及。另一方面,流动性偏好理论认为,远期利率还可能包含一个流动性溢价,而且流动性溢价随着到期日的临近而下降,如下式(2.23)所示:

$$_{n-1}rf_n > E(_{n-1}rs_n) \tag{2.23}$$

如果市场中未来即期利率的走向是不确定的,对远期利率的判断就存在不确定性,(2.23)式就应该颠倒过来。

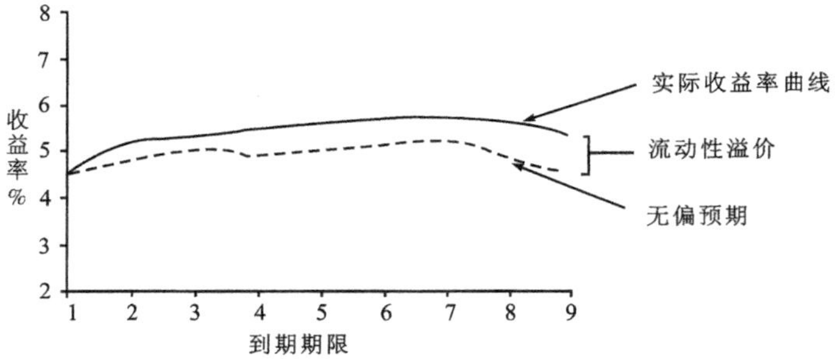

图 2.14 预期假设和流动性偏好理论对收益率曲线的解释

货币替代假设

对短期债券收益率曲线的另一个解释由 Kessel(1965)提出。根据货币替代理论,短期债券被看作现金的替代品。投资者将只持有短期市场工具,因为这些金融工具的风险很小或者可以忽略不计。其结果是,短期债券的收益率由于需求增加而下降,并会低于长期债券的收益率。另一方面,借款人偏好发行长期债务,并希望尽可能减少发行次数以降低成本。因此,由于供给的增加和流动性较低这两个因素的共同影响,长期债券的收益率将被迫上升。货币替代理论在某些方面与流动性偏好理论紧密相关,它本身也不能解释反向的或弓形的收益率曲线。

市场细分假设

资本市场由各种各样的使用者组成,他们的需要各有不同。一些投资者偏好短期债券,另一些投资者则更专注于较长期限的债券。市场细分理论认为,市场的各个部分之间不存在内在关系,投资行为集中于其中的某些特定部分领域。投资于各种期限的债券中的资金数额可以引起市场供求关系的变化,这种变化就会形成弓形的收益率曲线。也就是说,收益率曲线的形状是由各种特定到期期限的金融工具的供求关系决定的,这条曲线上的金融工具之间是没有任何关系的。

例如,银行和建房互助协会为了满足日常现金管理(即资产/负债管理)需要及监管要求(即流动性要求),主要关注到期期限较短的债券;养老基金和保险公司则非常关注期限较长的债券;不过,很少有机构投资者偏好中期债券。部分投资者的这种行为导致期限较短和期限较长债券的价格较高、收益率较低,而期限居中的债券价格较低、收益率较高。

根据市场细分假设,每种到期期限的债券都有一个单独的市场,不同到期期限债券的利率由其各自的供求关系决定①。一种到期期限的债券如果没有需求,其收益率就会高于其他市场。市场参与者将不会持有在其兴趣范围之外的任何债券②,因此短期债券和长期债券的收益率是相互相关的。市场细分理论通常以银行和寿险公司为例进行解释。银行和建房互助协会常持有期限较短的金融工具,到期期限一般不超过5年,这是由零售银行的运营性质所决定的。银行需要随时准备大量的可用现金以满足存款人的提款需要,同时也是为了满足监管部门的要求。持有短期的流动性好的债券能满足客户的任何突发的或超出预期的现金需求。经典理论认为,当银行将其资金投资于短期债券时,这些债券的收益率将会下降。如果银行卖出部分债券(也许是为了满足较高的贷款需求),这些债券的收益率就会上升,价格就会下降。而且,银行的这种行为只会影响到期限较短债券的收益率,而不会影响到期限较长的债券。

尽管市场细分理论与斜率为正的收益率曲线间的拟合度可能最优,这个理论实际上也可以解释任何特定形状的收益率曲线。然而,市场细分理论并不能预测收益率曲线的形状,因而不能为分析提供任何信息。根据定义,该理论认为,对投资者来说,不同到期期限的债券相互之间不是完美的替代品。这是因为,不同的债券具有不同的持有期报酬率,一种债券不能成为另一种债券的完美替代品。由于各种债券之间不能进行完美地替代③,市场要按照到期期限进行细分。

市场细分假设是对传统向上倾斜的收益率曲线的一个合理解释,但这一解释本身并不充分。毫无疑问,银行和建房互助协会出于监管要求和收益率考虑,会持有期限较

① 参见 Culbertson (1957)。

② 例如,零售和商业银行持有期限较短的债券,而寿险公司持有长期债券。

③ 例如,零售和商业银行常持有短期债券,而寿险公司则持有长期债券。

短的债券，但其他投资者在投资时可能更为灵活，将其资金投资到更有价值的债券上。尽管如此，对基础证券的较高需求确实使某些特定到期期限的债券收益率下降。

市场细分假设的一个稍经修正的版本就是所谓的优先偏好理论，该理论认为，不同的市场参与者对到期期限不同的债券有不同的兴趣。但是，足够的激励可以鼓励投资者持有其他期限的债券。因此，在某个时期，银行可能会持有期限较长的债券，前提是这些债券的价格足够低而债券的报酬率足够高，值得承担相关风险。同理，也可以说服长期债券的投资者持有期限较短的债券。因此，如果希望债券持有人改变其原有的兴趣，应提供较高的收益率。该理论认为，投资者本质上具有一定的灵活性，只要他们认为某种债券有投资价值，就可以改变其原有的习惯或法律和监管要求而投资于任何期限的债券。

弓形收益率曲线

在绘制特定类型的债券的收益率曲线时，经常会遇到弓形的收益率曲线。弓形收益率曲线的形成有多种原因。与无偏预期假设一样，当预期利率在接下来的几个期间上升并随后下降时，就会出现弓形的收益率曲线。在其他情况下，例如对未来利率的预期有偏差时，也会形成弓形的收益率曲线。当市场认为未来有可能出现十分稳定的利率，同时也有一定的可能性在中期出现较低利率时，就会形成弓形收益率曲线。对弓形收益率曲线的其他常见解释是优先偏好理论。

综合理论

将单纯预期假设和流动性偏好理论（可能还有其他的一两个理论）结合起来，可能对收益率曲线在任何时点的形状作出更好的解释。市场分析师通常将无偏预期假设和流动性偏好理论结合起来，形成一个“折中”的理论，这个理论与任何收益率曲线形状都可以保持一致，并且可用于预测上升的利率。根据这个综合理论，远期利率等于预期的未来即期利率加上一个经量化的流动性溢价，如下式(2.24)所示：

$$ {}_0rf_i = E({}_{i-1}rs_1) + L_i \qquad (2.24)$$

其中，L_i 是到期期限为 i 的债券的流动性溢价。流动性溢价随着到期期限的延长而提高①。例 2.3 给出了一个例子。

例 2.3 预期未来利率不变且斜率为正的收益率曲线

考虑表 2.3 所示的利率结构：

① 因此 $L_i > L_{i-1}$。

表 2.3　　预期未来利率不变且斜率为正的收益率曲线

期间 n	0	1	2	3	4	5
$E(rs)$		4.50%	4.50%	4.50%	4.50%	4.50%
远期利率 $_0rf_n$		5.00%	5.50%	6.00%	6.50%	7.50%
即期利率 rs_n	5.00%	5.30%	5.80%	6.20%	6.80%	7.00%

当前的期限结构向上倾斜，因为即期利率随着到期期限的延长而上升。然而，市场预期未来的即期利率为恒定的 4.5%。表 2.3 同时展示了远期利率和即期利率，但远期利率是预期即期利率和流动性溢价的函数。流动性溢价在第一年为 0.50%，在第二年及以后年份均为 1.0%。

这个综合理论与反向的收益率曲线一致，而且即使流动性溢价随着到期期限的延长而提高，这个综合理论仍然适用。例如，在预期未来即期利率下降时，也可以使用综合理论。通常，如果收益率沿着期限结构下降，就会发生这种情况（即出现反向的收益率曲线）。如果预期未来即期利率的下降大于相应的流动性溢价的提高，即期利率就可能下降。

平坦的收益率曲线

传统理论并没有对平坦的收益率曲线作出解释。平坦的收益率曲线尽管在市场中很少观察到，但在特定经济环境下有时确实会出现。根据传统理论，平坦的收益率曲线不可能持久，因为从理论上说，如果没有额外的收益率，投资者就没有持有较长期债券的动机，因此当投资者卖出长期债券时，收益率就会上升，从而形成向上倾斜的曲线。分析师已对平坦收益率曲线作出了不同的解释。1988 年 11 月，与当时的收益率曲线相比，美国国债的收益率曲线是平坦的，一些研究人员认为，其原因是市场预期长期债券收益率将下降而其价格将上升的结果①。有一种建议认为，由于预计长期利率会下降，应在收益率曲线较为平坦时购买期限较长的债券，这种建议与认为平坦收益率曲线是卖出长期债券的信号的观点正好相反。具体到 1988 年的美国市场，长期债券的收益率在随后的 12 个月确实下降了大约 2%。这就说明，在制定买卖长期证券的决策时，应根据我们对未来长期利率的看法，而不是根据收益率曲线本身的形状。供求关系很可能比任何其他因素能更为显著地影响平坦的收益率曲线，因为大多数人的观点最终将会胜出，从而迫使收益

① 参见 Levy（1999）。

率曲线转变成更为传统的形状。

对收益率曲线的进一步认识

本章及上一章对现值、即期和远期利率的讨论都以经济学家所假设的完美市场为基础,这种完美市场有时也称为无摩擦金融市场,其特征包括:

- 完美信息。
- 没有税收。
- 完整的债券到期日。
- 没有交易成本。

实际市场当然是不完美的。但完美市场假设便于我们讨论即期利率和远期利率以及期限结构。在分析收益率曲线所包含的信息时,务必要记住,这些信息所代表的市场并不是一个完美的市场,经常可以观察到传统理论所无法解释的反常现象。

在任何时点,认为很多因素都会影响收益率曲线的形状可能更为现实。例如,货币市场中的可用资金对短期利率影响极大。收益率曲线的斜率(通常是指 10 年期的收益率减去 3 个月期的利率)是判断政府货币政策松紧度的一个指标。一个较低的正收益率曲线通常是货币成本较低的标志,因为此时的货币政策较为宽松,而且随后期间的通货膨胀率和债券收益率都会较高。同样,一个较高的负收益率曲线意味着紧缩的信贷政策,因为此时的货币政策较紧,并且会导致通货膨胀率和债券收益率的下降。负收益率曲线通常是经济衰退的征兆,例如,1998 年 4 月《经济学家》杂志(*The Economist*)的一篇文章认为,自 1955 年以来,美国的每次经济衰退之前,都出现过负收益率曲线,只有一次除外。分析也能得出同样的结果:如果投资者预期将出现经济衰退,他们也会预期通货膨胀率将下降,因此,与短期债券相比,长期债券的收益率就会下降。传统理论对负收益率曲线的解释是,这意味着市场和投资者认为,经济增长要么会放缓,要么会直接开始衰退①。在这种情况下,人们预期货币当局不久将会通过降低基准利率来增加货币供应,因此就会出现负收益率曲线。与此同时,短期利率的下降将影响短期债券,投资者将卖出这些短期债券,以进一步提高其收益率。

虽然传统理论认为负收益率曲线是经济增长速度放慢的一个标志,但有时也需要考虑到其他因素。从 1997 年 7 月到 1999 年 6 月,英国金边债券的收益率曲线就是一个负的曲线②。但一般观点并不认为英国经济正在走向衰退,事实

① 衰退的正式定义是国内经济连续两个季度出现下滑。

② 尽管 1999 年 7 月该曲线的斜率在 7 ~ 8 年这一期限范围前短暂变为正值,但很快又在整个期限结构中变为反向,并一直持续到 2001 年的夏天,然后又恢复为斜率为正的正常曲线。

上托尼·布莱尔(Tony Blair)领导的工党政府正在推动经济健康发展。对金边债券负收益率曲线的解释主要集中于两个因素:首先,利率政策已转由英格兰银行的货币政策委员会独立承担制定;其次,人们预期英国将在中期内放弃英镑加入欧元区。当时的收益率曲线显示,市场预期货币政策委员会可以在长期内成功地将通货膨胀率控制在2.5%左右,而其通货膨胀率目标实际上是1%上浮或下调2.5%。并且,为了向欧元区利率靠拢,英镑利率在中期内需要下调。然而这些都属于中期预期,笔者认为这些预期在逻辑上并不会影响短期债券的收益率。事实上,期限结构的变化曾使1999年6月6~7年这一期限范围内的收益率曲线斜率为正。这种收益率曲线形状更符合逻辑,但它维持的时间很短,超过两年期的部分很快再次发生逆转。

因此,收益率曲线中有着非常重要的信息,经济学家和债券分析师在制定政策和投资建议时,都会分析收益率曲线的形状。不管是曲线上的期限较长部分还是期限较短部分,也不管是部分收益率曲线还是全部收益率曲线,都可以作为对未来市场状况的有用预报器。分析时,比较几个不同市场和不同货币的收益率曲线也非常有用。例如,可以通过定期比较利率掉期曲线与政府债券收益率曲线的位置来获得相关信息。在发达国家的经济中,掉期市场与政府债券市场具有相同甚至更好的流动性,分析掉期收益率曲线就非常有助于预测短期利率水平。本书第四篇将继续讨论掉期收益率曲线。

政府政策,包括公共部门的借款政策、债务管理政策和公开市场操作政策等,将影响收益率曲线的形状和水平。市场对公共部门债务规模的认识将影响债券的收益率。例如,债务水平的增加可能导致不同到期期限债券收益率的提高。公开市场操作是指英格兰银行通过购买短期国债或进行回购来控制货币供应量的日常操作,这些操作可能有很多影响或效应。短期内,这种操作可能使收益率曲线向上或向下移动;长期内,基准利率水平的变化将影响收益率水平。如果预期基准利率水平会上升,将导致短期债券的价格下降。这是因为,人们将预期短期债券的收益率水平上升,而这将导致收益率曲线在短期内反向。最后,债务管理政策也影响收益率曲线。在英国,制定债务管理政策是债务管理办公室(DMO)的职责。大部分政府债务到期时都会还旧借新,如果新债务的市场价格较低、收益率较高,新债务的到期期限就可能会对收益率曲线造成重大影响,比如在原债务的细分市场部分会形成弓形收益率曲线。

例2.4　英国金边债券收益率曲线中所包含的信息:一个特例

1999年上半年,多种因素共同作用,期限较长的金边债券的需求增加,但与此同时由于政

府的借款需求下降，金边债券的供给反而下降。需求的增加导致市场流动性减少，金边债券价格上升高于大部分欧洲国家的政府证券，即其收益率低于大部分欧洲国家的政府证券。这是一个相对较新的现象，例如，1999 年 8 月的某个时点，10 年期英国政府债券的收益率为 5.07%，而相应的美国和德国政府债券的收益率却分别为 6.08% 和5.10%①。对于期限较长的债券来说，英国的收益率在 30 多年内首次低于德国和美国的收益率，这反映了市场对长期内英国经济的评价较为乐观。1999 年 9 月底，德国 30 年期债券（票面利率为 4.75%、2028 年 7 月到期）的收益率为5.73%，票面利率为 6.125%、2027 年到期的美国债券的收益率为 6.29%，而票面利率为 6%、2028 年到期的英国债券的收益率为 4.81%②。

英国金边债券相对较高的价格也反映在利率掉期与金边债券之间的收益率利差之中。例如 1999 年 3 月，10 年期掉期与政府债券之间的利差在英国超过 80 个基点，而在德国只有 40 个基点。

从历史上来看，此时掉期与金边债券之间的利差也比较大，超过了补偿掉期合约的信用风险所需的利差。这种利差反映了对金边债券的较高需求，使得长期债券的收益率下降。此时，市场认为金边债券的收益率曲线不再能正确反映人们对未来短期利率的预期。英镑掉期市场的流动性通常与政府债券市场相当甚至更好（如本例中的情况），因此被认为是对未来短期利率更为精确的预测。事后看来，这种观点是正确的，英国市场的掉期利率在 1999 年 1 月和 2 月下降，并且在下个月月底的掉期收益率曲线已经变为稍微向上倾斜，而金边债券的收益率曲线仍为反向。上述事实确实表明，市场对未来短期利率的预期偏高，掉期收益率曲线预测到了这一点，但金边债券收益率曲线却没有隐含这一点。图 2.15 展示了掉期收益率曲线从 1998 年 12 月到 1999 年 3 月正斜率的增大，而同期金边债券收益率曲线仍然保持为反向。这是一种较为反常的现象，因为此时金边债券收益率曲线中所包含的信息的相关性小于另一种市场收益率曲线，这是由供给不能满足需求的增长这一特殊情境决定的。

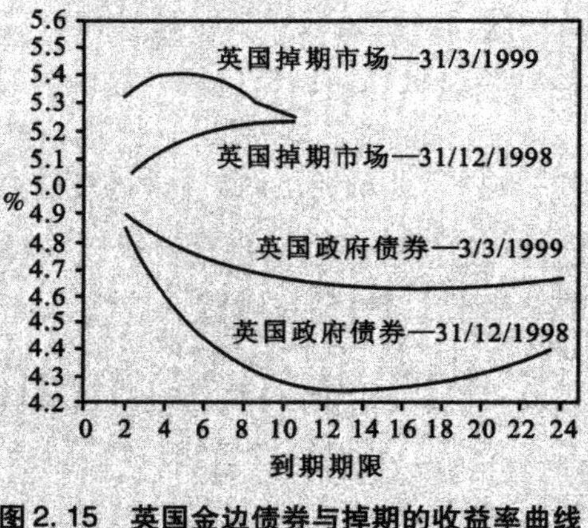

图 2.15 英国金边债券与掉期的收益率曲线

资料来源：英格兰银行

① 收益率数据来自彭博公司。

② 收益率数据来自彭博公司。

解释收益率曲线

我们展示了20世纪90年代英国金边债券市场收益率曲线上的一些点。当然，在事后对这些点进行分析并获得其所包含的信息比在当时进行分析更为容易，但从这些观察中可以得出一些一般结论。

首先，考察图2.16和图2.17中所显示的1990年1月份和6月份的收益率曲线①。

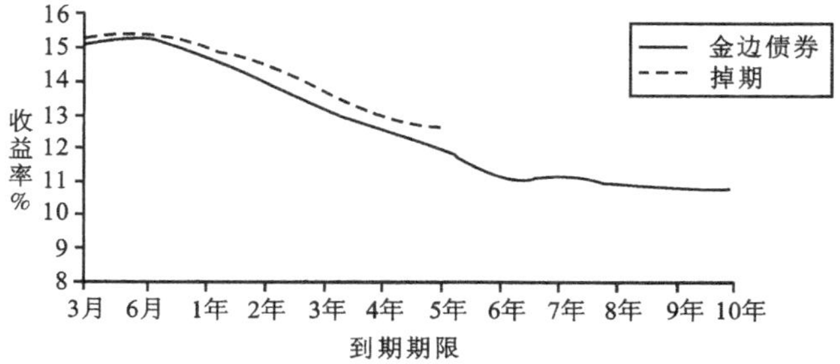

图2.16　1990年1月

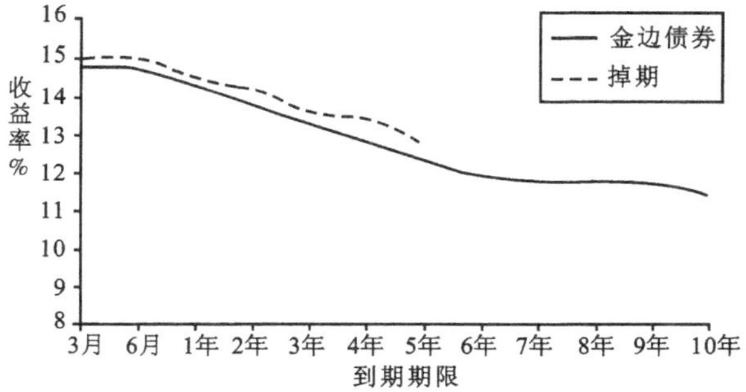

图2.17　1990年6月

第一天的收益率曲线表明短期利率将下降，1990年6月的收益率曲线也反映了这一点。预测大致是精确的。

考虑到英国经济在不久之后进入经济衰退，收益率曲线反向也就不奇怪了，然

① 除特别注明以外，所有政府债券收益率曲线都是根据英格兰银行内部模型（参见Mastronikola（1991）和Anderson and Sleath（1999））绘制的平价收益率曲线。数据来自英格兰银行。另一条曲线是英镑的利率掉期曲线，也称为LIBOR曲线。实务中，利率掉期根据政府债券的收益率曲线定价，反映了市场对银行间信用风险的认识，因为掉期利率是由银行（或公司）支付的，存在一定的信用风险。所有的掉期曲线都是根据彭博公司的利息数据绘制的。

而,1990 年 1 月,经济衰退还没有开始,因为事后的 GDP 数据表明,经济衰退是 1990 年年中到 1991 年年底发生的。因此,市场根据 1989 年经济放慢的事实已经预计到货币政策将会放松。此外,还有一个反常之处,即政府已在 1988 年还清了公共部门的债务,一些评论家据此认为,未来几年金边债券的供给将减少。这可能是 1990 年 1 月长期债券收益率下降的原因之一。几乎可以肯定的是,这对 1990 年 6 月的影响较小,那时经济已经开始衰退。

考察 1991 年 6 月和 1992 年 1 月相同的收益率曲线,如图 2.18 和图2.19所示。在这种情况下,货币市场对掉期的定价给出了一条不同形状的收益率曲线。这是否意味着货币市场对远期利率的认识与政府债券投资者不同呢?从 1992 年 1 月的收益率曲线看,答案是否定的。掉期曲线的差别所反映的是,根据扩大的收益率利差为长期公司债券掉期利率定价时考虑了信用因素。在经济衰退期间,这是非常普遍的,收益率曲线确实反映了当时英国经济的衰退,正如 1990 年收益率曲线所预示的那样。另一个迹象是,由于到期年限增加到 10 年,掉期利率持续扩大,这与通常的政府债券收益率曲线形状是不同的。同样需要注意的是,1991 年 6 月的短期掉期曲线与政府债券的收益率曲线是匹配的(见图 2.18),这表明市场认可政府债券收益率曲线所预测的短期债券远期利率。

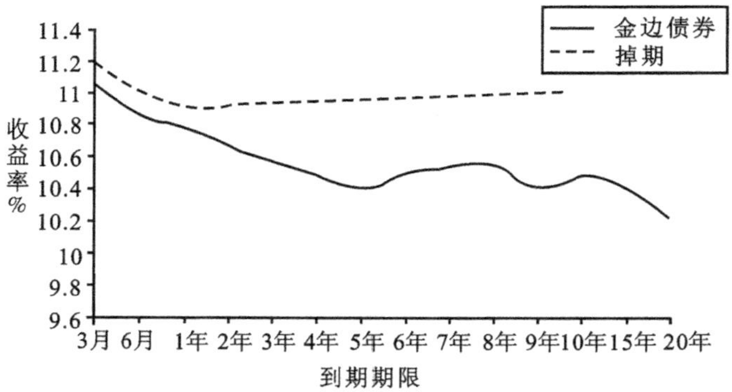

图 2.18 1991 年 6 月

1992 年,英国经济开始走出衰退,政府债券的收益率曲线的斜率开始逐渐由负变正,掉期曲线反映了政府债券收益率曲线的形状。掉期利差很快下降到不足 10 个基点。在英镑退出欧盟的外汇机制之后,这种现象更为显著,如图 2.20 中所显示的 1992 年 11 月的收益率曲线所示。

到 1993 年 1 月,两个收益率曲线均已变为略为向上倾斜的曲线。

以上例子表明,政府债券收益率曲线比掉期曲线能更准确地预测短期利率。

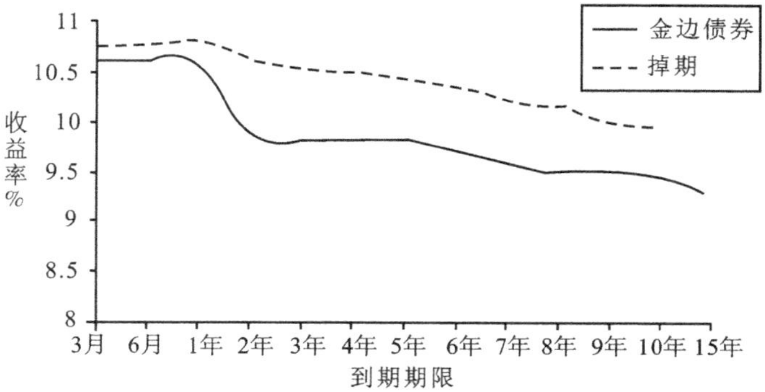

图2.19　1992年1月

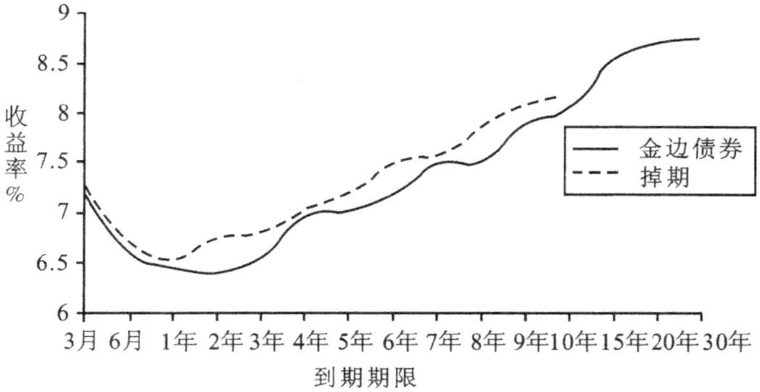

图2.20　1992年11月

这是因为政府债券收益率曲线或基准收益率曲线是债务市场的基础，市场经常根据这些收益率曲线为包括利率掉期在内的其他债务工具定价。这反映了政府债券市场的流动性和无风险特征。

2.10　拟合收益率曲线

绘制收益率曲线需在坐标系中标出一系列离散点，纵坐标为收益率，横坐标为到期期限。对于利率期限结构，我们则分别以时期和固定期间的即期利率作为横坐标和纵坐标。收益率曲线就是将这些点连接起来的一条平滑曲线。我们需要一种方法尽可能准确地拟合该曲线，该方法称为收益率曲线建模或估计期限结构。拟合收益率曲线有几种方法，本节将逐一介绍，稍后还会更深入地探讨这个主题。

理想状态下，拟合的收益率曲线应是一个连续函数，没有断点，能将实际观察到的所有收益率坐标点连接起来,曲线还应该比较平滑,拐点将使推导出的远期利率产生突然的跳跃。上文已经说明计算一组离散贴现系数或一个连续贴现函数的可能性。经验显示,贴现函数、平价收益率曲线、即期利率曲线以及远期利率曲线在数学上都是相关的,已知其中一个,就可以推导出其他三个。现实中,很多市场一般都不可能直接观察到这些曲线,需要根据附息债券的价格和收益率来推导。在根据债券的收益率模拟收益率曲线时,需要考虑上面介绍的两个基本问题。首先,债券的到期期限不是连续的,现实中债券的到期期限并不是在完整的期限结构中有规律地分布的,例如英国金边债券市场发行时并没有在 2017—2021 年之间或者 2021—2028 年之间到期的债券;其次,如前所述,期限结构通常需要根据即期利率或零息债券利率界定,很多市场中实际上没有零息债券。在这种情况下,即期利率就不能直接推导,必须根据附息债券的利率推导。如果存在可交易的零息债券,如英国和美国的政府债券市场那样,我们就可以在市场中直接观察到零息债券的收益率。

从这两个问题出发,拟合收益率曲线下一步的问题是:

- 如何解决到期期限中的断点?分析师需要在曲线的“平滑性”和“灵敏性”之间作出选择。大部分模型都选择平滑拟合,然而应保持足够的灵活性,以便在数据发生变化时允许对期限结构作实际移动。
- 是否应根据贴现函数或平价收益率曲线估计收益率曲线?还需要考虑其他一些实际因素,如应计利息税的影响和债券利息本身的规模。本书稍后将讨论与估计收益率曲线有关的问题,这里重点介绍收益率曲线拟合的主要方法。

插值法

最简单的曲线拟合方法就是线性插值法,即拟合出一条直线来连接一组收益率坐标点。可按下式计算某个坐标点的收益率:

$$rm_t = rm_i + \frac{t - n_i}{n_{i+1} - n_i} \times (rm_{i+1} - rm_i) \tag{2.25}$$

其中,rm_t 是需要估计的收益率,n 是所观察到的收益率距离到期日的年数。例如,考虑以下的赎回收益率:

1 个月	4.00%
2 年	5.00%
4 年	6.50%
10 年	6.75%

如果希望估计 6 年期的收益率,可以按等式(2.25)计算如下:

$$rm_{6y} = 6.50\% + \frac{6-4}{10-4} \times (6.75\% - 6.50\%)$$
$$= 6.5833\%$$

线性插值法的局限性在于，首先，曲线可能在两条直线的交汇处有较尖的拐角，这将导致导出的远期利率产生不合理的跳跃；其次，更根本的局限是直线方法假设两个坐标点之间的收益率是连续上升或下降的，这可能导致所拟合的曲线整体上不准确。

另一个选择是采用对数插值法，即对相应贴现系数的自然对数应用线性插值法。因此，如果给定任何两个贴现系数，就可按等式(2.26)计算贴现系数：

$$\ln(df_t) = \ln(df_{n_i}) + \frac{t - n_i}{n_{i+1} - n_i} \times (\ln(df_{n_{i+1}}) - \ln(df_{n_i})) \tag{2.26}$$

计算上述收益率结构下 6 年期的收益率，可采用以下流程：

- 计算 4 年和 10 年的贴现系数，然后计算这些贴现系数的自然对数。
- 对自然对数进行线性插值。
- 对插值的结果取反对数，求隐含的插值贴现系数。
- 按贴现系数计算隐含的收益率。

根据等式(2.26)可得，6 年期收益率为 6.6388%。对数插值法可减少拐角处的角度，使曲线更为平滑，但不能克服线性插值法的其他缺陷。

多项式模型①

估计收益率曲线最直接的方法是拟合一个多项式。例如拟合模型可采用下式(2.27)所示的 F 阶多项式：

$$rm_i = \alpha + \beta_1 N_i + \beta_2 N_i^2 + \cdots + \beta_F N_i^F + u_i \tag{2.27}$$

其中，

rm_i 是第 i 个债券的到期收益率。

N_i 是第 i 个债券的到期期限。

α, β_1 是多项式的相关系数。

u_i 是第 i 个债券的残差。

为了确定多项式的相关系数，需将残差的平方和最小化，如下式所示：

$$\sum_i^T u_i^2 \tag{2.28}$$

① 这是标准的计量经济学技术，更详细的介绍请参见 Campbell *et al.* (1997)。

其中,T 是债券的个数,如图 2.21 所示。

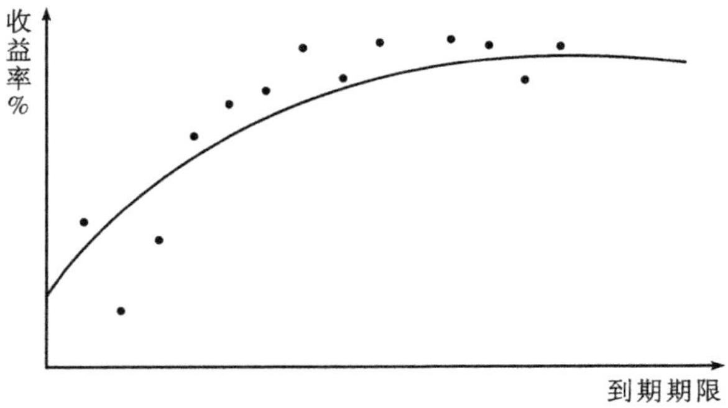

图 2.21　收益率曲线的多项式拟合

曲线形状取决于多项式的阶数 F。F 越大,曲线越不平滑,但"灵敏性"越好,这时的曲线将能贯穿每个点,这种情况称为"过度拟合",其极端是 $F = T - 1$。如果 F 非常小,曲线将会过度估计。

上述的方法已经被一个更为复杂的方法所代替,这种复杂方法对不同但相互交叠的到期期限分别进行多项式拟合,然后将所拟合的曲线接合在一起,得到整个期限结构的光滑曲线。这种曲线称为样条曲线,是在债券市场常见的一种曲线。关于样条方法的介绍,请参见 James and Webber(2000)以及 Choudhry *et al.*(2001)。

多项式法的局限性在于异常点,例如某个坐标点与坐标系列中的其他点不一致,这会导致曲线上下波动,使相应的远期收益率产生更大的偏离。除此之外,有时还会导致计算出的长期远期利率为负数。

立方样条法

立方样条方法是指通过拟合一个独特的立方等式以将每对收益率坐标点联系起来,这将导致整个收益率曲线由一系列立方等式表示,而不是由单一的多项式表示。这种方法增加了收益率曲线的反应性,同时可以保持曲线的平滑①。

仍使用前例数据,根据从 0 年到 10 年的数据拟合收益率曲线。

共观察到 4 个坐标点,因此需要 3 个立方等式 $rm_{(i,t)}$,每个立方等式将两个邻近的坐标点 n_i 和 n_{i+1} 按照如下方式联系起来:

$rm_{(0,t)} = a_0 n^3 + b_0 n^2 + c_0 n + d_0$,连接 n_0 和 n_1

① 样条是木匠用来画平滑曲线时所使用的一种工具。

$rm_{(1,t)} = a_1 n^3 + b_1 n^2 + c_1 n + d_1$，连接 n_1 和 n_2

$rm_{(2,t)} = a_2 n^3 + b_2 n^2 + c_2 n + d_2$，连接 n_2 和 n_3

其中，a、b、c 和 d 是未知数。每个等式包含 4 个未知数（即 a、b、c、d 4 个系数），共有 3 个等式，因此，求解这个方程组总共需要 12 个条件。为求解这个方程组，立方样条法对曲线设定了一些条件。方程组的解法可参见附录 2.3。

根据本例中的数据，3 个立方等式如下：

坐标点 n_0, n_1：$rm_{(0,t)} = 0.022 \times n^3 + 0.413 \times n + 4.000$

坐标点 n_1, n_2：$rm_{(1,t)} = -0.047 \times n^3 + 0.411 \times n^2 - 0.410 \times n + 4.548$

坐标点 n_2, n_3：$rm_{(2,t)} = 0.008 \times n^3 - 0.249 \times n^2 + 2.230 \times n + 1.029$

使用立方样条法，可以得到即期利率和远期利率的更为平滑的曲线，远期曲线中的拐点也会更少。

计算 6 年期的估计收益率，可采用这 3 个立方等式，它们包括 4 ~ 10 年的坐标点，即：

$rm_{(2,t)} = 0.008 \times 6^3 - 0.249 \times 6^2 + 2.230 \times 6 + 1.029 = 7.173\%$

由附录 2.3 可以非常明显地看出，仅仅拟合 4 个坐标点的样条，就需要使用相当大的矩阵。现实中还有一种更为有效的数学方法，即基本样条法或称 B 样条法，这种方法通常用于可取得很多收益率观测值的情况。此外，这种方法所得到的结果非常接近于简单矩阵求逆的结果。

回归模型

多项式拟合的一个变形就是回归分析。在回归分析中，债券价格是因变量，债券利息和到期偿还的现金流是自变量，如下式所示：

$$P_{di} = \beta_1 C_{1i} + \beta_2 C_{2i} + \cdots + \beta_N (C_{Ni} + M) + u_i \quad (2.29)$$

其中，

P_{di}是第 i 种债券的全价。

C_{ni}是第 i 种债券在第 n 个期间应付的利息。

β_n 是回归等式的相关系数。

u_i 是第 i 种债券的残差。

实际上，等式（2.29）中的相关系数是对贴现系数的估计，可以用来生成即期利率曲线，如等式（2.30）所示：

$$\beta_n = df_n = \frac{1}{(1 + rs_n)^n} \quad (2.30)$$

上式不能用来直接估计等式(2.29)中的值,这是因为,不同债券的具体付息日是不同的。另外,债券如果每半年付息一次,市场中利息数据就会多于债券的数量。因此,实践中通常将期限结构划分为各个具体日期,这些日期称为节点,节点覆盖整个到期期限,然后在不改变利息现值的前提下按照一定方式将付息额分配在两个节点之间,如图2.22所示。

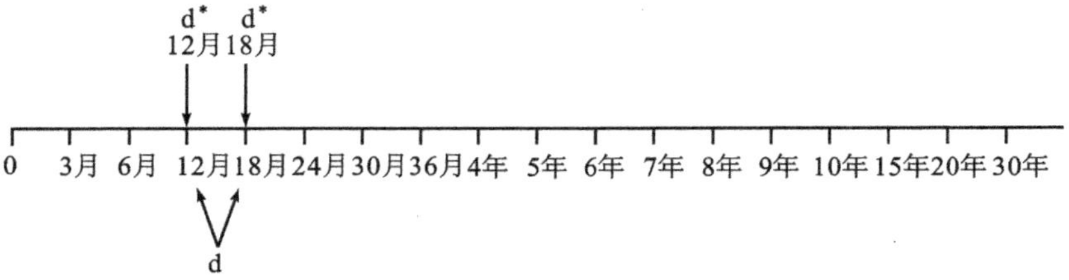

图2.22 回归分析中的网格点分布

注意,在期限结构中期限较短处的节点较多,随着期限的延长,节点的数量越来越少,这是因为曲线的期限较短处有很多可以利用的数据,这使得收益率曲线的拟合更为困难。在曲线的期限较长处,由于发行量相对较少而缺乏相关的数据,收益率曲线的估计就更不精确。

分析中所使用的实际回归方程如下,其中 d_{ni}^* 表示节点:

$$P_{di} = \beta_1 d_{1i}^* + \beta_2 d_{2i}^* + \cdots + \beta_N (d_{Ni}^* + M) + u_i \tag{2.31}$$

以上是债券市场中最常见的两种方法。大体上讲,用来估计期限结构的模型通常分为两种类型,一是用平价收益率曲线估计期限结构,二是用贴现函数拟合期限结构。本书稍后将详细讨论这些方法。

2.11 市场上的即期利率和远期利率

使用即期利率

本章所讨论的概念非常重要,是债务市场分析的核心。这些内容也许看起来过于理论化,尤其是很多市场并没有零息金融工具交易,实践中无法直接观察到即期利率。然而,即期利率的概念是债券以及其他金融工具定价的一个重要因素。我们已经意识到债券的赎回收益率不能反映这种到期期限债券的真实利率,因此我们使用即期利率。为了度量各种债券的相对价值,交易商和投资组合经理通常按照零息收益率和各个现金流计算债券的理论价格,然后与其实际市场价格进行比较,以判断这个债券是"便宜"还是"昂贵"。即使债券的理论价格与实际价格不一致,也可以根据主观因素决定是买进还是卖出债券,因为零息债券往往不存在套利交易。在没有零息债券交易的市场中,分析时所使用的即期利率是理论利率,而不是实际市价所代表的利率。因此,交易商通常根据相对价值和赎回收益率曲线而不是根据理论上的零息基准价格对债券进行分析。

如果存在零息债券市场,需要考虑哪些因素呢?在这种情况下,如果债券价格高于或低于零息利率所代表的价格,理论上就存在套利机会。例如,可以将定价高于理论价格的债券卖出,同时买入现金流相等的零息债券,两者之间的价差就是套利交易的利润。同理,可以买入定价低于理论价格的债券,将其利息分离出来当作零息债券卖出,卖出零息债券的收入将超过附息债券的买价。实务中,两个市场的存在通常会使它们的价格相等,套利因而不再可能发生,虽然机会本身仍会偶尔出现。

使用远期利率

市场新进入者第一次遇到远期利率时通常会非常困惑:远期利率是否代表市场对未来实际利率的预期?如果远期利率可以作为未来利率的预测,这种预测的准确度如何?实证研究①表明:远期利率实际上不是对未来利率的准确预测,往往有非常明显的高估倾向。果真如此,我们是否还应重视远期利率的价值?

然而,远期利率的价值并不在于其市场预测功能,而更多地在于其作为对冲工具的用途。正如例2.5所述,远期利率的计算基础是,假定为一笔现在达成但在未来某个日期开始生效的现金存款定价,这笔存款的报酬率将正好等于现在进行投资,并在将来的这个生效日再投资所得到的报酬率。远期利率使我们能够锁定交易的利率。一旦我们现在达成交易,将来的实际利率就无关紧要了——因为我们早已达成交易了。因此,远期利率通常称为对冲利率,可以用来锁定未来期间的交易利率,消除不确定性。

市场中远期价格的存在也使我们可以根据自己的认识,而不是根据市场观点制定决策。例如,政府债券价格所隐含的远期利率实际上反映了市场对未来利率的看法。我们如果碰巧同意这个看法,就可以据以达成交易。因此,我们实际上是将自己对未来利率的观点与市场的观点进行比较,并根据这种比较来制定投资决策。

---

① 包括Fama(1976)。

总结

即期利率和远期利率的计算：根据平价收益率曲线采用分步法

零息利率

正如我们所知道的，零息利率或即期利率、票面利率以及远期利率之间是相互关联的。“零息债券”是一个债券市场术语，用来描述一种不需要支付利息的债券。如果持有直至到期，零息债券的收益率可以看作是真实收益率，因为不需要再投资，也没有中间现金流，而这些都很容易受利率变动的影响。由于零息利率可以根据票面利率推导，我们可以假设：

- 只要存在一个具有流动性的政府债券市场，任何时点的零息利率都可以推导出来。
- 因而可以将这些零息利率用作基准期限结构。

只要有零息债券交易，特定到期日的零息债券收益率就是该到期日的零息利率。然而，推导零息利率并不必然需要有零息债券，因为可以根据包括附息债券、利率期货以及货币存款在内的一系列金融工具的市场利率和价格计算零息利率。特定到期日的零息债券价格可以直接决定债券赎回日所发生的现金流的现值，且间接决定这种到期日的零息利率。零息利率就是该到期日的真实利率。

贴现系数和贴现函数

正如我们已经知道的，可以根据市场利率确定一组贴现系数，用于计算某个终值的现值，其取值范围从 0 到 1。

由于：

$$PV = \frac{FV}{(1+r)^n} \tag{2.32}$$

其中，

PV 表示现值。

FV 表示终值。

r 表示要求的利率。

n 表示付息期数。

我们知道：

$$PV_n = df_n \times FV_n \tag{2.33}$$

其中，

PV_n 表示在未来时刻 n 所发生的现金流的现值。

FV_n 表示在未来时刻 n 发生的现金流。

df_n 表示在未来时刻 n 所发生的现金流的贴现系数。

贴现系数很容易根据零息利率计算。等式(2.32)和等式(2.33)分别适用于期限在一年以内(即货币市场金融工具的期限)和一年以上(债券市场金融工具的到期期限)的零息利率。

$$df_n = \frac{1}{(1 + rs_n T_n)} \tag{2.34}$$

$$df_n = \frac{1}{(1 + rs_n)^{T_n}} \tag{2.35}$$

其中，

df_n 表示在 n 时刻所发生的现金流的贴现系数。

rs_n 表示在截至 n 时刻的时期内的零息利率或即期利率。

T_n 表示起息日至时刻 n 的期数，通常用年表示，不足一年的用分数表示。

零息利率允许根据到期日的具体时点计算贴现系数。由于现金流可能发生在未来的任何时刻，且可能不是发生在 3 个月或者 1 年等计算较为方便的时刻，因此通常需要计算未来每个可能日期的贴现系数。一个完整的贴现系数集就称为贴现函数。

2.12　案例练习

例 2.5　远期利率：收支平衡原则

考虑以下的即期收益率：

1 年期	10%
2 年期	12%

假设某银行客户希望锁定 1 年后 1 年期资金的借款成本。银行的解决办法涉及到以 10% 的利率筹集 1 年期资金，并将所筹集到的资金以 12% 的利率作两年期投资。我们知道，无套利原则意味着固定利率策略和再投资策略必须获得同样的报酬率。

实际上，可以将这个问题看成两个报酬率相等的备选投资策略：

策略 1：按 12% 的利率将资金投资两年。

策略 2：按 10% 的利率将资金投资一年，然后将回收的资金按现在计算的远期利率再投资一年。

策略 2 中的远期利率就是银行给客户的利率报价。根据现值计算公式，我们知道策略 1 的收益为：

$$FV = (1 + r_2)^2$$

而策略 2 的收益为：

$$FV = (1 + r_1) \times (1 + R)$$

根据无套利原则，两个策略的收益应该相等，因此就有：

$$(1+r_2)^2 = (1+r_1)(1+R)$$

$$\therefore R = \frac{(1+r_2)^2}{(1+r_1)} - 1$$

根据上式，我们可以计算出银行给客户的远期利率报价和可能增加的利差，如下式所示：

$$(1+0.12)^2 = (1+0.10) \times (1+R) \Rightarrow (1+R) = \frac{(1+0.12)^2}{(1+0.10)}$$

$$(1+R) = 1.14036$$

$$R = 14.04\%$$

这个利率就是 1 年期的远期利率，或者说是隐含的远期利率。

例 2.6

如果 1 年期 AAA 级欧洲债券按面值交易时的收益率为 10%，具有同样信用质量的 2 年期欧洲债券也按面值交易，收益率为 8.75%，则 2 年期 AAA 级零息债券的价格是多少？注意，该欧洲债券每年支付一次利息。

1. 2 年期债券的成本为 100。
2. 减去卖出该债券的第一笔利息应收到的金额（现值）：8.75/(1+0.10)=7.95
3. 为了达到收支平衡，卖出第二笔利息和本金应收到的金额应等于：92.05。
4. 计算以下现金流中所隐含的收益率，即 2 年期零息债券的收益率：
   - 收到 92.05。
   - 到期支付 108.75。

   因此，解方程 $92.05 = 108.75/(1+R)^2$，可得 R 等于 8.69%。
5. 面值为 100、收益率为 8.69% 的 2 年期零息债券的价格：

   =(92.05/108.75)×100

   =84.64

例 2.7

一个评级较高的客户请您确定 3 年后发行 2 年期零息美元欧洲债券的收益率。当前美国零息国债的利率为：

1 年期	6.25%
2 年期	6.75%
3 年期	7.00%
4 年期	7.125%
5 年期	7.25%

1. 忽略对这些基准收益率的借款利差，做市商应能覆盖零息基础上借入 5 年期借款所形

成的风险，并在将这些资金贷给客户之前将其在市场上投资 3 年。即使在贷款期限内没有实际的支付，我们也假设年复利为：

5 年期借款的利率为：$R_5/100=0.0725$

3 年期贷款的利率为：$R_3/100=0.0700$

2. 主要的套利关系为：

总融资成本 = 投资的总报酬率

$$(1+R_5)^5=(1+R_3)^3\times(1+R_{3\times5})^2$$

因此，使得收支平衡的远期收益率为：

$$(1+R_{3\times5})=\frac{(1+0.0725)^5}{(1+0.0700)^3}$$

$$\Rightarrow(1+R_{3\times5})=\sqrt{\frac{(1+0.0725)^5}{(1+0.0700)^3}}$$

$$(R_{3\times5})=\sqrt{\frac{(1+0.0725)^5}{(1+0.0700)^3}}-1=7.63\%$$

例 2.8　货币市场远期利率的计算

考虑以下两个头寸：

- 从 2000 年 1 月 2 日起按 6.500% 的利率借款 1 亿英镑，借款期限为 30 天。
- 从 2000 年 1 月 2 日起按 6.625% 的利率贷款 1 亿英镑，贷款期限为 60 天。

这两个头寸造成了 30 天期的远期利率风险，即 30 天对 60 天的远期利率，这种风险通常称为利率缺口风险。假设不存在要价和报价利差，如果交易商希望对冲这种风险，则应使用的远期利率是多少？

30 天对 60 天的远期利率可以按以下公式计算：

$$rf_i=\left(\left(\frac{1+\left(rs_L\times\frac{n_L}{B}\right)}{1+\left(rs_S\times\frac{n_S}{B}\right)}\right)-1\right)\times\frac{B}{n_L-n_S}$$

其中，

rf_i 表示远期利率。

rs_L 表示长期利率。

rs_s 表示短期利率。

n_L 表示长期天数。

n_S 表示短期天数。

B 表示天数计算基础，即 360 天或 365 天。

使用该公式，可以得到 30 天对 60 天的远期利率为 6.713560%。

这种利率风险可以使用利率期货或远期利率协议进行对冲，两种方法都是有效的对冲机制，然而交易商必须意识到：

- 在银行间存款利率与期货或远期利率协议所隐含的远期利率之间所存在的基差风险。
- 期货合同到期日与存款交易到期日之间的日期错配。

理解远期利率

根据当前市场利率计算出来的即期利率和远期利率符合数学原则，这些原则旨在确立市场所认为的无套利利率，比如今天达成的交易其利率在未来某个时点生效。远期利率是一种市场利率，反映了市场所认为的合适的未来利率。正如前文所提到过的，远期利率并不是对未来利率的预测，意识到二者之间的区别非常重要。如果绘制三个月期期限结构的远期利率曲线，然后在三个月后将该曲线与当时的实际期限结构进行对比，这两个曲线之间很难相互匹配。然而，这种错配对我们先前的结论并没有影响，即远期利率是市场对未来利率的预期。需要记住的一点是，当前绘制的三个月后的远期利率曲线与三个月后的实际即期利率曲线并不是一回事。在计算远期利率的时候，我们使用的是当前的期限结构，当前的期限结构包括所有已知的经济和政治信息，并且反映了市场的观点。这一点与公司的股票价格类似，公司的股票价格反映了关于该公司的所有已知信息，并且反映了所有预期在不久的将来可能发生的与该公司有关的事件，包括预计未来盈余。利率的期限结构反映了市场有关国内和国际因素的所有已知信息，而且在计算远期利率时使用的正是这种信息。然而，在三个月之后将有新的进展改变市场的观点，并因此改变当前的期限结构。我们在计算和使用三个月期的远期利率时并不知道这些进展和事件（根据定义，我们不知道未来会发生什么事情）。这正是实际利率与我们在之前所预测的期限结构不同的原因。然而，对于现在的交易我们使用现在的远期利率，因为现在的远期利率反映了我们现在所知道的一切市场信息。

2.13　案例研究：推导贴现函数①

在本案例中，为了拟合收益率曲线，我们提供一个传统的推导贴现函数的传统分步法。这种方法曾被称为“天真的”方法（参见 James and Webber（2000），第 129 页），因为它有很多缺陷，比如会产生一个非常不切实际的远期利率曲线，这意味着在实际中不可能使用这种曲线。我们将在本案例研究的最后回顾这些缺陷，稍后再考察更高级的方法。

假设现在是 2000 年 7 月 14 日，市场中所观察到的利率如下表所示。假设现

---

① 在本节的解释中，我们是使用期货和掉期这两个表外金融工具的利率数据和货币市场的存款利率推导贴现函数。读者欲了解利率期货和掉期，可参见 Kolb（2000）或者 Jarrow and Turnbull（2000）。

金工具和掉期的天数计算基础是实际天数/365。而且,我们的目的是构建货币市场的贴现函数。

货币市场利率	利率(%)	到期日	天数
1个月	4.218	14/08/00	31
3个月	4.25	16/10/00	94
6个月	4.50	15/01/01	185

期货价格	价格	到期日	天数
2000年11月	95.60	20/09/00	68
2000年12月	95.39	20/12/00	159
2001年3月	95.25	21/03/01	249
2001年6月	94.80	20/06/01	340

掉期利率	利率	到期日	天数
1年	4.95	16/07/01	367
2年	5.125	15/07/02	731
3年	5.28	14/07/03	1095
4年	5.55	14/07/04	1461
5年	6.00	14/07/05	1826

建立贴现函数

使用货币市场存款利率,可以构建到期日直至6个月的贴现系数,如下式所示:

$$df=\frac{1}{\left(1+r\times\frac{\text{天数}}{365}\right)} \tag{2.35}$$

所得到的贴现系数如下:

从	至	天数	r(%)	df
14/07/00	14/08/00	31	4.218	0.99642974
	16/10/00	94	4.25	0.98917329
	15/01/01	185	4.50	0.97770040

也可以根据期货价格中所隐含的利率计算远期贴现系数,如下表所示:

从	至	天数	r(%)	df
20/09/00	20/12/00	91	4.40	0.98914917
20/12/00	21/03/01	91	4.61	0.98863717
21/03/01	20/06/01	91	4.75	0.98829614
20/06/01	19/09/00	91	5.20	0.98720154

为了将这些值转化为零息贴现系数，我们需要先推导直到第一笔期货合同到期时的现金未满期利率。最直接的方式就是对 1 个月期和 3 个月期的利率进行线性插值，如图 2.23 所示：

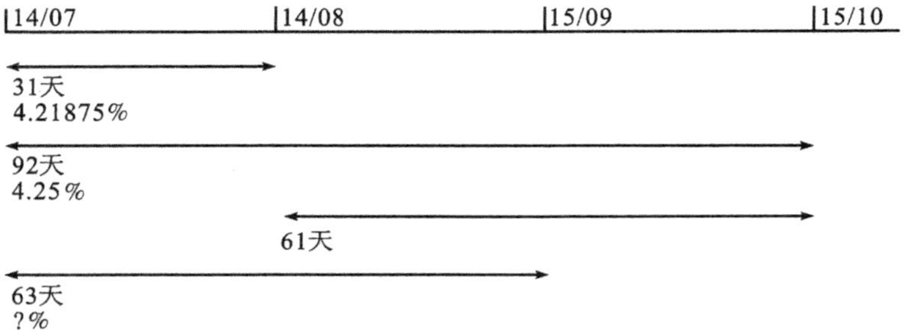

图 2.23 货币市场利率和期货利率的线性插值

现金未满期利率的线性插值计算如下所示：

$$4.21875+\left((4.25-4.21875)\times\frac{32}{61}\right)=4.235143\%$$

将它转化为贴现系数，就是：

$$\frac{1}{1+\left(0.04235143\times\frac{63}{365}\right)}=0.99274308$$

根据期货所隐含的远期利率，就可以通过具体贴现系数的连乘积计算零息贴现系数，如下表所示：

从	至	天数	df
14/07/00	20/09/00	68	0.99172819
	20/12/00	159	0.98172542
	21/03/01	250	0.96992763
	20/06/01	341	0.960231459
	19/09/01	432	0.948925494

根据利率掉期的利率，可以使用分步法计算相关日期的贴现系数。

1 年期掉期：假设等价掉期的现值为 100，可以根据 1 年期掉期利率计算 1 年期零息利率，如下式所示：

$$df_1 = \frac{1}{1+r} = \frac{100}{104.95} = 0.95283468$$

2 年期掉期：利息支付发生在第一个期末，因此可以按上述 1 年期贴现系数贴现，所得的零息结构与之前的结构一样：

$$df_2 = \frac{100 - C \times Df_1}{105.125}$$

由计算可知，df_2 等于 0.91379405。

采用同样的方法可以计算 3 年期、4 年期和 5 年期等价掉期的贴现系数：

$$df_3 = \frac{100 - C \times (df_1 - df_2)}{105.28}$$

由计算可知，df_3 等于 0.87875624。4 年期和 5 年期的贴现系数分别为 0.82899694 和 0.77835621。

表 2.4 中展示了整个贴现函数，其图形如图 2.24 所示。

表 2.4　　贴现系数

从	至	天数	零息利率(%)	贴现系数	来源
14/07/2000	14/08/2000	31	4.21875	0.99642974	货币市场
	20/09/2000	63	4.23500	0.99274308	货币市场
	16/10/2000	94	4.25000	0.98917329	货币市场
	20/12/2000	159	4.38000	0.98172542	期货
	15/01/2001	185	4.50000	0.97777004	货币市场
	21/03/2001	250	4.55000	0.96992763	期货
	20/06/2001	341	4.73000	0.96023145	期货
	16/07/2001	367	4.95000	0.95283468	期货
	19/09/2001	432	5.01000	0.94892549	期货
	15/07/2002	731	5.12500	0.91379405	期货
	14/07/2003	1095	5.28000	0.87875624	掉期
	15/07/2004	1461	5.58000	0.82899694	掉期
	15/07/2005	1826	6.10000	0.77835621	掉期

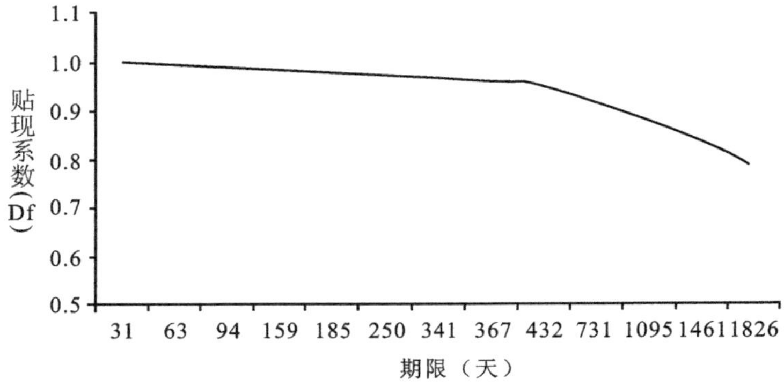

图2.24 贴现函数

对传统方法的批评

上例中用来推导贴现函数的方法根据三个不同的价格数据求出了一个完整的函数，并因此得到了收益率曲线。然而，并没有一个有效的方法可以将如图2.25中所示的三条独立曲线整合为一个完整的曲线。将三条独立曲线整合为一条曲线的，在一个数据源被另一个数据源所取代的地方，会出现不同的拐点或跃迁。

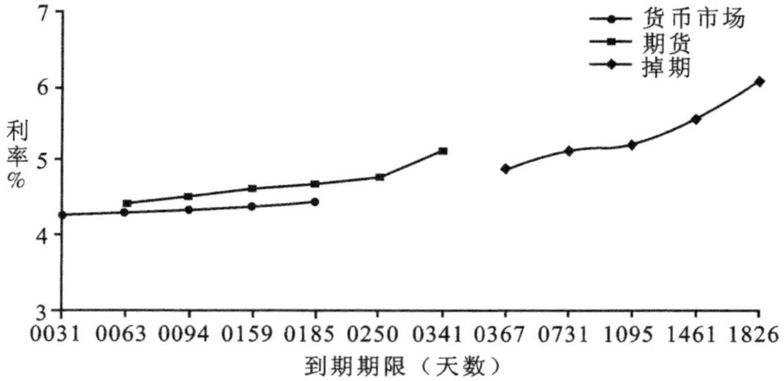

图2.25 货币市场曲线比较

货币市场利率和掉期利率中都包含信用风险溢价，反映了银行间交易对手具有违约风险的事实，这意味着货币市场的利率要高于政府债券的回购利率。期货利率则不反映违约风险，因为期货是在交易所内交易的，由交易清算机构承担了交易对手风险。然而，期货利率在交易时是作为一个单点期间利率的，实际上等价于远期利率协议的利率。事实上，由于远期利率协议的现金流是某一时点支付金额的贴现值，由于期货交易要求每日结算保证金，因此需要进行一个凸性调整，以便将期货利率准确地换算为远期利率协议的利率。这种调整将在另外一章中讨论。

掉期利率也包含信用风险因素，虽然一般认为这种风险非常小，因为掉期属于表外金融工具，并且其本金是没有风险的。由于只有在既定到期日时才可以得到掉期利率，因此经常采用线性插值法计算不同到期时点之间的利率。这将导致一个根据即期利率曲线计算出来的不稳定的远期利率曲线（参见 James and Webber 2000）。尽管如此，一些特定市场的做市商还是采用线性插值法为中期掉期定价。另一个缺陷是，分步法使用到期日临近的利率构建到期日较远的利率曲线。使用这种方式推导出的即期曲线有一个特征，即短期利率的很小变化会引起长期即期利率的很大变化，并导致远期利率曲线的大幅振荡。最后，该方法在计算出未满期贴现系数后，就不再考虑该期间之外的货币市场利率，因此并没有考虑货币市场利率的影响。

基于以上原因，传统方法虽然在教科书和培训课程中还经常出现，但债券市场中已不常使用。

2.14　案例研究：零息（即期）利率曲线的理论推导①

下面探讨如何利用实际观察的附息债券收益率构建理论上的即期利率曲线。我们将使用一组假设的债券来说明，这些债券在正收益率曲线的环境中进行交易。表 2.5 展示了 10 种债券的到期日、价格和收益率，其中，价格是 1999 年 3 月 1 日的结算价格，所有债券距到期日的期限正好分别为 0.5 年、1 年、1.5 年和 2 年等，也就是说这些债券将在到期日当年的 3 月 1 日或 9 月 1 日到期，这意味着第一个债券在赎回前尚未付息，因而可以假设该债券是作为零息债券交易的。由于结算日就是付息日，因此所有的债券都不存在应计利息。此外，这些债券都是每半年付息一次。

① 本节探讨分步法和附息债券剥离的原则，采用了 Fabbozi（1993）所描述的方法。

表 2.5　　假设的债券组

到期日	距离到期日的年数	息票率(%)	到期收益率(%)	价格
1999 年 9 月 1 日	0.5	5.0	6.00	99.5146
2000 年 3 月 1 日	1.0	10.0	6.30	103.5322
2000 年 9 月 1 日	1.5	7.0	6.40	100.8453
2000 年 3 月 1 日	2.0	6.5	6.70	99.6314
2001 年 9 月 1 日	2.5	8.0	6.90	102.4868
2002 年 3 月 1 日	3.0	10.5	7.30	108.4838
2002 年 9 月 1 日	3.5	9.0	7.60	104.2327
2003 年 3 月 1 日	4.0	7.3	7.80	98.1408
2003 年 9 月 1 日	4.5	7.5	7.95	98.3251
2004 年 3 月 1 日	5.0	8.0	8.00	100.0000

根据无套利定价原则,债券的价值应等于其现金流总和的价值,这些现金流可以分离出来形成一系列的零息债券,最后一个零息债券与附息债券同时到期。上表中,第一个债券正好在 6 个月之后到期,实际上就是一个零息债券,其收益率 6% 等于 6 个月期的即期利率。按照这个即期利率,我们可以推导 1 年期零息金边债券的即期利率。1 年期金边分离债券的价格就等于票面利率为 10% 的 1 年期附息金边债券的两次现金流的现值之和。设债券的面值为 100 英镑,1 年期附息债券的现金流就是:

0.5 年　　10% ×100 英镑 ×0.5 = 5 英镑

1.0 年　　10% ×100 英镑 ×0.5 = 5 英镑 + 100 英镑面值的赎回 = 105 英镑

两次现金流的现值之和是 $\dfrac{5}{\left(1+\frac{1}{2}r_1\right)}+\dfrac{105}{\left(1+\frac{1}{2}r_2\right)^2}$

其中,

r_1 表示理论上的 6 个月期即期利率。

r_2 表示理论上的 1 年期即期利率。

因此,1 年期附息金边债券的现值就是 $5/(1.03)+105/(1+\frac{1}{2}r_2)^2$。由于 1 年期金边债券的价格为 103.5322(见表 2.5),必然存在以下关系:

$$103.5322=\frac{5}{(1.03)}+\frac{105}{\left(1+\frac{1}{2}r_2\right)^2}$$

根据上式可以计算理论上的 1 年期即期利率,如下式所示:

$$103.5322 = 4.85437 + \frac{105}{\left(1 + \frac{1}{2}r_2\right)^2}$$

$$98.67783 = 105/\left(1 + \frac{1}{2}r_2\right)^2$$

$$\left(1 + \frac{1}{2}r_2\right)^2 = 105/98.67783 = 1.064069$$

$$\left(1 + \frac{1}{2}r_2\right) = \sqrt{1.064069}$$

$$\frac{1}{2}r_2 = 0.03154$$

即，r_2 为 0.06308 或 6.308%，这就是理论上的 1 年期即期利率。现在根据这个利率，就可以计算理论上的 1.5 年期的即期利率。票面利率为 7%、到期期限为 1.5 年的金边附息债券的现金流为：

0.5 年　　7% ×100 英镑 ×0.5 =3.5 英镑

1.0 年　　7% ×100 英镑 ×0.5 =3.5 英镑

1.5 年　　7% ×100 英镑 ×0.5 =3.5 英镑 + 赎回面值 100 英镑 =103.5 英镑

该现金流的现值为：

$$\frac{3.5}{\left(1 + \frac{1}{2}r_1\right)} + \frac{3.5}{\left(1 + \frac{1}{2}r_2\right)^2} + \frac{103.5}{\left(1 + \frac{1}{2}r_3\right)^3}$$

上式中，r_3 就是理论上 1.5 年期的即期利率。我们已求出 6 个月期和 1 年期的即期利率分别为 6% 和 6.308%，即 $r_1 = 0.06$、$r_2 = 0.06308$。因此，票面利率为 7%、到期期限为 1.5 年的附息金边债券的现值是：

$$\frac{3.5}{(103)} + \frac{3.5}{(1.03154)^2} + \frac{103.5}{\left(1 + \frac{1}{2}r_3\right)^3}$$

从表 2.5 中可以看出，票面利率为 7%、到期期限为 1.5 年的附息金边债券的价格为 100.8453，因此必然存在以下关系：

$$100.8453 = \frac{3.5}{(1.03)} + \frac{3.5}{(1.03154)^2} + \frac{103.5}{\left(1 + \frac{1}{2}r_3\right)^3}$$

根据上式，可以计算出 r_3 为：

$$100.8453 = 3.39806 + 3.28924 + 103.5/\left(1+\frac{1}{2}r_3\right)^3$$

$$94.158 = 103.5/\left(1+\frac{1}{2}r_3\right)^3$$

$$\left(1+\frac{1}{2}r_3\right)^3 = 1.0099216$$

$$\frac{1}{2}r_3 = 0.032035$$

由计算可知，理论上1.5年期即期利率为6.407%。

数学关系

将用来推导理论上的即期利率的关系式一般化可得，第 n 个6个月期债券理论上的即期利率，可根据下式计算：

$$P_n = \frac{C/2}{\left(1+\frac{1}{2}r\right)} + \frac{C/2}{\left(1+\frac{1}{2}r_2\right)^2} + \frac{C/2}{\left(1+\frac{1}{2}r_3\right)^3} + \cdots + \frac{C/2+100}{\left(1+\frac{1}{2}r_n\right)^n}$$

其中，

P_n 表示距离到期日还有 n 期的附息债券的全价。

C 表示该附息债券的年票面利率。

r_n 表示理论上的第 n 年的即期利率。

上式还可以重写为：

$$P_n = \frac{C}{2}\sum_{t=1}^{n-1}\frac{1}{\left(1+\frac{1}{2}r_t\right)^t} + \frac{C/2+100}{\left(1+\frac{1}{2}r_n\right)^n}$$

其中，$t=1,2,\cdots,n-1$ 期的利率，r_t 是已知的理论上的即期利率。对上式进行整理，即可求解出 r_n：

$$r_n = \left(\frac{\frac{C}{2}+100}{P_n - \frac{C}{2}\sum_{t=1}^{n-1}\frac{1}{\left(1+\frac{1}{2}r_t\right)^t}}\right)^{\frac{1}{n}} - 1$$

这里使用的就是分步法。

按相同流程计算表2.5中其他各债券的利率，可得如表2.6所示的结果。

表 2.6 理论上的即期利率

到期日	距离到期日的年数	到期收益率(%)	理论上的即期利率(%)
1999 年 9 月 1 日	0.5	6.00	6.000
2000 年 3 月 1 日	1.0	6.30	6.308
2000 年 9 月 1 日	1.5	6.40	6.407
2001 年 3 月 1 日	2.0	6.70	6.720
2001 年 9 月 1 日	2.5	6.90	6.936
2002 年 3 月 1 日	3.0	7.30	7.394
2002 年 9 月 1 日	3.5	7.60	7.712
2003 年 3 月 1 日	4.0	7.80	7.908
2003 年 9 月 1 日	4.5	7.95	8.069
2004 年 3 月 1 日	5.0	8.00	8.147

隐含远期利率

现在使用理论上的即期利率曲线推导市场对未来利率的预期。考察投资者的以下两项投资选择(投资期限为 1 年):

- 选择 1:购买 1 年期债券。
- 选择 2:购买 6 个月期的债券,并在该债券于 6 个月后到期时再购买另一个 6 个月期的债券。

如果两个选择在 1 年之后能产生同样的收益率,投资者就会认为这两个选择没有什么区别。投资者知道 6 个月期债券和 1 年期债券的即期利率,但不知道 6 个月之后的远期利率,即 6 个月之后 6 个月期债券的收益率。已知 6 个月期债券和 1 年期债券的即期利率,可以根据即期曲线推导 6 个月期债券的远期利率,该远期利率将使投资者认为这两个选择没有任何差别,推导过程如下。

通过投资于 1 年期的零息债券,投资者将在 1 年后收到该债券的到期价值。由于 1 年期零息债券的赎回收益为 105 英镑,该债券的价格(购买成本)为:

$$105/\left(1+\frac{1}{2}r_2\right)^2$$

式中,$\frac{1}{2}r_2$ 表示使债券收益率等价的 1 年期理论即期利率的一半。

假设该投资者以 P 英镑购买 6 个月期的金边债券,该投资在 6 个月之后的价值为 $P\left(1+\frac{1}{2}r_1\right)$,其中 r_1 表示使债券收益率等价的理论上 6 个月期的即期利率。

令 f 表示 6 个月后所购买的 6 个月期债券的远期利率。前述 P 英镑投资在一

年后的终值为 $P\left(1+\frac{1}{2}r_1\right)(1+f)$。那么，为了在一年后得到 105 英镑，现在需要投资多少呢？其计算公式如下：

$$P\left(1+\frac{1}{2}r_1\right)(1+f)=105$$

解之可得：

$$P=\frac{105}{\left(1+\frac{1}{2}r_1\right)(1+f)}$$

如果投资者在一年以后从两种投资选择中都可以收到 105 英镑，投资者就会认为这两种选择没有任何区别。也就是说，如果满足以下等式，投资者就会认为这两种选择之间没有差别：

$$\frac{105}{\left(1+\frac{1}{2}r_2\right)^2}=\frac{105}{\left(1+\frac{1}{2}r_1\right)(1+f)}$$

求解该式，可以得到 f 的值为 $f=\frac{\left(1+\frac{1}{2}r_2\right)^2}{\left(1+\frac{1}{2}r_1\right)}-1$

因此，f 就是使债券收益率等价的 6 个月期远期利率。根据表 2.6 中的即期利率：

6 个月期债券的即期利率 $=6\%\Rightarrow\frac{1}{2}r_1=0.03$

1 年期债券的即期利率 $=6.308\%\Rightarrow\frac{1}{2}r_2=0.03154$

将这些值代入上面的等式，可得：

$$f=\frac{(1.03154)^2}{(1.03)}-1=0.0330823$$

将所得到的结果加倍就可以得到 6 个月期债券的远期利率为 6.6165%。由于计算中使用的是理论上的即期利率，因此所得到的远期利率就称为隐含远期利率。

使用同样的方法可以确定投资期限长于 6 个月的 6 个月后的隐含远期利率，计算超过 6 个月后开始的远期利率。

用符号 ${}_nf_t$ 表示 n 期以后 t 期的远期利率，到期日距现在一年或一年以上的远期利率，可按下式计算：

$$_nf_t = \left(\frac{\left(1 + \frac{1}{2} r_{n+t}\right)^{n+t}}{\left(1 + \frac{1}{2} r_n\right)^n} \right)^{1/t} - 1$$

其中，r_n 表示即期利率。计算的结果 $_nf_t$ 就是等价债券收益率所隐含的远期利率。

6 个月期的远期利率如表 2.7 所示，表中的空缺处请读者自己计算。

表 2.7　远期利率

到期日	距离到期日的年数	到期收益率(%)	理论上的即期利率(%)	远期利率(%)
1999 年 9 月 1 日	0.5	6.00	6.000	-
2000 年 3 月 1 日	1.0	6.30	6.308	-
2000 年 9 月 1 日	1.5	6.40	6.407	-
2001 年 3 月 1 日	2.0	6.70	6.720	7.133%
2001 年 9 月 1 日	2.5	6.90	6.936	-
2002 年 3 月 1 日	3.0	7.30	7.394	8.755%
2002 年 9 月 1 日	3.5	7.60	7.712	-
2003 年 3 月 1 日	4.0	7.80	7.908	9.465%
2003 年 9 月 1 日	4.5	7.95	8.069	-
2004 年 3 月 1 日	5.0	8.00	8.147	9.108%

附　录

附录 2.1　测试无偏预期假设

关于无偏预期假设的实证研究请参见 Kessel(1965) 和 Fama(1976)。若预期假设正确，则远期利率 $_0rf_2$ 是对期间 2 的即期利率的准确预测。换句话说，$_0rf_2$ 的均值应等于 $_1rs_1$ 的均值。有研究(Kessel 1965 和 Fama 1976)表明，远期利率往往高估未来的即期利率。也就是说，$_0rf_2$ 通常大于 $_1rs_1$ 的均值，这个偏差往往随着期限的延长而扩大。可以通过确定是否满足以下等式对无偏预期假设进行测试：

$$_1rs_1 = p + q(_0rf_2) \tag{2.36}$$

若预期假设成立,P 应等于零,q 应等于 1。除了收益率曲线上期限非常短的地方之外,没有证据证明上述关系成立。Fama(1984)采取另一种方法,即从等式(2.36)的两端同时减去当前的即期利率 rs_1,并测试以下关系是否成立:

$$ {}_1rs_1 - {}_0rs_1 = p + q({}_0rf_2 - {}_0rs_1) \qquad (2.37) $$

若该假设成立,则 p 等于 0 且 q 等于 1,这是因为,${}_1rs_1 - {}_0rs_1$ 就是这个假设所预测的即期利率变动。等式(2.37)中,左边是即期利率的实际变动,若该假设成立,则等式的左边和右边必相等。以前的研究证据认为,q 是一个小于 1 的正值,这与无偏预期假设是不一致的。然而,研究表明对未来即期利率变化的预测与实际发生的变化有关,这意味着远期利率的基础实际上是市场对未来即期利率的看法,而不是完全的无偏假设。

一项早期研究可参见 Meiselman(1962),该研究被认为是一个误差学习模型。根据这个模型,如果无偏假设成立,远期利率就不是未来即期利率完全精确的预测。该研究测试了以下等式是否成立:

$$ {}_1rf_n - {}_0rf_n = p + q_1rs_1 - {}_0rf_2 \qquad (2.38) $$

若假设成立,则 p 应等于 0,且 q 应为正值。误差学习模型认为,远期利率之间是正相关的,但这种情况在无偏预期假设不适用的环境中是成立的。

实证研究表明,远期利率所反映的未来即期利率预测与随后的实际即期利率有关。因此,远期利率确实包含对市场利率的预测。然而这表明有偏预期理论比纯粹的无偏预期假设更符合实际。

附录 2.2　詹森不等式和收益率曲线的形状

Cox,Ingersoll and Ross(1981)在分析期限结构形状时,采用詹森不等式来解释预期假设与远期利率的一致性,并认为远期利率是对未来即期利率的很好预测。詹森不等式认为,变量倒数的期望值并不等于该变量期望值的倒数。因此,如果一组债券在某个持有期间的预期报酬率是相等的,则这些债券在其他任何持有期间的预期报酬率就不可能相等。举例来说,假定有两个零息债券,一个到期期限为一年、收益率为 11.11%,另一个到期期限为两年、收益率为 11.8034%。这两个债券的价格分别是:

1 年期债券:90

2 年期债券:80

假设两年期债券的价格在一年后可能是 86.89,也可能是 90.89,并且两者的概率相等。在第一年之后,两年期债券的总报酬率可能是 8.6125% [(86.89 -

80)/80],也可能是13.6125%[(90.89-80)/80],而且此时一年期债券(即一年后的一年期债券,它的价格可能为86.89或90.89,到期时需偿付面值100)的报酬率可能是15.089%[(100-86.89)/86.89],也可能是10.023%[(100-90.89)/90.89]。这两个可能的价格均经认真地设定,这样才可以确保两年期债券在第一年的预期报酬率等于现在一年期债券的报酬率,一年期债券的报酬率如上所述为11.11%。两年期债券在一年后的报酬率期望值确实与一年期债券的报酬率相同,即(0.5)×[(86.89-80)/80]+(0.5)×[(90.89-80)/80],或者说是11.11%。因此,两年期债券在两年内的报酬率不可能与将一年期债券滚动投资两年所得到的报酬率相等。在开始时,可以确保两年期债券在其期限内的报酬率为25%[(100-80)/80]。然而,投资一年期债券并且在一年后将其再投资将产生高于25%的报酬率,如下式所示:

$$(1+11.11\%)\times[(0.5)\times 15.089\% + (0.5)\times 10.023\%] + 11.11\%$$

注:15.089%来自[(100-86.89)/86.89],10.023%来自[(100-90.89)/90.89]

根据计算结果可知,其报酬率为25.06%。在这种情况下,投资者就不能预期所有债券在所有投资期限的报酬率是相等的。

附录2.3 立方样条插值法

本章正文中的举例中有4个实际观察到的坐标点,需要3个三次方程式$m_{(i,t)}$,每个方程式连接两个相邻的坐标点n_i和n_{i+1},如下式所示:

$$m_{(0,t)} = a_0 n^3 + b_0 n^2 + c_0 n + d_0\text{,连接 } n_0 \text{ 和 } n_1$$
$$m_{(1,t)} = a_1 n^3 + b_1 n^2 + c_1 n + d_1\text{,连接 } n_1 \text{ 和 } n_2$$
$$m_{(2,t)} = a_2 n^3 + b_2 n^2 + c_2 n + d_2\text{,连接 } n_3 \text{ 和 } n_4$$

其中,a、b、c以及d是未知系数。求解3个方程式,需要12个条件。立方样条法设定收益率曲线满足以下条件,即每个方程式必须经过其本身所在的一对坐标点。因此,对于第一个等式,我们有:

$$a_0 n_0^3 + b_0 n_0^2 + c_0 n_0 + d_0 = 4.00$$
$$a_0 n_1^3 + b_0 n_1^2 + c_1 n_1 + d_0 = 5.00$$

对于第二个和第三个等式,我们有:

$$a_1 n_1^3 + b_1 n_1^2 + c_1 n_1 + d_1 = 5.00$$
$$a_1 n_2^3 + b_1 n_2^2 + c_1 n_2 + d_1 = 6.50$$
$$a_2 n_2^3 + b_2 n_2^2 + c_2 n_2 + d_2 = 6.50$$

$$a_2 n_3^3 + b_2 n_3^2 + c_2 n_3 + d_2 = 6.75$$

所得到的收益率曲线在两个三次方程式的交点处应该是平滑的，令两个相邻方程式在交点处的斜率和凸度相等就可以做到这一点，因为这样可以确保从一个方程式平滑滚动到另一个方程式。在数学计算上，所有相邻方程式的一阶和二阶导数在两个方程式的交点处必须相等。

因此，在坐标点 n_1 处有：

$$3a_0 n_1^2 + 2b_0 n_1 + 1 = 3a_1 n_1^2 + 2b_1 n_1 + 1 \qquad \text{（一阶导数）}$$

$$6a_0 n_1 + 2b_0 = 6a_1 n_1 + 2b_1 \text{（二阶导数）}$$

在坐标点 n_2 处有：

$$3a_1 n_2^2 + 2b_1 n_2 + 1 = 3a_2 n_2^2 + 2b_2 n_2 + 1 \qquad \text{（一阶导数）}$$

$$6a_1 n_2 + 2b_1 = 6a_2 n_2 + 2b_2 \qquad \text{（二阶导数）}$$

最后，可以令样条在第一个和最后一个坐标点处也是平坦的，或者更正式地，从数学上规定二阶导数在第一个和最后一个点处的值必须为零：

$$6a_0 n_1 + 2b_0 = 0 \qquad \text{（第一个坐标点）}$$

$$6a_2 n_3 + 2b_2 = 0 \qquad \text{（最后一个坐标点）}$$

根据以上各个约束条件，总共可得到 12 个等式，从而求解出 12 个未知的相关系数。求解过程通常使用下图所示的矩阵方法（见图 2.26），每个等式都表示为矩阵形式：

$$\begin{bmatrix}
n_0^3 & n_0^2 & n_0 & 1 & 0 & 0 & 0 & 0 & 0 & 0 & 0 & 0 \\
n_1^3 & n_1^2 & n_1 & 1 & 0 & 0 & 0 & 0 & 0 & 0 & 0 & 0 \\
0 & 0 & 0 & 0 & n_1^3 & n_1^2 & n_1 & 1 & 0 & 0 & 0 & 0 \\
0 & 0 & 0 & 0 & n_2^3 & n_2^2 & n_2 & 1 & 0 & 0 & 0 & 0 \\
0 & 0 & 0 & 0 & 0 & 0 & 0 & 0 & n_2^3 & n_2^2 & n_2 & 1 \\
0 & 0 & 0 & 0 & 0 & 0 & 0 & 0 & n_3^3 & n_3^2 & n_3 & 1 \\
3n_1^2 & 2n_1 & 1 & 0 & -3n_1^2 & -2n_1 & -1 & 0 & 0 & 0 & 0 & 0 \\
6n_1 & 2 & 0 & 0 & -6n_1 & -2 & 0 & 0 & 0 & 0 & 0 & 0 \\
0 & 0 & 0 & 0 & 3n_2^2 & 2n_2 & 1 & 0 & -3n_2^2 & -2n_1 & -1 & 0 \\
0 & 0 & 0 & 0 & 6n_2 & 2 & 0 & 0 & -6n_2 & -2 & 0 & 0 \\
6n_0 & 2 & 0 & 0 & 0 & 0 & 0 & 0 & 0 & 0 & 0 & 0 \\
0 & 0 & 0 & 0 & 0 & 0 & 0 & 0 & 6n_3 & 2 & 0 & 0
\end{bmatrix}
\times
\begin{bmatrix} a_0 \\ b_0 \\ c_0 \\ d_0 \\ a_1 \\ b_1 \\ c_1 \\ d_1 \\ a_2 \\ b_2 \\ c_2 \\ d_2 \end{bmatrix}
=
\begin{bmatrix} 4 \\ 5 \\ 6.5 \\ 6.75 \\ 0 \\ 0 \\ 0 \\ 0 \\ 0 \\ 0 \\ 0 \\ 0 \end{bmatrix}$$

图 2.26　立方样条插值矩阵

用矩阵符号来表示，我们有[n]×[相关系数]=[rm]，因此矩阵的解为[相关系数]=$[n]^{-1}$×[rm]。将矩阵 n 求逆，然后乘以矩阵 rm，就可以得到所需的相关系数：

相关系数=[0.022，0.000，0.413，4.000，-0.047，0.411，-0.410，4.548，0.008，-0.249，2.230，1.029]

因此，三个三次方程式为：

$rm_{(0,t)} = 0.022 \times n^3 + 0.413 \times n + 4.00$ 坐标点 n_0, n_1

$rm_{(1,t)} = -0.047 \times n^3 + 0.411 \times n^2 - 0.410 \times n + 4.548$ 坐标点 n_1, n_2

$rm_{(2,t)} = 0.008 \times n^3 - 0.249 \times n^2 + 2.230 \times n + 1.029$ 坐标点 n_2, n_3

参考书目

Anderson, N. and Sleath, J., *Bank of England Quarterly Bulletin*, November 1999.

Campbell, J., "A Defence of Traditional Hypotheses about the Term Structure of Interest Rates", *Journal of Finance*, March 1986, pp. 183-193.

Campbell, J., Lo, A. and MacKinlay, A., *The Econometrics of Financial Markets*, Princeton UP, 1997, Chapters 10-11.

Choudhry, M., "The information content of the United Kingdom gilt yield curve", unpublished MBA assignment, Henley Management College, 1998.

Choudhry, M., Joannas, D., Pereira, R. and Pienaar, R., *Capital Markets Instruments*, FT Prentice Hall, 2001.

Cox, J., Ingersoll, J. E. and Ross, S. A., "A re-examination of traditional hypothesis about the term structure of interest rates", *Journal of Finance* 36, Sep 1981, pp. 769-799.

Culbertson, J. M., "The term structure of interest rates," *Quarterly Journal of Economics* 71, November 1957, pp. 485-517.

The Economist, "Admiring those shapely curves," 4 April 1998, p. 117.

Fabozzi, F., *Bond Markets, Analysis and Strategies*, 2nd edition, Prentice Hall, 1993.

Fama, E. F., "Forward rates as predictors of future spot interest rates", *Journal of Financial Economics*, Vol. 3, No. 4, Oct 1976, pp. 361-377.

Fama, E. F., "The information in the term structure," *Journal of Financial Economics* 13, Dec 1984, pp. 509-528.

Fisher, I., "Appreciation of Interest", *Publication of the American Economic Associa-*

tion, August 1986, pp. 23 - 39.

Heath, D., Jarrow, R. and Morton, A., "Bond pricing and the term structure of interest rates," *Journal of Financial and Quantitative Analysis* 25, 1990, pp. 419 - 440.

Hicks, J., *Value and Capital*, OUP, 1946.

Ingersoll, J., *Theory of Financial Decision Making*, Rowman & Littlefield 1987, Chapter 18.

James, J. and Webber, N., *Interest Rate Modeling*, John Wiley and Sons, 2000.

Jarrow, R., "Liquidity premiums and the expectations hypothesis", *Journal of Banking and Finance* 5(4), 1981, pp. 539 - 546.

Jarrow, R., *Modelling Fixed Income Securities and Interest Rate Options*, McGraw-Hill, 1996.

Jarrow, R., and Turnbull, S., *Derivative Securities*, South-western Publishing, 2000.

Kessel, R. A., "The cyclical behaviour of the term structure of interest rates", *Essays in Applied Price Theory*, University of Chicago, 1965.

Kolb, R., *Futures, Options and Swaps*, Blackwell, 2000.

Levy, H., *Introduction to Investments*, 2nd edition, South-Western College Publishing, 1999.

Livingstone, M., *Money and Capital Markets*, Prentice-Hall, 1990, pp. 254 - 256.

Lutz, F., "The Structure of Interest Rates", *Quarterly Journal of Economics*, November 1940, pp. 36 - 63.

Mastronikola, K., "Yield curves for gilt-edged stocks: a new model", *Bank of England Discussion Paper* (Technical Series), No. 49, 1991.

McCulloch, J. H., "An estimate of the liquidity premium," *Journal of Political Economy* 83, Jan-Feb 1975, pp. 95 - 109.

Meiselman, D., *The term structure of interest rates*, Prentice Hall, 1962.

Ryan, R. (ed.), *Yield Curve Dynamics*, Glenlake Publishing Company, 1997.

Rubinstein, M., *Rubinstein on Derivatives*, RISK 1999, pp. 84 - 85.

Shiller, R. "The Term Structure of Interest Rates", in Friedman, B., Hahn, F. (eds.), *Handbook of Monetary Economics*, North-Holland 1990, Chapter 13.

Windas, T., *An Introduction to Option-Adjusted Spread Analysis*, Bloomberg Publishing, 1993.

第 3 章　即期利率和远期利率

本章将用更专业的术语继续第 2 章中的分析。首先解释基本概念,然后分析收益率曲线,讨论利率的期限结构。

3.1　基本概念

我们已经非常熟悉两类固定收益证券,即零息债券(也称为贴现债券或本息分离型债券)以及附息债券。零息债券在到期时一次性归还,附息债券还需定期支付利息。附息债券可看作一组本息分离型债券,其付息还本总额应等于零息债券在到期日所支付的本金。这并不是一个纯学术概念,美国在出现分离型国债的正式市场之前所发生的事件已证实了这一点。分离型国债在美国市场正式出现之前,很多投资银行就已经开始将国债的现金流作为独立的零息债券进行交易①。本节所介绍的文献均建立在以可假设的基础之上:零息债券和附息债券都不存在违约风险;债券市场具有充分的流动性,可以自由买卖;债券的价格是由供求关系而不是由单个发行人或交易商决定的,因而是一个宏观经济问题。

零息债券

零息债券是最简单的固定收益证券,是发行人承诺在债券到期时按面值归还的债券。由于不支付票面利息,零息债券是一种贴水工具,按低于面值或本金的价

---

① 这些银行包括美林公司、雷曼兄弟公司以及所罗门兄弟公司,还有其他一些投行(Fabozzi 1993)。“本息分离债券”(Strips)的全称是“Separate Trading of Registered Interest and Principal of Securities”,美国财政部在引入正式的分离型国债市场后,这一术语便开始使用。银行可以购买国债并将其存在一个托管账户中。对每种国债的每笔现金流都会发行收据(Receipts),这些收据作为独立的零息债券进行交易。由于在原始附息债券价格与收据出售价格之间存在套利,做市银行因此可从中获利。美国财政部于 1985 年规范化了本息分离国债的交易,通过了相关立法,改变了本息分离国债的税务处理方式。英国分离型金边债券市场于 1997 年 12 月开始交易。法国、德国、挪威以及其他国家也存在本息分离债券市场。

格发行。零息债券的价格可表示为 $P(t,T)$，即在 T 时刻到期的贴现债券在 t 时刻的价格，其中 $T\geqslant t$。n 表示零息债券距离到期日的期限，即 $n=T-t$。零息债券的价格随着到期日的临近而提高，在到期日达到最大值，即债券的面值。若债券的面值为 1 英镑，则该债券在 t 时刻的到期收益率就可以表示为 $r(t,T)$，其中 r 实际上是"1+收益率"，也就是持有该债券从时刻 t 到 T 所得的收益，我们有：

$$P(t,T)=\frac{1}{[r(t,T)]^{n}} \tag{3.1}$$

零息债券的收益率可以根据债券的价格按下式计算：

$$r(t,T)=\left[\frac{1}{P(t,T)}\right]^{1/n} \tag{3.2}$$

有时也写为：

$$r(t,T)=P(t,T)^{-(1/n)} \tag{3.3}$$

分析师和研究人员通常对收益率和价格或连续复利取对数，将等式(3.2)中的非线性关系转化为线性关系①。

零息债券在 $t_2(t\leqslant t_2\leqslant T)$ 时刻的价格可以表示为：

$$P(t_2,T)=P(t,T)e^{(t_2-t)r(t,T)} \tag{3.4a}$$

该价格与连续时间内债券的价格等式相一致，债券的连续时间价格为：

$$P(t,T)=e^{-r(t,T)(T-t)} \tag{3.4b}$$

因此，零息债券的收益率为：

$$r(t,T)=-\log\left(\frac{P(t,T)}{n}\right) \tag{3.5}$$

有时也写为：

---

① X 的线性函数为 $Y=f(x)$，其中 X 的变化通过一个值为 1 的幂或指数进行，并且 X 不被任何变量相乘或相除，例如，形如 X^2、$\sqrt{X}$ 等其他类似形式的函数表达式不是 X 的线性关系，若 Z 为另一个变量，则形如 XZ 或 X/Z 的函数表达式也不是 X 的线性关系。在经济计量分析中，如果 Y 的值仅由 X 的值决定，那么 Y 相对于 X 的变化率或 Y 对 X 的导数(表示为 dY/dX)就与 X 无关。因此，如果 $Y=5X$，那么 $dY/dX=5$，即 Y 对 X 的导数是常数 5，与 X 无关。如果 $Y=5X^2$，那么 $dY/dX=10X$，该导数与 X 相关，也就是说函数 $Y=5X^2$ 不是 X 的线性函数。传统的回归函数 $E(Y/x_i)=\alpha+\beta X_i$ 是线性函数，其斜率为 b，截距为 a，该回归曲线在几何上是一条直线。

$$\log r(t,T) = -\left(\frac{1}{n}\right)\log P(t,T) \tag{3.6}$$

等式(3.4)中包含一个指数函数,因此使用连续复利这个术语。

利率的期限结构就是 t 时刻的一系列零息债券收益率,期限从 $(t,t+1)$ 到 $(t,t+m)$ 不等,即债券的到期期限为 $\{1,2,\cdots,m\}$。桑德瑞森(Sundaresan)给出了一个很好的利率期限结构定义,他写道:

"……(利率的期限结构)是指无违约风险的零息债券的到期收益率与其到期日之间的关系。"

收益率曲线是一组收益率的图示。例如,图 3.1 到图 3.3 分别为美国本息分离型国债、英国本息分离型金边债券以及法国本息分离型国债在 2000 年 9 月 27 日零息收益率对数的曲线。每条曲线都有独特的形状,最常见的收益率曲线形状都是稍微向上倾斜的,如法国本息分离型零息国债的曲线那样,英国本息分离型国债的收益率曲线是向下倾斜的。本章稍后再进一步讨论收益率曲线的形状。

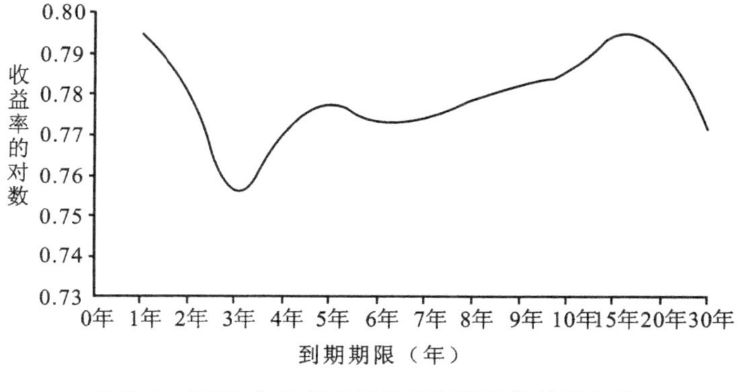

图 3.1　2000 年 9 月美国零息国债的收益率曲线

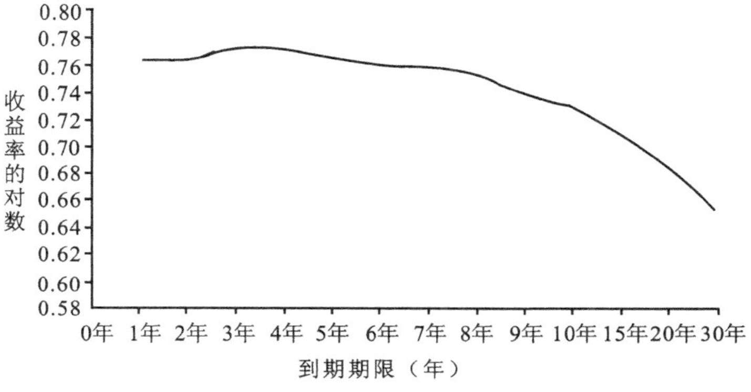

图 3.2　2000 年 9 月英国零息金边债券的收益率曲线

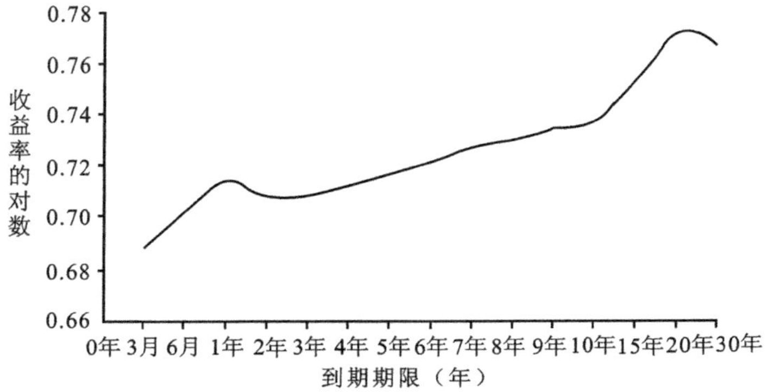

图3.3 法国零息国债的收益率曲线

附息债券

市场上大部分债券在存续期内都会定期支付利息，这种债券称为附息债券。前文已经提到过，附息债券可以看作一组零息债券。每个零息债券都有一个名义价值，是附息债券名义价值的一定百分比，随到期期限逐步增加而提高，最终在附息债券到期日赎回金额就等于其名义价值。我们假定在 i 时刻发行到期日为 T 的债券，具有 w 个元素的支付日期向量 $(t_1, t_2, \cdots, t_{w-1}, T)$，相应日期的支付分别为 $C_1, C_2, \cdots, C_{w-1}, C_w$。在学术文献中，假设这些利息是连续支付的，所支付的现金流可用正的时间函数 $C(t)$ 来表示，其中 $i < t \leqslant T$。在 t 时刻购买在 T 时刻到期的债券，投资者需要支付 $P(t,T)$，在持有期内将收到票面利息①。

T 时刻到期的债券在 t 时刻的到期收益率是将债券的价格及其未来回报联系起来的利率，也就是说，利率将债券的现金流 C_w 贴现为债券的价格 $P(t,T)$，如下式所示：

$$P(t,T) = \sum_{t_i > t} C_i e^{-(t_i - t) r(t,T)} \tag{3.7}$$

上式说明，附息债券的价格由其现金流按利率 $r(t,T)$ 贴现的现值决定。对于零息债券，可以将等式(3.7)简化为等式(3.5)。在学术文献中，一般假设利息是连续支付的，因此，等式(3.7)中的求和公式就可以由积分公式代替。我们将在稍后考察这一点。

① 理论上，这是贴现后的债券净价。对于实际中的附息债券来说，除非该债券是在付息日买入的，否则在交易时还要包含应计利息。从上一个付息日起的应计利息应加到该债券的净价中，这样就可以得到市场中该债券的全价，同时也是购买者所实际支付的价格。

一些文献将债券在期限 m 内在 t 时刻的到期收益率描述成利率的期限结构,但通常认为利率的期限结构只是零息债券的利率曲线。因此,将到期收益率图示出来,一般表示收益率曲线,而不表示期限结构。当然,按照价格相同法则,到期收益率曲线与零息债券的期限结构之间有一定的关系,已知任何一个都可以推导出另外一个。

等式(3.7)中包含按连续复利计算的到期收益率 $r(t,T)$。利用指数函数,可以将收益率表示为连续复利的形式。

市场通常使用当期收益率这个指标,如下式所示:

$$rc = \frac{C}{P_d} \times 100 \tag{3.8}$$

其中,P_d 是该债券的全价。当期收益率也称为现行收益率或平价收益率。当期收益率不能用来表示利率或贴现率,因此不能与到期收益率混为一谈。

3.2　连续时间的债券价格[①]

基本概念

本节介绍连续时间内债券的定价等式。定价过程所需的必要背景知识将在下一章中介绍,根据下一章介绍期限结构建模知识,读者就可以理解其中的逻辑。

假设某交易环境中,债券价格的变化服从一个 w 维的过程:

$$X(t) = [X_1(t), X_2(t), X_3(t), \cdots, X_w(t)],\ t > 0 \tag{3.9}$$

式中的随机变量称为状态变量,表示经济在所有时点的状态。市场假定,状态变量的演化服从几何布朗运动或维纳过程。因此可以根据随机微分方程模拟这些变量的演化。

市场假设债券或股票等资产的现金流是状态变量的函数,债券的特征是由其付息方式决定的,如下式所示:

---

① 本节中的相关方法可参见 Avellaneda(2000)、Baxter and Rennie(1996)、Neftci(2000)、Cambell *et al*(1997)、Ross(1999)、Shiller(1990)以及其他文献。上面提到的这些文献都极其出色,在此强烈推荐。罗斯(Ross)对相关知识作了浅显易懂的介绍,仅为其中的第 4 章就值得购买该书,阿维拉达(Avellaneda)的第 12 章也同样精彩。要一般性地了解主要的定价概念,可参考 Campbell *et al*(1997)第 10 章。Jarrow(1996)的第 3 章对离散时间债券定价作了出色的介绍。Sundaresan(1997)对固定收益市场整体作了出色的综述,在此极力推荐。本章末还给出了其他一些参考书目。

$$C(t) = \tilde{C}[X_1(t), X_2(t), X_3(t), \cdots, X_w(t), t] \tag{3.10}$$

附息债券所支付的利息代表投资者在债券持有期间所收到的现金流。如果时间从 t 时刻起仅仅增加一个很小的量 dt，投资者就可以在 $t+dt$ 期间末购买 $1+C(t)dt$ 单位的债券。假设存在一个非常短期的贴现证券（例如在 $t+dt$ 时刻到期的短期国债），投资者在此期间的报酬率为 $r(t)$。这个报酬率就是年度化的短期利率，在数学分析中一般定义为在 t 时刻发放并几乎立即到期的贷款利率，因此，称为瞬间利率。短期利率由下式确定：

$$r(t) = r(t,t) \tag{3.11}$$

并且，

$$r(t) = -\frac{\partial}{\partial T}\log P(t,t) \tag{3.12}$$

如果按该这个短期利率连续再投资于短期国债等短期证券，就可以获得一个累积的金额，该金额等于原始投资金额与（3,13）式的乘积①：

$$M(t) = \exp\left[\int_0^t r(s)ds\right] \tag{3.13}$$

其中，M 是报酬率为短期利率 $r(t)$ 的货币市场账户。

假定短期利率不变，即 $r(t)=r$，则在到期日 T 支付 1 英镑的无风险债券的价格可表示为：

$$P(t,T) = e^{-r(T-t)} \tag{3.13a}$$

等式（3.13a）表明，债券价格是连续复利率的函数，等式（3.13a）右边是 t 时刻的贴现系数。当 $t=T$ 时，贴现系数等于 1，即该债券的赎回价值，因此也是该债券在此时的价格。

现在考虑如下的情景，某市场参与者可能有以下选择：

- 现在在货币市场账户中投资 $e^{-r(T-t)}$ 单位的现金，该投资在 T 时刻的价值为 1 英镑。
- 现在购买无风险零息债券，该零息债券在时刻 T 的到期价值为 1 英镑。

该市场参与者可投资以上两种工具。我们事前已知，两者都没有风险，T 时刻

---

① 该式采用积分运算法。积分是用来计算无限多项和的数学工具，这种运算与求和 $\sum$ 运算不同，后者只适用于有限个项。如果希望了解积分及其在数理金融中的用途，请参见 Neftci（2000），pp. 59－66，本章的附录 3.2 中对此进行了总结。

有相同的支付，现在和 T 时刻之间都没有现金流。由于利率不变，在 T 时刻支付 1 英镑的债券其价值必须等于货币市场账户最初的投资价值 $e^{-r(T-t)}$。因此，等式（3.13a）必然成立。这是市场无套利要求对零息债券价格的限制。

债券如果不按这个水平定价，就存在套利机会。先看债券价格高于 $e^{-r(T-t)}$ 的情况。此时投资者可能对该债券进行卖空操作，并将所得的资金投资于货币市场账户。在到期时的 T 时刻，空头价值为 -1 英镑（负值表示投资者持有该债券的空头），而货币市场将累积 1 英镑的价值，投资者利用货币市场的价值支付零息债券的收益后，还会产生一些盈余，因为在 t 时刻有：

$$P(t,T) - e^{-r(T-t)} > 0$$

因此，投资者将从该笔交易中受益而无须承担任何风险。

同理，在债券的价格低于 $e^{-r(T-t)}$ 的情况下，投资者可筹措金额为 $e^{-r(T-t)}$ 的借款，并按价格 $P(t, T)$ 购买该债券。在到期日，该债券将会支付 1 英镑，投资者可用收到金额归还所借款项，并从中受益，因为：

$$e^{-r(T-t)} - P(t,T) > 0$$

因此，不产生套利利润，唯一的价格应为：

$$P(t,T) = e^{-r(T-t)} \tag{3.13b}$$

在学术文献中，零息债券的价格是根据短期利率的演化确定的，称作风险中性指标①。短期利率 $r(t)$ 是货币市场账户或短期国债等短期无风险证券的利率。为简化数学计算，我们假定它是一个连续复利。对零息债券而言，假设在到期日支付 1（比如 1 英镑或 1 美元），且为一次性支付。因此，零息债券在 t 时刻的价值为：

$$P(t,T) = \exp\left(-\int_t^T r(s)\,ds\right) \tag{3.14}$$

该价值就是赎回价值 1 除以等式（3.13）中货币市场账户的价值。

附息债券的价格可以根据其收益率按下式计算：

$$P(t,T) = \exp(-(T-t)r(T-t)) \tag{3.15}$$

在学术文献中，等式（3.14）非常常见，其推导的过程却不很常见，附录 3.3 将介绍其推导过程。这个附录是 Ross（1999）的一个概要，强烈推荐读者阅读该参考资料。Neftci（2000）的第 18 章也非常值得阅读。

---

① 这是套利定价理论的一部分。详细信息请参考 Cox *et al*（1985）。Duffie（1992）有更全面的讨论。

等式(3.14)为在即期利率连续或随机而不是不变的情况下零息债券的定价公式。利率 $r(s)$ 是在非常短或无限小的时间间隔 $(t,\ t+dt)$ 内的无风险报酬率。这个利率也用于货币市场账户定价公式(3.13)和无风险零息债券定价公式(3.14)。

连续时间内的随机利率

在学术文献中,等式(3.15)所确定的债券价格的变化通常服从风险中性概率指标 $\tilde{P}$ 下的鞅过程。连续时间内的随机利率是固定收益证券数学的一个高级分支,不在本书的讨论范围之内。不过我们将在第 5 章中作些介绍①。为了分析的需要,债券的价格可以表示为:

$$P(t,T) = E_t^{\tilde{P}}\left[e^{-\int_t^T r(s)ds}\right] \tag{3.16}$$

等式(3.16)中,右边是贴现系数的随机演化,贴现系数用来计算到期日支付 1 英镑的现值。等式(3.16)还表明,债券的价格取决于短期利率 $r(s)$ 在整个期间 $t<s<T$ 内的分布,这同样意味着时刻 t 的期限结构已经包含有关未来短期利率的全部信息②。

根据等式(3.16),我们说函数 $T \to P_t^T$(其中 $t<T$)是时刻 t 的贴现曲线或贴现函数。Avellaneda(2000)认为,市场通常用一个称为到期期限的术语来代替 $(T-t)$,因此该函数变为:

$$\tau \to P_t^{t+\tau}, \tau > 0, \text{其中 } \tau = (T-t)$$

若即期利率不变,则零息债券的价格可以表示为:

$$P(t,T) = e^{-r(t,T)(T-t)} \tag{3.17}$$

根据等式(3.16)和等式(3.17),令两个等式的右边相等,可以推导零息债券的收益率 $r(t,T)$ 与短期利率 $r(t)$ 之间的关系,即:

$$e^{-r(T,t)(T-t)} = E_t^{\tilde{P}}\left[e^{-\int_t^T r(s)ds}\right] \tag{3.18}$$

对上式两边同时取对数,可得:

$$r(t,T) = \frac{-\log E_t^{\tilde{P}}\left[e^{-\int_t^T r(s)ds}\right]}{T-t} \tag{3.19}$$

---

① 感兴趣的读者可以参考 Nefcti(2000),第 2 章,17 - 18,还可参考 Baxterand Rennie(1996),对于数学功底较强的读者来讲,Duffie(1992)是一个十分前沿的参考资料。

② 这与短期利率的鞅过程演化有关。对等式(3.16)的推导参见 Neftci(2000),第 417 页。

等式(3.19)将债券收益率定义为债券寿命期内即期利率的平均值。并且当即期利率不变时,收益率就等于即期利率。

对于零息债券来说,$P(t,T)$小于或等于 1。如前所述,该债券的收益率就是使 t 时刻的债券价格等于其现金流的贴现值的连续复利利率,即:

$$r(t,T) = -\frac{\log(P(t,T))}{T-t} \tag{3.20}$$

由此可得:

$$P(t,T) = e^{-(T-t)r(T-t)} \tag{3.21}$$

在实践中,这意味着如果投资者在 t 时刻购买该债券并持有至到期日,就可以获得 $r(t,T)$的收益。

附息债券

按照相同的原则,可以推导附息债券在相同利率演化的风险中性概率条件下的定价公式。这时,债券的价格可以表示为:

$$P_c = 100E_t^{\tilde{P}}(e^{-\int_t^{t_N} r(s)ds}) + \sum_{n:t_n>t}^{N} \frac{C}{w} E_t^{\tilde{P}}(e^{-\int_t^{t_n} r(s)ds}) \tag{3.22}$$

其中,

P_c 表示附息债券的价格。

C 表示债券支付的票面利息。

t_n 表示利息日,$n \leqslant N$,且在定价时$t=0$。

w 表示付息频率①。

并且,按惯例,债券的名义价值或本金设为 100,也就是说,按价格的百分比或占名义价值的比例报价。

等式(3.22)在某些文献中写为如下的形式:

$$P_c = 100\mathrm{e}^{-rN} + \int_n^N Ce^{-rn}dt \tag{3.23}$$

假设每年付息一次,用 Df 表示贴现系数,可将等式(3.22)简化如下:

$$P = 100Df_N + \sum_{n:t_n>t}^{N} C.DF_n \tag{3.24}$$

---

① 传统或普通债券每年或每半年支付一次票面利息。浮息票据和抵押支持证券以及其他资产支持证券可能每个月支付一次票面利息,付息频率取决于交易的结构。

上式表明，在任何时刻，无风险债券的市场价值是由该时刻的贴现函数决定的。

由第 2 章可知，市场中债券的实际价格还包括上一个付息日以来的应计利息。因此，等式(3.24)确定的价格称作净价，而包括应计利息的交易价格则称为全价。

3.3 远期利率

投资者可以组合到期日不同的债券头寸，确保可以在将来的某个时点开始可获得一定的报酬率。也就是说，交易凭证在 t 时刻签发，但涵盖从 T 到 $T+1$ 的期间，其中 $t<T$(也可以认为这种凭证在 T_1 时刻生效，在 T_2 时刻到期，其中 $t<T_1<T_2$)。在这个期间所挣得的利率称为远期利率①。例 3.1 将描述保证获得这种远期利率的机制，详细内容可参见 Jarrow(1996)以及 Campbell *et al* (1997)。

例 3.1 远期利率

某投资者在 t 时刻购买 1 单位的零息债券，该零息债券在 T 时刻到期，价格为 $P(t,T)$；并同时卖出 $P(t,T)/P(t,T+1)$ 单位在 $T+1$ 时刻到期的债券。由表 3.1 可以看出，这两个交易的净结果的现金流为零。在 T 时刻的现金流入为 1，在 $T+1$ 时刻的现金流出为 $P(t,T)/P(t,T+1)$。这些现金流与在 t 时刻约定的在 T 到 $T+1$ 期间发放的贷款的现金流相同，该贷款的利率为 $P(t,T)/P(t,T+1)$，也就是远期利率，因此有：

$$f(t,T)=\frac{P(t,T)}{P(t,T+1)} \tag{3.25}$$

结合以前所讨论的债券价格与收益率之间的关系，按等式(3.25)，我们可以根据收益率和在期间$(T,T+1)$中所挣得的报酬率来定义远期利率，即：

$$f(t,T,T+1)=\frac{1}{(P(t,T+1)/P(t,T))}=\frac{(r(t,T+1))^{(T+1)}}{r(t,T)^{T}} \tag{3.26}$$

① Shiller(1990)第 639 页的脚注对术语“远期利率”的渊源作了生动的描述。希勒先生(Shiller)将“远期利率”这一术语的渊源追溯到 John Hicks, *Value and Capital*, 2nd edition, Oxford University Press(1946)。

表 3.1　买进 T 期债券卖出 $T+1$ 期债券的净现金流

	时间		
交易	t	T	$T+1$
买进 1 单位的 T 期债券	$-P(t,T)$	$+1$	
卖出 $P(t,T)/P(t,T+1)$ 单位的 $T+1$ 期债券	$+[(P(t,T)/P(t,T+1)] \times P(t,T+1)$		$-(P(t,T)/P(t,T+1)$
净现金流	0	$+1$	$-(P(t,T)/P(t,T+1)$

根据等式(3.25)，可以计算以远期利率表示的、持有期间从 t 到 T 时刻的债券价格，公式如下：

$$P(t,T) = \frac{1}{\prod_{k=t}^{T-1} f(t,k)} \tag{3.27}$$

上式的推导过程可参见 Jarrow(1996)第 3 章。等式(3.27)表明，零息债券的价格等于其名义价值(此处假设为 1)，该名义价值在 T 时刻收到，并且已经按 t 时刻到 T 时刻的远期利率进行了贴现①。

远期的计算如同今日按未来某日开始适用的利率做一笔交易。换句话说，就是做一笔远期合约交易，计算时要遵守同价法则或无套利法则。对在 T 时刻开始并在 $T+1$ 时刻到期的贷款来说，可以采用类似例 3.1 描述的方式，将它看作买进一个 $T+1$ 期的债券，同时卖出金额为 p、期限为 T 的债券。t 时刻的净现金头寸必然等于零，因此 p 可以表示为：

$$p = \frac{P(t,T+1)}{P(t,T)}$$

而且，为避免套利，p 的值必须等于 $T+1$ 期的债券在 T 时刻的价格。因此，远期收益率可以表示为：

$$f(t,T+1) = -\frac{\log P(t,T+1) - \log P(t,T)}{(T+1) - T} \tag{3.28}$$

T 时刻与后一个债券到期日之间的期间如果缩短，比如两个债券的到期日分别为 T 和 T_2，并且 $T_2 = T + \Delta t$，随着 Δt 的逐步变小就得到瞬间远期利率，如下式所示：

---

① 符号"$\prod$"表示连乘，其定义为 $\prod_{i=1}^{n} x_i = x_1 \cdot x_2 \cdots x_n$，因此 $\prod_{k=t}^{T-1} f(t,k) = f(t,t) \cdot f(t,t+1) \cdots f(t,T-1)$，即将指数 k 从 t 到 $T-1$ 区间的取值所获得的利率相乘。

$$f(t,T) = -\frac{\partial}{\partial T}\log P(t,T) \tag{3.29}$$

这个利率称为远期利率,是今天的借款在未来时刻 T 的价格。当 $T=t$ 时,今天的借款的远期利率就等于瞬间短期利率 $r(t)$。在 t 时刻,期间 (t,t) 的即期和远期利率相同,而在其他到期日,这两个利率则不相等。

对于 (t,T) 之外的其他所有时点,如果即期收益率曲线向上倾斜,远期收益率曲线将位于其上方;如果即期收益率曲线向下倾斜,远期收益率曲线将位于其下方。Campbell *et al*(1997,第 400 - 401 页)认为,这符合标准的边际成本曲线与平均成本曲线之间的关系。也就是说,当边际单位的成本(比如在生产中)高于平均单位成本时,额外增加一单位边际产量,平均成本将会上升。因此,当边际成本曲线位于平均成本曲线之上时,平均成本就会上升。同理,当边际成本曲线位于平均成本曲线之下时,单位平均成本就会下降。

例 3.2 即期和远期收益率曲线

由以上的讨论可知,债券价格、即期和远期利率这三个参数中,知道一个参数,就可以计算其他两个参数。因此,如果可以在市场中观察到一组零息利率,就可以计算相应的远期利率和零息债券价格,如表 3.2 所示。初始的利率期限结构是向上倾斜的。图 3.4(a)展示了这两个曲线。

表 3.2 假设的零息债券收益率和远期利率

到期期限 $(0,T)$	即期利率 $r(0,T)$ *	远期利率 $f(0,T)$ *	债券价格 $P(0,T)$
0			1
1	1.054	1.054	0.94877
2	1.055	1.056	0.89845
3	1.0563	1.059	0.8484
4	1.0582	1.064	0.79737
5	1.0602	1.068	0.7466
6	1.0628	1.076	0.69386
7	1.06553	1.082	0.64128
8	1.06856	1.0901	0.58833
9	1.07168	1.0972	0.53631
10	1.07526	1.1001	0.48403
11	1.07929	1.1205	0.43198

* 利率为 $(1+r)$

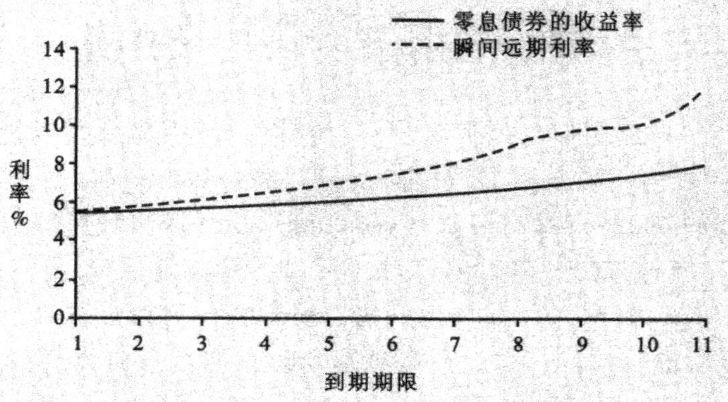

图 3.4(a)　假设的零息收益率曲线和远期收益率曲线

理论上的远期利率在期限较长处存在一个明显的拐点，这是一些技术原因所致。

本质上，即期利率曲线和远期利率曲线之间的关系正如 Campbell *et al*（1997，第 400－401 页）所述。如果即期利率曲线向上倾斜，远期利率曲线就位于其上方；如果即期利率曲线向下倾斜，远期利率曲线就位于其下方。这种关系可以进行数学上的解释。远期利率或边际报酬率等于即期利率或平均报酬率加上即期利率的增加率乘以 t 时刻到 T 时刻之间增加的期间数。如果即期利率保持不变（水平曲线），远期利率就等于即期利率。

然而，向上倾斜的即期利率曲线只能使远期收益率曲线位于其上方，却并不总是能够产生向上倾斜的远期利率曲线。即期利率曲线向上倾斜时，远期利率曲线可能向上倾斜，也可能向下倾斜。即期利率如在达到一个最大值之后保持不变或者下降，远期利率曲线会在这个最高点之前开始下降。在图3.4(a)的例子中，如果将即期利率转化为等价的远期利率，即期利率在期限较长处的增加率就会被放大。如果期限较长处的即期利率低于前一期的利率，远期利率曲线就会如图 3.4(b) 中所示。

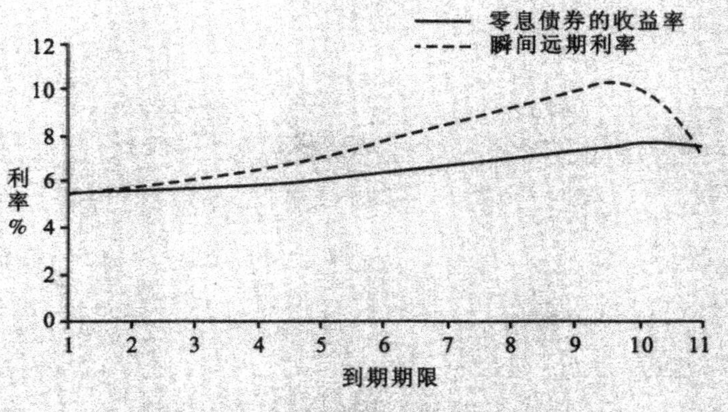

图 3.4(b)　假设的即期和远期收益率曲线

3.4 在实践中计算即期利率

已有研究人员采用计量经济学方法研究如何根据附息债券的价格推导零息债券的期限结构。最著名的方法可参见 McCulloch(1971,1975)、Schaefer(1981)、Nelson and Siegel(1987)、Deacon and Derry(1994)、Adams and Van Deventer(1994)、Waggoner(1997)以及其他一些文献。其中最浅显易懂的当数 Deacon and Derry(1994)①。James and Webber(2000)对所有这些主要方法作了一个很好的综述,该书第 15~18 章对迄今为止的所有研究亮点作了出色的总结。

前文已提到过,附息债券可以看作是一系列零息债券的组合。将附息债券看作一组零息债券,就可以根据附息债券的收益率计算隐含的零息债券利率结构。

如果可以观察到实际的期限结构,就可以推导名义价值为 1 英镑的零息债券的价格 $P_1, P_2, \cdots, P_N$,并将名义价值为 1 英镑、票面利率为 C 的附息债券价格 P_C 表示为如下形式:

$$P_C = P_1 C + P_2 C + \cdots + P_N(1 + C) \tag{3.30}$$

反过来,如果可以观察到附息债券的收益率曲线,就可以推导其价格 P_{C1},$P_{C2}, \cdots, P_{CN}$,并可根据等式(3.30)计算隐含的零息债券的期限结构。我们从单期附息债券开始讨论,该债券的价格为:

$$P_{C1} = P_1(1 + C)$$

因此,

$$P_1 = \frac{P_{C1}}{(1 + C)} \tag{3.31}$$

重复这一过程计算一组零息债券的价格 $P_1, P_2, \cdots, P_{N-1}$ 之后,就可按下式计算 P_N:

$$P_N = \frac{P_{CN} - P_{N-1}C - \cdots - P_1 C}{1 + C} \tag{3.32}$$

---

① 这是笔者的观点。计量经济学基础较好的读者可能发现这些参考资料都非常有用,且极具可读性。本章结尾处给出了更多的参考资料。

此时，我们可以采用一种称作最小二乘法的回归方法拟合期限结构。下一章将更详细地讨论这个问题，不需要详细了解这方面内容的读者可以跳过下一章。感兴趣的读者还可以参考第4章末的参考书目。

等式(3.30)将附息债券的价格表示为零息债券价格的精确函数。实际上，在现实中不可能做到这一点，因为还要考虑流动性、税收影响等因素对每个债券的影响。因此，我们在等式(3.30)中添加了一个误差项，并采用横截面回归方法估计市场中其他债券的价值。如果将这些债券标记为 $i=1,2,\cdots,I$，则其回归方程为：

$$P_{CN}=P_1C_i+P_2C_i+\cdots+P_{Ni}(1+C_i)+u_i \tag{3.33}$$

其中，C_i 表示第 i 种债券的票面利率，N_i 表示第 i 种债券的到期期限。在等式(3.33)中，回归参数为在每个利息期间的应付利息，相关系数为零息债券的价格 P_1 到 P_N。只要拥有完整的期限结构，并且 $I\geqslant N$，就可以采用最小二乘法估计这些值。

现实中，我们不可能有附息债券的完整期限结构，因而不能确定等式(3.33)中的相关系数。McCulloch(1971,1975)描述了一种样条估计方法，这种方法假设零息债券的价格随着到期期限平滑变动。在这种方法下，P_N 被定义为到期期限 N 的贴现函数，如下式所示：

$$P(N)=1+\sum_{j=1}^{J}a_jf_j(N) \tag{3.34}$$

函数 $f_j(N)$ 是到期期限 N 的已知函数，相关系数 a_j 必须进行估计。将等式(3.34)代入等式(3.33)可得到一个回归方程，即等式(3.35)，该方程可以采用最小二乘法进行估计：

$$\prod_i=\sum_{j=1}^{J}a_jX_{ij}+u_i,\quad i=1,2,\cdots,I \tag{3.35}$$

其中，

$$\prod_i\equiv P_{C_iN_i}-1-C_iN_i$$

$$X_{ij}\equiv f_j(N_i)+C_i\sum_{l=1}^{N_i}f_j(l)$$

函数 $f_j(N)$ 通常是将贴现函数设定为一个多项式来确定的。在包括McCulloch(1971,1975)在内的一些文献中，函数 $f_j(N)$ 是采用一个样条函数来确定的。在使用样条函数拟合收益率曲线方面已有大量学术研究，具体内容留待下一章探讨，此处不作详细讨论。更多信息可参考本章末的参考书目。关于样条函数拟合收益率曲线时所采用的回归方法的探讨，请参见 Suits *et al* (1978)。

3.5 使用连续时间内的即期和远期利率进行债券分析

本节进一步分析即期利率、远期利率和收益率曲线之间的关系。

即期利率与远期利率之间的关系

前面的讨论均假设时间间隔和利率是离散的。本节将考虑即期利率和远期利率在持续时间内的关系。为便于数学分析，我们假设连续复利的一些条件。

前文曾提到过，如果利率为 r，则复利就是 e^r，初始投资 M 在期间 $T-t$ 内可以获得 $r(t,T)$ 的收益率，到期日的价值为 $Me^{r(t,T)(T-t)}$（初始投资发生在 t 时刻，到期日为 T，$T>t$）①。设初始投资价值为 M_t，到期时的价值为 M_T，则 $Mte^{r(t,T)(T-t)}=M_T$，因此，连续复利 $r(t,T)$ 可表示为：

$$r(t,T)=\frac{\log(M_T/M_t)}{T-t} \tag{3.36}$$

用公式表示连续复利与收益率之间的关系，如下式所示：

$$M_T=M_te^{\int_t^T r(s)ds} \tag{3.37}$$

其中，$r(s)$ 是瞬间即期利率，它是时间的函数。此外，可以进一步认为连续复利收益率实际上等于连续复利的平均值，而且可以表示为：

$$r(t,T)=\frac{\int_t^T r(s)ds}{T-t} \tag{3.38}$$

在连续时间环境中，不能假设利率期间为离散的时间间隔，而应假设在该期间内所借资金将立即偿还。因此，远期利率 $f(t,s)$ 表示 t 时刻借款时所适用的利率，而贷款实际在 s 时刻发放（$s>t$），并且几乎立即偿还。在数学上，$s-t$ 期间是一个无限小的时间间隔。即期利率被定义为连续复利收益率或利率 $r(t,T)$。如果不存

① e 是一个数学常数 2.7182818……，它表示如果按连续复利 $1/(T-t)$ 计算，在时刻 t 投资 1 英镑在 T 时刻到期时就可以增加到 e 英镑。

在套利，在 $s-t$ 期间按远期利率 $f(t,s)$ 投资的报酬率必然等于开始时按即期利率 $r(t,T)$ 投资所获得的报酬率。因此有：

$$e^{\int_t^T f(t,s)ds} = e^{r(t)dt} \tag{3.39}$$

利用该式，我们就可以推导出即期利率的计算式，如下式所示：

$$r(t,T) = \frac{\int_t^T f(t,s)ds}{T-t} \tag{3.40}$$

等式(3.40)表明，即期利率是远期利率 $f(t,s)$ 的算术平均值，其中 $t<s<T$。这种关系与离散时间状态下的相应关系有什么不同呢？根据第2章的讨论，离散状态下的即期利率是远期利率的几何平均值①，这就是两者的主要区别。等式(3.40)还可以表示为：

$$r(t,T)(T-t) = \int_t^T f(t,s)ds \tag{3.41}$$

上式可用来表示即期利率与远期利率之间的关系，如下式所示：

$$f(t,s) = r(t,T) + (T-t)\frac{dr(t,T)}{dT} \tag{3.42}$$

如果假设现在进行交易（即在时刻零进行交易），在时刻 T 到期，则即期利率为：

$$r(0,T) = \frac{\int_t^T f(0,s)ds}{T} \tag{3.43}$$

因此可得：

$$r(0,T)\cdot T = \int_t^T f(0,s)ds \tag{3.44}$$

这种关系如图3.5所示，它表明即期利率 $r(0,T)$ 是从0到 T 的远期利率的平均值，图中假设 $r(0,T)$ 等于5%。图3.5还显示了等式(3.44)所表示的区域。

---

① 更精确地说，如果假设使用年复利，则该关系就是1加上即期利率等于1加上远期利率之和的几何平均。

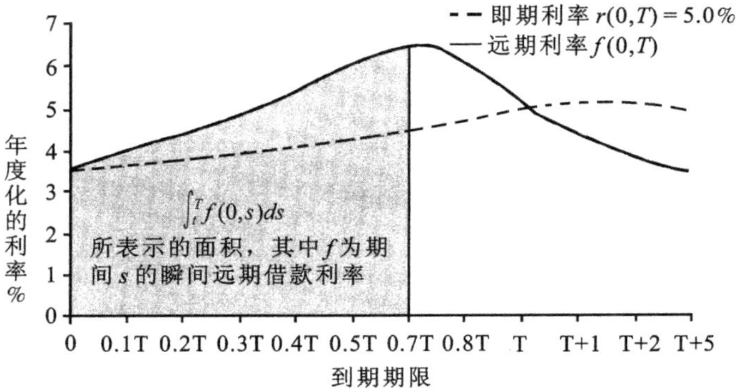

图 3.5 即期和远期利率之间的关系图示

等式(3.42)的意思是，根据定义如果即期利率上升，则远期利率或者说边际利率①也应上升。由等式(3.42)可知，远期利率等于即期利率加上即期利率上升速度与时间期间($T-t$)的乘积。实际上，这个结论只是确认了第 2 章离散时间状态分析中已经讨论过的内容，即如果即期利率曲线向上倾斜，则远期利率曲线就位于其上方；如果即期利率曲线向下倾斜，远期利率曲线就位于其下方；如果即期利率保持不变，远期利率就等于即期利率。

然而，事实并不是如此简单。即期利率期限结构向上倾斜只能表示远期利率曲线位于其上方，并不意味着远期利率曲线本身也向上倾斜。实际上，人们可以观察到以下事实，即当即期利率上升时，远期利率既可能上升，也可能下降。由于即期利率是远期利率的平均值，远期利率实际上必须在即期利率达到最高点之前开始下降。这就验证了市场所观察到的结果。这种属性的一个解释请参见附录 3.1。正如 Campbell *et al* (1997)所述，这也符合经济学中平均成本与边际成本之间的关系。

作为即期利率和远期利率函数的债券价格②

本节描述零息债券价格与即期利率和远期利率之间的关系。假设无风险零息债券的名义价值为 1 英镑，在 t 时刻定价，到期日为 T。同时假设货币市场银行账户(用 M 表示)在 t 时刻的初始投资价值为 $P(t,T)$。该零息债券在 t 时刻的价格为 $P(t,T)$，如果现在的时刻为零($t>0$)，则现在的债券价格是一个未知数，与未来

---

① 例如，参见 Campbell, Lo and Mackinlay(1997)的 10.1 节，该书的第 10 章对期限结构作了出色的介绍，并对这里讨论的一些结论提供了证明。该书行文浅显易懂，仅为其中的第 10 章就值得购买。

② 更多的细节请参见 Neftci(2000)第 18 章第 3 节。该书风格简易，值得一读。

利率一样是随机的。债券价格可以与 t 时刻的即期利率或远期利率联系起来。

考虑根据以下的情景推导无风险零息债券的价格①。

用作连续复利计算的即期利率与以前一样仍然为常数 r。某投资者的一个选择是以价格 $P(t,T)$ 购买零息债券,该债券在 T 时刻将返还1英镑;另一个选择是将同样金额的现金投资于货币市场账户,这项投资在 T 时刻也可以返还1英镑。我们知道,货币市场账户的价值可以表示为 $Me^{r(t,T)(T-t)}$。欲使 M 在 T 时刻的价值为1英镑,则在 t 时刻函数 $e^{-r(t,T)(T-t)}$ 必须给出1英镑的现值,因此,零息债券的价值可以表示为:

$$P(t,T) = e^{-r(t,T)(T-t)} \tag{3.45}$$

如果同样的资金投资于货币市场账户不能获得1英镑的回报,就会产生套利机会。如果债券的价格高于贴现函数 $e^{r(t,T)(T-t)}$,投资者就会卖空该债券,并将卖空收入投资于货币市场账户。在 T 时刻,债券的头寸将产生1英镑的现金流出,而货币市场账户的价值正好为1英镑,然而,由于 $P(t,T)-e^{-r(t,T)(T-t)}>0$,该投资者将会获利。同理,如果债券的价格小于 $e^{-r(t,T)(T-t)}$,投资者就会借款 $e^{-r(t,T)(T-t)}$ 并按价格 $P(t,T)$ 购买该债券。在到期日,该债券将会返还1英镑,投资者可用这笔收入来偿还贷款,然而,由于 $e^{-r(t,T)(T-t)}-P(t,T)>0$,该投资者将会从中获利。为了避免出现这样的套利机会,必须满足以下等式:

$$P(t,T) = e^{-r(t,T)(T-t)} \tag{3.46}$$

根据即期利率与远期利率之间的关系,也可以用远期利率来描述债券的价格②,这里只介绍这种关系的结果。首先,我们知道:

$$P(t,T)e^{\int_t^T f(t,s)ds} = 1 \tag{3.47}$$

由于该债券的到期价值为1英镑,因此将上述等式可重新写为:

$$P(t,T) = e^{-\int_t^T f(t,s)ds} \tag{3.48}$$

等式(3.48)表明,债券价格是远期利率 $f(t,s)$ 的函数,这个利率就是从 t 到 T 时刻所有期间 s 的远期利率(其中 $t<s<T$,且 s 的值无限小)。每个期间 s 的远期利率 $f(t,s)$ 都是随机过程的结果,该随机过程假设从现在的时刻0开始,因此债券价格 $P(t,T)$ 也是随机过程的结果。在这种情况下,所有的远期利率 $f(t,s)$ 都服从

① 该方法也可参见 Campbell *et al*(1997)。

② 例如,参见 Campbell *et al*(1997)第4.2节。

随机过程。

零息债券的价格也可以用即期利率 $r(t,T)$ 表示，如等式(3.46)所示。根据先前进行的分析，我们知道：

$$P(t,T)e^{r(t,T)(T-t)} = 1 \tag{3.49}$$

将上述等式变形，就可以得到同样的零息债券的价格表达式：

$$P(t,T) = e^{-r(t,T)(T-t)} \tag{3.50}$$

等式(3.50)表明，债券价格仅仅是即期利率的函数，不同于从 t 到 T 时刻的所有远期利率所适用的多过程。由于债券的名义价值为 1 英镑，等式(3.50)的值就是该期间的贴现系数，零息债券价格的范围就是我们所说的贴现函数。

以上结论对我们理解利率的期限结构有什么重要意义呢？首先，我们知道，在连续时间状态下，即期利率、远期利率与贴现函数紧密相关，给出其中一个变量的值，就可推算其他两个变量的值。更为重要的是，期限结构既可以仅仅模拟为即期利率的函数（如上所述的单一随机过程），也可以模拟为 $(T-t)$ 期间内每个期间 s 内全部远期利率 $f(t,s)$ 的函数（如上所述的多随机过程）。上述第一个收益率曲线模型采用的是第一种方法，其他模型采用的是上述第二种方法。

附　录

附录 3.1　即期利率结构上升时的远期利率结构图示

若即期利率 $r(0,T)$ 是一个时间函数，且逐渐增加到最高值 $\bar{T}$，则即期利率可表示为：

$$r(0,T) = \frac{\int_0^T f(0,s)\,ds}{T} \tag{3.51}$$

在最高点，即期利率既不上升，也不下降，因此可以表示为：

$$\frac{dr(0,\bar{T})}{dT} = 0 \tag{3.52}$$

因此，在最高点即期利率对 T 的二阶导数为：

$$\frac{d^2 r(0,\bar{T})}{dT^2} < 0 \tag{3.53}$$

根据等式(3.42)和等式(3.52),可得:

$$f(0,\bar{T}) = r(0,\bar{T}) \tag{3.54}$$

又根据等式(3.53)和等式(3.54),可得最高点处即期利率的二阶导数为:

$$\frac{d^2 r(0,\bar{T})}{dT^2} = \left[\frac{df(0,\bar{T})}{dT} - \frac{dr(0,\bar{T})}{dT}\right]\frac{1}{T} < 0 \tag{3.55}$$

根据等式(3.52)可知,即期利率函数在$\bar{T}$点的值为零,因此在最高点处远期利率对 T 的导数是:

$$\frac{df(0,\bar{T})}{dT} < 0 \tag{3.56}$$

因此,在这种情况下远期利率在$\bar{T}$点处为下降状态,而此时即期利率达到最大值。这种情况可用图 3.5 来说明。当即期利率在上升时,远期利率曲线却在下降,这种情况非常普遍。

附录 3.2　积分

刚开始时可以用近似的方法来定义积分,即先将积分区间进行有限次数的分割,随后可以将这种分割扩展至无限多次。积分的一种常见形式是黎曼积分。

给定一个可以计算或者可确定的函数,并且已经对该函数的一个期间进行了图示,要求计算该图示区域的面积。设该函数为$f(t)$,对$[0,T]$区间进行了图示(见图 3.6),则该图示区域的面积可以用以下的积分表示:

$$\int_0^T f(s)\,ds \tag{3.57}$$

这就是图示区域的面积。可采用黎曼积分法计算。

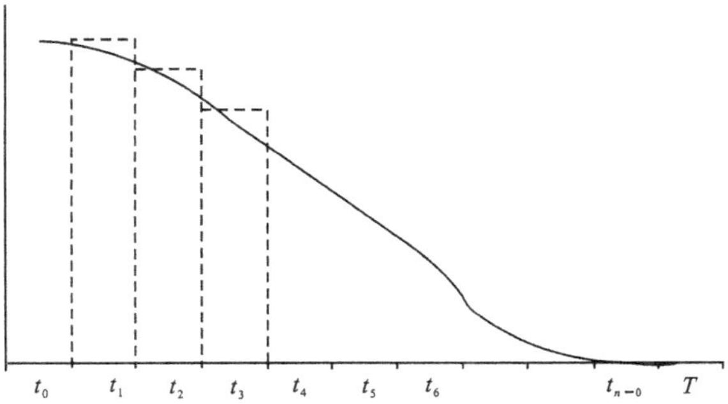

图 3.6　利用积分计算面积的图示

计算时，先将时间间隔分为 n 个小间隔，即：

$$t_0 = 0 < t_1 < t_2 < \cdots < t_{n-1} < t_n < T$$

假设矩形在图形外的部分的面积可以由图形之下未被矩形涵盖的区域补偿，图像下方的面积可用各个矩形的面积之和来近似表示。因此，该面积的近似值为：

$$\sum_{i=1}^{n} f\left(\frac{t_i + t_{i-1}}{2}\right)(t_i - t_{i-1}) \tag{3.58}$$

这表明，图形下方的面积可以用 n 个矩形面积的总和来近似表示，这些矩形是通过分割从 t_0 到 T_n 的横轴并以纵轴为高来构建，即：

$$f((t_i + t_{i-1})/2)$$

只有当每个间隔的底非常小且函数 $f(t)$ 是一个光滑函数时，这种近似才是有效的，也就是说，函数 $f(t)$ 不能有突然的弯曲或拐点。

黎曼积分的定义是，设：

$$\max_i |t_i + t_{i-1}| \to 0$$

则其极限为：

$$\sum_{i=1}^{n} f\left(\frac{t_i + t_{i-1}}{2}\right)(t_i - t_{i-1}) \to \int_0^T f(s)\,ds \tag{3.59}$$

如果这种近似不够精确，可以将横轴进一步划分为更小的间隔，使近似更加接近真实值。如果函数不够光滑，就不能使用这种方法。在数学上，这一限制条件可表述为：该函数是可积或黎曼可积的。

还可使用其他积分形式，Neftci（2000）第 4 章对此有很好的介绍。

附录 3.3 连续时间状态下债券价格等式的推导

本附录概述 Ross（1999）第 54 ~ 56 页所描述的方法。罗斯（Ross）的这本书是一个很好的参考资料，讲解深入浅出，颇具有可读性，我们强力推荐该书。为与本书正文定价公式中所使用的符号一致，我们分别用期限 t 和 T 代替罗斯在投资分析中所使用的时刻 0 和到期时间 t，为与本书第 2 章到第 4 章的表达式保持一致，我们仍然使用 M 表示货币市场账户的到期价值。

假设货币市场账户在 s 时刻支付时所使用的利率为连续复利 $r(s)$，即 s 时刻的瞬间利率。再假设投资者在 s 时刻投资于货币市场账户的价值为 x，经过一个非

常短的时期 h 之后，该账户中的价值为：

$$x_h \approx x(1 + r(s)h) \tag{3.60}$$

如果投资者在 t 时刻存入 1 英镑，设该账户在 T 时刻的价值为 $M(T)$。为了根据即期利率 $r(s)$ 计算 $M(T)$ $(t \leqslant s \leqslant T)$，时间的增量 h 应满足下式：

$$M(s + h) \approx M(s)(1 + r(s)h) \tag{3.61}$$

即：

$$M(s + h) - M(s) \approx M(s)r(s)h \tag{3.62}$$

亦即：

$$\frac{M(s + h) - M(s)}{h} = M(s)r(s) \tag{3.63}$$

当时间 h 越来越小时，等式(3.62)中的约等号将变成一个等号。当 h 趋近于零时，我们有：

$$M'(s) = M(s)r(s) \tag{3.64}$$

整理上式可得：

$$\frac{M'(s)}{M(s)} = r(s) \tag{3.65}$$

由等式(3.65)可知，在连续时间状态下：

$$\int_t^T \frac{M'(s)}{M(s)} ds = \int_t^T r(s)\,ds \tag{3.66}$$

且，

$$\log(M(T)) - \log(M(t)) = \int_t^T r(s)\,ds \tag{3.67}$$

若在 t 时刻存入 1 英镑，即 $M(t) = 1$，根据等式(3.67)可得，货币市场账户在 T 时刻的价值为：

$$M(T) = \exp\left(\int_t^T r(s)\,ds\right) \tag{3.68}$$

这就是(3.13)式所示的基本方程式。

下面介绍一种到期价值为 1 英镑，在时刻 T 赎回的无风险零息债券，若即期利率不变，则该债券在 t 时刻的价格为：

$$P(t,T)=e^{-r(T-t))} \quad (3.69)$$

其中,r 是连续瞬间复利。等式(3.69)的右边是在 T 时刻支付的 1 英镑的现值,是在 t 时刻按不变的连续复利 r 贴现的结果。

因此,我们说 $P(t,T)$ 就是在 T 时刻收到的 1 英镑在 t 时刻的现值。由于在时刻 t 存入 $1/M(T)$,在 T 时刻将得到 1 英镑的价值,因此有:

$$P(t,T)=\frac{1}{M(T)}=\exp\left(-\int_t^T r(s)\,ds\right) \quad (3.70)$$

如果用 $rf(T)$ 表示从 t 时刻到 T 时刻即期利率的平均值,则 $rf(T)=\frac{1}{T}\int_t^T r(s)\,ds$,函数 $rf(T)$ 就是利率的期限结构。

参考书目

Adams, K. and Van Deventer, D., "Fitting Yield Curves and Forward Rate Curves with Maximum Smoothness", *Journal of Fixed Income* 4, 1994. pp. 52 – 62.

Avellaneda, M. and Laurence, P., *Quantitative Modelling of Derivative Securities*, Chapman & Hall/CRC 2000, chapters 10 – 12.

Baxter, M., Rennie, A., *Financial Calculus*, Cambridge University Press 1996, chapter 5.

Brennan, M. and Schwartz, E., "A continuous time approach to the pricing of bonds", *Journal of Banking and Finance* 3, 1979, p. 134 *ff.*

Brennan, M., Schwartz, E., "Conditional predictions of bond prices and returns". *Journal of Finance* 35, 1980, p. 405 *ff.*

Cambell, J., Lo, A. and MacKinlay, A., *The Econometrics of Financial Markets*, Princeton University Press 1997, chaptcrs 10 – 11.

Choudhry, M., *Bond Market Securities*, FT Prentice Hall, 2001.

Cox, J., Ingersoll, J. and Ross, S., "An Inter-Temporal General Equilibrium Model of Asset Prices", *Econometrica* 53, 1985.

Deacon, M. and Derry, A., "Estimating the Term Structure of Interest Rates", *Bank of England Working Paper Series* No. 24, July 1994.

Duffie, D., *Dynamic Asset Pricing Theory*, Princeton University Press 1992.

Fabozzi, F., *Bond Markets, Analysis and Strategies*, 2nd edition, Prentice Hall 1993, chapter 5.

Fabozzi, F. , *Fixed Income Mathematics*, McGraw-Hill 1997.

Fisher, L. and Leibowitz. M. , "Effects of alternative anticipations of yield curve behaviour on the composition of immunized portfolios and on their target returns", in Kaufmann, G. , et al.(eds.), *Innovations in Bond Portfolio Management*, Jai Press, 1983.

Guajarati, D. , *Basic Econometrics*, 3rd edition, McGraw-Hill, 1999.

Hicks, J. , *Value and Capital*, 2nd edition, Oxford University Press 1946.

Ingersoll, J. Jr. , *Theory of Financial Decision Making*, Rowman & Littlefied 1987, chapter 18.

James, J. and Webber, N. , *Interest Rate Modelling*, Wiley 2000.

Jarrow, R. , *Modelling Fixed Income Securities and Interest Rate Options*, McGraw-Hill 1996, chapter 3.

Kitter, G. , *Investment Mathematics for Finance and Treasury Professionals*, Wiley 1999,chapters 3, 5.

McCulloch, J. , "Measuring the Term Structure of Interest Rates", *Journal of Business* 44,1971, pp. 19 -31.

McCulloch, J. , "The Tax-Adjusted Yield Curve", *Journal of Finance* 30, 1975, pp. 811 -830.

Neftci, S. , *An Introduction to the Mathematics of Financial Derivatives*, 2nd edition, Academic Press 2000, chapter 18.

Nelson, C. and Siegel, A. , "Parsimonious Modelling of Yield Curves", *Journal of Business* 60(4), 1987, pp. 473 -489.

Ross, Sheldon M. , *An Introduction to Mathematical Finance*, Cambridge University Press 1999.

Schaefer, S. , "Measuring a Tax-Specific Term Structure of Interest Rates in the Market for British Government Securities", *Economic Journal* 91, 1981, pp. 415 -438.

Shiller, R. , "The Term Structure of Interest Rates", in Friedman, B. , Hanh, F. , (eds), *Handbook of Monetary Economics*, Volume 1, North Holland 1990, chapter 13.

Suits, D. , Mason, A. and Chan, L. , "Spline Functions Fitted by Standard Regression Methods", *Review of Economics and Statistics* 60, 1978, pp. 132 - 139.

Sundaresan, S. , *Fixed Income Markets and Their Derivatives*, South-Western 1997.

The Economist, "Out of Debt", *The Economist*, 12 February 2000.

Van Deventer, D. and Imai, K. , *Financial Risk Analytics*, Irwin 1997.

Van Horne, J. , *Financial Management and Policy*, 10th edition, Prentice Hall 1995.

Waggoner, D. , "Spline Methods for Extracting Interest Rate Curves from Coupon Bond Prices", *Working Paper*, *Federal Reserve Bank of Atlanta*, 97 - 10, 1997.

此外,有兴趣的读者可能希望参考以下关于期限结构分析的资料:

Constantinides, G. , "A Theory of the Nominal Term Structure of Interest Rates", *The Review of Financial Studies* 5(4), 1992, pp. 531 - 552.

Cox, J. , Ingersoll, J. and Ross, S. , "A Re-examination of Traditional Hypotheses about the Term Structure of Interest Rates", *Journal of Finance* 36, pp. 769 - 799, 1981.

Cox, J. , Ingersoll, J. and Ross, S. , "A Theory of the Term Structure of Interest Rates", *Econometrica* 53, pp. 385 - 407, 1985.

Culbertson, J. , "The Term Structure of Interest Rates", *Quarterly Journal of Economics LXXI*, pp. 489 - 504, 1957.

McCulloch, J. H. , "A Re-examination of Traditional Hypotheses about the Term Structure: A Comment", *Journal of Finance* 63 (2), 1993, pp. 779 - 789.

Stambaugh, R. , "The Information in Forward Rates: Implications for Models of the Term Structure", *Journal of Financial Economics* 21, 1988, pp. 41 - 70.

Shiller, R. , Cambell, J. , Schoenholtz, K. , "Forward Rates and Future Policy: Interpreting the Term Structure of Interest Rates", *Brookings Papers on Economic Activity* 1, 1983, pp. 173 - 223.

第二篇

收益率曲线建模

第二篇讨论收益率曲线建模,介绍各种收益率曲线模型,重点是针对各类读者的定性讨论,而不是定量分析。不过,由于讨论定量问题时需要用到一些数学知识,第 4 章和第 5 章先介绍一些数学基础知识。熟悉这些概念的读者可跳过这两章,直接从第 6 章开始。

第二篇还会考察指数关联的或实际的收益率曲线,以及与长期债券收益率有关的一些问题。

第 4 章　利率建模(Ⅰ):基本概念

在完全熟悉以上各章中的内容后,就可以开始介绍收益率曲线的一些基本问题、研究决定利率期限结构演化过程及其建模方法了。第二篇中的各章将回顾几个利率模型和它们赖以成立的一些假设。我们还将考察用来估计和拟合收益率曲线的程序。这是金融经济学最重要的研究课题,有关这方面的研究仍在继续。估计和拟合收益率曲线的方法很多,但没有对错之分。

无论是讨论还是介绍与收益率曲线有关的问题,重要的是将有关概念放在实践之中,否则就有过于理论化的危险。我们的目的是将讨论限制在实际应用的范围之内,因为已出版的大量资料,不是过于简单,就是过于理论化或技术化。我们必须始终努力地去贴近市场现实。各章的内容是从市场从业人员和学习研究人员的角度撰写的。我们强调,本书是一本关于债券市场的读物,而不是一本数学教科书。本书中的推导过程很少,证明过程更是寥寥无几。这些推导和证明可从其他资料中找到。

接下来的几章从实用角度总结了很多利率模型,我们省略了大部分的数学知识。我们的目的是讨论这些模型的应用,而不是推导这些模型或者证明在数学上的正确性。通过这种方式,读者应能够自己评估不同的方法,并根据自己的目的判断每个模型是否有效。与前几章一样,本章末列出了部分推荐资料和参考文献,可作为读者进一步研究的起点。我们的目的是对整个主题提供一个全面的回顾,然而与该主题相关的各个专题本身都可以另写一本书。尽管如此,我们还是提供了足够的细节说明,希望读者对相关问题有一个大致的理解。

4.1　收益率曲线的动态过程

第 2 章介绍了收益率曲线的概念,回顾了一些与收益率曲线的形状相关的基本问题,阐明了收益率曲线能在多大程度上用来推导曲线的未来形状和水平。我们虽然不知道未来的利率水平,但可以根据一组零息债券目前的(即期)利率,利用收益率曲线模型来估计未来的远期利率水平。在很多情况下,我们并没有零息曲线,附息债券的收益率则可以在市场中直接观察到,因此需要根据附息债券的收益率推导即期收益率曲线。如果市场中只有短期债务工具进行交易,就有可能构建一个短期即期利率曲线。

尽可能准确地构建零息收益率曲线非常重要,这是因为零息收益率曲线可以用于很多金融工具的定价。这里所说的金融工具不仅包括传统的现货市场附息债券(这种债券的价格可按合适的即期利率和它的现金流来确定),还包括掉期等利率衍生产品。

采用即期利率曲线定价时,银行使用的是一种称为无套利收益率曲线的模型,这种模型所推导出来的曲线与当前的即期收益率曲线相一致。无套利概念也称为无套利定价或同价法则,它表明了这样一种状况,采用两种不同的方法为同一个产品或现金流定价,所得的结果应该相同。因此,为一个可在一年后按面值收回的两年期债券定价时,可以将该债券看作为一个持有人有权在一年后再投资一年的一年期债券定价。按照无套利定价原则,不管采用哪种方法为债券定价,都应得到相同的价格。因此,在对推导出的收益率曲线进行匹配时,正确匹配的曲线在对债券定价时可以得到相同的价格,不管使用的是推导出的即期曲线还是即期利率的当前期限结构。

布莱克—斯科尔斯(Black-Scholes)等很多衍生产品定价模型假设资产报酬率服从对数正态分布。利率和期限结构的动态演化是一个颇具争议的话题,各种利率模型的区别主要是如何反映利率在一定期间内的变化。然而,尽管收益率曲线的波动率是产生差异的主要方面,但一些模型比其他模型更容易实施,这是银行在决定采用哪个模型时的主要考虑因素。模型校正的过程与推导模型本身同样重要。所谓模型校正是指用当前的利率作为模型的输入,以便估计即期和远期利率的期限结构,因此,获取各种金融产品的数据,包括现金货币市场工具、现金债券、期货和调期等产品的数据,是成功运用模型的一项重要工作。

正如我们可能预期到的,各种债券的收益率之间具有相关性,在大部分情况下是一种很强的正相关。这就使我们可以分析投资组合的利率风险,并系统地模拟期限结构。很多传统的债券投资组合管理方法都假定收益率曲线可平行移动,因此,当5年期债券的收益率向上移动10个基点时,30年期债券的收益率也会向上移动10个基点。这是传统久期分析法和修正久期分析法的基础,也是免疫分析概念的基础。因此,采用这种方式对债券进行分析时,我们假定各种债券收益率具有相同的波动率,而且完全正相关。尽管这两种分析方法仍然非常普遍,但债券的收益率显然并不是按这种方式移动的,因此,必须提升分析方法,以进行更准确地分析。

影响收益率曲线的因素

由以上讨论可见，影响收益率曲线的形状和水平因素很多，既有经济因素，也有非经济因素。关键因素之一是投资者对未来通货膨胀率和实际利率水平的预期。在现实世界中，市场在分析时并不假定这些因素是固定不变的，但由于长期比短期有更多的不确定性，可假定长期内通货膨胀率和利率会以某种形式趋于均衡。

指数关联债券在包括美国和英国在内的很多国家都有交易，观察政府所发行的指数关联债券的收益率，可以推测市场对实际利率长期走向的预期，根据当前收益率曲线的形状和水平，也可以推测市场对未来利率水平的看法。我们知道，收益率曲线的斜率揭示了一些特定的信息。然而，对任何给定的曲线斜率都有多种解释方式，这方面的争论仍在继续。

有很多因素可以影响利率和收益率曲线形状的变化这个事实意味着，收益率曲线本身不能直接建模。下一章将考察收益率曲线建模的一些传统方法和最近出现的方法。

4.2 期限结构建模

期限结构建模的基础是利率习性描述。期限结构模型试图确定那些可以用来解释利率动态演化过程的元素或因素。由于这些因素在本质上是随机的，我们不能确定地预测任何一个特定因素的未来水平①。因此，利率模型必须规定描述这些随机因素属性的统计过程，以便合理准确地描述利率的习性。

学术文献所分析的第一个期限结构模型将利率过程描述为短期利率（Short rate）②所服从的统计过程，而其他利率都是短期利率的函数。因此，短期利率的变动驱动了其他期限的利率的变动。这些模型称为单因素模型。单因素模型认为，短期利率一旦确定，就可据以确定所有期限的利率，即其他那些利率都不是随机的。双因素利率模型在一些文献中也有所描述，例如 Brennan and Schwartz（1979）模型的两个因素是短期利率和长期利率，而 Fong and Vasicek（1991）模型的两个因素是短期利率和短期利率的波动率。

基本概念

最初的利率模型描述短期利率的动态演化过程，而 HJM 模型等以后的模型描

---

① “随机”一词源于古希腊语“stokhos”，意指“牛的眼睛”，但这与“随机”有什么联系呢？对准木板上牛的眼睛投掷飞镖就是一个随机过程，因为其中包括多次失误。

② 上一章已提到这个术语。

述远期利率的动态演化过程,稍后将对此进行介绍。利率模型的基础是概率论。Ross(1999)对概率论知识有很好地介绍。罗斯在2000年出版的《概率模型》(*Probability Models*)更为知名,对概率论作了更为详细的介绍。

在单因素利率模型中,短期利率被假定为是一个随机变量,其行为的动态演化过程具有不确定性,不能事先进行预测。短期利率等随机变量被定义为未来可能取一个以上值的变量。有的随机变量是离散变量,有的随机变量是连续变量。离散变量的变化过程有明确的中断点或跳跃点,例如,虽然时间是连续的,但在交易所内交易的期货合约其交易时间却不是连续的,因为交易所有闭市时间。学术文献中将利率作为连续变量,但事实上中央银行基准利率的变化并不是连续的。连续变量的变化过程中没有中断点或跳跃点。因此,如果利率连续地从5%变为10%,它就可以取这二者之间的任何值,如5.671291%。假设利率及其所服从的过程是连续的,尽管不能反映市场实际,却能使我们在分析中采用微积分方法推导出一些有用的结果。

短期利率被认为服从一个随机过程,因此,尽管由于利率本身在未来可以取很多可能值而不能确定地预测,但可以假设利率从一个值变化到另外一个值的过程,因而可以建立模型。短期利率动态演化是一个随机过程或者说服从概率分布。单因素利率模型实际上确定了描述短期利率如何变化的随机过程。

随机过程的分析需要使用一些最初用于物理学的数学方法。随机变量 x 值的瞬间变化可以写作 dx。假设随机变量的变化服从正态分布,而引起该随机变量变化的震动称为噪音,该噪音也服从一个被称为维纳过程或几何布朗运动的随机过程。这部分的内容将在附录4.1中讨论。一个服从维纳过程的变量是指一个随机变量(用 x 或 z 表示)的值在瞬间发生变化的模式服从一个均值为0、标准差为1的正态分布。如果假设零息债券的收益率 r 服从一个连续的维纳过程,其均值为0、标准差为1,则可以将其写作:

$$dr = dz$$

服从维纳过程的收益率的变化或跳跃可用驱动利率变化的随机过程的波动率来刻画。若用 σ 表示收益率的变化或跳跃,收益率变化的随机过程可以表示为:

$$dr = \sigma dz$$

波动率参数的值由使用者确定,也就是说该参数的取值应能让使用者认为能最准确地描述当前利率环境。使用者经常采用利率衍生产品的市场价格所隐含的波动率,比如利率上限和利率下限等。

到目前为止,我们已经讨论了服从随机过程的零息债券收益率,该随机过程服从几何布朗运动,且没有明显的漂移趋势。然而在这种情形下,收益率将随着时间的推移连续上升到一个很高或者连续下降到一个很低的水平,这显然不是对事实的准确描述。为此,我们需要向模型中添加一个项,用来描述所观察到的利率周期性上升或下降的趋势。短期利率变化的这个预期方向是利率模型中的第二个参数,该参数在有些文献中记为 a 或 b,在其他文献中则记为 u。

因此,短期利率所服从的过程可用以下函数表示:

$$dr = a\ dt = \sigma dz \tag{4.1}$$

其中,

dr 表示短期利率的变化。

a 表示短期利率变化的预期方向或者称为漂移项。

dt 表示时间的增量变动。

σ 表示短期利率变化的标准差。

dz 表示随机过程。

有时用 dW 或 dx 代替等式(4.1)中的 dz。该等式假设,平均来讲,利率的瞬间变化可用函数 adt 以及随机震动 sdz 来表示。很多模型,比如由 Vasicek(1997)、Ho and Lee(1986)、Hull and White (1991)以及其他文献所首次描述的模型,与上述模型都是相似的。

等式(4.1)表明,短期利率 r 在极小时段 dt 内的变化 dr 是下面两个因素的函数:

- 漂移速度或者短期利率变化的预期方向 a。
- 随机过程 dz。

几何布朗运动有以下两个重要性质:

- 漂移率等于短期利率变化的期望值。若漂移率等于零,则短期利率变化的期望值也等于零,短期利率的期望值就等于其当前值。

- 短期利率在期间 T 内变化的方差等于 T,其标准差为$\sqrt{T}$。

等式(4.1)所给出的模型描述了短期利率的随机过程,这一模型添加了一个修正项,即影响短期利率变化方向的漂移率。然而,一个更为现实的修正是引入另外一项,用来描述利率在长期内收敛于长期均值水平的习性,这个过程称为均值回归,也就是著名的赫尔—怀特(Hall-White)模型。均值回归的一般规定是由等式(4.2)所给出的修正:

$$dr = a(b - r)dt = \sigma dz \tag{4.2}$$

其中,

b 表示利率的长期均值水平。

a 表示均值回归的速度。等式(4.2)就是著名的奥恩斯坦—乌伦贝克(Ornstein-Uhlenbeck)过程。当 r 大于 b 时,r 会被拉回 b 的水平,尽管 dz 所造成的随机震动会延缓这个过程。当 r 小于 b 时,短期利率就会被拉向 b 的水平。

附录 4.1 对布朗运动作了简单介绍。

伊藤引理(Ito's lemma)

确定了期限结构模型之后,市场从业人员就有必要明确证券价格如何与利率的波动相关。此时,最主要的是明确了短期利率 r 发生变化时,债券价格 P 如何随时间变化,所用到的公式就是所谓的伊藤引理。如果希望了解伊藤引理应用的背景知识,请参见 Hull(1997)或者 Baxter and Rennise(1996)。伊藤引理将债券价格 P 的动态演化转化为一个如下式所示的随机过程:

$$dP = P_r dr + \frac{1}{2}P_{rr}(dr)^2 + P_t \tag{4.3}$$

上式中,下标表示偏导数①。dr 和$(dr)^2$ 项取决于短期利率 r 所服从的随机过程。如果该过程是等式(4.2)中所描述的奥恩斯坦—乌伦贝克过程,则 P 的动态演化过程可由下式(4.4)描述:

$$\begin{aligned} dP &= P_r[a(b-r)dt + \sigma dt] + \frac{1}{2}P_{rr}\sigma^2 dt + P_t dt \\ &= \left[P_r a(b-r) + \frac{1}{2}P_{rr}\sigma^2 + P_t\right]dt + P_t\sigma dz \\ &= a(r,t)dt + \sigma(r,t)dz \end{aligned} \tag{4.4}$$

上式根据短期利率漂移项和波动率对债券价格的动态演化过程进行了转化。等式(4.4)表明,债券的价格取决于短期利率的漂移和波动率。

伊藤引理常用于构建期限结构模型,运用伊藤引理一般涉及以下几个方面:

- 确定短期利率所服从的随机过程,为此必须对短期利率本身作出一些假设。
- 使用伊藤引理,根据短期利率转化零息债券价格的动态演化过程。
- 根据使用具有不同到期期限的另一种债券头寸对冲一种债券头寸的原则设定无套利条件(对于单因素模型),以便推导零息债券价格的偏微分方程。注意,单因素模型和双因素模型要求使用两个债券作为对冲工具。
- 解债券价格的偏微分方程,其限制条件为零息债券的到期价格为 1。

在随后的几章中,我们将分析在这个过程中所使用的一些模型。

---

① 这是伊藤引理的最大价值,我们可以根据这种机制将一个偏差分方程变形。

4.3 建模方法

利率的动态演化和收益率曲线建模是金融经济学中最重要的研究领域之一。市场中有很多可资利用的模型,它们可按下述方法进行分类。市场参与者可以评估这些模型的适用性,并对它们是否切合实际提出自己的看法。下面先考察各种主要的模型。

建模过程的第一步是为一组现金流公平定价。如果所分析的金融工具的现金流系列的名义金额为 C_i,并且在时刻 $i=1,2,\cdots,N$ 进行支付,则该金融工具的价值可以表示为:

$$PV = \sum_{i=1}^{N} C_i P(0,t_i)$$

其中,$P(0,t_i)$是在每个现金流支付时点 i 到期的名义价值为 1 的零息债券在今天的价格,或者是 i 期间的贴现系数。该表达式也可以写为:

$$PV = \sum_{i=1}^{N} C_i \exp(-(t_i)r(0,t_i))$$

该式表明,在无套利环境下,先对每一笔现金流贴现,然后将贴现值加总,就可计算现金流的现值。因此,从理论上讲,按照观察到的一组无风险或无违约风险的零息债券收益率计算任何现金流(任何金融工具)的现值是直接和简单的。但在现实中,无风险的零息债券不仅为数极为有限,而且受到流动性和其他市场因素的影响。因此,我们需要某种方法,根据传统的附息债券推算一组零息债券的贴现系数的方法。

4.4 单因素模型、双因素模型和多因素模型

利率模型的一个主要假设是,收益率变化的动态演化过程是基于单因素还是多因素。根据观察我们知道,现实中影响价格变化过程的因素很多,因此,如果使用一个模型对期权产品定价,应考虑一个以上的价格影响因素。例如,债券期权的支付金额与标的债券的现金流以及每笔现金流的再投资利率都是相关的。因此,期权定价就是一个多因素问题。然而在很多情况下,不同因素之间有紧密的相关性。如果对期限结构建模,可以先采用即期利率变化的协方差矩阵计算不同到期期限即期利率之间的相关系数,求出一个使所有即期利率向同一个方向变化的共

同影响因素。然后,利用这个因素为单因素模型中的整个期限结构建模。尽管已经研究出一些双因素或多因素模型,市场中仍大量使用单因素模型。理论上讲,将单因素模型扩展为多因素模型相对来说比较简单,但由于多因素模型要求估计很多波动率和相关参数,多因素模型的实施和校正过程非常复杂。

读者在研习一些利率模型时可能会遇到高斯(Gaussian)这个术语。简而言之,高斯过程描述了在概率密度函数下所服从的正态分布。高斯模型中的利率分布意味着利率可能取负值,有些市场从业人员因此不愿意使用该模型。尽管如此,由于实施起来相对简单,负利率只在一些极端情况下才会出现,且概率非常低,因此,高斯模型还是颇受欢迎的。

4.5　短期利率与收益率曲线

采用风险中性定价方法时要求我们知道每个情境下的一系列短期利率,而一些利率模型可以提供这方面的信息。由于这个原因,很多收益率曲线模型本质上是短期利率随机演化模型,它们假定短期利率的变化服从一个马尔可夫过程(马尔可夫过程的数学推导不属于本书的范围,后面的几章提供了一些这方面的信息)。马尔可夫过程描述了短期利率的演化,它只将利率的演化当作为当前利率水平的函数,而不考虑达到当前水平的路径。马尔可夫过程的实际意义在于,利率产品的定价可简化为求解一个偏微分方程。

短期利率模型由两部分组成。第一部分用来描述短期利率在每一个瞬间的平均变化率,因此称为漂移项;第二部分将漂移项作为短期利率波动率的函数来度量。因此,其表达式为:

$$dr(t) = \mu(r,t)dt + \sigma(r,t)dW(t)$$

其中,$dr(t)$是短期利率的瞬间变化,$W(t)$是描述利率演化的随机过程,该过程通常是一个布朗运动或维纳过程。

$\mu(r,t)dt$ 是漂移项乘以时间长度的值。$\sigma(r,t)dW(t)$是短期利率波动率乘以一个服从正态分布的随机增量。在大部分模型中,漂移率是根据与初始即期收益率曲线相匹配的数值确定的,在其他模型中则需要采用分析方法求解。一般地,所有模型都假定初始远期利率曲线、波动率 $\sigma(r,t)$、利率风险的市场价格以及漂移项$\mu(r,t)$之间存在无套利关系。在 Vasicek(1977)和 Cox-Ingersoll-Ross(1985)所提出的模型中,初始即期收益率曲线是用模型参数的分析公式来表示的,这些模型以给定的市场利率为基础,将收益率曲线当作经济均衡假定的产物来描述,因而被称为均衡模型。因此,瓦西塞克(Vasicek)和考克斯—英格索尔—罗斯(Cox-Ingersoll-Ross,CIR)模型属于短期利率模型,两者对漂移项的规定相同,即当短期利率低于长期平均利率时,短期利率将上升;如果短期利率高于长期平均利率,短期利率就会下降,这就是均值回归。据此,短期利率的漂移项可用下式表示:

$$\mu = \kappa(\theta - r)$$

其中,r 与以前一样表示短期利率,κ 和 θ 是均值回归常数和长期利率常数。在瓦西塞克模型中,波动率不因利率的变化而变化;在考克斯—英格索尔—罗斯模型中,波动率与短期利率的平方根成正比。由于短期利率的动态演化过程包含了所有可能的移动,因此这两个模型都有可能推导出负利率,尽管在大多数初始即期利率和波动率水平下这种情况非常少见。从本质上说,瓦西塞克模型和考克斯—英格索尔—罗斯模型将完整的远期利率曲线表示为当前短期利率水平的函数,这正是后来的一些模型有时更受欢迎的原因。

4.6 无套利模型和均衡模型

无套利模型将现在的即期利率所描述的初始期限结构作为输入。事实上,这类模型本质上可以不看作一个模型,而看作一个决定收益率曲线变化的过程,看作根据当期短期利率的均值和波动率对远期利率曲线所作的一种预测。均衡期限结构模型将当期期限结构当作输入,是对期限结构过程更为真实的描述。均衡模型采用统计方法,假定实际观察到的市场价格存在某种统计误差,因此期限结构必须作出估计,而不是作为给定条件。

在为某项期权(比如权益证券的期权)定价时,标的资产的价格就是该权益证券当前价格;在为利率期权定价时,标的资产的价格可根据用来描述瞬间无风险零息利率(通常称为短期利率(Short rate))的随机过程确定。

以下各章将探讨可能用到的不同模型及其应用。

4.7 相关数学基础知识

完全理解金融领域的有关概念,哪怕是一些中等的概念,都要求相当高级的数学知识。用几页纸的篇幅总结上文所提到的基本数学概念是一个十分艰巨的任务,详细讲解这些数学知识也不是本书的目的。我们的意图正好相反,因为本书是一本关于金融市场的读物,而不是数学教科书。我们假定读者具有一定程度的数学知识,省去了正式或者严格的数学推导。本书中的数学推导过程很少,数学证明更是罕见。下面对一些基本概念作简单介绍,目的是为研究提供一个起点。本章末所列出的参考书目可作为补充。

随机变量和概率分布

在金融数学中,随机变量用来描述资产价格的变化,并假设资产价格变化所服从的过程具有一些特定的性质,根据这些性质我们就能了解某些事件的预期结果。随机变量可以取特定样本空间中的任意值。概率分布是对样本空间的规定,它可以确定随机变量取某一个值的频率。随机变量 X 的累积分布函数用分布函数 $f(\ )$ 来定义,例如 $Pr\{X\leqslant x\}=f(\ )$。离散随机变量是只能取有限个值的变量,且通常假设取值数量只能取正整数。我们用概率函数 $p(i)$ 来定义离散随机变量 X,例如 $p(i)=Pr\{X=i\}$。在这种情况下,离散随机变量的概率分布为:

$$f(i)=Pr\{X\leqslant i\}=\sum_{n=0}^{i}p(n)$$

对所有的 i 有 $0\leqslant p(i)\leqslant 1$。全部概率之和等于 1。

离散概率分布包括二项分布和泊松分布。

连续随机变量

下面考察连续随机变量。连续随机变量 X 可以取任何实值,其概率密度函数 $f(x)$ 为:

$$f(x)=\lim_{dx\to 0}\frac{Pr\{x\leqslant X\leqslant x+dx\}}{dx}=\frac{dF(x)}{dx}$$

概率分布函数由下式给出:

$$F(x)=Pr\{X\leqslant x\}=\int_{s=-\infty}^{x}f(s)\,ds$$

金融理论中经常遇到连续分布,正态分布或高斯分布可能是其中最为重要的连续分布。正态分布可用均值 μ 和标准差 σ 表示,有时这两个参数也分别称为位置和宽度。正态分布的概率密度函数为:

$$f(x)=\frac{1}{\sqrt{2\pi\sigma^2}}e^{-\frac{1}{2}\left(\frac{x-\mu}{\sigma}\right)^2}$$

服从正态分布的随机变量 X,可用 $X\sim N(\mu,\sigma^2)$ 表示,其中"~"表示"服从……分布"。标准正态分布可以写作 $N(0,1)$,其中 $\mu=0,\sigma=1$。标准正态分布的累积分布函数为:

$$\Phi(x)=N(x)=\int_{z=-\infty}^{x}-\frac{1}{\sqrt{2\pi}}e^{-\frac{1}{2}z^2}dz$$

布莱克—斯科尔斯期权定价模型的一个主要假设是资产价格服从对数正态分布，因此，若假定资产的价格为 P，则有：

$$\log\left(\frac{P_t}{P_0}\right) \sim N\left(\left(r - \frac{1}{2}\sigma^2\right)t, \sigma^2 t\right)$$

期望值

概率分布函数描述了随机变量 X 的分布。离散状态下 X 的期望值为：

$$E[X] = \overline{X} = \sum_{i=0}^{\infty} ip(i)$$

连续状态下随机变量的期望值为：

$$E[X] = \overline{X} = \int_{s=-\infty}^{\infty} sf(s)\,ds$$

随机变量的取值在均值附近的分布情况可用方差表示，如下式所示：

$$Var[X] = E[(X - \overline{X})^2] = \sum_{i=0}^{\infty} (i - \overline{X})^2 ip$$

或者，在连续状态下为：

$$Var[X] = E[(X - \overline{X})^2] = \int_{s=-\infty}^{x} f(s)\,ds$$

方差的形式很少应用，一般使用方差的平方根形式，也就是标准差。

回归分析

如果两个变量之间存在线性关系，其中一个变量的取值依赖于另一个变量，则这种线性关系可用最小平方法来估计。这种关系为：

$$Y_i = \alpha + \beta X_i + \varepsilon_i$$

其中，X 是自变量，ε 是不能被模型所涵盖的解释因素的误差项。ε 可表示为 $\varepsilon_i \sim N(0, \sigma^2)$。$\beta$ 是用来描述这种线性关系的线性回归直线的斜率，而 α 是该直线的截距。最小平方法中的平方和形式为：

$$SS = \sum_{i=1}^{n} (y_i - \hat{y}_i)^2$$

取平方和的最小值，可计算上式中的参数。如果变量之间的关系为非线性关系，则可用以下回归模型表示：

$$Y_i = \alpha X_{1i}(1 + \beta X_{2i}) + \varepsilon_i$$

上式可以转化为线性形式,然后采用最小平方法进行拟合,转化方法是取下式所示的平方和的最小值:

$$SS = \sum_{i=1}^{n}(y_i - \alpha(1 - e^{-\beta x_i}))^2$$

采用样条法拟合收益率曲线时,通常采用多元回归方法。

随机过程

随机过程可能是金融数学中最难理解的部分。大部分参考书都十分深奥,非数学专业的人员很难读懂。

我们先从一些定义入手。随机过程通常是指一种具有随机性的过程,它是随机变量 $X(t)$ 的集合,可以是离散过程,也可以是连续过程。我们将随机过程写作 $\{X(t), t \in T\}$;随机过程 $\{X(t), t \geq 0\}$ 的样本 $\{x(t), 0 \leq t \leq t_{max}\}$ 称为该过程的路径或实现。

马尔可夫过程是路径仅仅依赖于当前状态的过程,包括达到当前状态所采用的路径在内的所有历史数据都与该过程以后的取值无关。因此,在一个马尔可夫过程中,到目前为止的所有数据都包含在当前状态之中。资产价格的动态演化往往被假设为服从马尔可夫过程,该过程事实上代表一个半强式有效市场的状态。该过程可以表示为:

$$Pr\{X(t) \leq y \mid X(u) \mid = x(u), 0 \leq u \leq s\}$$
$$= Pr\{X(t) \leq y \mid X(s) = x(s)\}, \text{其中} 0 \leq s \leq t$$

$\{X(t), t \geq 0\}$ 的维纳过程或布朗运动具有以下性质:

- $X(0) = 0$。
- $\{X(t), t \geq 0\}$ 的增量是相互独立的,因此 $X(t-b) - X(t)$ 和 $X(t+2b) - X(t+b)$ 相互独立,且服从同样的分布。
- 变量 $X(t)$ 具有如下性质:对于所有的 $t > 0$,有 $X(t) \sim N(0,t)$。
- 对于所有的 $0 > s > t$,$X(t) - X(s) \sim N(0, t-s)$。

很多利率模型均假定利率随时间变化的过程服从维纳过程。

随机微积分

维纳过程一般用 W 表示,有时也可用 Z 或 z 表示。对于一个维纳过程 $\{W(t), t \geq 0\}$,如果时间长度增加一个极小的量 Δt,则有:

$$W(t + \Delta t) - W(t) \sim N(0, \Delta t)$$

如果有 $U \sim N(0,1)$，则可以将上式写作：

$$W(t+\Delta t) - W(t) = \sqrt{\Delta t}\, U$$

当时间长度减小并接近于零时，上述表达式可以写为：

$$dW(t) = \sqrt{\Delta t}\, U$$

维纳过程是不可微分的，但维纳过程的一般形式即伊藤过程是可以微分的，如下式所示：

$$dX(t) = a(t,X)dt + b(t,X)dW$$

其中，a 是漂移项，b 是噪音或随机过程的波动率。

附　录

附录 4.1　几何布朗运动

布朗运动由英国科学家罗伯特·布朗在 1827 年首次提出，美国数学家诺伯特·维纳于 1918 年在数学上对它进行了定义。用于为证券定价时，我们要考察证券价格随时间的变化。用 0 表示现在的时间，用 $P(t)$ 表示从现在开始证券在 t 时刻的价格。对于所有非负的 t 和 T 值，随机变量 P(t + T) - P(t) 独立于到 t 时刻为止所记录的所有价格 P，即证券的历史价格不影响该随机变量的值，价格 $P(t)$（$0 \leqslant t < \infty$）的集合服从一个布朗运动，其漂移参数为 μ，方差参数为 σ^2。同样，随机变量 $P(t+T) - P(t)$ 服从正态分布，其均值为 uT，方差为 $\sigma^2 T$。

用标准布朗运动模拟证券价格有两个缺陷。第一个缺陷也是最重要的一个缺陷，是由于证券的价格是服从正态分布的随机变量，而正态分布的变量是可能取负值的，对股票价格来说这是不可能的，利率也只在极少的情况下才可以取负值。第二个缺陷是，它假定价格在一个时间间隔内的变动服从正态分布，而与证券在该时间间隔开始处的价格无关，由于证券的初始价格会影响其概率分布，这个假定是不切实际的。

由于以上原因，数理金融中使用的是下文所讨论的几何布朗运动模型。再次说明，现在的时刻为 0，证券在从现在开始后的 t 时刻的价格为 $P(t)$。对于非负的 t 和 T 值，随机变量 $P(t+T)/P(t)$ 若独立于到 t 时刻为止的所有价格，则证券价格 $P(t)$（$0 \leqslant t < \infty$）的集合服从一个几何布朗运动，其漂移项为 μ、标准差或波动率为 σ^2。此外，$\log\left(\dfrac{P(t+T)}{P(t)}\right)$ 的值是一个服从均值为 uT、方差为 $\sigma^2 T$ 的正态分布的随

机变量。

知道这一点有什么意义呢? 在确定了参数 μ 和 σ 之后,未来价格的概率分布仅取决于证券的当前价格,而与过去的价格无关。在未来时刻 T 的价格与当前价格的比率的概率分布也与当前的价格无关。这种关系的实际影响是,不管一个证券的当前价格是 5 还是 50,证券价格在未来某个特定时点翻倍的概率是相等的。

就我们的目的而言,我们只需意识到,如果给定初始价格 $P(0)$,则未来 t 时刻的预期价格是几何布朗运动两个参数的函数。如果给定初始价格 $P(0)$,则该证券的预期价格为:

$$E[P(t)] = P_0 e^{t(\mu+\sigma^2/2)} \tag{4.5}$$

等式(4.5)表明,在几何布朗运动下,证券的预期价格是当前价格以 $\mu+\sigma^2/2$ 的速度增长。

价格过程(包括利率过程)在不同参数条件下的演化如图 4.1 所示,图中证券的初始价格均为 100。

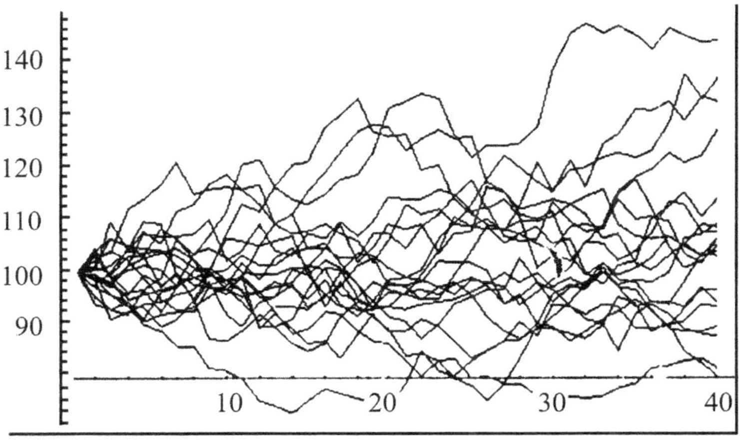

图 4.1　布朗运动或维纳过程的演化

参考书目

这一领域存在大量研究资料。读者可能是第一次接触到正文中所提到的参考书目。如果对期限结构模型的一般处理方法感兴趣,我们推荐 James and Webber (2000),Baxter and Rennie(1996)也包含很好的数学处理方法。如果希望获得关于收益率曲线理论的一般探讨,我们强烈推荐 Ingersoll(1987)的第 18 章。Rebonato

(1996)考察了与实施利率模型有关的实际问题,并且作了很好的技术处理。最后,Van Deventer and Imai(1997)对期限结构建模和收益率曲线平滑方法等内容作了很好的描述。

Baxter, A., Rennie, D., *Financial Calculus*, Cambridge University Press, 1996.

Gujarati, D., *Basic Econometrics*, AP, 1997.

Hogg, R., Craig, A., *An Introduction to Mathematical Statistics*, 5th edition, Prentice Hall, 1995.

Kreyszig, E., *Advanced Engineering Mathematics*, Wiley, 1993.

Ross, S., *An Introduction to Probability Models*, 5th edition, Academic Press, 1997.

Ross, S., *An Introduction to Mathematical Finance*, Cambridge University Press, 1999.

Baxter, M., Rennie, A., *Financial Calculus*, Cambridge University Press 1996, pp. 57 -62.

Black, F., "Interest Rates as Options", *Journal of Finance*, December 1995, pp. 1371 -1376.

Black, F., Derman, E., Toy, W.,"A One-Factor Model of Interest Rates and its Application to Treasury Bond Options", *Financial Analysts Journal*, Spring 1990, pp. 33 -39.

Brennan, M., Schwartz, E., "A Continuous Time Approach to the Pricing of Bonds", *Journal of Banking and Finance*, July 1979, pp. 135 -155.

Campbell, J., "A Defense of Traditional Hypotheses about the Term Structure of Interest Rates", *Journal or Finance* 41 (1986), pp. 183 -193.

Chen, R-R, Scott, L., "Pricing Interest Rate Options in a Two-Factor Cox-Ingersoll-Ross Model of the Term Structure",*Review of Financial Studies*, Winter 1992, pp. 613 -636.

Cox, J., Ingersoll, J., Ross, S., "A Theory of the Term Structure of Interest Rates", *Econometrica* 53, March 1985, pp. 385 -407.

Fong, H. G., Vasicek, O., "Fixed Income Volatility Management", *Journal of Portfolio Management*, Summer 1991, pp. 41 -46.

Gibbons, M., Ramaswamy, K., "The Term Structure of Interest Rates: Empirical Evidence", *Review of Financial Studies* 1994.

Haug, E., *The Complete Guide to Option Pricing Formulas*, McGraw-Hill 1998,Chapter 4.

Heath, D., Jarrow, R., Morton, A.,"Bond Pricing and the Term Structure of Interest

Rates: A New Methodology for Contingent Claims Valuation", *Econometrica* 60, January 1992, pp. 77 – 105.

Ho, T., Lee, S-B., "Term Structure Movements and Pricing Interest Rate Contingent Claims", *Journal of Finance*, December 1986, pp. 1011 – 1029.

Hull, J., *Options, Futures and other Derivatives*, 3rd edition, Prentice Hall 1997, pp. 220 – 222.

Hull, J., White, A., "Pricing Interest Rate Derivative Securities", *Review of Financial Studies*, 1990, pp. 573 – 592.

Ingersoll, J., Jr., *Theory of Financial Decision Making*, Rowman & Littlefield, 1987.

James, J., Webber, N., *Interest Rate Modelling*, Wiley 2000, Chapters 5 – 15.

Jarrow, R., *Modelling Fixed Income Securities and Interest Rate Options*, McGraw-Hill 1996.

Merton, R., *Continuous Time Finance*, Blackwell 1993, Chapter 11.

Rebonato, R., *Interest Rate Option Models*, Wiley 1996.

Rebonato, R., Cooper, I., "The Limitations of Simple Two-Factor Interest Rate Models", *Journal of Financial Engineering*, March 1996.

Ross, S., *Probability Models*, 7th edition, Academic Press 2000.

Sundaresan, S., *Fixed Income Markets and their Derivatives*, South Western Publishing 1997.

Tuckman, B., *Fixed Income Securities*, Wiley 1996.

Van Deventer, D., Imai, K., *Financial Risk Analytics*, Irwin 1997. Chapter 5.

Vasicek, O., "An Equilibrium Characterization of the Term Structure", *Journal of Financial Economics*, 5, 1977, pp. 177 – 188.

第5章　利率建模(Ⅱ)：资产价格的动态演化

期权等衍生金融工具的价格是标的资产价格在期权有效期内变动的函数,定价模型描述了期权价格与驱动资产价格的变量的行为过程相关。这个过程称为随机过程。定价模型描述了资产价格变化——股价、利率、汇率、债券价格的变化——的随机动态过程。因此,为了理解利率建模的机制,我们必须熟悉随机变量函数的习性。“随机过程”是金融理论中一个非常重要的概念,它描述了资产价格随时间变化的随机现象。由于以上原因,可用“随机过程导论”作为本章的另一个标题。

本书毕竟是一本关于债券的读物,而不是数学读物,因此,全面推导和证明动态资产定价理论已经超出了本书的范围。我们鼓励读者阅读一些优秀的教材,这些教材提供了必要的细节,尤其是Ingersoll(1987)、Baxter and Rennie(1996)、Neftci(1996)以及James and Webber(2000)等著作。另一本推荐教材是Ross(2000),该书讲述了一般概率模型及其在衍生产品定价中的应用。本章先讨论资产定价动态过程的基本原则,在接下来的几章中,在考察期限结构模型时,我们将讨论这些原则的运用。

5.1　资产价格的习性

关于资产价格性质的第一项假定是,资产价格(包括利率)是一个连续过程,也就是说,在任一时点上,资产的价值可能且确实会发生变动,且这种变动的计量单位可以无限小。还假定资产价格在变化时可以取遍全部的值。例如,债券的价格如果从92.00上升为94.00,则必然取遍介于这两个值之间的每一个值。这个特征意味着资产的价格不会发生“跳跃”。但是在很多市场中,价格的变化过程确实有一些“跳跃”,因此,这个假设并不符合很多市场的实际情况。尽管如此,我们现在还可以假定价格的变化过程是连续的。

鞅性质

连续时间状态下的资产定价是金融理论的一个重要部分,涉及一些相当高级的数学知识。Baxter and Rennie(1996)和 Neftci(1996)对此有精彩介绍,Williams(1991)提供了更专业的说明。推导、证明和详细介绍这方面的内容已超出本书的范围,然而我们希望对鞅性质作一个总结。首先要说明的是,资产的价格在连续时间状态下可能取无穷多个值。为了描述资产价格动态变化的一般形式,需要使用随机微分方程。因此,正如先前所提到的,资产价格 S 在 t 时刻的一个增量变化可以表示为:

$$dS = \mu Sdt + \sigma SdW(t) \tag{5.12}$$

其中,

dS 表示资产价格 S 的一个非常小的变化。

μSdt 表示在无限小的时间间隔 dt 内的预期变动。

$\sigma SdW(t)$ 表示非预期的随机震动。

鞅理论是数学的一个分支,它将观察到的数据时间序列趋势进行分类。如果随机过程的模式中没有可观察的趋势,就可以说该随机过程的行为像一个鞅。鞅性质经常与维纳过程一起使用,用来描绘资产价格的动态演化。鞅性质的概念是指对一组积分随机变量 M 在期间 t 结束时的值的最好近似是 M_0,它本质上表明,预测未来资产价格最准确的方式是采用资产的当前价格。也就是说,采用现在的价格与采用全部可用的历史信息的效果是一样的,因为只有与该资产有关的最新信息才是相关的。

这里不详细描绘或证明鞅性质,仅用鞅性质来推导等式(5.13),即资产在 t 时刻的价格:

$$P_t = \exp(\sigma W_t - \frac{1}{2}\sigma^2 t) \tag{5.13}$$

鞅是一种重要的随机过程,鞅的概念对资产定价理论非常重要。根据现在可以利用的信息,如果资产的预期未来价值与其现在的价值相等,我们就可以说该过程具有鞅性质。也就是说,鞅是这样一个过程:如果给定当前信息,资产的未来条件期望值等于其当前的价值。鞅的意义是,给定一个维纳过程,且已知达到该点的维纳过程路径,则任何鞅都等于一个常量加上一个对维纳过程的随机积分。这可以写作:

$$E_t[S_T] = S_t, \quad t \leqslant T \tag{5.14}$$

因此，一个具有鞅性质的随机过程没有可观察的趋势。除非漂移项 μ 等于零（否则趋势就可以观察），否则等式（5.9）所表示的价格过程就不是一个鞅。一个具有向上的可观察趋势的过程称为下鞅，一个随着时间具有平均下降趋势的过程称为上鞅。

了解这些意义何在？假定具有这些性质，价格的变化过程就可以表述为一个等价的鞅指标（这里不作深入介绍），这使从业人员能够构建一个无风险市场对冲工具。通过描述一个无套利投资组合，可以建立并求解一个数学模型，包括无风险定价模型。

与鞅有关的背景知识和数学知识可以参考 Harrison and kreps（1979）、Harrison and Pliskn（1981）以及 Baxter and Rennie（1996）。至于在已知价格变化是鞅变化的情况下如何为衍生产品定价，可参考 James and Webber（2000，第 4 章）。

维纳过程的一般化

标准的维纳过程是对资产价格行为的很好近似，但不能说明市场的某些特定方面。首先，金融资产的价格不是从零开始变化的，价格增量的均值是一个正值，资产价格变动的方差也并不总是 1。因此，标准维纳过程可用一般维纳过程来代替。在一般维纳过程中，变量可以不是从零开始变化，变动的均值不为零，变动的方差也不是 1。与标准维纳一样，一般维纳过程中，均值与方差仍为常数，但必须采用另一种方法描述方差随时间的变化，这种方法称为随机积分。

变量 X 的一般维纳过程由下式（5.15）确定：

$$dX = adt + bdW \tag{5.15}$$

其中，a 和 b 是常数。上式将变量 X 的动态过程表示为时间和 dW 的函数。第一项 adt 是一个确定项，它表示变量 X 在单位时间内的预期漂移率是 a；第二项 bdW 是一个随机项，它表示变量 X 随着时间的移动，由 b 与维纳过程的乘积来计量。当随机因素为零时，$dX = adt$，或者：

$$\frac{dX}{dt} = a$$

根据这个表达式，我们可以说在时刻 0 有 $X = X_0 + at$。这使得我们可以在给定资产初始价格时，描述资产在一定时间内的价格。也就是说，X 在任何时刻的值是由其在 0 时刻的初始值（即 X_0）以及漂移项与时间长度的乘积共同决定的。等式（5.15）可以重新表述，以便其适用于一个长期期间 Δt，如下式（5.16）所示：

$$\Delta X = a\Delta t + b\varepsilon\sqrt{dt} \tag{5.16}$$

与标准维纳过程一样,ΔX 也服从一个均值为 $a\Delta t$、标准差为 $b\sqrt{\Delta t}$ 的正态分布。

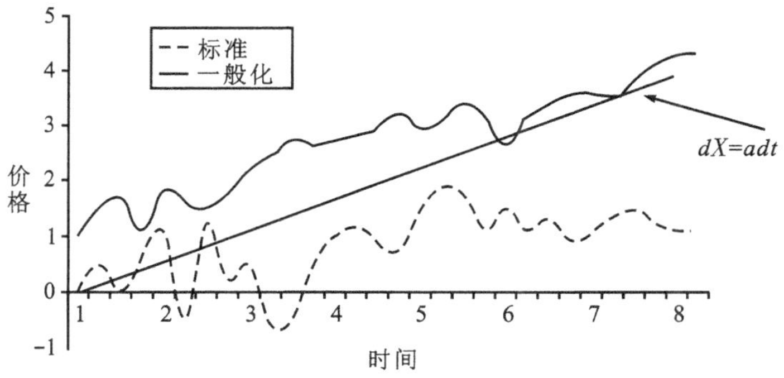

图 5.3　标准及一般化的维纳过程

一般维纳过程比标准维纳过程有更大的灵活性,但它作为资产价格行为模型时仍不是完全精确。一般维纳过程具有正态分布的值,这意味着有可能观察到负值。对于权益类资产来说,这显然不切实际。此外,维纳过程的增量使用的是一种加法,而现实中资产价格的增量更接近于乘法。事实上,由于维纳过程中增量的期望值是一个常数,这意味着资产价格增加的比例或股票报酬率随着股票价格的增加而下降,这同样不切实际。由于以上原因,人们又引入了一种几何过程或者说几何布朗运动①,它是将一般维纳过程作指数化变形。根据等式(5.16),如果一个一维过程的形式为 e^X,则该过程就是一个几何布朗运动,其中 X 是一个一维的一般化布朗运动,该布朗运动的确定性初始值为 $X(0)$。

另一类的随机过程是伊藤过程,它是一个一般维纳过程,参数 a 和 b 是变量 X 和时间 t 的函数。X 的伊藤过程可写作:

$$dX = a(X,t)dt + b(X,t)dW \tag{5.17}$$

伊藤过程的预期漂移率和方差往往会随时间而变化,事实上,伊藤过程与一般维纳过程的主要区别是,前者的预期漂移率和方差对 X 和 t 具有依赖性。伊藤公式的推导过程见附录 5.3。

一个资产价格动态模型

以上的讨论可用来推导一个资产价格行为模型,该模型有时称为几何布朗运

---

① 例如,参见 Nielsen(1999)。

动。资产价格 X 的动态过程可用等式(5.18)所示的伊藤过程表示,该过程的漂移率为 a,方差率为 b^2X^2:

$$dX = aXdt + bXdW \tag{5.18}$$

因此,

$$\frac{dX}{X} = adt + bdW$$

不确定项可用维纳过程表示,即:

$$dW = \varepsilon \sqrt{dt}$$

其中,ε 是误差项,是服从标准正态分布的随机样本,因此 $\varepsilon \sim N(0,1)$。由此,对于一个较长的期间 Δt,我们有:

$$\frac{\Delta X}{X} = a\Delta t + b\varepsilon \sqrt{\Delta t}$$

在这个较长的时期内,如果假设波动率为零,则在离散时间状态下,我们有:

$$\Delta X = a\Delta t + b\varepsilon \sqrt{\Delta t} \tag{5.19}$$

并且,

$$dX = adt \text{ 以及 } \frac{dX}{dt} = a$$

回报由 $X = X_0e^{at}$确定。

离散时间状态下的资产价格模型表明,资产价格 X 在短期内的报酬率是由 $a\Delta t$ 的预期报酬率加上一个随机报酬率 $b\varepsilon \sqrt{\Delta t}$确定的。因此,资产价格变化$\Delta X/X$ 服从均值为 $a\Delta t$、标准差为$b\sqrt{\Delta t}$的正态分布。这就是资产价格报酬率的分布,如等式(5.20)所示:

$$\frac{\Delta X}{X} \sim N(a\Delta t, b\sqrt{\Delta t}) \tag{5.20}$$

例 5.1

某传统债券的预期报酬率为 5.875%,年度标准差为 12.50%,初始价格为 100。根据等式(5.20),债券价格的动态过程如下式所示:

$$\frac{dP}{P} = 0.05875dt + 0.125dW$$

并且,对于期间 Δt 有 $dp/p = 0.05875\Delta t + 0.125\varepsilon\sqrt{\Delta t}$。

如果短期时间间隔 Δt 为 4 个星期,即 0.07692 年,假设 $\varepsilon = 1$,则价格的增量为:

$$\begin{aligned}\Delta P &= 100(0.05875(0.07692) + 0.125\varepsilon\sqrt{0.07692}) \\ &= 100(0.00451905 + 0.0346681\varepsilon)\end{aligned}$$

因此,价格增量可以表示为一个随机样本,该样本服从均值为0.452、波动率为 3.467 的正态分布。在 4 个星期的时间间隔内,$\Delta P/P$ 可以表示为:

$$\Delta P/P \sim N(0.00452, 0.001202)$$

无风险利率的分布

按连续复利计算的报酬率是期权定价理论的重要组成部分。如果 r 是按连续复利计算的报酬率,可根据对数正态分布的性质确定 r 所服从的分布。在未来日期 T,资产的价格 S 可写作下式(5.21):

$$S_T = S_t e^{r(T-t)} \tag{5.21}$$

并且,

$$r = \frac{1}{T-t}\ln\left(\frac{S_T}{S_t}\right)$$

根据对数正态分布的性质,可以描述无风险利率的分布,如下式所示:

$$r \sim N\left((\mu - \frac{1}{2}\sigma^2), \frac{\sigma}{\sqrt{T-t}}\right) \tag{5.22}$$

5.2　随机微积分模型:布朗运动与伊藤微积分

本章开始时曾指出,期权的价格是标的证券的价格及其在期权有效期内的行为的函数。因此,期权价格由一些变量决定,这些变量描述了资产价格在连续期间所服从的过程。资产价格行为是一个随机过程,因此期权定价模型和期限结构模型必须包含随机变量的行为,这些随机变量决定了资产价格的变化。为了准确地描述金融过程,金融模型依赖于多个变量。构建模型所使用的函数中一般包含多个变量。伊藤引理是连续时间状态下金融理论的主要工具,可用来求解这些函数的微分。伊藤引理由数学家伊藤在 1951 年提出,这里只是简单地说明该引理的含义,其证明和推导过程不在本书的范围之内,感兴趣的读者可以参考 Briys *et al*

(1998)和 Hull(1997),以了解伊藤引理的背景知识;我们也推荐 Neftci(1996)。此外,本章后面的附录 5.2 和附录 5.3 介绍了伊藤引理的一些基本背景。

布朗运动

布朗运动非常类似于维纳过程,因此两者可以交替使用。请注意,维纳过程的性质要求其必须是一个鞅,而布朗过程没有这个限制。根据利维定理(L'evy theorem),我们可以将一个与信息集 F_t 有关的维纳过程 W_t 看作一个与同一信息集有关的布朗运动 Z_t。

可以将布朗运动看作连续时间状态下的随机游走,即从 $X_0 = 0$ 点开始沿着直线游走,即在每一个时间增量 dt 内向上或向下移动 $\sqrt{dt}$。如果用 X_n 表示经过第 n 次移动之后的位置,则:

$$X_n = X_{n-1} \pm \sqrt{dt} \quad n = 1,2,3\cdots \tag{5.23}$$

其中,加号和减号出现的概率都是 0.5,这是一个简单的随机游走。在每两个移动点之间进行线性插值,就可以将该随机游走转化为一个连续路径,因此:

$$\overline{X}_t = X_n + (t - ndt) \cdot (X_{n+1} - X_n), \quad ndt \leqslant t \leqslant (n+1)dt \tag{5.24}$$

可以证明(但此处不作证明),等式(5.24)所示的路径具有很多性质,例如,每次移动在价值上的增量变化与导致这次移动的行为无关,均值为零,方差是一个有限值,一组移动的均值和方差与 dt 无关。

这有什么重要意义呢?从本质上说,我们可以证明,当 dt 趋近于零时,这种运动的概率分布服从正态分布或高斯分布。

随机微积分

伊藤引理提出了一个简化随机微分方程的解析公式,这正是伊藤引理非常重要的原因。伊藤引理是将随机微积分运用于金融工具定价中的一个重要法则,这里只是简单介绍该引理的功能。

资产价格 S_t 变化过程的标准随机微分方程如下式所示:

$$dS_t = a(S_t,t)dt + b(S_t,t)dW_t \tag{5.25}$$

其中,$a(S_t,t)$ 是漂移系数,$b(S_t,t)$ 是波动率或扩散系数。维纳过程以 dW_t 表示,是在时间间隔 dt 内发生的非预期事件,有时也以 dZ 或 dz 表示。

考虑函数 $f(S_t,t)$,该函数有两个变量 S 和 t,其中 S 服从一个随机过程且随 t 而变化。如果 S_t 是一个服从维纳过程 W_t 的连续过程,则它可以通过 $f(S_t,t)$ 中的变量 t 直接影响函数 $f(S_t,t)$。在长期内,可以观察到关于 W_t 的新信息以及 S 在每个时间增量上的变化,后者用 dS_t 表示。这两个效应的总和代表随机微分,并可由链式法则的随机等价物即伊藤引理求出。因此,如果某股票的价格为 30,并且在一个时间增量之后达到 30.5,则微分就是 0.5。

如果对函数 $f(S_t,t)$ 中的两个变量作泰勒展开可得:

$$df_t = \frac{\partial f}{\partial S_t}dS_t + \frac{\partial f}{\partial t}dt + \frac{1}{2}\frac{\partial^2 f}{\partial S_t^2}b_t^2 dt \tag{5.26}$$

记住,∂t 是偏导数,而 dt 是导数。

如果用等式(5.25)中的随机微分方程代替 S_t,就可以得到伊藤引理的表达式:

$$df_t = \left(\frac{\partial f}{\partial S_t}a_t + \frac{\partial f}{\partial t} + \frac{1}{2}\frac{\partial^2 f}{\partial S_t^2}b_t^2\right)dt + \frac{\partial f}{\partial S_t}b_t dW_t \tag{5.27}$$

上面采用的方法是用随机微分方程代替 S_t,并将等式变形推导用来求解 f_t 的随机微分方程。这是一个非常重要的机制,可用来推导衍生产品的定价公式,而这些衍生产品的标的资产的价格可以采用传统分析确定。换句话说,一旦确定了标的资产的随机微分方程,就可以根据伊藤公式确定衍生产品的随机微分方程,这正是伊藤引理的价值所在。

在大部分教科书中,标的资产 S_t 的随机微分方程如下式所示:

$$dS_t = \mu S_t dt + \sigma S_t dW_t \tag{5.28}$$

其中,漂移项 $a(S_t{'}t)$ 表示为 μS_t,扩散项 $(S_t{'}t)$ 表示为 σS_t。同理,伊藤引理通常用下式表示:

$$dF_t = \left[\frac{\partial F}{\partial S_t}\mu S_t + \frac{\partial F}{\partial t} + \frac{1}{2}\frac{\partial^2 F}{\partial S_t^2}\sigma^2 S_t^2\right]dt + \frac{\partial F}{\partial S_t}\sigma S_t dW_t \tag{5.29}$$

尽管噪音项有时也以 dZ 表示。例 5.2(Ⅰ)进一步解释了伊藤引理的应用。

例 5.2(Ⅰ)　对数正态分布

如果某变量(如资产价格)的自然对数服从正态分布,就可以说该变量服从对数正态分布。因此,如果资产价格 S 服从下式所示的随机过程:

$$dS_t = \mu(Sdt) + \sigma SdW \tag{5.30}$$

那么如何确定 $\ln S$ 的表达式呢?可采用伊藤引理解决这个问题。

如果 $F = \ln S$,则其一阶导数为:$\frac{dF}{dS} = \frac{1}{S}$,并且由于不存在 t,于是有 $\frac{dF}{dt} = 0$。

二阶导数为 $\frac{d^2F}{dS^2} = \frac{-1}{S^2}$。

将这些值代入等式(5.29),可得:

$$d\ln S = \left(\mu - \frac{\sigma^2}{2}\right)dt + \sigma dW \tag{5.31}$$

因此,使用伊藤引理就将 dF 转变成了 dS,并且等式(5.31)可以很好地表示资产在长期内的价格。

例 5.2(Ⅱ) 债券价格方程

以连续复利计算的无违约风险零息债券在 t 时刻的毛赎回收益率是 x,该债券在到期日 T 支付 1 英镑。假定 x 的变化可以表示为:

$$dx = a(\alpha - x)dt + sxdZ$$

其中,a、α 和 s 是正的常数。债券价格 P 所服从的过程应如何表示呢?假定债券的价格可以表示为:

$$P = e^{-x(T-t)}$$

已知 dx,需要求解 dP。可根据伊藤引理来求解。我们要求:

$$\frac{\partial P}{\partial x} = -(T-t)e^{-x(T-t)} = -(T-t)P$$

$$\frac{\partial^2 P}{\partial x^2} = -(T-t)e^{-x(T-t)} = -(T-t)^2 P$$

$$\frac{\partial P}{\partial t} = xe^{-x(T-t)} = xP$$

根据伊藤引理:

$$dP = \left[\frac{\partial P}{\partial x}a(\alpha - x) + \frac{\partial P}{\partial t} + \frac{1}{2}\frac{\partial^2 P}{\partial x^2}s^2x^2\right]dt + \frac{\partial P}{\partial x}sxdZ$$

这样就可以得到:

$$dP = [-(T-t)Pa(\alpha - x) + xP + \frac{1}{2}(T-t)^2Ps^2x^2]dt - (T-t)PsxdZ$$

简化上式可得:

$$dP = [-a(\alpha - x)(T-t) + x + \frac{1}{2}s^2x^2(T-t)^2]Pdt - sx(T-t)PdZ$$

因此,使用伊藤引理可以将债券收益率的随机微分方程转化为债券价格的表达式。

随机积分

由于不可能详细讲解数学知识,这里不考察推导过程,只是简单说明如果由布朗运动直到 t 时刻的观察值决定随后的过程,则这个过程就是高斯过程。随机积分是连续路径的鞅。正如 Neftci(1996)所述,当有无穷多项时,积分可以用来计算这些项的和,而不是使用求和符号∑,求和符号∑只能用于有限项的求和。在定义积分时,我们首先进行一些近似,假设有限的项,然后设置一个极限并随后转入无限项的计算。附录 5.4 中给出了积分的一个基本定义。随机积分是与布朗路径密切相关的一种运算,该路径被划分为一些连续的间隔或增量,并且每个增量都与一个随机变量相乘。然后将这些值进行加总,就可以得到随机积分的值。因此,随机积分可以看成是一个随机游走的布朗运动,并且该布朗运动的增量不断变化,即它是一个非同质变化的随机游走。

伊藤公式的一般化

为了得到一个多维公式,可将伊藤公式一般化,然后使用一般化的伊藤公式构建利率衍生产品或其他资产类期权的定价模型,这些资产的定价模型中都有多个变量。为了做到这一点,我们将应用于动态函数$f(\cdot)$的公式进行一般化,该动态函数依赖于多个伊藤过程,每个伊藤过程都可用标准布朗运动来表示。

考虑 $W_T=(W_t^1,\cdots,W_T^n)$,其中$(W_T^t)_t\geqslant 0$ 是独立的标准布朗运动,并且 W_T 是一个 n 维的布朗运动。与 p 维伊藤过程$(X_t^1,\cdots,X_T^p)$相关的伊藤公式为:

$$X_T^i = X_0^i + \int_0^t K_s^i ds + \sum_{i=1}^{N}\int_0^t H_s^{ij} dX_s^i \tag{5.32}$$

如果函数$f(.)$包含关于 x 的二阶偏导数和关于 t 的一阶偏导数,即$f(.)$是关于(x,t)的连续函数,则一般化的伊藤公式可以表示为:

$$\begin{aligned}f(t,X_t^1,\cdots,X_T^p) =& f(0,X_0^1,\cdots,X_0^p) + \int_0^t\left(\frac{\partial f}{\partial s}\right)(s,X_s^1,\cdots,X_s^p)ds \\ &+ \sum_{i=1}^{p}\int_0^t\left(\frac{\partial f}{\partial x_i}\right)(s,X_s^1,\cdots,X_s^p)dX_s^i \\ &+ \frac{1}{2}\sum_{i,j=1}^{p}\int_0^t\left(\frac{\partial^2 f}{\partial x_i\partial x_j}\right)(s,X_s^1,\cdots,X_s^p)d(X_s^i,X^j)_s\end{aligned} \tag{5.33}$$

其中,

$$dX_s^i = K_s^i ds + \sum_{j=1}^{n} H_s^{im} dW_s^j$$

$$d(X^i,X^j)s = \sum_{m=1}^{n} H_s^{im}H_s^{jm}ds \tag{5.34}$$

信息结构

描述随机过程的关键因素是如何规定观察人员可获得的每个时点价格行为的信息水平。与鞅性质一样，计算预期未来价值时需要取得当前价格的有关信息。金融工具定价模型一般需要证券价格的当前信息和历史信息，但投资者只能以目前已知的信息为基础，并不能获得未来的信息。随机模型用"过滤"过程来表示这一概念。

过滤就是很多变量 $F_t \subset F$ 的组合 $F = (F_t), t \in T$。这个组合是逐渐扩大的，即对于所有的 $s, t \in T, s \leqslant t$，总有 $F_s \subset F_t$ 成立。因此，过滤过程可以看作一个动态的信息结构，并且 F_t 表示投资者在 t 时刻可以获得的信息。随着过滤的扩大，资产价格的行为就可以观察，这意味着随着时间的推移，可获得的数据越来越多，并且，历史数据总会在当前的价格中得到反映，而不会被忽视或遗忘。如果 F_t 在每个时刻 t 都能扩大，我们就说过滤过程 $F = (F_t)$ 是扩展的，这意味着只有 F_0 是扩展的。如果对于每个固定的 $t \in T$，随机变量 X：

$$X_t : w \rightarrow X(w, t) = X_t(w) = X_t(w) : \Omega \rightarrow IR^K$$

是关于 F_t 可度量的，就认为随机过程 W 适应于过滤 F。

这是一个重要的描述，因为它意味着 X 在 t 时刻的值 X_t 仅取决于在 t 时刻可以获得的信息，它还意味着拥有信息水平 F 的投资者可以观察或推导 X 在每个时点的值。X 所产生的扩展过滤可以表示为 $F^X = (F_t^X) t \in T$。任何随机过程 X 都适应于其所产生的扩展过滤过程 F^X。如果一个随机过程可用一个映射或向量来度量，那么，它就是一个可度量的过程，然而这不会对金融理论产生重大影响，因此可忽略不计。

利率的不确定性

所有衍生产品定价模型都描述市场利率所遵循的过程。由于收益率曲线或即期利率曲线的未来水平是不确定的，因此主要的假设就是利率服从一个正态分布，并且服从一个高斯过程。这样，利率就被称作具有高斯利率不确定性。大部分模型只使用短期无风险利率，即短期国债的利率或政府债券回购利率。根据 Merton (1973)、Vasicek (1977)、Cox, Ingersoll and Ross (1985) 以及 Jam Shidian (1991)，期间 t 所适用的无风险短期利率 r 服从高斯扩散过程，并且具有一个恒定的波动率。这种假设的主要缺陷是，在某些特定情况下，所模拟的期限结构可能得到负的远期利率。然而，由于实际中偶尔也出现利率为负的情景，因此这些模型的有效性并未降低。r_t 在未来所服从的路径可用以下随机微分方程来描述：

$$dr_t = a_t[b_t - r_t]dt + \sigma_t dW_t \tag{5.35}$$

其中,a 和 b 是确定的常数函数,s_t 是 r_t 的瞬间标准差。根据等式(5.35),等式(5.36)所表示的过程描述了无风险零息债券 $P(t,T)$ 的报酬率,该债券在 T 时刻到期,其距离到期日的期限为 $T-t$,风险中性概率为 Q:

$$\frac{dP(t,T)}{P(t,T)} = r_t dt - \sigma_p(t,T)dW_t \tag{5.36}$$

其中,σ_P 是到期期限为$(T-t)$的债券的价格报酬率的标准差,并且可用如下的确定性函数来表示:

$$\sigma_p(t,T) = \sigma_t \cdot \int_t^T \exp\left(-\int_t^u a(s)ds\right)du$$

根据布莱克—斯科尔斯模型,如果按无风险零息债券利率 r 存入一笔价值为 1 英镑的存款,并在期间 t 内按连续复利计算,则在该期末这笔存款的价值将增长为:

$$M_t = \exp\left(\int_0^t r(u)du\right) \tag{5.37}$$

资产价格过程

所有定价模型都必须描述资产价格的动态过程,这一点在本章开始时已有讨论,也是衍生产品定价模型的核心原则。举例来说,在布莱克—斯科尔斯模型中,风险资产 S_t 在风险中性概率函数 Q 下的价格动态过程可表示为:

$$\frac{dS_t}{S_t} = r_t dt + \sigma_S(\rho dW_t + \sqrt{1-\rho^2}\,dW_2(t)) \tag{5.38}$$

其中,σ_S 是资产价格报酬率的标准差。风险资产价格动态过程与利率变化动态过程之间的相关系数可以用 $\rho,\rho \in [0,1]$ 表示,$W_2(t)$ 是一个描述资产价格动态过程的标准布朗运动,利率变化的动态过程由标准布朗运动 W_t 描述。

根据以上四个假设,资产价格可用无风险现金存款 M_t 的现值来表示,资产价格实际上可描述为一个 Q-鞅。因此,在风险中性概率条件下,到期日为 t 的或有欧式负债在 0 时刻的价值为:

$$V_0 = E^Q\left[\frac{h_t}{M_t}\right]$$

其中,

V_0 是资产在 0 时刻的价值。

h_t 是在到期日 t 的随机支付，是一个可度量的随机过程。

$E^Q[\ ]$是概率函数 Q 下的期望值。

下一章将把资产价格的动态过程与期权定价模型结合起来。

附　录

附录 5.1　随机过程简介

随机过程可描述为一个变量向量，如果设定以下参数：

Ω 是所有可能状态 ε 的集合。

ψ 是 Ω 的一个子集。

如果 $X(\omega)$ 在从 (Ω,ψ) 到 $\mathscr{R}$ 的范围内是可度量的，我们就说 $X(\omega)$ 是一个随机变量。随机变量的向量 $X(\omega)=[X_1(\omega),\cdots,X_n(\omega)]$ 从 (Ω,ψ) 到 $\mathscr{R}^n$ 的范围内是可度量的。因此，我们就获得了与 n 个按相同概率函数定义的普通变量相似的随机变量的一个向量。

如果元素的个数是无限的，随机过程就是变量向量概念的扩张，如下式所示：

$$\{X_t(\omega)\},t\in T$$

这是一个随机变量集合，其指数在一个有限群或无限群中取值。

附录 5.2　伊藤引理

如果 f 是变量 x 的一个连续微分函数，Δx 是 x 的一个微小变化，则利用泰勒展开式，f 的变化由下式(5.39)确定：

$$\Delta f=\left(\frac{df}{dx}\right)\Delta x+\frac{1}{2}\left(\frac{d^2f}{dx^2}\right)\Delta x^2+\frac{1}{6}\left(\frac{d^3f}{dx^3}\right)\Delta x^3+\cdots \tag{5.39}$$

若 f 的值取决于两个变量 x 和 y，则 Δf 的泰勒展开式为：

$$\Delta f\approx\left(\frac{\partial f}{\partial x}\right)\Delta x+\left(\frac{\partial f}{\partial y}\right)\Delta y+\frac{1}{2}\left(\frac{\partial^2 f}{\partial x^2}\right)\Delta x^2+\frac{1}{2}\left(\frac{\partial^2 f}{dy^2}\right)\Delta y^2+\left(\frac{\partial^3 f}{\partial x\partial y}\right)\Delta x\Delta y+\cdots \tag{5.40}$$

当 Δx 和 Δy 趋近于零时，等式(5.40)就变为式(5.41)：

$$df\approx\left(\frac{\partial f}{dx}\right)dx+\left(\frac{\partial f}{dy}\right)dy \tag{5.41}$$

现在考虑一个价值取决于时间和资产价格 x 的衍生产品 $f(x,t)$。假设 x 服从一般伊藤过程:

$$dx = a(x,t)dt + b(x,t)dW \tag{5.42}$$

其中,a 和 b 是 x 和 t 的函数,dW 是一个维纳过程,资产价格 x 可用 x 的漂移率和标准差 b 来描述。根据伊藤引理可知,x 和 t 的函数 f 服从以下过程:

$$df = \left(\frac{\partial f}{\partial x}a + \frac{\partial f}{\partial t} + \frac{1}{2}\left(\frac{\partial^2 f}{\partial x^2}\right)b^2\right)dt + \frac{\partial f}{\partial t}bdW \tag{5.43}$$

dW 是一个维纳过程,因此 f 服从伊藤过程,其漂移项和标准差可用下式来描述:

$$\frac{\partial f}{\partial x}a + \frac{\partial f}{\partial t} + \frac{1}{2}\left(\frac{\partial^2 f}{\partial x^2}\right)b^2 \text{ 以及} \left(\frac{\partial f}{\partial x}\right)b$$

也可写做:

$$\Delta x = a(x,t)\Delta t + b\varepsilon\sqrt{\Delta t}$$

其中,ε 项服从均值为0、方差为1的正态分布,因此 $E(\varepsilon)=0$,$E(\varepsilon^2)-[E(\varepsilon)]^2=1$。当 Δx 和 Δy 趋近于零时,等式(5.40)可以变为等式(5.44),后者就是伊藤引理:

$$df = \left(\frac{\partial f}{\partial x}\right)dx + \left(\frac{\partial f}{\partial t}\right)dt + \frac{1}{2}\left(\frac{\partial^2 f}{\partial t^2}\right)b^2 dt \tag{5.44}$$

等式(5.44)就是伊藤引理。若以等式(5.42)代替 dx,等式(5.44)即可转化为等式(5.45):

$$df = \left[\left(\frac{\partial f}{\partial x}\right)a + \left(\frac{\partial f}{\partial t}\right) + \frac{1}{2}\left(\frac{\partial^2 f}{\partial x^2}\right)b^2\right]dt + \left(\frac{\partial f}{\partial x}\right)bdW \tag{5.45}$$

伊藤公式的推导过程见附录5.3。

附录5.3 伊藤公式的推导

令 X_t 为下式描述的随机过程:

$$dX_t = \mu_t d_t + \sigma_t dW_t \tag{5.46}$$

其中,W_t 是一个随机变量和布朗运动,dW_t 等于 $Z_t\sqrt{dt}$,是布朗运动 W_t 的增量变化,且 $Z_t \sim N(0,1)$。假设有一个函数 $Y_t = f(X_t,t)$,并需要求解微分 dY_t。对 Y_t 进行泰勒展开可得:

$$dY_t = \frac{\partial f}{\partial X_t}dX_t + \frac{\partial f}{\partial t}dt + \frac{1}{2}\left[\frac{\partial^2 f}{\partial X_t^2}dX_t^2 + 2\frac{\partial^2 f}{\partial X \partial t}dX_t dt + \frac{\partial^2 f}{\partial t^2}dt^2\right] + \cdots \tag{5.47}$$

在等式(5.46)中,将 dX_t 取平方可得:

$$dX_t^2 = \mu_t^2 dt^2 + 2\sigma_t \mu_t dW_t dt + \sigma_t^2 dW_t^2 \tag{5.48}$$

等式(5.48)中的前两项是更高阶的项,当 dt 足够小时,其影响可忽略不计。该式表明,如果增量 dt 足够小,$(dW_t)^2$ 的方差将趋向于零。此时,$(dW_t)^2$ 就成为一个常数,不再具有随机变量的性质,其期望值为:

$$E(Z^2 dt) = dt \tag{5.49}$$

如果 dt 足够小,则有:

$$dX_t^2 \Rightarrow \sigma_t^2 dW_t^2 \Rightarrow \sigma_t^2 dt$$

当 dt 足够小时,微分 dY_t 的表达式有一项将趋向于$\frac{1}{2}\frac{\partial^2 f}{\partial X_t^2}\sigma_t^2 dt$,它与 dt 是同阶的,因而不能当作等式(5.48)的更高阶项而忽略不计。因此,Y_t 的一阶微分为:

$$dY_t = \frac{\partial f}{\partial X_t}dX_t + \frac{\partial f}{\partial t}dt + \frac{1}{2}\sigma_t^2 \frac{\partial^2 f}{\partial X_t^2}dt \tag{5.50}$$

现将等式(5.46)中的 dX_t 代入等式(5.50)可得:

$$dY_t = \left[\mu_t \frac{\partial f}{\partial X_t} + \frac{\partial f}{\partial t} + \frac{1}{2}\sigma_t^2 \frac{\partial^2 f}{\partial X_t^2}\right]dt + \sigma_t \frac{\partial f}{\partial X_t}dW \tag{5.51}$$

按照这种方法一直计算下去,就可以得到伊藤引理。举例来说,考虑一个过程:

$$X_t = X_0 + \int_0^t \mu_v dv + \int_0^t \sigma_s dW_s \tag{5.52}$$

其微分形式为:

$$dX_t = \mu_t dt + \sigma_t dW_t \tag{5.53}$$

令函数 $f(X)$ 等于 X_t,则使用伊藤引理可得:

$$\frac{\partial f}{\partial X_t} = 1;\ \frac{\partial f}{\partial t} = 0,\ 并且\frac{\partial^2 f}{\partial X_t^2} = 0$$

因此,根据伊藤引理可得:

$$dX_t = \mu_t dt + \sigma_t dW_t \tag{5.54}$$

这就是我们所期望的结果。我们得到如等式(5.54)所示的随机微分方程,它的解是等式(5.52)。

附录5.4 积分

假设有一个确定的时间函数$f(x)$,其中$x \in [0,T]$,它对应0到T期间的曲线,我们希望计算该函数在t_0到t_T期间的面积。取这个函数在区间$[0,T]$上的积分就可计算这个面积,如下式所示:

$$\int_0^T f(s)\,ds \tag{5.55}$$

为了计算积分,我们将这个面积所对应的时间期间划分成一系列的部分或区间,如下式所示:

$$t_0 = 0 < t_1 < t_2 < \cdots < t_n = T \tag{5.56}$$

这个面积的近似值为:

$$\sum_{i=1}^{n} f\left(\frac{t_i + t_{i-1}}{2}\right)(t_i - t_{i-1}) \tag{5.57}$$

缩小时间间隔的长度并使其趋于0,如下式所示:

$$\max_i |t_i - t_{i-1}| \to 0$$

当近似的求和趋近于以上极限所定义的面积时,该区间的面积即由等式(5.58)所示的积分表示:

$$\sum_{i=1}^{n} f\left(\frac{t_i + t_{i-1}}{2}\right)(t_i - t_{i-1}) \to \int_0^T f(s)\,ds \tag{5.58}$$

参考书目

Baxter, M. and Rennie, A., *Financial Calculus*, Cambridge University Press, 1996.

Boyle, P., "Option valuation using a three jump process", *International Options Journal* 3, 1986, pp. 7-12.

Cootner, P. (ed.), *The Random Character of Stock Market Prices*, MIT Press, 1964.

Cox, D. and Miller, H., *The Theory of Stochastic Processes*, Chapman & Hall, 1965.

Duffie, D., *Dynamic Asset Pricing Theory*, Princeton University Press, 1996.

Fama, E., "The Behaviour of Stock Prices", *Journal of Business* 38, January 1965, pp. 34 - 105.

Feller, W., *Probability Theory and Its Applications*, Vols. 1 and 2, John Wiley and Sons, 1950.

Debreu, G., "Representation of a preference ordering by a numerical function", in Thrall, R., Coombs, C., Davis, R. (eds.), *Decision Processes*, Wiley, 1954.

Harrison, J. and Kreps, D., "Martingales and arbitrage in multi-period securities markets", *Journal of Economic Theory* 20, 1979, pp. 381 - 408.

Harrison, J., Pliska, S., "Martingales and stochastic integrals in the theory of continuous trading", *Stochastic Processes and Their Applications* 11, 1981, pp. 216 - 260.

Ingersoll, J., Jr, *Theory of Financial Decision Making*, Rowman & Littlefield, 1987.

Itô, K., "On Stochastic Differential Equations", *American Mathematical Society* 4, 1951, pp. 1 - 51.

James, J. and Webber, N., *Interest Rate Modeling*, John Wiley and Sons 2000, Chapters 3 - 5, 7 - 9, 15 - 16.

Jamshidian, F., "Bond and option valuation in the Gaussian interest rate model", *Research in Finance* 9, 1991, pp. 131 - 170.

Merton, R., "Theory of Rational Option Pricing", *Bell Journal of Economics and Management Science* 4, Spring 1973, pp. 141 - 183.

Nielson. L. T., *Pricing and Hedging of Derivative Securities*, Oxford University Press, 1999.

Neftci, S., *An Introduction to the Mathematics of Financial Derivatives*, Academic Press, 1996.

Rendleman, R. and Bartter, B., "Two State Option Pricing", *Journal of Finance* 34, 1979, pp. 1092 - 1110.

Ross, S., *Probability Models*, 7th edition, Harcourt Academic Press, 2000.

Vasicek, O., "An equilibrium characterisation of the term structure", *Journal of Financial Economics* 5, 1977, pp. 177 - 188.

Williams, D., *Probability with Martingales*, Cambridge University Press, 1991.

第 6 章　利率模型(Ⅰ)

第 5 章介绍了随机过程的概念。大部分利率模型在本质上都是用随机过程来描述短期利率的。最近所发表的文献往往将利率模型细分为 6 种类型。本篇则分两大类介绍这些模型:均衡模型和无套利模型。本章先考查早期的模型,包括瓦西塞克在 1977 年首次建立的期限结构模型。第 7 章再考察“整体收益率曲线”模型,也称为希斯—约罗—默顿系列模型,第三篇将回顾收益率曲线建模中的一些考虑因素。

6.1 引　言

债券价格和收益率

首先介绍利率市场。第 3 章已经讨论了即期和远期利率以及期限结构,在此重复一下其中的要点。以 $P(t,T)$ 表示到期期限为 T 的零息债券在 t 时刻的价格,则该债券在 0 时刻的价格为 $P(0,T)$。债券价格服从一个随机过程,因此可以进行模拟,而且根据债券所发行的期权可以利用这些债券进行对冲。如果市场利率保持不变,债券在 t 时刻的价格为 $e^{-r(T-t)}$。因此,若已知零息债券在 t 时刻的价格为 $P(t,T)$,则其收益率 $r(t,T)$ 为:

$$r(t,T) = -\frac{\log P(t,T)}{T-t} \tag{6.1}$$

当然,利率并非不变的,但等式(6.1)仍然可用来构建模型。使用等式(6.1),我们可以得到给定一组零息债券价格的情况下的收益率曲线。为了建模,我们需要对短期利率作出定义。所谓短期利率,是指借出并在一个很短时期后(实际上几乎是立即)偿还的借款的利率,若以 Δt 表示时间增量,这个利率就是指在 t 时刻借款并在 $t+\Delta t$ 时刻偿还时所使用的利率,如下式所示:

$$r(t,t+\Delta t)=-\frac{\log P(t,t+\Delta t)}{\Delta t} \tag{6.2}$$

并且,时间增量可逐步减少,直至取得瞬间利率的水平,即:

$$r_t=-\frac{\partial}{\partial T}\log P(t,t) \tag{6.3}$$

它与 $r(t,t)$ 是一致的。

瞬间利率是建模过程广泛使用的一个重要的数学工具。

远期利率可根据短期利率来定义。对于从远期时间 T_1 到 T_2(例如到期日非常接近的两个债券)的一个很小时间增量,可将瞬间借款的远期利率定义为:

$$rf(t,T)=-\frac{\partial}{\partial T}\log P(t,T) \tag{6.4}$$

这个利率称为远期利率,也可以令:

$$rf(t,t)=r_t \tag{6.5}$$

也就是说,在 $t=T$ 时刻进行借款的远期利率与短期利率相等。由于根据一组从 t 到 T 的远期利率可以计算到期日为 T 的债券的价格,远期利率也是一个有用的指标。很多教科书都有对远期利率的介绍,其中最为出色的当数 Jarrow(1996)。若已知债券收益率和远期利率,则可以根据收益率将债券价格定义为:

$$P(t,T)=\exp(-(T-t)r(t,T)) \tag{6.6}$$

或者采用随机积分形式,根据远期利率将债券价格定义为:

$$P(t,T)=\exp\left(-\int_t^T rf(t,u)\,du\right) \tag{6.7}$$

上述定义非常方便,因为这意味着在 T 时刻到期的零息债券在 t 时刻的价格可用等式(6.7)来表示,并且可根据当前的期限结构计算远期利率,或者根据远期利率计算当前的期限结构。

6.2 利率模型

利率模型用统计工具来描述利率随时间变化的动态过程,且可用来为期权等利率衍生产品定价。在决定采用哪种类型的利率模型时,一般以模型是否切合实际为依据,而不以数学上是否完整性或假设是否切合实际为依据。James and Webber(2000)将利率模型分为以下几种类型,是一个精彩的分类方法。

- 传统的单因素、双因素或多因素均衡模型,也称为仿射期限结构模型(参见 James and Webber(2002)或 Duffie(1996,第 136 页))。这类模型包括两种:一是高斯仿射模型,用来描述波动率保持不变的过程,如瓦西塞克模型、赫尔—怀特模型以及斯蒂利(Steeley)模型等,二是用来描述波动率为平方根的过程的模型,如考克斯—英格索尔—罗斯(CIR)模型等波动率平方根模型。
- 整体收益率曲线模型,如希斯—约罗—默顿等。
- 所谓的市场模型,如詹姆斯迪恩模型等。
- 所谓的永续债券模型,如布伦南和施瓦兹模型等。

除此之外,还有其他一些模型,我们建议感兴趣的读者阅读一些专门的教科书。詹姆斯和韦伯(James and Webber)的著作是一个很好的起点,该书详细讨论了模型的实施以及不同模型之间的比较。

瓦西塞克模型和赫尔—怀特类模型的运用相对直观,因而被广泛采用。赫尔—怀特模型和扩展的 CIR 模型都采用均值回归法,可用来拟合当时的期限结构。CIR 模型还采取对波动率取平方根的方法,可防止短期利率出现负值。

银行在决定采用哪个模型时应采用什么标准呢? 一般地,使用者会采用那些能够拟合当前市场数据,能够拟合利率随时间变化的过程,并且可以跟踪的模型。这意味着选用的模型应方便计算,且在为对债券和普通期权进行定价时可提供确定的解。

6.3　利率过程

期限结构模型本质上属于模拟利率过程的模型,问题在于如何解释利率特别是短期利率的行为。用来描述短期利率动态变化的 3 个最常用的过程为:

- **高斯或正态过程**。远期利率的随机变化服从正态分布,远期利率向上漂移的速率与初始时间至远期到期日的时间成比例。利率的波动率与当前的利率水平无关,利率的波动率可用 $\sigma dW(t)$ 表示,此处 $W(t)$ 是维纳过程或布朗运动的一般形式。高斯模型的一个例子是瓦西塞克模型。
- **平方根或平方高斯过程**。利率的波动率与当前利率的平方根成比例,可用 $\sigma\sqrt{r}dW(t)$ 表示。这种模型的一个例子是考克斯—英格索尔—罗斯模型。
- **对数正态过程**。利率的波动率与当前利率成比例,可用 $\sigma r dW(t)$ 表示。这种类型模型的一个例子是布莱克—德尔曼—托伊(Black-Derman-Toy)模型。

现举例说明上述模型的区别,设当前的短期利率是 8%,年波动率为 100 个基点,若在未来的某个时点短期利率变为 4%,则高斯过程中的波动率为 50 个基点,平方根过程中的波动率为82.8个基点，对数正态过程中的波动率为50个基点。

实施起来最简单的模型是正态模型，其次是平方根模型，最后是对数正态模型。选用何种模型会对预测的未来利率分布产生影响。图6.1中给出了以上三个模型的一般分布。

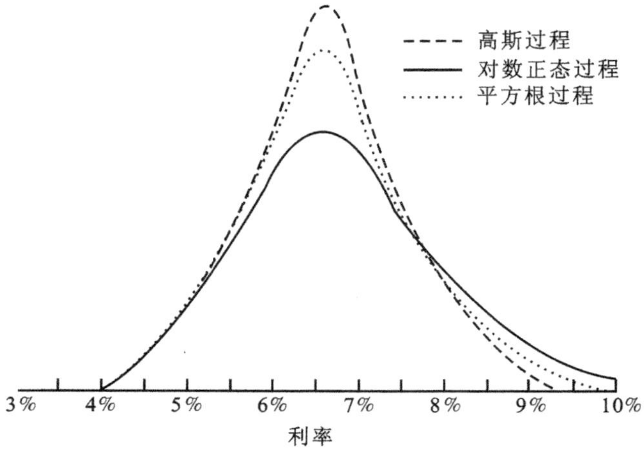

图6.1 不同过程所隐含的未来利率分布

究竟哪些模型更切实际呢？实证研究尚未取得结论。英格兰银行1999年的一项研究认为，对不同市场中利率行为的观察表明，如果当前利率水平很低（如4%或更低），利率的变化过程往往是一个高斯过程；而如果利率相对较高，该过程就更类似于一个对数正态过程。如果利率介于两者之间，利率的变化过程就是一个中间形式的过程。然后，这些观察可以由经济学中的某些观点提供支持。经济中的名义利率由实际利率和通货膨胀率两部分组成。利率的波动率是实际利率波动率与消费者价格波动率共同作用的结果。当利率非常低时，通货膨胀率可忽略不计，实际利率的波动率仅与名义利率的波动率有关。然而，由于实际利率与经济增长率是有关的，假定实际利率服从正态分布因而是合理的。一些市场中曾经发生过非常极端的情况，即指数关联债券的实际利率为负值。如果利率水平相当高，通货膨胀的影响就更为显著，价格波动率就非常重要。不过，经济理论认为商品的价格服从对数正态分布。

这对利率模型有什么影响呢？正如下一节所要讲到的，高斯利率模型的一个主要缺陷是可能导致负的远期利率。负利率虽然不是不可能的，但却是一种极端的异常情况（更不必说是极少出现的情况），除当前利率非常低的情况外，通常是不太可能发生的。然而，这种现象并非完全未曾出现，高斯过程最好地描述了低利率环境。负利率确曾出现过,例如日本政府债券市场和其他一些回购市场中就曾出现过。值得一提的是,直到目前,该国的利率一直很低。因此从本质上说,允许出现负利率的模型也并非完全不切实际。

6.4　单因素模型

短期利率模型可以用来推导完整的期限结构。以该模型如何用来为任何到期期限的贴现债券定价为例,令 $P(t,T)$ 表示无风险零息债券在 t 时刻的价格,该债券在 T 时刻的到期价值为 1。尽管我们知道该债券在 T 时刻的价格为 1,但该价格服从一个随机过程。假设某投资者通过借款 C_t 购买并持有这种债券。因此,现金空头在任何时刻 t 的价值必然为 $C_t = -P(t,T)$,否则就是一个套利头寸。现金空头的价值以短期无风险利率 r 增长,因此有:

$$\frac{dC_t}{dt} = r(t)C_t$$

对上式积分可得:

$$C_t = C_0 \cdot \exp\left(-\int_0^t r(s)ds\right)$$

整理上式可得:

$$P(0,T)/P(t,T) = \exp\left(-\int_0^t r(s)ds\right)$$

因此,两边的随机过程相同,期望值也相同。这可以用来表示零息债券在任何时点 t 的价格:

$$P(t,T) = E\left[\exp\left(-\int_t^T r(s)ds\right)\right]$$

因此,一旦全面描述短期利率 r 的随机行为,就可以计算任何零息债券在任何时刻的价格和收益率,方法是计算这个期望值。其意义是显而易见的,即指定的 $r(t)$ 过程决定整个期限结构的行为,因此,欲建立一个期限结构模型,只需(根据这些假定)确定 $r(t)$ 的过程。

至此,我们已经确定,短期利率模型与债券收益率的动态过程有关,因而可用来推导完整的期限结构。我们还发现,该模型还可以用来为任何到期期限的债券定价。很多模型都是单因素模型,单因素模型描述了短期利率 r 对于一种不确定性来源的变动过程。短期利率可根据下式确定:

$$dr = \mu(r)dt + \sigma(r)dW \tag{6.8}$$

其中,μ 是瞬间漂移率,σ 是短期利率 r 的标准差。这两项都被假定为短期利率的函数,且与时间无关。单因素模型最主要的假定是,所有利率的变动方向是相同的。

瓦西塞克模型

在瓦西塞克于 1977 年建立的模型中,假设瞬间短期利率 r 服从一个名为奥恩斯坦—乌伦贝克的随机过程,该过程是高斯过程的一种,并用下式表示:

$$dr = a(b - r)dt + \sigma dW \tag{6.9}$$

该模型包含均值回归特征,而这种特征并非不切实际。均值回归是这样一种过程,即当短期利率 r 很高时,短期利率往往会被拉回长期内的平均水平;当短期利率 r 非常低时,短期利率往往会向长期内的平均水平漂移。在瓦西塞克模型中,短期利率向长期均值 b 回归的速度为 a。均值回归由一个服从正态分布的随机项 σdW 决定。根据等式(6.9),瓦西塞克模型表明到期期限为 T 的零息债券在 t 时刻的价格为:

$$P(t,T) = A(t,T)e^{-B(t,T)r(t)} \tag{6.10}$$

其中,$r(t)$ 是 r 在 t 时刻的值,

$$B(t,T) = \frac{1 - e^{-A(T-t)}}{a} \tag{6.11}$$

并且,

$$A(t,T) = \exp\left[\frac{B(t,T) - (T-t)\left(a^2 b - \frac{\sigma^2}{2}\right)}{a^2} - \frac{\sigma^2 B(t,T)^2}{4a}\right] \tag{6.12}$$

也可进一步表示为:

$$P(t,T) = -\frac{1}{T-t}\ln A(t,T) + \frac{1}{T-t}B(t,T)r(t) \tag{6.13}$$

等式(6.13)将完整的期限结构描述为 $r(t)$ 的函数,其参数为 a、b,标准差为 σ。它表明,$P(t,T)$ 是 $r(t)$ 的线性函数,$r(t)$ 的值决定期限结构在 t 时刻的水平。

使用上面所描述的参数,可以计算无风险零息债券的价格函数。Chan *et al* (1992)进行分析时使用以下参数:长期均值水平 b 为 0.07,漂移率 a 为 0.18,标准差为 0.02。使用这些参数,图 6.2 展示了两条零息债券价格曲线。图中两个曲线所使用的初始短期利率分别为 $r(t) = 4\%$ 和 $r(t) = 10\%$。横轴表示距离到期日 T

的期限,纵轴表示该到期期限下零息债券的价格,该债券的到期价值为1。

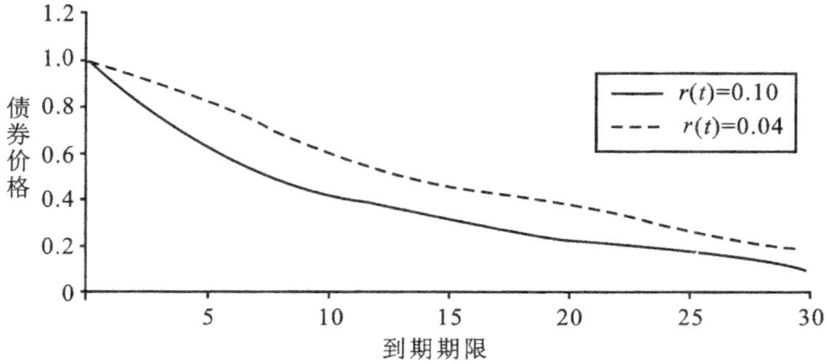

图6.2　$r(t)=0.04$ 及 $r(t)=0.10$ 时的零息债券价格曲线

对于所推导出的远期利率来说,债券价格函数 $P(t,T)$ 是对 t 的连续微分。因此,该模型产生了以下的瞬间远期利率:

$$
\begin{aligned}
f(t,T) &= -\frac{\partial}{\partial t}\ln P(t,T) \\
&= A'(T-t)+B'(T-t)r(t) \\
&= (1-e^{-a(T-t)})b-\frac{1}{2}v(T-t)+e^{-a(T-t)}r(t) \\
&= f(r(t),T-t) \qquad (6.14)
\end{aligned}
$$

其中,$f(r,T)$ 的函数形式为:

$$f(t,T) = (1-e^{-aT})b-\frac{1}{2}v(T)+e^{-aT}r$$

远期利率是短期利率的函数,并服从正态分布。图6.3展示了图6.2中价格曲线所对应的远期利率曲线,两个图形使用的参数相同。

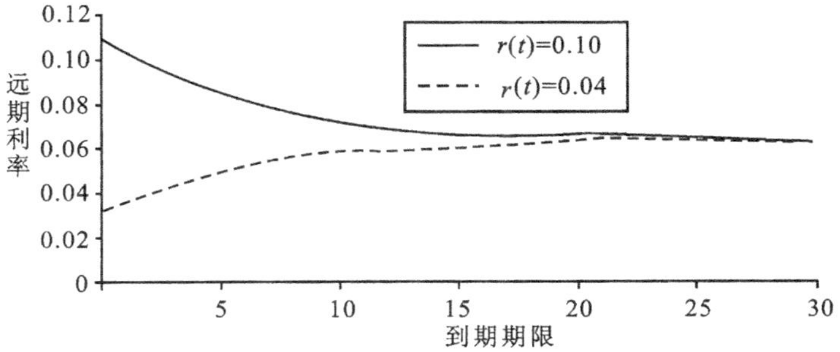

图6.3　$r(t)=0.04$ 及 $r(t)=0.10$ 时的远期利率曲线

初始短期利率 r 的升高将提高远期利率水平，同时提高长期均值 b。而且，r 的升高对到期期限较短的债券的影响更为显著，而 b 的提高对到期期限较长的债券影响更大。r 和 b 同等程度的上升或下降将使远期利率上升或下降同样的水平。受这些变化的影响，远期利率曲线会平行地上升或下降。

推导得到的远期利率是瞬间利率标准差 σ 的递减函数，σ 是模型中的一个参数。远期利率对标准差的偏导数如下：

$$\frac{\partial f(r,T)}{\partial \sigma} = -\sigma B(T-s)^2 = -\frac{\sigma}{a^2}(-2e^{-aT}+e^{-2aT}+1) \qquad (6.15)$$

等式(6.15)表明，远期利率是 T 的递减函数，这正是当 T 非常大时利率为负的原因。图 6.4 展示了标准差对远期利率的影响，该图显示了图 6.3 中的两个远期利率曲线，还显示了将标准差从 0.02 增加到 0.06 时的另外两条远期利率曲线。

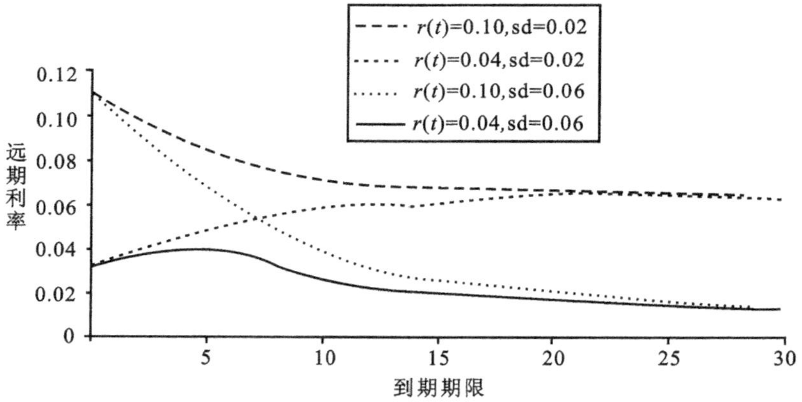

图 6.4 标准差分别为 0.02 和 0.06 时的远期利率曲线

瓦西塞克模型在描述收益率曲线的动态变化时，只考虑短期利率 r 的变化，不考虑长期平均水平 b 的变化。

关于这个模型还有一点值得指出。当短期利率服从正态分布时，在任何时点得到负利率的概率为正。在假设利率服从高斯过程的所有模型中，这是很常见的。这虽然被认为是一个重大缺陷，但实际上只有在参数值非常特殊时才会出现这种情况。例如，在图 6.3 中，远期利率没有什么不正常，但标准差扩大时远期利率就会降低，并且可能最终出现负值。例如，如图 6.5 所示，当标准差 $\sigma = 0.09$ 时，远期利率就是一个负值。负的远期利率意味着零息债券价格是逐步上升的，大多数情况下这显然不符合事实，而只有在不正常的少数情况下才会出现。高斯利率模型在标准差非常大时可能产生负的远期利率，原因就在于负利率出现的概率非常高。

在一些特定的参数值下,尤其是当标准差非常高时,就会存在出现负的远期利率的可能性。然而,只有在一些特定的参数值下才会看到这样的情况,而事实上均值回归的存在将降低这种可能性。

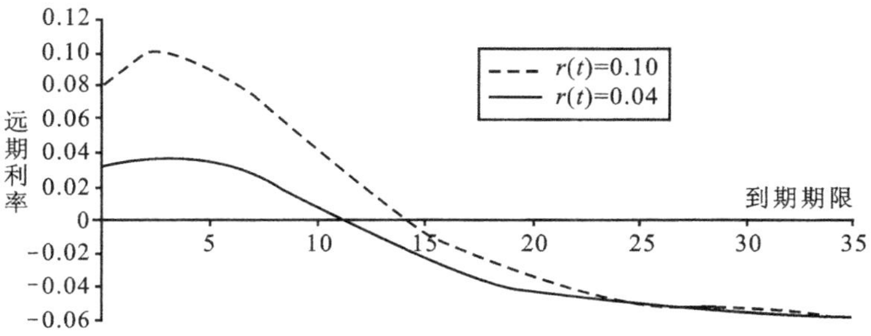

图 6.5　标准差较大时的远期利率曲线

人们可能认为漂移率和标准差的参数值发生变化的情况更为现实,这将确保零息债券在任何时刻的价格符合实际观察到的市场收益率。出于这个原因,Hull and White(1990)提出了一个瓦西塞克模型的修正版本,称为赫尔—怀特模型或扩展的瓦西塞克模型,稍后将讨论这个模型。

默顿模型

在默顿于 1971 年所建立的模型中,假设利率过程服从下式所示的一般维纳过程:

$$r(t) = r_0 + \alpha t + \sigma W(t) \tag{6.16}$$

上式的微分形式为:

$$dr = \alpha dt + \sigma dW \tag{6.17}$$

对于所有的 $0 \leqslant t \leqslant T$,有:

$$r(T) = r(t) + \alpha(T - t) + \sigma(W(T) - W(t)) \tag{6.18}$$

$r(T)$服从正态分布,其均值为 $r(t) + \alpha(T-t)$、标准差为 $\sigma\sqrt{(T-t)}$。
对于固定的到期期限 T,远期利率 $f(r(t),\ T-t)$ 服从下式所示的伊藤过程:

$$\begin{aligned} dfr(r(t), T-t) &= dr - \alpha dt + \sigma^2(T-t)dt \\ &= \sigma^2(T-t)dt + \sigma dW \end{aligned} \tag{6.19}$$

设某无风险零息债券在到期日 T 的支付额为 1,按连续复利计算,该债券在 t

时刻的收益率由下式决定：

$$\begin{aligned} R(t,T) &= \frac{1}{T-t}\ln\left(\frac{1}{P(r(t),T-t)}\right) \\ &= \frac{1}{T-t}A(T-t)+r(t) \\ &= R(r(t),T-t) \end{aligned} \tag{6.20}$$

其中，R 是一个函数。

$$R(t,T) = \frac{1}{T}A(T)+r = \frac{1}{2}\alpha T = \frac{\sigma^2}{6}T^2+r \tag{6.21}$$

未来利率在期间(t,T)的平均值如下式(6.22)所示：

$$r_a = \frac{1}{T-t}\int_t^T r(u)\,du \tag{6.22}$$

在默顿模型中，远期利率在期限较长时总是负值，这与瓦西塞克模型不同，在瓦西塞克模型下，很多参数值下的所有到期期限的远期利率都是正值。这是因为，尽管两个模型中远期利率与未来利率的标准差之间都存在负相关关系，但在默顿模型中，标准差是到期时间的增函数，远期利率在无限范围内都是线性变化的；而在瓦西塞克模型中，远期利率只在有限的范围内是线性变化的。因此，标准差在默顿模型中的影响更大，并且将导致较长到期期限的远期利率为负。

考克斯—英格索尔—罗斯模型

由以上内容可知，假设短期利率服从正态分布的模型会导致负的远期利率。1985 年所建立的考克斯—英格索尔—罗斯模型(CIR 模型)是一个单因素模型，但它可以消除负利率的可能性。在 CIR 模型中，短期利率的动态变化过程为：

$$dr = a(b-r)dt+\sigma\sqrt{r}\,dW \tag{6.23}$$

与瓦西塞克模型一样，CIR 模型也具有均值回归的特征。然而，CIR 模型中的随机项的标准差与$\sqrt{r}$成比例。这与其他模型有很大的不同，因为 CIR 模型认为，当短期利率上升时，标准差将下降，这意味着远期利率是一个正值。根据 CIR 模型，无风险零息债券的价格是：

$$P(t,T) = A(t,T)e^{-B(t,T)r} \tag{6.24}$$

其中，

$$B(t\gamma,T) = \frac{2(e^{\gamma(T-t)}-1)}{(\gamma+a)(e^{\gamma(T-t)}-1))+2\gamma}$$

$$A(t,T) = \left[\frac{2\gamma e^{(\gamma+a)(T-t)/2}}{(\gamma+a)(e^{\lambda(T-t)}-1)+2\gamma}\right]^{2ab/\sigma^2}$$

并且,

$$\gamma = \sqrt{a^2 + 2\sigma^2}$$

由于长期利率 $R(t,T)$ 是短期利率 $r(t)$ 的函数,拟合整个期限结构时只需要短期利率。

总结

高斯模型也称为仿射模型①(参见 James and Webber 2000),这种模型非常流行,因为它们在实施时非常简单,且能为金融工具定价提供明确的数值解。高斯模型在一些特定情况下允许出现负的利率,但该模型并不是完全不切合实际,尽管有些学术观点认为任何允许出现负利率的模型都不正确且不能使用。负利率只是出现在很少的特定情况下且概率非常小(参见 Rogers 1995),因此高斯模型仍然非常流行。然而,在一个利率较低的环境中,CIR 模型可能更为合适,因为 CIR 模型不允许出现负的利率。

6.5　无套利模型

前文回顾了3种期限结构的均衡模型,它们来源于(或者说符合)经济学中的一般均衡模型。均衡模型通常使用不变的参数(包括最为重要的波动率),这些参数往往根据历史时间序列数据计算。银行通常使用根据实际数据和隐含波动率(可以从交易所内交易的期权合同的价格中获得)所计算的参数。

另一方面,期限结构的无套利模型可以非常精确地拟合当前观察到的期限结构,观察到的债券收益率实际上等于根据无套利模型所计算的债券收益率。因此,无套利模型的意图是与当前观察到的零息债券收益率曲线相一致,并且短期利率的漂移率取决于时间,因为短期利率在未来的平均路径取决于初始收益率曲线的形状。这意味着如果收益率曲线向上倾斜,短期利率 r 总体来说将会上升;如果初始收益率曲线向下倾斜,则短期利率 r 总体来说将会下降;如果收益率曲线为弓形,则预期的短期利率路径也是弓形的。在均衡模型中,短期利率的漂移项(即 dt 项的系数)与时间无关。

---

① 如果存在常数 a 和 b 使得对所有的 x 都有 $H(x) = a + bx$ 成立,则称 $H:\mathscr{R}\rightarrow\mathscr{R}$ 是一个仿射函数。仿射关系描述了特定期限结构模型的漂移和扩散函数。

从理论上说,任何模型所预测的价格如果可以通过市场观察,都会使该模型变为无套利模型,然而“无套利模型”这一名称的由来是因为这些模型所预测的价格可与实际市场价格相比较。在均衡模型中,初始期限结构是模型的产出,而在无套利模型中,实际期限结构首先是该模型的输入。实践中,均衡模型在某些特定条件下可能存在套利机会,即这种模型在收益率曲线的一些特定点处可能有较小的误差,或者在整个期限结构中存在较大的误差。这方面的一个最基本的问题是,很难将无风险短期利率确定为货币市场的实际利率。在实务操作中,可能存在一个以上的利率,例如短期国债的利率或到期期限相同的政府债券回购利率,因此使用哪个利率就成为一个问题。

由于以上原因,如果可以成功地实施和校正,市场从业人员偏好使用无套利模型。实施和校正无套利模型并不总是简单的,在一些特定情况下,实施多因素均衡模型比实施多因素无套利模型更容易些。稍后将探讨多因素均衡模型。另外,在一些特定的情况下,比如在无法获得可靠的市场数据时,人们往往更倾向于使用均衡模型。在模拟发展中国家或新兴债券市场的期限结构时,使用均衡模型更为有效。

注意,一些文献认为,将短期利率的漂移率看作随时间而变化的变量,就可以将均衡模型转化为无套利模型,然而这将改变模型的整体性质,校正时会出现问题。

何—李模型

1986 年建立的何—李模型是最早的无套利模型之一,该模型采用二项式点阵方法,有两个参数,即短期利率的标准差和风险溢价。下面对该模型作一个总结性的描述。根据何—李模型,令 $P_i^{(n)}(\cdot)$ 表示在 T 时刻到期的零息债券在状态 i 下的均衡价格。也就是说,$P_i^{(n)}(\cdot)$ 是描述整个利率期限结构的一个贴现函数,它满足以下条件:

$$P_i^{(n)}(0) = 1$$
$$\lim_{T\to\infty} P_i^{(n)}(T) = 0$$

为了描述二项式点阵,我们将在初始时刻 0 的价格表示为:

$$P_0^{(0)}(\cdot) = 1$$

在 1 时刻,贴现函数取决于两个函数 $P_1^{(1)}(0)$ 和 $P_0^{(1)}(0)$,这两个函数分别对应于价格的上升和下降。因此对时刻 n 的所有 $i=0,\cdots,n$,二项式过程取决于贴现函数 $P_i^{(n)}(\cdot)$,这个函数可以向上移动,即为函数 $P_{i+1}^{(n+1)}(\cdot)$,或者向下移动,即为函数 $P_i^{(n+1)}(\cdot)$。

正如何—李模型所描述的,两个表示为 $h(T)$ 和 $h^*(T)$ 的函数分别描述了等式

(6.25)和等式(6.26)所示的向上和向下的状态：

$$P_{i+1}^{(n+1)}(T) = \left[\frac{P_i^{(n)}(T+1)}{P_i^{(n)}(1)}\right]h(T) \tag{6.25}$$

$$P_{i+1}^{(n+1)}(T) = \left[\frac{P_i^{(n)}(T+1)}{P_i^{(n)}(1)}\right]h^*(T) \tag{6.26}$$

其中，$h(0) = h^*(0) = 1$。

这两个函数确定了根据隐含远期函数推导贴现函数的过程。为了满足无套利条件，这两个函数确定了一个与时间 T 无关的隐含二项式概率 π，而初始的贴现函数 $P(T)$ 为：

$$\pi h(T) + (1-\pi)h^*(T) = 1 \quad n,i > 0 \tag{6.27}$$

并且，

$$P_i^{(n)}(T) = [\pi P_{i+1}^{(n+1)}(T-1) + (1-\pi)P_i^{(n+1)}T-1]P_i^{(n)}(1) \tag{6.28}$$

等式(6.28)表明，债券价格等于按当前的单期利率贴现的债券预期价值。因此，π 是隐含的风险中性概率。

贴现函数从一个状态向另外一个状态的变化仅仅是向上移动和向下移动次数的函数，该假设与以下假设相同，即先向下移动、再向上移动的效果与先向上移动、再向下移动的效果相同。根据这种假设可以得出 h 和 h^* 的值，如下式所示：

$$h(T) = \left[\frac{1}{\pi + (1-\pi)\delta^T}\right] \quad T \geqslant 0 \tag{6.29}$$

$$h^*(T) = \frac{\delta^T}{\pi + (1-\pi)\delta^T} \tag{6.30}$$

其中，δ 是利率差额。

证据显示，该模型描述了下式所示的连续时间过程：

$$dr = \theta(t)dt + \sigma dW(t) \tag{6.31}$$

其中，σ 为常数，是短期利率的瞬间标准差；$\theta(t)$ 是时间函数，描述短期利率的变化过程，与当前观察到的期限结构相对应。$\theta(t)$ 确定短期利率在 t 时刻的平均移动方向，与短期利率的当前水平无关。变量 $\theta(t)$ 由下式决定：

$$\theta(t) = f(0,t)dt + \sigma^2 t \tag{6.32}$$

其中，$f(0,t)$ 是期间 t 在时刻0的瞬间远期利率。事实上，$\theta(t)$ 近似于 $f(0,t)$，这表明短期利率在未来的平均移动方向是由瞬间远期利率曲线的斜率决定的。

何—李模型实施起来简单方便，因为该模型使用当前期限结构的可用信息，可以精确地拟合当前的期限结构。这个模型也只要求两个参数。然而，该模型为所有即期利率和远期利率指定相同的波动率，因此波动率结构对于某些市场参与者来说有所限制。此外，该模型不包含均值回归。

赫尔—怀特模型

为了精确地拟合当前的利率期限结构，1990 年建立的赫尔—怀特模型，扩展了瓦西塞克模型，因此称为扩展的瓦西塞克模型。根据这个模型，利率服从下式所示的过程：

$$dr = (\alpha - ar)dt + \sigma dW(t) \tag{6.33}$$

该式也可以写为：

$$dr = a\left[\frac{\alpha}{a} - r\right]dt + \sigma dW(t) \tag{6.34}$$

其中，a 是均值回归速度，α 和 σ 为常数。该模型被认为是一个具有时间依赖性回归水平的瓦西塞克模型。这个模型也称为一般赫尔—怀特模型，在 $a \neq 0$ 这一特例时，也被称为简化的赫尔—怀特模型。在瓦西塞克模型中，$a \neq 0$ 且 $\alpha = ab$，其中 b 为常数。

赫尔—怀特模型可以拟合初始期限结构，也可以拟合波动率期限结构。Pelsser(1996)以及 James and Webber(2000)作了全面分析。

这个模型可表述为：

$$r(t) = e^{-K(t)}\left[r_0 + \int_t^T e^K \alpha dt + \int_e^T {}^K \sigma dW(t)\right] \tag{6.35}$$

其中，过程 K 由下式确定：

$$K(t) = \int_t^T a dt$$

计算零息债券价格的第一步是计算以下积分：

$$I(t,T) = \int_t^T r du$$

上式服从正态分布，其均值为 $m(r(t),t;T)$、标准差为 $\sqrt{v(t;T)}$。债券的价格由下式确定：

$$P(t,T) = E_Q[\exp[-I(t,T)] \mid F_t]$$

$$= \exp\left[-m(r(t),t;T)+\frac{1}{2}v(t;T)\right]$$
$$= P(r(t),t;T) \tag{6.36}$$

其中，$P(r(t),t;T)$是一个函数：

$$P(r(t),t;T) = \exp\left[-m(r,t;T)+\frac{1}{2}v(t;T)\right] \tag{6.37}$$

零息债券在 t 时刻的贴现价格是由 t 时刻的短期利率 r 和当前的期限结构确定的。价格函数不是静态的，T 时刻到期的债券在 t 时刻的价格是短期利率的函数，如前所述，它与时间 t 无关。

债券价格的波动率由函数 $B(t;T)\sigma(t)$决定，其中 B 由下式决定：

$$B(t;T) = \int_t^T e^{K(u)+K(t)}du = e^{K(t)}\int_t^T e^{-K}du \tag{6.38}$$

债券价格的波动率是 t 的确定函数。零息债券向面值靠拢的特征可以由以下事实说明，即只要 σ 在 t 时刻连续，则当 t 趋近于 T 时，波动率将趋近于零。由于均值 m 服从正态分布，因此债券价格服从对数正态分布，所以有函数：

$$\ln P(t,T) = -A(t,T) - B(t,T)r(t)$$

其中，函数 $A(t,T)$ 由下式确定：

$$A(t,T) = \int_t^T e^{-K(u)}\int_t^u e^K \alpha dxdu - \frac{1}{2}v(t;T)$$

以上价格函数可以作为 t 的函数进行连续微分，因此远期利率由下式（6.39）确定：

$$\begin{aligned} f(t,T) &= -\frac{\partial}{\partial T}\ln P(t,T) \\ &= A_T(t,T) + B_T(t,T)r(t) \\ &= e^{-K(T)}\int_t^T \alpha dx - \frac{1}{2}v_T(t;T) + e^{-K(T)+K(t)}r(t) \\ &= f(r(t),t,T) \end{aligned} \tag{6.39}$$

其中，$f(r,t,T)$ 由下列函数确定：

$$f(r,t;T) = e^{-K(T)}\int_t^T \alpha dx - \frac{1}{2}v_T(t,T) + e^{-K(T)+K(t)}r(t) \tag{6.40}$$

t 时刻的远期利率函数 f 不是静态的，它是 t 时刻短期利率 r、时间 t 和距到期

日时间 T 的函数。赫尔—怀特模型按远期利率 f 校准，即 t 时刻校准所需的信息是短期利率 $r(t)$、短期利率的标准差 s、远期利率 f 以及远期利率在 t 时刻的标准差 $B_T(t,T)\sigma(t)$。如果可以计算远期利率对 t 的一阶微分，就有可能根据其他信息计算函数 B_T 及其导数，然后采用下式计算 $a(t)$ 的值：

$$a(t) = -\frac{B_{TT}(t,T)}{B_T(t,T)} \tag{6.41}$$

上式将债券价格的波动率表示为到期日 T 的函数。

如果零息债券在 T 时刻到期，则按连续复利计算，零息债券在 t 时刻的收益率由下式(6.42)决定：

$$\begin{aligned} P(t,T) &= \frac{1}{T-t}\left[m(r(t),t;T) - \frac{1}{2}v(t,T)\right] \\ &= \frac{1}{T-t}\ln\left(\frac{1}{P(t,T)}\right) \\ &= \frac{1}{T-t}(A(t,T) + B(t,T)r(t)) \\ &= R(r(t),t,T) \end{aligned} \tag{6.42}$$

其中，R 由下式(6.43)决定：

$$R(r,t,T) = \frac{1}{T-t}(A(t,T) + B(t,T)r) \tag{6.43}$$

与债券价格函数一样，零息债券的收益率是短期利率 r 的函数，且服从正态分布。此外，收益率曲线是短期利率 r、时间 t 以及距离到期日 T 的时间的函数。未来利率在期间(t,T)的长期平均值服从正态分布，并且由下式确定：

$$r_a = \frac{1}{T-t}\int_t^T r(u)\,du = \frac{1}{T-t}I(t,T) \tag{6.44}$$

布莱克—德尔曼—托伊模型

本章前面所讲到的模型中都只有一个时间函数，即参数 α。有些模型中，参数 a 和 σ 也是时间的函数。布莱克、德尔曼和托伊(BDT)1990 年在论文中提出了一个二项式点阵模型，如下式所示：

$$d\ln r = \left[\alpha + \frac{\sigma'(t)}{\sigma(t)} + \ln(r)\right]dt + \sigma(t)dW \tag{6.45}$$

其中$\sigma'(t)$是σ对时间t的偏导数。BDT模型是一个对数正态模型,这意味着短期利率的波动率与瞬间短期利率成比例,因此波动率与利率水平的比值是一个常数。这个模型中的漂移项比前述模型更为复杂,因此,BDT模型要求采用观察到的当前利率和波动率期限结构进行数值拟合。也就是说,漂移项不用分析方法计算。短期利率的波动率也与均值回归有关,当长期利率的波动性小于短期利率时,长期内的短期利率的波动率将下降。Black and Karasinski(1992)在稍后建立的模型消除了均值回归与波动率水平之间的关系,如下式所示:

$$d\ln r = [\theta(t) - a(t)\ln(r)]dt + \sigma(t)dW(t) \tag{6.46}$$

与前述模型一样,等式(6.46)中的主要因素是短期利率。使用二叉树方法,一个单步树可用来根据当前的短期利率推导未来一个期间的短期利率。然后,所推导的利率可用来推导未来两个期间后的利率,以此类推。

6.6　拟合模型

采用利率模型时,需要输入期限结构的收益率和波动率参数,这就是模型校准过程。拟合模型的过程称为校准,方式至少有以下3种:

- 使用预先规定的波动率水平而不是交易所实际成交的期权价格的波动率将模型校准到当前的即期收益率曲线。如果所选择的波动率不准确,就可能导致债券和期权定价错误。
- 使用交易实际成交的期权价格所隐含的波动率将模型校准到当前的即期利率曲线。这种方式要求采用与交易所实际成交的期权价格所隐含的波动率完全相同的波动率参数。实际中,这种方法可能比较耗时。
- 使用与观察到的(交易所实际成交的)期权价格所隐含的波动率足够接近的波动率参数将模型校准到当前的即期利率曲线,这是通常采用的方式。

不同期间利率的波动率一般是交易所实际成交的期权的波动率。然而,如果不需要非常高的精确度,比如对资本监管而言,从业人员可使用第一种方法;而对固定收益证券研究而言,第三种方法可能更为合适。使用第二种方法和第三种方法对期权价格模型校准时,仅仅因为期价定价不正确,就可能存在出错的危险。如果使用长期期权和/或场外交易期权,这种可能性更大,原因在于这些期权的价格经常因定价银行的不同而各不相同。

因此,不管采用何种方法,模型经常采用整个期限结构中到期期限长短不等的各种期权的价格波动率作为输入。可用下式(6.47)测试模型的准确性:

$$\sum_{n=1}^{N}(p_n - P_n)^2 \tag{6.47}$$

其中，p_n 是观察到的第 n 个期权的价格，而 P_n 是根据模型计算出来的期权价格，模型校准共使用了 N 个期权。如果某个模型可以使等式(6.47)取得最小值，就可以认为该模型最为准确。在决定使用哪个期权产品对模型校准时，应注意使用与模型所定价的工具最为相似的金融产品。

不同的模型有不同的校准方法。在何一李模型中，只计量收益率曲线的平行移动，当前的收益率曲线是直接输入，因此波动率参数是一个常数。这意味着所有远期利率所隐含的波动率是相同的。这不太切合实际，因为长期债券的价格波动率通常小于短期债券。该模型还假设波动率是距离到期日时间的递减函数，这一点也不切实际。实施包含均值回归特征的模型时，可采用更切实际的波动率参数，因为均值回归使长期债券具有较低的波动率。因此，实施均值回归模型时，采用上述第二种或第三种方法更为精确。

下面考察对扩展瓦西塞克模型或赫尔—怀特模型进行校准时的有关问题，该模型描述了下式所示的短期利率过程：

$$dr = (\alpha - ar)dt + \sigma dW(t) \tag{6.48}$$

实施该模型有 3 种可能的方法。可以设 α 和 a 为常数对标准差参数进行校准，从而对该模型进行校准。这意味着该模型与当前收益率曲线一致，而且波动率的值已经调整到可以生成所观察到的曲线的水平。然而，由于采用平方函数的缘故，这可能导致波动率的值很大，因此显得不太切合实际。第二种方法是校准 α，设其他两个参数为常数，也就是调整对均值回归速度，目的是使所推导出的曲线与观察到的曲线保持一致。这种方法所推导出的收益率曲线是当前短期利率和均值回归速度的函数。由于在将所观察到曲线的长期部分与推导出的曲线进行拟合时需要对均值回归速度进行大量的调整，这种方法会导致不准确的波动率水平，但该方法在实务中有时也会使用。第三种方法是校准 ar，设其他参数为常数。采用这种方法校准可得到一个稳定的收益率曲线，因此市场从业人员通常采用这种方法。

6.7 小 结

本章考察了均衡利率模型和无套利利率模型，这两种模型都是利率期限结构的单因素高斯模型。我们已经知道，为了确定一个期限结构模型，必须描述价格变化的动态过程，然后使用该动态过程为零息债券定价。假定模型中所使用的短期利率是无风险利率，并模拟了该利率，就可以推导远期利率和零息债券的收益率和价格。因此,在瓦西塞克模型和考克斯—英格索尔—罗斯模型等模型中,有可能将整个远期利率曲线仅仅模拟为当前短期利率的函数。瓦西塞克和默顿模型都假设参数值保持不变,由于假定远期利率具有相等的概率和正态分布,在一些与标准差有关的特定条件下,这些模型可能生成负的远期利率。

这些模型的构建基础是债券价格都会展现出向面值回归的特征,并且这种回归以及远期利率都服从伊藤过程。对债券价格来讲,相对漂移量就是确定性的利率,这与远期利率一样。债券的价格、收益率和远期利率是当前短期利率的函数,并且服从正态分布。短期利率的上升将导致远期利率的上升,这种效应对到期期限较短的债券的利率影响更为显著。远期利率的瞬间波动率随着距离到期日时间的缩短而下降,且逐渐趋近于当前短期利率在 t 时刻的波动率。

瓦西塞克模型、考克斯—英格索尔—罗斯模型、赫尔—怀特模型以及其他模型都包含均值回归特征。随着距离到期日时间的延长直至趋于无穷大,远期利率收敛于当前短期利率的长期均值回归水平,这是远期利率的极限水平,是当前短期利率波动率的函数。随着距离到期日的时间趋近于零,短期内的远期利率收敛于与瞬间短期利率相同的水平。在默顿模型与瓦西塞克模型中,短期利率在到期期限 T 之内的均值被假定为常数。何—李模型也假定均值或利率漂移速度为常数,但扩展的瓦西塞克模型或赫尔—怀特模型并未假设这样的常数。

我们已经注意到,模型的效率不仅与假定的现实性有关,还与该模型在实践中实施的难易程度有关,即与模型校准的难易程度有关。

参考书目

Baxter, M. and Rennie, A., *Financial Calculus*, Cambridge University Press 1996.

Black, F., Derman, E. and Toy, W., "A one-factor model of interest rates and its application to Treasury bond options", *Financial Analysts Journal*, Jan-Feb 1990, pp. 33 - 39.

Black, F., Karasinski, P., "Bond and option prices when short rates are lognormal", *Financial Analysts Journal*, Jul-Aug 1991, pp. 52 - 59.

Chan, K., et al., "An empirical comparison of alternative models of the short-term interest rate", *Journal of Finance* 47, 1992, pp. 1209 - 1227.

Cox, J., Ingersoll, J. and Ross, S., "A theory of the term structure of interest rates", *Econometrica* 53, 1985, pp. 385 - 407.

Duffie, D., *Dynamic Asset Pricing Theory*, 2nd edition, Princeton University Press 1996.

Ho, T. and Lee, S., "Term structure movements and pricing interest rate contingent claims", *Journal of Finance* 41, 1986, pp. 1011 - 1029.

Hull, J. and White, A., "Pricing interest-rate derivative securities", *Review of Financial Studies* 3, 1990, pp. 573 - 592.

James, J. and Webber, N., *Interest Rate Modeling*, Wiley 2000.

Jamshidian, F., "Bond, Futures and Option Valuation in the Quadratic Interest Rate Model", *Applied Mathematical Finance* 3, pp. 93 - 115, 1996.

Jarrow, R., *Modeling Fixed Income Securities and Interest Rate Options*, McGraw-Hill 1996.

Merton, R., "Optimum consumption and portfolio rules in a continuous time model", *Journal of Economic Theory* 3, 1971, pp. 373 - 413.

Merton, R., "Theory of option pricing", *Bell Journal of Economics and Management Science* 4, 1973, pp. 141 - 183.

Pelsser, A., "Efficient methods for valuing and managing interest rate and other derivative securities", *PhD Thesis*, Erasmus University, Rotterdam 1996.

Pliska, S., "A stochastic calculus model of continuous trading: optimal portfolios", *Mathematics of Operations Research* 11, 1986, pp. 371 - 382.

Rogers, L., "Which model for the term-structure of interest rates should one use?" in Davis, M., et al. (eds), *Mathematical Finance*, Springer-Verlag, 1995, pp. 93 - 115.

Rebonato, R., *Interest Rate Option Models*, 2nd edition, Wiley 1998.

Steeley, J., "Estimating the Gilt - Edged Term Structure: Basis Splines and Confidence Intervals", *Journal of Business Finance and Accouting* 18, pp. 513 - 530, 1991.

Vasicek, O., "An equilibrium characterization of the term structure", *Journal of Financial Economics* 5, 1977, pp. 177 - 188.

第 7 章　利率模型(Ⅱ)

本章考察多因素模型和整体收益率曲线模型。正如上一章所述,短期利率模型存在一些缺陷,这些缺陷虽然并不一定限制其用途,但的确需要进一步地改进。仅根据短期利率推导完整期限结构的缺陷是,在实际中可能不适合于债券收益率计算。这种模型很难描述收益率曲线的实际动态变化过程,不能拟合实际观察到的收益率曲线变化,这意味着模型的准确性无法得到验证。另一个缺陷是,有些均衡模型中的参数是一个常数,不能准确地拟合所观察到的收益率曲线。这种情况下,模型校准只好要用所谓的“较好”法或“最佳”法。

为了解决这些问题,人们提出了模拟整个收益率曲线的利率模型。整体收益率曲线模型能模拟整个期限结构的动态变化。何—李(Ho-Lee)模型是一种简单的整体曲线模型,该模型允许收益率曲线作随机的平行移动。希斯—约罗(Health-Jarrow)模型是更为高级的模型,本章将讨论这些模型实施中的相关问题。

7.1　引　言

利率建模领域一个里程碑式的发展是描述完整期限结构动态的变化过程。在这种情况下,期限结构的波动率是由一些函数确定的,这些函数包括关于时间、到期期限或零息利率的函数。何—李模型中描述了一个简单的方法,该模型中期限结构的波动率是收益率曲线的平行移动,与当前的时间和利率水平无关。何—李模型虽然未得到广泛应用,却是已得到广泛应用的希斯—约罗—默顿模型(HJM)的基础。HJM 模型描述整体收益率曲线与一组波动率期限结构同步变化的过程,常用于描述远期利率的演化,有时也用来描述即期利率或债券价格(参见 James and Webber(2000)第 8 章)。关于 HJM 模型更详细的描述,请参见 Baxter and Rennie(1996)、Hull(1997)、Rebonato(1998)、Bjork(1998)以及 James and Webber(2000)。巴克斯特和伦尼(Baxter and Rennie)的著作通俗易懂,而 Neftci(1996)则对数学背景知识作了精彩介绍。

多因素期限结构模型

建立整体期限结构模型,需要模拟整个远期收益率曲线的行为,也就是所有远期日期 T 的远期短期利率 $f(t,T)$ 的行为。为此,我们需要所有远期日期 T 的随机过程 $f(T)$。设这个随机过程为已知,则到期日为 T 的零息债券在 t 时刻的收益率 R,就等于同一时刻从 t 到 T 的所有远期日期 s 的远期利率的平均值,如下式(7.1)所示:

$$R(t,T) = \frac{1}{T-t}\int_t^T f_t(s)\,ds \tag{7.1}$$

为了模拟完整的曲线,需要确定每个 T 时刻 $f(t,T)$ 的漂移率和波动率水平。

对于给定的初始远期利率曲线 $f(0,T)$,单因素 HJM 模型确定在每个到期日 T 的远期利率过程,其微分形式为:

$$d_t f(t,T) = \sigma(t,T)\,dW_t + \alpha(t,T)\,dt \tag{7.2}$$

其随机积分形式为:

$$f(t,T) = f(0,T) + \int_0^t \sigma(s,T)\,dW_s + \int_0^t \alpha(s,T)\,ds \tag{7.3}$$

其中,波动率与漂移参数 $\sigma(t,T)$ 和 $\alpha(t,T)$ 可能取决于利率以及布朗运动 W_t 的历史数据。

Heath,Jarrow and Morton(1992)描述了多因素完整收益率曲线模型的一般形式。理论上讲,HJM 模型不仅模拟了短期利率,也模拟了长期利率,并且将当前的期限结构和收益率曲线中每个独立变化的波动率期限结构作为模型的输入,因而是一个理想的模型。然而,该模型必须分析相当数量的信息,这将延缓模拟过程、妨碍模型的效率,我们稍后再考察这些问题。Cheyette(1992)以及 Ritchken and Sankarasubramanian(1995)提出了 HJM 方法的一个最简版本,即所谓的双状态马尔可夫模型。在该模型中,短期利率的波动率由时间 t 和利率 r 的水平决定,远期利率 $f(t,T)$ 则是到期期限 T 的函数。因此,远期利率的波动率如下式所示:

$$\sigma_f(r;t,T) = \sigma(r,t)\,e^{-\int_t^T k(u)\,du} \tag{7.4}$$

其中,$\sigma(r,t) = \sigma(r,t,t)$ 是短期利率的波动率,$k(t)$ 是均值回归或远期利率波动率的下降速度,它随着到期期限的延长而下降。因此,该模型中远期利率的导数是当前短期利率(和远期曲线在当前时刻的斜率)与远期利率在 T 时

刻的波动率水平的函数。该模型描述了两个变量的动态变化过程,如下式(7.5)所示:

$$d\bar{r}(t) = (V(t) - k(t)\bar{r})dt + \sigma(r,t)dW(t)$$
$$V(t) = \sigma^2(r,t) - 2k(t)V(t) \tag{7.5}$$

其中,$\bar{r}(t) \equiv r(t) - f(0,t)$,是当前远期利率曲线的短期利率导数。变量 $V(t)$ 的初始值为零,且不服从随机过程,其积分形式为:

$$V(t) = \int_0^t \sigma_f^2(r,s,t)ds = \int_0^t \sigma^2(r,s)e^{-2\int_s^t k(u)du}ds \tag{7.6}$$

其中,在 t 和 T 之间有 s 个远期日期,因此远期利率曲线由下式确定:

$$f(t,T) = f(0,T) + \phi(t,T)\left(\bar{r} - V(t)\int_t^T \phi(t,s)ds\right) \tag{7.7}$$

其中,

$$\phi(t,T) = \frac{\sigma_f(r,t,T)}{\sigma_f(r,t,t)} \tag{7.8}$$

并且是一个确定性函数。

因此,根据这个模型推导完整的远期利率曲线时,只需要上述两个变量的详细信息。

下面详细考察多因素整体收益率曲线模型。

7.2 背景知识

前面考察了市场中得到不同程度使用的各种单因素模型,这些模型只能描述收益率曲线的一种单一变化,即平行移动。在实际工作中,收益率曲线可能发生各种变化,包括非平行移动(旋转移动)和曲线斜率的变化。人们提出了一些多因素模型,用以描述不同类型的收益率曲线移动。Brennan and Schwartz(1982)描述了早期的双因素模型,该模型描述了短期利率 r 的随机过程和长期政府债券的收益率R①。在该模型中,两个因素的移动是彼此独立的,因此允许收益率曲线的平行移动和旋转移动。根据 James and Webber(2000)的分类,布伦南—施瓦兹(Brennan-Schwatrz)模型属于永续债券模型。在布伦南—施瓦兹模型的一个修正版本

① 参见 Rebonato and Cooper(1996)。

中①，两个变量因素分别是长期债券的价格 $P=1/R$ 和长期债券收益率与短期利率之间的利差，即 $S=R-r$，假设这两个因素都服从下式(7.9)所示的随机过程：

$$dP = \mu_p P dt + \sigma_p P dW_t^{(1)}$$
$$dS = \mu_S dt + \sigma_S dW_t^{(2)} \tag{7.9}$$

其中，$E[dW_t^{(1)} dW_t^{(2)}] = pdt$，并且 μ_p 和 μ_S 的值不会使不同到期期限的债券价格之间出现套利机会。因此，长期债券的价格服从一个对数正态分布，而利差 S 服从高斯过程。这意味着利差的值可正可负，这就允许收益率曲线既可向上倾斜也可向下倾斜。

修正的布伦南—施瓦兹模型在市场中得到了使用，它描述了收益率曲线的一个现实变化过程。由于模拟整个期限结构只需要两个变量，实施起来也相对简单。

1992 年建立的希斯—约罗模型是多因素整体收益率曲线模型的一般形式，整体期限结构的任意变化都可以构成模型中的一个因素。在实际工作中，由于推导该收益率曲线需要大量的数据，HJM 模型在实施过程中通常要使用蒙特卡罗模拟法，并且需要具备功能强大的计算系统。下面详细探讨该模型。

多因素希斯—约罗—默顿模型

Heath，Jarrow and Morton(1992)提出①的整体收益率曲线多因素模型，具有突破性意义和重大影响。该模型将远期利率曲线模拟为整体初始收益率曲线(而不仅仅是短期利率)的变化过程。即期利率是一个随机过程，并且推导出的收益率曲线是很多随机因素的函数。HJM 模型使用当前收益率曲线和远期利率曲线，并据以确定一个连续时间的随机过程，用来描述收益率曲线在具体时间期间内的演化。

此处仅对该模型作一个简介，对推导过程感兴趣的读者可以参考原文或者 Baxter and Rennie(1996)、Hull(1997)与 James and Webber(2000)对该问题的讨论。下面是该模型所使用的一些符号：

(t,T)　是从 t 到 T 固定期间内的交易间隔，其中 $t>0$。

$W(t)$　是一个独立布朗运动或维纳过程，它描述利率的变化过程。

(Ω,F,Q)　是概率空间，其中 F 是 σ 代数，表示可度量的事件，Q 是对概率的度量。

$P(t,T)$　是在 T 时刻到期的零息债券在 t 时刻的价格。

债券的到期日为 T，赎回价值为 1。

① Heath, D., Jarrow, R., and Morton, A., "Bond pricing and the term structure of interest rates: a new methodology", *Econometrica* 60(1), 1992, pp. 77－105.

在 t 时刻的瞬间远期利率 $f(t,T)$ 由下式(7.10)确定：

$$f(t,T) = \frac{-\partial \ln P(t,T)}{\partial T} \tag{7.10}$$

这个利率适用于 t 时刻从 T 到一个很小时间间隔之后的无违约风险贷款利率。希斯、约罗和默顿指出，微分方程式(7.10)的解，就是债券价格的表达式，如下式(7.11)所示：

$$P(t,T) = \exp\left(-\int_t^T f(t,s)\,ds\right) \tag{7.11}$$

而 t 时刻的即期利率就是在 t 时刻的瞬间远期利率(到期时间为 t)，如下式所示：

$$r(t) = f(t,t)$$

现在描述模型对期限结构移动的说明。

HJM 模型描述了在给定初始远期利率曲线时远期利率的演化过程。对于期间 $T \in [0,t]$，远期利率 $f(t,T)$ 满足以下等式(7.12)：

$$f(t,T) - f(0,T) = \int_0^t \alpha(v,T,\omega)\,dv + \sum_{i=1}^{n}\int_0^t \sigma_i(v,T,\omega)\,dW(t) \tag{7.12}$$

上式描述了一个由 n 个独立维纳过程组成的随机过程，因此可以根据 0 时刻的初始曲线推导整体远期利率曲线。每个具体的远期利率到期期限是特定波动率系数的函数。波动率的值($\sigma_i(t,T,\omega)$)不由模型本身确定，而由这个维纳过程的历史数据确定。根据等式(7.12)，由 HJM 模型可知，期间 $t \in [0,T]$ 的即期利率随机过程如下式(7.13)所示：

$$r(t) = f(0,T) + \int_0^t \alpha(v,T,\omega)\,dv + \sum_{i=1}^{n}\int_0^t \sigma_i(v,T,\omega)\,dW(t) \tag{7.13}$$

然后，该模型可用来表示债券价格的变化过程，如下式所示：

$$\begin{aligned}\ln P(t,T) &= P(0,T) + \int_0^t [r(v) + b(v,T)]\,dv \\ &\quad - \frac{1}{2}\sum_{i=1}^{n}\int_0^t a_i(v,T)^2\,dv + \sum_{i=1}^{n}\int_0^t a(v,T)\,dW(t)\end{aligned} \tag{7.14}$$

其中，

$$a_i(t,T,\omega) \equiv -\int_t^T \sigma_i(t,v,\omega)\,dv \quad i = 1,2,\cdots,n$$

并且，

$$b(t,T,\omega) \equiv -\int_t^T \alpha_i(t,v,\omega)dv + \frac{1}{2}\sum_{i=1}^{n} a_i(t,T,\omega)^2$$

等式(7.14)将债券价格的动态变化过程描述为一个漂移项为$(r,(t,\omega)+b(t,T,\omega)$、波动率为$a_i(t,T,\omega)$的连续随机过程。

根据累积因素$B(t)$确定在T时刻到期的零息债券的价格,可以满足无套利条件,累积因素的值等于在0时刻投资并在t时刻按利率$r(t)$再投资的货币市场账户的价值。该累积因素为:

$$B(t) = \exp\left(\int_0^t r(y)dy\right) \tag{7.15}$$

根据该累积因素计算的零息债券价格为:

$$Z(t,T) = P(t,T)/B(t)$$

式中,期间$T \in [0,t]$,并且$t \in [0,T]$。

根据HJM模型,按照伊藤引理,该模型可以得到下式(7.16)所示的$Z(t,T)$结果:

$$\ln Z(t,T) = \ln Z(0,T) + \int_0^t b(v,T)dv - \frac{1}{2}\sum_{i=1}^{n}\int_0^t a_i(v,T)^2 dv + \sum_{i=1}^{n}\int_0^t a_i(v,T)dW(t) \tag{7.16}$$

在HJM模型中,债券价格和即期利率的过程不是彼此独立的。HJM模型是一个无套利定价模型,与上一章所讨论的均衡模型在很多方面存在重要差别。HJM模型的核心是根据一个给定的当前远期利率曲线和一个远期利率动态演化过程函数模拟整个期限结构。

HJM模型的一个缺陷是需要输入瞬间远期利率,而瞬间远期利率不能直接在市场中观察到。为克服这个缺陷,人们已按HJM方法建立了若干新的模型,如由Brace,Gatarek and Musiela(1997)和Jamshidian(1997)所提出的模型。这类模型称为LIBOR市场模型或BGM(Brace-Gatarek-Musiela)模型。在BGM模型中,开始时只有一个因素,即远期利率$f(t)$,它是在t时刻所适用的从t_k时刻到t_{k+1}时刻的利率。远期利率由下式决定:

$$df(t) = \theta(t)f(t)dW \tag{7.17}$$

其中,假设市场在远期是风险中性。

远期利率与零息债券在t时刻的价格之间的关系由下式(7.18)确定:

$$\frac{P(t,t_i)}{P(t,t_{i+1})}=1+\delta_i f_i(t) \tag{7.18}$$

其中,δ_i 是 t 和 t_{i+1} 之间的复利期间。

为了确定零息债券价格在 t 时刻的波动率 $v(t)$,根据伊藤引理,由等式(7.18)可得:

$$v_i(t)-v_{i+1}(t)=\frac{\delta_i f_i(t)\theta_i(t)}{1+\delta_i f_i(t)} \tag{7.19}$$

BGM 模型可扩展到包含更多的独立因素。

7.3　跳跃模型

进一步的研究提出了一种新的模型,用来描述资产价格和利率的跳跃特征。对市场的观察证实,很多资产价格模式和利率变化过程并不是从一个价格(利率)到另一个价格(利率)的连续变化过程,而是一个存在一系列跳跃的过程。跳跃移动的一个很好的例子是,当中央银行改变基准利率时,整体收益率曲线就会发生移动,以反映新基准利率的影响。论述这个问题的文献很多,下面是其中的少数几个参考资料。

一种类型的跳跃模型是跳跃扩展的 HJM 模型,该模型在 Jarrow and Madan (1991)、Bjork(1996)以及 Das(1997)中有描述。这里不准备描述该模型,因为我们还没有介绍必要的背景知识。另一个跳跃模型是跳跃扩展的瓦西塞克模型,该模型在 Das and Foresi(1996)以及 BaZ and Das(1996)中有描述。在该模型中,短期利率过程为:

$$dr_t=\alpha(\mu-r_t)dt+\sigma dW_t+JdN_t \tag{7.20}$$

其中,

N_t 是一个常数密度为 λ 的泊松分布。

J 是随机跳跃的大小。

其他跳跃模型可参考 Attari(1996)、Das and Foresi(1996)以及 Honore(1998)。

对单因素模型与多因素模型的评价

评价不同模型的价值和效率的关键是看模型在市场中如何应用,而不是看模型在概念上如何更好一些。例如,不能因为从概念上看多因素模型比单因素模型更“现实”一些,就认为前者更有价值。我们需要的是一种为债券和利率期权有效定价的机制。期限结构模型是通过描述利率变化的动态过程并生成一个随机利率路径来做到这一点的。所生成的路径先用于生成固定收益证券的现金流,然后用于对这些现金流进行贴现。在实践中,经过准确校准的单因素模型可以为固定收益金融工具有效定价,这是因为债券定价的确定性。以固定期限固定收益金融工具为例,为了在某特定时刻为该债券定价,我们只需要知道债券在该时刻的收益率,因此,从本质上说这是一个单因素过程。同理,对于可赎回债券来说,在生成现金流时,我们将通过了解该债券在未来日期的价格来了解该债券是否会被赎回。根据利率模型生成现金流同样是一个单因素过程。因此,如果为债券定价,下式(7.21)可用来充分描述价格过程的动态变化:

$$dP = \mu_p P dt + \sigma_p P dW(t) \tag{7.21}$$

上式是布莱克—斯科尔斯期权定价模型用于利率期权定价时所服从的过程。这个模型没有将期权的远期价格进行贴现,贴现过程是 B-S 方法(布莱克—斯科尔斯方法)的第二部分,它假设按连续复利计算的单一无风险短期利率进行贴现。

这种方法虽然在实践中非常有用,但只适用于单一证券的投资组合,如果用于为多种证券定价,结果可能非常不准确,甚至十分荒唐。银行和做市商必须为数以百计的现金工具和表外金融工具定价,因此需要使用另一种方法。这种方法在本章前面已有提及,它涉及根据期限结构模型描述债券价格的动态变化过程。在这种情况下,多因素模型可能更为合适,尤其是为期权定价时。

下面考察单因素模型。我们知道,债券在未来日期的收益率本质上是一个单因素过程,因此单因素模型可能已足够准确。单因素模型假设债券的收益率与贴现率完全相关,仅描述收益率的平行移动,因此不能生成未来贴现率的所有可能路径。不过,在实际中,很多收益率曲线移动都非常接近于平行移动,因此在大多数情景下,这或许不会成为一个问题。如果一个期限结构模型能够准确地反映债券价格的随机演化过程,并且可以生成债券的当前实际利率和远期利率的波动率,就可以认为该模型是有效的,能以准确概率产生合理的现金流情景。单因素模型有可能满足这个要求。从本质上说,当条件合适时银行可能使用单因素模型,只在预期单因素模型不准确时才有必要使用多因素模型。为什么不能只使用多因素模型呢?主要原因在于,根据多因素模型生成远期利率和定价是一个非常浪费时间的过程,需要使用大量的计算资源。而且,对市场来说,分析和反应速度非常重要,因此只有在多因素模型的准确性远远大于单因素模型时,采用速度较慢的多因素模型才具有合理性。

单因素模型被公认为可用于大部分债券,多因素模型则更适用于以下情景:

- 所定价的金融工具与两个不同的利率相连接。例如双币种利率期权或者期权的支付是两个不同的参考利率之间的利差的函数。
- 为长期期权定价或者为深度价内期权或深度价外期权定价时。这些期权的价格受波动率微小的影响。随机波动率因素将影响期权的价格,因此假设波动率为常数的模型是不准确的。

- 为一定程度上能够被收益率曲线的斜率反映的证券定价时。如特定的抵押支持证券,因为这些证券的提前还款数额有时是收益率曲线斜率的函数。
- 为期限非常长的期权定价时。因为这时可能需要知道未来贴现率的所有可能路径。

根据不同的要求,将单因素模型与多因素模型结合起来使用,看来是较理想的选择。然而,这种结合可能不切合实际,因为同一银行的不同部门使用不同的模型(这种情况经常发生,大型投资银行采用的模型数量相当多),或者采用不同模型为各种金融工具定价可能并不理想。应关注的关键因素是模型的可利用性、准确性、合适性以及计算速度。

总结

期限结构建模方法基本上分为本章和上一章讨论的两种方法。何—李模型和 HJM 模型以整体收益率曲线的演化过程为起点,而 BDT 模型、赫尔—怀特模型以及其他模型则要以确定短期利率的动态演化过程确定各种参数,因此模型本身就对应于当前的期限结构。我们还讨论了均衡模型方法与无套利方法各自的优势。在最后一节中,我们将讨论不同模型的适用性问题。

从本质上说有两个维度需要考虑,即风险中性与现实情况以及均衡与无套利之间的比较。每种方法都有所适用的情景。

7.4　期限结构模型的选择

选择合适的期限结构模型,不仅是一门科学,更是一门艺术。不同的模型有不同的应用情景,使用者的要求也各不相同,因此没有哪个模型方法是万能的,合适模型的选择应根据具体情况而定。例如,究竟是单因素模型还是双因素模型或多因素模型哪个更为合适,取决于从业人员的要求。再比如,何—李模型和 BDT 模型是无套利模型,这意味着它们是为匹配当前期限结构而设计的。假设关于短期利率演化过程的描述是正确的,对套利(或无套利)模型而言,无套利法则可用来确定利率衍生产品的价格。还有一类利率模型称为均衡模型,它们与无套利模型有相同的假定,但却不是为匹配当前期限结构而设计的。因此,由均衡模型推导的期限结构所产生的零息债券价格并不需要(也不会)与市场中所观察到的价格相匹配,这意味着债券和利率衍生产品的价格并不单纯由短期利率的演化过程确定。总而言之,无套利模型将无违约风险债券市场价格所描述的当前收益率曲线作为给定条件,而均衡模型则不然。

在决定采用哪个期限结构模型时，需要考虑哪些因素呢？下面是一些关键因素：

- **应用的难易程度**。无套利模型的主要输入是当前即期利率的期限结构，而后者可根据目前在市场中实际交易的债券价格直接确定。这是无套利模型相对于均衡模型的一个优势，因为均衡模型的输入很难得到。

- **反映市场的不完美性**。无套利模型所产生的期限结构反映了当前市场中的期限结构，这种期限结构可能反映了因流动性和其他因素所导致的不规则定价。如果不要求模型反映市场的不完美性，这就是无套利方法的一个缺点，而均衡模型不会反映定价的不完美性。

- **为债券和利率衍生产品定价**。传统的做市方法往往需要综合运用交易商的专业知识、市场中实际观察到的价格范围（通常来自于交易商之间的经纪人）以及与债券定价相关的个人偏好①。对更科学的方法或相对价值交易来说，可能更需要收益率曲线模型②。在这种情况下，均衡模型更为合适，因为交易商希望将模型所给出的理论价格与在市场中观察到的实际价格进行比较；而无套利模型在此时就不太合适，因为该模型将实际观察到的收益率曲线和债券的市场价格作为给定条件，并因此假设债券的市场价格是正确的。换句话说，在相对价值交易中，比如在收益率曲线利差交易中，如果采用无套利模型，将会得出交易商无利可图的结论。为利率期权或掉期期权等衍生金融工具定价有不同的考虑，这是因为做市商所关注的关键因素是对冲这些衍生工具所使用的方法及其代价。也就是说，做市商在签订衍生工具合同的同时还会通过标的资产和其他衍生产品（如交易所内交易的期货）的交易来对冲风险。衍生产品市场的做市商通过收取期权费或者通过衍生产品价格与标的对冲头寸之间随着时间推移所产生的价格差来获利。由于以上原因，只有套利模型才合适，因为该模型按照市场信息为衍生产品定价，而这对做市商非常重要；均衡模型根据理论结果为衍生产品定价，是用来对冲的市场工具，因而不适用于上述情况。

- **模型在长期内的使用**。利率模型在开始时使用的参数反映了直到当时的经济状态，这些参数大部分情况下都是漂移项、波动率以及均值回归速度。但这种状态并不稳定，因此任何模型都需要随着时间进行持续重新校准，以反映当前的市场状态。也就是说，今天用来计算期限结构的漂移率在明天或许就不再适用。这是套利模型的一个缺陷，因为该模型中的参数需要按照这种方式进行不断地调整。换句话

---

① 在作者所处的时代，最出色的代表莫过于浩威证券固定收益部的那些人员。

② 例如，在收益率曲线交易中，不同到期日的债券相互之间存在一定的利差，而交易商对利差的变化与利率方向相反下注，这是相对价值交易的一种形式。

说,套利模型的使用在长期内不连续。均衡模型中的参数根据历史数据或直觉上的逻辑进行计算,因此变动不是如此频繁。然而,这可能影响均衡模型的准确性。究竟是使用连续调整的套利模型,还是使用更具一致性的均衡模型,应由使用者决定。

这些问题仅仅是一个开始,使用者在选择利率模型时还将遇到更多的问题。例如,实际证据表明,包含均值回归特征的模型比不具有这种特征的模型准确性更高。另外一个因素是使用者可用的计算机处理能力。单因素模型的处理更为简单,准确度往往更高。James and Webber(2000)第 15 章对选择期限结构模型时应予考虑的各种因素作了很好的说明。

实用的重要性

重要的是要始终关注利率建模的实用要求。市场参与者更关注模型实施的难度及其定价的准确性。在实际中,不同的模型适合于不同的应用情景,因此市场从业人员所交易的产品范围也影响模型的选择。例如,扩展的瓦西塞克模型可以非常准确地拟合初始期限结构,由于该模型基于点阵结构,实施起来也相对简单,还可以准确地为大部分产品定价。然而,与其他所有单因素模型一样,那些对两个或更多风险因素比较敏感的金融工具(如双币种期权)在定价时就不宜采用这个模型。扩展的 CIR 模型也很容易处理,尽管与扩展的瓦西塞克模型相比,扩展的 CIR 模型其期限结构集合更为有限,这是因为在扩展的 CIR 模型中,$\sqrt{r_t}$ 项对波动率参数施加了限制的原因。扩展的 CIR 模型和扩展的瓦西塞克模型都不能模拟整体收益率曲线的动态变化过程,模拟整体收益率曲线必须使用 HJM 模型。

这些模型的一个缺陷是,它们虽然可以很好地拟合初始期限结构,但由于自身结构的原因,在期限结构发生变化时,可能不能继续用来计算价格。在实际中,这些模型必须反复校准,以确保它们可以继续描述能够反映市场状态的期限结构波动率。

在选择模型时,从业人员需要选择模型所使用的市场变量。这些市场变量可以是能直接观察的变量,如零息利率或远期利率或掉期利率;也可以是短期利率均值等不确定性变量。然后,从业人员需要决定这些市场变量或状态变量的动态变化过程,比如可以假设短期利率具有均值回归特征。最后,必须根据市场价格对模型进行校准,因此模型参数的值必须尽可能准确地生成市场价格。估计参数值的方法有很多种,对利率数据等时间序列数据进行校准的最常见方法是“广义矩估计”和“最大似然法”。如果希望获得关于估计方法的更多信息,请参考本章所提供的推荐资料。

不同的模型对市场价格和利率的变化有不同的敏感性。模型的敏感性也会影响模型重新校准的频率。例如,布莱克—德尔曼—托伊模型对市场价格的变化非常敏感,因为它是一个对数形式的模型,标的变量过程的变化大于 r_t 过程本身的变化。一些从业人员认为,由于套利模型将债券价格和期限结构作为给定条件,它们的有效性将因其内在缺陷而降低。流动性和其他考虑因素经常导致市场收益率与理论值之间存在差异,而这些差异是套利模型的输入。套利模型的这个缺陷意味着使用者必须注意期限结构输入,所使用的曲线拟合方法和平滑方法对于模型的有效性也非常重要,下一章将讲述这些内容。

其他考虑因素包括:

模型的输入。套利模型使用即期利率的期限结构作为输入,这种数据非常容易得到。均衡模型需要度量投资者的市场风险溢价,而这种度量非常麻烦。从业人员分析利率变化的历史数据,这种数据较少作为模型的输入。

将模型作为债券交易策略的一部分。做市商与公司盘交易员策略的一个重要方面是进行相对价值交易,这种交易包括买进一些债券,同时卖出一些其他债券,或者买进某些类型的债券,同时卖出另一些类型的债券。收益率曲线利差交易是一种典型的相对价值交易。如何确定相对价值呢?①答案是使用利率模型。这时只能使用均衡模型。根据定义,套利模型将债券价格和当前的期限结构作为给定条件,它假设当前的价格结构是正确的,因此不能用来评估相对价值。如果按照套利模型进行收益率曲线交易,其隐含结果是潜在利润为零。因此,只有均衡模型可以用于这种目的。

模型的一致性。正如前述,使用模型需要不断校准相关参数。例如,套利模型包含很多关于利率漂移率和波动率的假设,在某些情况下还包含利率动态过程的均值回归特征。这些值当然是不断波动的,不同时间对模型参数的估计不可能保持不变。因此,不同时期的模型是不一致的,必须按照市场信息重新校准。均衡模型根据历史数据估计的参数值,因而不存在未使用的逐日变动数据,所以模型的参数是稳定的。因此,随着时间的流逝,均衡模型就具有连续性,至少模型本身具有连续性。尽管如此,在考虑到前面所讨论过的各个要点之后,市场参与者通常更倾向于采用套利模型,并不断校准模型。

评估和实施利率模型时应考虑许多因素,上面只讨论了其中一部分。这是一个复杂的主题,涉及很多因素。持续地研究有助于强化对这一主题的重要性和紧迫性的认识。

参考书目

Attari, M.,"Discontinuous Interest Rate Processes: An Equilibrium Model for Bond

① 一些交易员只根据自己的分析来确定相对价值。时至今日,确定相对价值不仅需要正式的分析,也需要借助个人的主观直觉。期限结构模型有助于确定相对价值。

Option Prices", *Working Paper*, University of Iowa, pp. 1 – 32, 1996.

Baz, J. and Das, S., "Analytical Approximations of the Term Structure for Jump Diffusion Processes: A Numerical Analysis", *Journal of Fixed Income*, June 1996, pp. 78 – 86.

Bjork, T., "Interest rate theory", CIME Lectures, *Working Paper*, Stockholm School of Economics, pp. 1 – 90, 1996.

Black, F. and Karasinski, P., "Bond an option pricing when short rates are lognormal", *Financial Analysts Journal*, Jul-Aug 1991, pp. 52 – 59.

Brennan, M. and Schwartz, E., "An equilibrium model of bond pricing and a test of market efficiency", *Journal of Financial and Quantitative Analysis* 17(3), September 1982, pp. 301 – 329.

Brace, A., Gatarek, D. and Musiela, M., "The market model of interest – rate dynamics", *Mathematical Finance* 7(2), 1997, pp. 127 – 155.

Cheyette, O., "Term structure dynamics and mortgage valuaticn", *Journal of Fixed Income*, March 1992, PP. 28 – 41.

Das, S., "A Direct Discrete-Time Approach to Poisson-Gaussian Bond Option Pricing in the Heath-Jarrow-Morton model", *Working Paper*, Harvard Business School, pp. 1 – 44, 1997.

Das, S., Foresi, S., "Exact Solutions from Bond and Option Prices with Systematic Jump Risk", *Review of Derivatives Reseach* 1, pp. 1 – 24, 1996.

Duffie, D. and Kan, R., "A yield-factor model of interest rates", *Mathematical Finance* 6(4), 1996, pp. 379 – 406.

Heath, D., Jarrow, R. and Morton, A., "Bond pricing and the term structure of interest rates: a discrete time approximation", *Journal of Financial and Quantitative Analysis* 25(4), December 1990, pp. 419 – 440.

Heath, D., Jarrow, R. and Morton, A., "Bond pricing and the term structure of interest rates: a new methodology", *Econometrica* 60(1), 1992, pp. 77 – 105.

Ho, T. S. Y. and Lee, S – B., "Term Structure Movements and Pricing Interest Rate Contingent Claims", *Journal of Finance* 41, pp. 1011 – 1029, 1986.

Honore, P., "Five Essays on Financial Econometrics in Continuous-Time Models", *PhD Thesis*, Aarhus School of Business, 1998.

Hughston, L., (ed), "*Vasicek and Beyond: Approaches to Building and Applying Interest Rate Models*", Risk Publications, 1996.

Hull, J. and White, A., "Bond option pricing based on a model for the evolution of bond prices", *Advances in Futures and Options Research* 6, 1993, pp. 1 – 13.

Hull, J. and White, A., "Numerical procedures for implementing term structure models Ⅱ: two-factor models", *Journal of Derivatives* 2(2), Winter 1994, pp. 37 – 48.

Jamshidian, F., "LIBOR and swap market models and measures", *Finance and Stochastics* 1, 1997, pp. 293 – 330.

Jarrow, R. and Madan, D., "Option Pricing Using the Term Structure of Interest Rates to Hedge Systematic Discontinuities in Asset Returns", *Working Paper*, Cornell University, pp. 1 – 47, 1991.

Rebonato, R., *Interest Rate Option Models*, 2nd edition, John Wiley & Sons, 1998.

Rebonato, R. and Cooper, I., "The limitations of simple two-factor interest-rate models", *Journal of Financial Engineering*, March 1996.

Ritchken, P. and Sankarasubramanian, L., "Volatility structures of forward rates and the dynamics of the term structure", *Mathematical Finance* 5, 1995, pp. 55 – 72.

Uhrig, M. and Walter, U., "A new numerical approach for fitting the initial yield curve", *Journal of Fixed Income*, March 1996, pp. 82 – 90.

估计方法方面的推荐资料

Andersen, T. and Lund, J., "Estimating Continuous-Time Stochastic Volatility Models of the Short-Term Interest Rate", *Journal of Econometrics* 77, pp. 343 – 377, 1997.

Brown, R. and Schaefer, S., "The Term Structure of Real Interest Rates and the Cox, Ingersoll and Ross Model", *Journal of Financial Economics* 35, pp. 2 – 42, 1994.

Campbell, J., Lo, A. and MacKinlay, C., *The Econometrics of Financial Markets*, Princeton University Press 1997.

Davidson, R. and MacKinnon, J., *Estimation and Inference in Econometrics*, Oxford University Press 1993.

Duffie, D. and Singleton, K., "Simulated Moments Estimation of Markov Models of Asset Prices", *Econometrica* 61, pp. 929 – 952, 1993.

Hansen, L., "Large Sample Properties of Generalized Method of Moments Estimators", *Econometrica* 50, pp. 1029 – 1055, 1982.

Lo, A., "Statistical Tests of Contingent Claims Asset Pricing Models", *Journal of Financial Economics* 17, pp. 143 – 173, 1986.

Longstaff, F. and Schwartz, E., "Interest Rate Volatility and the Term Structure: A Two-Factor General Equilibrium Model", *Journal of Finance* 47, pp. 1259 – 1282, 1992.

第 8 章　指数关联债券的收益率曲线

部分或全部现金流与通货膨胀指数相关联的债券是政府债券市场的一个重要组成部分。在英国，第一个指数关联债券发行于 1981 年，截至 1999 年年底，指数关联债券约占金边债券市场流通名义总值的 15%。美国国债市场刚刚推出指数关联债券，而澳大利亚、加拿大、荷兰、新西兰以及瑞典等国已经有更为成熟的指数关联债券市场。各种指数关联债券市场并没有统一的结构，因此这些国家的指数关联债券市场之间有很大的差异。此外，这些市场在深度和流动性方面也有很大不同。

分析指数关联债券或通货膨胀指数债券需要考虑其他一些问题，因为这些债券的现金流具有不同的特征。度量指数关联债券的报酬率没有度量传统债券报酬率那样简单，在特定情况下还需要考虑特殊的市场结构因素。例如，在美国指数关联国债市场（通常称为国债通货膨胀指数证券或 TIPS），现金流的通货膨胀调整日期与现金流支付日期之间没有重大的时滞。在英国，现金流的通货膨胀调整日与现金流支付日本身之间存在 8 个月的时滞。在新西兰，这种时滞是 3 个月。时滞的存在，意味着在时滞期间不能为通货膨胀提供保护，也意味着这个期间的报酬率面临通货膨胀风险，因此在分析债券时必须考虑到这个因素。

由市场观察可知，与传统债券一样，指数关联债券价格可能具有较大的波动率，因此指数关联债券的实际收益率中存在波动率因素。传统经济理论认为，实际利率水平是不变的，但现实中实际利率水平却是不断变化的。此外，流动性和供求关系也会影响指数关联债券的市场价格。本章将讨论适用于指数关联债券的分析性方法、指数关联债券的久期和波动率以及实际利率期限结构的概念。

8.1　指数关联债券与实际收益率

指数关联债券的实际报酬率或实际收益率通常定义为无风险指数关联债券的收益率，即无风险资金的长期利率减去通货膨胀的影响。还可能涉及其他因素，如税收的影响。因此，从理论上说，指数关联债券的报酬率应随实际资本成本的变化而变化,而实际资本成本又受实际国内生产总值长期增长率的影响。这是因为,在快速增长的经济中,对资本需求的增加将推动实际利率上升,投资者因此将预期更高的实际收益率。报酬率还受对债券本身需求的影响。

总体经济状况及其变化将导致指数关联债券的实际收益率发生波动,其波动的方式与传统债券名义收益率的波动相同。这意味着指数关联债券的价格行为可能具有非常大的波动性。

指数关联债券的收益率可以用来推导市场对通货膨胀率的预期。对于以这种方式使用指数关联债券收益率的分析师和政策制定者来说,存在具有流动性的指数关联债券二级市场非常重要。例如,澳大利亚指数关联债券市场的流动性相对不足,因此不能从市场中获得这些债券的收益率信息。一般来说,指数关联债券的实际收益率反映了投资者对通货膨胀溢价或未来通货膨胀水平不确定性溢价的要求。指数关联债券的持有人不愿意报酬率受通货膨胀的侵蚀,因此,如果未来的通货膨胀率预期为零或者是可以确定的,由于不存在不确定性,投资者就不会要求通货膨胀溢价。同样,传统债券的名义收益率也反映了市场对通货膨胀率的预期。因此,预期通货膨胀率的波动率越高,传统债券的通货膨胀风险溢价就会越高,指数关联债券的实际收益率就越低于传统债券的名义收益率。导致人们要求获得通货膨胀风险收益率溢价的正是未来通货膨胀水平的不确定性,而不是过去的通货膨胀水平。然而从情感上来说,投资者在抵御通货膨胀的记录较差的国家中可能要求获得更高的通货膨胀溢价。

传统上,有关通货膨胀预期的信息是通过统计调查方法或理论方法获得的。然而,这些方法并不可靠,只有在缺乏通货膨胀指数期货市场的情况下才会用到①。某些评估市场通货膨胀预期的方法是无效的,例如短期债券收益率与长期债券收益率之间的利差不能作为对通货膨胀率预期的度量,因为这个利差不仅受通货膨胀风险溢价的影响,还受其他一些因素的影响,第 6 章已探讨过这些因素。同样,极短期(隔夜或一周)利率与两年期债券收益率之间的利差也不能完全认为是由通货膨胀率预期造成的。使用这样的方法来获得通货膨胀预期信息在逻辑上是不合理的。一种合理的方法是分析历史实际收益率与名义收益率之间的利差,这虽然不是一种具有前瞻性的方法,却可以反映一段时间内的通货膨胀溢价。最好的方法还是使用指数关联债券市场。给定一个具有流动性的传统债券和指数关联债券市场,就有可能根据两种债券的收益率推导对通货膨胀率预期的估计。本章稍后将对此展开讨论。

---

① 纽约咖啡、糖及可可交易所在 20 世纪 80 年代推出了美国消费者物价指数(CPI)期货合约。

8.2　实际利率期限结构

第2章以英国的指数关联金边债券市场为例，考察了一些度量通货膨胀预期的方法，包括：

- 简单方法，即按照费雪等式计算平均预期通货膨胀率，因此可以认为通货膨胀估计是指数关联债券实际收益率（在假设的平均通货膨胀率水平上）与具有相似到期期限的传统债券收益率之间的差额。
- 收支平衡通货膨胀率预期，即比较具有相似到期期限的指数关联债券与传统债券的报酬率，用来估计平均通货膨胀率预期。不过，这种方法需要使用费雪等式的复杂形式。这种方法可以将债券的名义报酬率分解为实际收益率与通货膨胀率。
- 收支平衡法的变形，可以根据久期而不是根据到期期限对证券进行匹配。

第2章已讨论了各种方法的缺陷。一种更为合理的方法是构建一个实际利率期限结构，用来反映市场对未来通货膨胀率水平的预期，其方式与根据传统远期利率曲线预测名义利率完全一样。如果一个国家具有传统债券和通货膨胀指数关联债券的流动市场，我们就可以观察到名义收益率曲线和实际收益率曲线，然后就有可能估计传统债券的期限结构和实际期限结构。这样，对期限结构上的任何时点，都可以构建假设的具有相同到期期限的传统债券和指数关联债券对①。对任何一个债券，都可以按照收支平衡法获得连续的平均和远期通货膨胀率预期曲线。为充分利用可以获得的信息，可以使用在二级市场中具有合理流动性的所有传统债券与指数关联债券。

本节将讲解用来估计和拟合实际期限结构的一种方法。

隐含远期通货膨胀率的期限结构

前面各章已回顾了不同收益率曲线的建模方法，目的是用来推导名义利率期限结构。我们已经知道，收益率曲线模型的选择对所得到的期限结构有重大影响。同样，模型的选择也会影响所得到的实际利率期限结构。McCulloch（1975）描述了一种方法，而在英国市场中，英格兰银行使用由Waggoner（1997）提出的对该方法的一个修正版本，上一章已探讨过这一修正版本。麦克洛奇（McCulloch）方法通过使样本中的债券价格等于债券现金流贴现值的总和而估计一个贴现函数。瓦戈纳

① 这里约定传统债券和指数关联债券都具有最长的到期期限。

(Waggoner)方法与麦克洛奇方法一样使用立方样条法,并且具有一个粗糙惩罚项,该项约束了曲线的平滑性与远期利率的摆动水平之间的权衡关系。两种方法之间的区别是,麦克洛奇方法根据样条函数确定贴现函数,瓦戈纳方法则根据样条函数确定零息债券收益率曲线。由于贴现函数、零息利率与远期利率之间的关系,这两种方法都是合理的,而且在大部分情况下可以推导出相似的曲线。

使用指数关联债券的价格可以估计实际利率期限结构,而这种估计的曲线提供了与以上各章中所讨论的名义期限结构相对应的实际利率。更重要的是,实际利率期限结构的估计可用来推导实际远期利率曲线,作为了解市场对未来通货膨胀率的预期的信息来源。英国市场中有两个因素给实际期限结构的估计带来问题,第一个因素是指数化日与现金支付日之间的 8 个月时滞,第二个因素是所发行的指数关联债券少于传统债券。指数化时滞意味着在时滞期间内缺乏对预期通货膨胀率的度量,而实际债券收益率在一定程度上取决于所假设的未来通货膨胀率。在估计收益率曲线时,第二个因素会带来一些实际困难。1999 年 12 月只存在 11 个指数关联金边债券,对大部分模型来说,这个数量是不够的。尽管如此,两个因素都不会造成很大的问题,估计实际期限结构还是有可能的。

8.3 估计实际期限结构①

估计实际期限结构的方法有很多,其中一种方法由 Schaefer(1981)提出。本文所描述的方法是谢弗(Schaefer)所描述的立方样条法的修正版本,是一个相对简单的方法。所涉及的调整包括简化模型,忽略税收的影响和拟合到期收益率结构。由于指数关联债券可以利用的数据有限,这个方法减少了界定立方样条所需的结点(少于传统期限结构),通常只使用三个结点。我们下面介绍的方法需要根据 11 个数据点估计 3 个参数,这 3 个参数界定了由两个立方函数组成的样条。

首先,需要获得每个指数关联债券的实际赎回收益率,该收益率按以下方法计算:假设平均通货膨胀率为常数,将该通货膨胀率应用于每个债券的现金流并按正常方式计算赎回收益率。因此,该收益率是按每个债券的报价计算的可在市场上观察到的收益率。这些收益率可以定义对实际收益率曲线的初始估计,因为它们构成了参数的初始值,这些参数代表了每个结点的实际收益率。第二个步骤是使用非线性方法估计这些参数的值,这些参数值可以使所观察到的实际收益率与所

① 本节总结了 Deacon and Derry(1994)中的方法(经允许)。Deacon and Derry(1994)的讲解通俗易懂。Deacon and Derry(1994)是迪肯(Deacon)和德里(Derry)的英格兰银行研究报告,标题为“根据英国政府债券的价格估计通货膨胀预期”。

拟合的实际收益率之间的残差的平方和最小。所拟合的收益率曲线就可以作为实际平价收益率曲线,使用第 7 章中所介绍的方法,可以根据这个曲线计算实际利率期限结构以及隐含的远期利率曲线。在采用这种方式估计实际期限结构时,需要注意税收的影响。在英国市场中,通常存在潜在的有利税收影响,而美国的 TIPS 市场中则不存在这种有利的税收影响。在英国,指数关联金边债券的资本利得税率通常低于所得税率,因此边际税率较高的纳税人是指数关联债券的最大持有人,他们偏好持有期限较短的指数关联债券。另一方面,养老金基金由于可以免交所得税,因此偏好持有长期指数关联金边债券。本节总结的方法忽略了税收影响,但为保证计算结果绝对准确,必须在实际期限结构中考虑税收影响。

拟合贴现函数

McCulloch(1971)所描述的期限结构方法涉及使用一组债券样本的市场价格拟合贴现函数,而不是拟合即期利率曲线。稍作修正,这种方法就可以用于生成实际期限结构。

给定债券价格等式为:

$$P_i = C_i\int_0^{T_i} df(\mu)\,d\mu + M_i df(T_i) \tag{8.1}$$

其中,P_i,C_i,T_i,M_i 分别表示第 i 个债券的价格、票面利息、到期期限和支付的本金,令一组离散的贴现系数表示贴现函数 df,该贴现函数被定义为 k 个线性独立的标的基函数的线性组合,贴现函数的表达式为:

$$df(T) = 1 + \sum_{j=1}^{k} a_j f_j(T) \tag{8.2}$$

其中,$f_j(T)$是第 j 个基函数,并且 a_j 是对应的系数,$j=1,2,\cdots,k$。根据 Deacon and Derry(1994),可以通过每个债券的标度因素 Δ_i 使等式(8.2)适合于指数关联债券,若已知未来通货膨胀率的平均水平,就可拟合指数关联债券的贴现函数。我们根据以下等式估计系数 a_j:

$$y_i = \sum_{j=1}^{k} a_i x_{ij}$$

其中,

$$y_i = P_i - \Delta_i C_i T_i - \Delta_i M_i$$

$$X_{ij} = \Delta_i C_i \int_e^{T_i} f_j(\mu)\,d\mu + \Delta_i M_i f_i(T_i)$$

$$\Delta_i = \begin{cases} [u^{tdj}]_i \cdot \dfrac{RPID_j}{RPIB_j} & \text{如果 } RPID_j \text{ 已知} \\ [u^{tdj-L/6}]_i \cdot \dfrac{RPID_j}{RPIB_j} & \text{其他} \end{cases}$$

其中，P_i, C_i, T_i, M_i 的规定与以前相同，但在这里表示指数关联债券。Δ_i 是第 i 个债券的标度因素，它取决于当时的零售价格指数（RPI）与债券发行时的零售价格指数间的比率，债券发行时的零售价格指数称为基准 RPI ①。实际上，如果用来指数化特定现金流的 RPI 是未知的，就必须使用最近可得的 RPI 数据以及关于未来通货膨胀率路径 π^e 的假设进行估计。

推导通货膨胀预期的期限结构

使用以上所总结的贴现函数方法，就可以构建名义隐含远期利率曲线和实际隐含远期利率曲线，然后可以利用这两个曲线推导市场对未来通货膨胀率水平的预期。远期通货膨胀率的期限结构可以使用这两个曲线并利用费雪等式获得：

$$1 + \frac{f}{2} = (1 + i)^{1/2}\left(1 + \frac{r}{2}\right) \quad (8.3)$$

其中，f 是隐含的名义远期利率，r 是隐含的实际远期利率，i 是隐含的远期通货膨胀率。与实际即期利率的期限结构一样，实际隐含远期利率曲线取决于所假设的通货膨胀率。为使该假设与所计算的通货膨胀率期限结构保持一致，可以对假设的通货膨胀率运用迭代程序。从本质上说，这意味着重新估计实际收益率曲线直至假设的通货膨胀率期限结构与估计的通货膨胀率期限结构一致。此外，通常使用 3% 或 5% 的不变通货膨胀率计算实际收益率。这使我们可以估计实际收益率曲线，并进而推导实际远期利率曲线。使用等式（8.3），就可以获得对通货膨胀率期限结构的初始估计。然后，使用下式（8.4）将这个远期通货膨胀率曲线转化为平均通货膨胀率曲线：

$$i_i = \prod_j^k (1 + if_i)^{-1/k} - 1 \quad (8.4)$$

其中，

if_i 是在到期日 i 的远期通货膨胀率。

---

① 由于英国金边债券市场中所存在的时滞，对指数关联金边债券来讲，基准 RPI 实际上是债券发行日前 8 个月所记录的月度 RPI 水平。

i_i 是在到期日 i 的平均通货膨胀率。

根据平均通货膨胀率曲线，可以为样本中的每个指数关联债券选择具体的通货膨胀率。然后，使用这些新的通货膨胀率假设重新计算每个指数关联债券的实际收益率，并据以计算实际远期曲线，从而生成一个对通货膨胀率期限结构的新估计值。不断重复以上过程，直至用来估计真实收益率的通货膨胀率期限结构与等式(8.3)所产生的期限结构一致。

使用将在第 11 章中描述的修正瓦戈纳方法所计算的 1999 年 7 月金边债券市场的名义即期收益率曲线如图 8.1 所示。该图也展示了实际期限结构，我们可以据此画出隐含远期通货膨胀率预期曲线，即前两个曲线之间的差额。

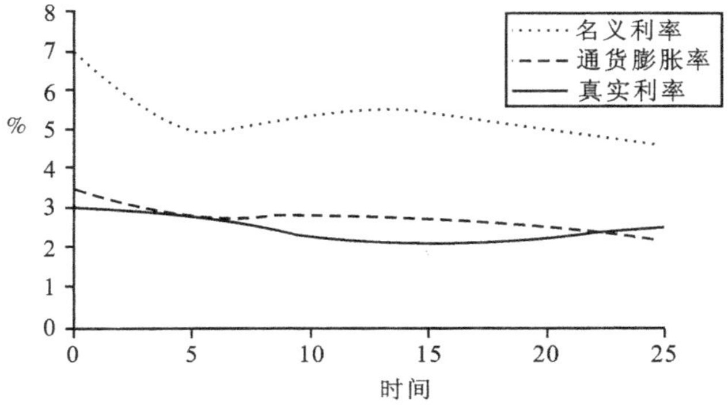

图 8.1　1999 年 7 月英国金融市场中的名义和实际利率期限结构

收益率来源：英格兰银行

应用

对投资者而言，由于多种原因，实际收益率曲线有很多用途。这些应用涉及保险投资管理和公司金融领域，如：

- 实际收益率曲线可以用于通货膨胀关联负债定价，如指数关联年金合同的定价。
- 实际收益率曲线可以用来估计通货膨胀关联收入现金流的价值，如与通货膨胀率保持一致的税收；或者估计公司金融项目的报酬率，如用于评估项目融资或政府收入的实际报酬率。
- 实际收益率曲线可以估计公司未来员工成本的现值，因为员工的工资成本大体上与通货膨胀率相关。

传统上，上述应用场合使用名义贴现率和通货膨胀率预测，而这些值都是常数。虽然实际期限结构也包含一项假设要素，但使用估计的市场实际收益率等价于同时使用名义利率和隐含的市场通货膨胀率预测，而名义利率和隐含的市场通货膨胀率预测却不一定是常数。使用名义利率和隐含的市场通货膨胀率预测是一种更为合理的方法，比如，1999 年 7 月，英国的某位项目财务人员就可以利用图 8.1 中隐含的通货膨胀率来更有效地估计通货膨胀的影响，而不是使用任意的常数通货膨胀率进行估计。通货膨胀率的期限结构也可以用于其他场合，例如抵押支持证券的投资者可以使用提前还款模型评估与这些证券相关的提前还款风险，这需要就支持该证券的抵押贷款池的提前还款水平作出一些假设。这个提前还款速度是很多因素的函数，这些因素包括利率水平、住房价格以及经济的整体健康状况。与其使用任意假设的提前还款速度，不如根据市场通货膨胀率预测推导提前还款速度。

从本质上来说，在所有应用名义收益率曲线的场合都可以而且应当使用实际收益率曲线。如果市场上存在具有充分流动性的指数关联债券，就可以使用标准模型估计实际期限结构，与过去所使用的其他任何方法相比，估计实际期限结构能更合理地度量市场通货膨胀率预期。

参考书目

Arak, M., Kreicher, L., "The real rate of interest: inferences from the new UK indexed gilts", *International Economic Review* 26(2), June 1985, pp. 399 -408.

Bootie, R., *Index-Linked Gilts*, 2nd edition, Woodhead - Faulkner, 1991.

Brown, R. and Schaefer, S., "Ten years of the real term structure: 1984 - 1994", *Journal of Fixed Income*, March 1996, pp. 129 -141.

Brynjolfsson, J. and Fabozzi, F. (eds.), *Handbook of Inflation-Indexed Bonds*, FSF Associates, 1999.

Deacon, M. and Derry, A., "Deriving Estimates of Inflation Expectations from the Prices of UK Government Bonds", *Bank of England Working Paper* No. 23, 1994.

Deacon, M. and Derry, A., *Inflation-Indexed Securities*, Prentice Hall, 1998.

McCulloch, J., "Measuring the term structure of interest rates", *Journal of Business*, Vol. XLIV, January 1971, pp. 19 -31.

McCulloch, J., "The tax-adjusted yield curve", *Journal of Finance* 30(3), June 1975, pp. 811 -830.

Roll, R., US Treasury inflation-indexed bonds: the design of a new security", *Journal of Fixed Income*, December 1996, pp. 321 -335.

Schaefer, S., "Measuring a tax-specific term structure of interest rates in the market for British government securities", *The Economic Journal* 91, June 1981, pp. 415 -438.

第 9 章　长期债券收益率的分析

政府债券市场的一个常见现象是，长期债券的交易价格较高。政府债券市场还有其他一些特征，已引起了研究人员的关注，如 Phoa(1998)的研究，本章将探讨这些特征。长期债券收益率的主要特征是，它们反映了一种凸性效应。分析师试图以各种方式解释长期债券收益率的这种凸性特征，这也是本章首先予以关注的问题。本章还将考察所观察到的长期债券收益率的波动率和凸性偏差。

9.1　长期债券收益率理论

在美国和英国市场中，期限极长债券的交易非常活跃。这些债券包括美国的"世纪"债券和英国的无限期或不可赎回债券，后者包括永续债券或战争贷款债券等金边债券。期限极长债券的收益率为多高才合适？在第 6 章中所讲到的传统假设中，投资者可能认为，如果 30 年期政府债券的收益率是 6.00%，则假设的 100 年期政府债券的收益率将会更高，如 6.25%，更高的收益率表示长期债券应支付的期限溢价。实际上，这种情况极不可能发生，可以证明，这种期限结构将要求非常高的远期利率。因此，预期利率不会像远期利率那么高，本节将剖析这个问题。

人们已经提出了极长期利率的相关理论，这些理论看来已被实际观察所证明，包括：

- 期限极长债券的收益率不是预期未来利率的无偏平均，而是可以根据各种利率权重进行估计。如果到期期限足够长，最高的利率并不影响长期债券的收益率，参见 Dybvig and Marshall(1996)。
- 即使预期长期未来利率下降，期限极长的零息利率和远期利率也不会下降，因此这限制了当前利率环境的变化对期限极长债券收益率的影响程度，参见 Dybvig, Ingersoll and Ross(1996)。

期限极长零息债券的收益率被认为是永续零息债券收益率，即到期期限趋于无限长的无风险零息债券收益率的极限值。到期期限无限长债券的收益率看起来可能与不可赎回债券的收益率完全一致，但实际上并非如此。因为不可赎回债券在其有效期内是需要支付票面利息的，并因而具有期限较短的收益率。同理，到期期限无限长债券的收益率也不等于长期利率，因为长期利率是指债券预期长期报酬率或者久期无限长的债券的预期报酬率。长期利率度量的是预期未来报酬率，而不是现在的债券收益率。上面的这两个利率假设具有一般性，并且可以应用于传统债券和指数关联债券。可以根据交易策略使用无套利定价原则推导这两个利率假设，这里不准备描述这一推导过程。然而，这两个利率假设对长期债券的定价确实具有重大实际意义。

根据以前各章的内容可知，在利率具有不确定性的环境中，可以将到期日为 T 的零息债券现在的价格表示为未来短期利率预期的函数，而未来的短期利率在 t 时刻是未知的。如下式(9.1)所示：

$$P(t,T) = E_t \exp\left(-\int_t^T r(s)\,ds\right) \tag{9.1}$$

等式(9.1)表明，零息债券的价格等于从 t 时刻至其到期日的贴现系数，或者等于所有利率情景中各个贴现系数以概率加权的平均值。t 时刻的 T 期远期利率可以表示为：

$$\begin{aligned} f(t,T) &= \frac{d\log(P(t,T))}{dT} = -\frac{1}{P(t,T)}\frac{dP(t,T)}{dT} \\ &= \frac{E_i\left[r_T \exp\left(-\int_t^T r(s)\,ds\right)\right]}{E_i\left[\exp\left(-\int_t^T r(s)\,ds\right)\right]} \end{aligned} \tag{9.2}$$

上式将 T 期远期利率表示为所有可能利率情景中或沿着所有可能的随机利率路径，到期日 T 的短期利率 r_T 的动态变化过程。所使用的权重是每个利率路径所发生的概率以及从 t 时刻到 T 时刻各个情景中所发生的贴现系数的概率。因此，如果考察只有两种概率分别为 $p(1)$ 和 $p(2)$ 的可能利率的情景，则 T 期远期利率就是上述两种利率的加权平均，如下式(9.3)所示，其中 Df 是贴现系数：

$$f(t,T) = \frac{p(1)Df_1(t,T)\cdot r_{T,(1)} + p(2)Df_2\cdot r_{T,(2)}}{p(1)Df_1(t,T) + p(2)Df_2(t,T)} \tag{9.3}$$

按贴现系数加权平均的结果是使利率水平较低的情景更为重要，因为这种情景中的贴现系数较大。这意味着利率较低的情景比利率较高的情景对远期利率的影响更大。随着远期利率期限的增加，贴现系数之间的差异会增大，这种影响将逐步增强。这是一个非常重要的结果。

可用一个假设的例子来解释这一点。下面考察两种利率的环境：

- 短期利率处于8.00%的稳定水平，其概率为70%。
- 短期利率处于4.00%的稳定水平，其概率为30%。

给定这两个概率之后，则未来任何时点的预期未来短期利率均为8%，然而，由于远期利率需要按相关贴现系数加权计算各个利率水平，它将低于8%。如图9.1所示。

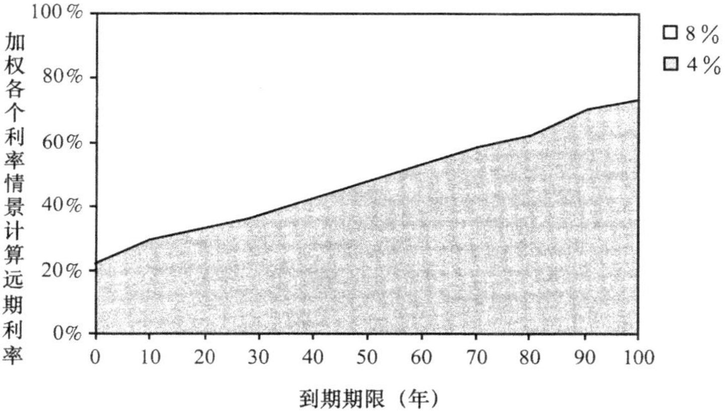

图9.1　以贴现系数为权重计算远期利率

随着到期期限的延长，4%利率情景的权重将逐渐加大，而较高利率情景的权重将逐渐减小。因此，30年期的远期利率将低于8%，而100年期的远期利率将只有大部分可能情景中短期利率的一半左右。换句话说，长期来看，只有较低的利率情景才是相关的，这是迪布维格和马歇尔（Dybvig and Marshall）所提出的理论。远期利率曲线随着到期期限的延长而下降的趋势是收益率曲线行为中凸性偏差作用的结果，稍后将考察凸性偏差。凸性偏差效应会影响零息债券的收益率，因为零息债券的收益率也具有偏向最低利率情景的趋势。现在考虑另一个假设的案例，其中当前的短期利率为6%，并且假设有如下所示的三个可能的利率情景：

- 短期利率从6%增加到长期利率10%。
- 短期利率从6%增加到长期利率8%。
- 短期利率从6%下降到长期利率4%。

各个利率情景出现的概率分别为10%、80%和10%，最有可能出现的情景是短期利率从6%上升到8%。假设每种情景中短期利率能非常快地接近预期长期利率水平。预期的利率情景就是从6%上升到8%。从图9.2可以看出，远期利率曲线与预期的未来短期利率水平是不同的。远期利率的峰值出现在第12~14年左右，之后将随着到期期限的延长而逐步下降。由于零息收益率曲线是根据远期收益率曲线来推导的，因此具有不同的形状，并且从第20年开始下降。

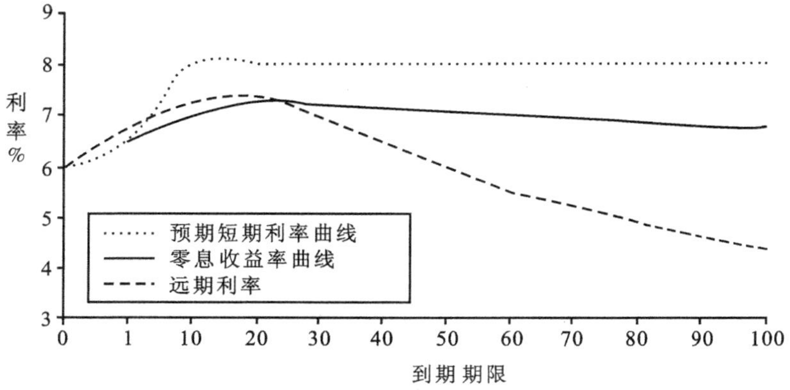

图9.2　长期债券收益率的理论变化

第6章介绍的无偏预期假设认为，远期利率等于未来短期利率的预期水平，图9.2表明这是不正确的。因此，平价收益率曲线和零息收益率曲线不能根据预期短期利率曲线计算，而应根据远期利率曲线计算。图9.3则说明，根据预期短期利率曲线计算零息收益率曲线是错误的，其错误程度会随着到期期限的延长而加大。

从图9.3中可以看出，根据30年期政府债券的收益率为期限非常长的债券定价将会产生错误。无偏预期假设认为，100年期的债券收益率基本上等同于30年期债券的收益率，这一结论其实是不正确的。实际上，100年期债券的理论收益率要略低20~25个基点，这反映了长期债券收益率中存在的凸性偏差。上例中只有三个可能利率的假设情景，迪布维格（Dybvig）和马歇尔（Marshall）曾根据蒙特卡罗模拟计算远期利率，结果表明，在更接近实际的环境中，也可以得到相似的结果。因此，以上观察具有现实相关性。

对于长期债券定价来说，这是一个非常重要的结果。一些公司债券（比如由迪斯尼、可口可乐以及英国天然气公司所发行的债券）的期限非常长，到期期限从50年到99年不等。以上分析表明，若按照30年期政府债券收益率加上一定利差为此类债券定价，理论上可能会低估这些债券的价值。虽然从投资者情绪上看，购买

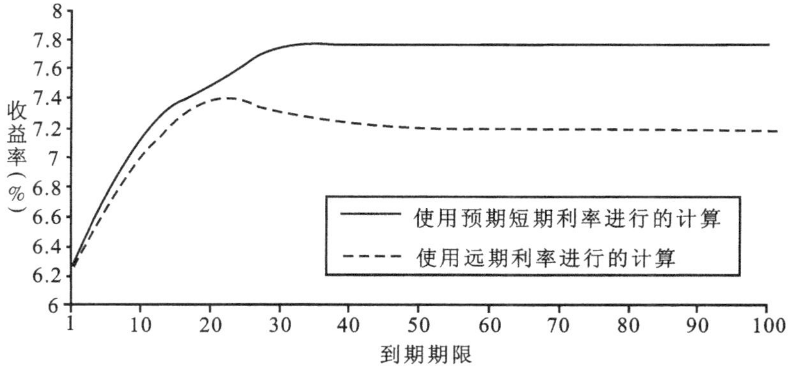

图 9.3　使用预期短期利率和远期利率计算零息收益率曲线

长期债券似乎应要求一个收益率溢价，但是，从理论上讲，100 年期公司债券与 30 年期公司债券的信用风险利差基本上是相同的。例如，如果 30 年期公司债券每年的违约概率为 1%，而 100 年期公司债券在前 30 年每年的违约概率是 1%，在以后年份的违约概率为 3%，那么，乍一看来，期限较长的债券似乎有更大的信用风险，然而，投资者持有长期债券所要求的收益率溢价将不大会高于 15 ~ 20 个基点，这是因为，未来损失情景的影响是按照从现在到损失日的贴现系数加权计算的，每个贴现系数的影响将随着到期期限的延长而逐渐减小。

下一节将进一步探讨长期债券收益率与极长期债券收益率的理论水平。

9.2　长期债券的定价

在传统的正收益率曲线环境中，30 年期政府债券的收益率通常比 10 年期债券高出约 10 ~ 20 个基点，根据这一事实，投资者可能会认为，100 年期债券的收益率也应比 30 年期债券高出约20 ~ 25个基点，果真如此吗？如前所述，理论上讲，这种假设是不成立的。迪布维格和马歇尔的研究表明，这个收益率利差实际上低估了极长期债券的价值，假如果真能取得这样高的收益率，则除非投资者对未来利率持极端看法，否则他们就应持有 100 年期的债券。

直觉上看，这是显而易见的。首先，长期远期利率对债券价格的影响很小，要使 30 年期债券与 40 年期债券之间有一个收益率利差，比如 20 个基点的利差，远期利率就必须非常高。同理，预期未来短期利率是由市场的利率预期和利率风险溢价两部分组成的，要使 30 年期债券与 100 年期债券之间有一个足够高的收益率溢价预期，比如 20 个基点的溢价预期，就需要对未来的短期利率水平有很高的预期或者有非常高的风险溢价。下面更为详细地考察这个问题。

远期利率对长期债券收益率的影响

按连续复利 r 投资 1 英镑在 t 时刻就可以得到 e^{-rt}的价值,因此票面利息 C 在该时刻的价值为 Ce^{-rt}。

据此,我们可以根据票面利息 C 按下式(9.4)计算债券的价值。式中设债券在 T 时刻到期,其赎回价值为 M。

$$\int_0^T MCe^{-rt}ds + Me^{-rT} \tag{9.4}$$

也可按下式计算:

$$\frac{MC}{r}(1 + e^{-rT}) + Me^{-rT} \tag{9.5}$$

假设零息利率 r 的期限结构在 s 时刻之前是平坦的,远期利率保持不变为 f,则在时刻 $t>s$ 收到 1 英镑的价值为:

$$e^{-rs-f(t-s)} \tag{9.6}$$

而在 T 时刻到期的债券的价格为:

$$P = \int_0^T MCe^{-rt}ds + \int_t^T MCe^{-rs-f(t-s)}ds + Me^{-rs-(T-t)f} \tag{9.7}$$

将等式(9.7)积分可得:

$$\frac{MC}{r}(1 - e^{-rt}) + \frac{MC}{f}e^{-f(T-t)} + Me^{-rt-f(T-t)} \tag{9.8}$$

下面举例说明。设有如下一个零息利率期限结构:前 30 年的利率为 6%,第 30 年到第 100 年的远期利率为 f,则票面利率为 6%、赎回价值为 100 英镑的 30 年期债券的价格就等于其面值,如下式所示:

$$P = 100 = \frac{6}{0.06}(1 - e^{-0.06\times30}) + 100e^{-0.06\times30}$$

现在假设票面利率为 6.20% 的 100 年期政府债券的收益率为 6.20%,由于投资者预期极长期债券的收益率溢价大约为 20 个基点,这个收益率与投资者的预期是相符的。因此,该 100 年期债券的价格为:

$$P = 100 = \frac{6.20}{0.06}(1 - e^{-0.06\times30}) + e^{-0.06\times30}\left(\frac{6.20}{f}\right)(1 - e^{70f})$$
$$+ e^{-0.06\times30}100e^{-f\times70}$$

即债券的价格等于面值。由于长期远期利率对附息债券价格的影响很小,上式中的远期利率必须大于6.20%。系数 $e^{-0.06\times30}$ 的大小表示远期利率对债券价格的影响程度。实际上,如果前30年内的即期利率 r_s 的期限结构是平坦或略向上倾斜的,此后的零息期限结构也是平坦的。

现在再次将 T 期远期利率表示为从现在时刻 t 到 T 的一系列即期利率的函数。如果用 $P(t,T)$ 表示在 T 时刻赎回价值为1英镑的零息债券现在的价格,则该价格可以根据下式(9.9)所示的瞬间远期利率结构确定:

$$P(t,T) = \exp[-\int_t^T f(t,s)\,ds] \tag{9.9}$$

其中,远期利率 $f(t,T)$ 由下式确定:

$$f(t,T) = -\frac{\partial \log P(t,T)}{\partial T} \tag{9.10}$$

不过,零息债券的价格还可按等式(9.1)中的即期利率计算,其中 E_t 是无风险概率函数的期望值。因此,远期利率与瞬间即期利率的预期水平有关。如果对等式(9.10)微分就会发现,远期利率是从 t 到 T 期间一系列即期利率的加权平均值,如下式(9.11)所示:

$$f(t,T) = \frac{\exp\left(-\int_t^T r(s)\,ds\right)}{E_i\left[\exp\left(-\int_t^T r(s)\,ds\right)\right]} \tag{9.11}$$

对即期利率而言,预期未来利率越高,利率 $r(T)$ 的影响越小,预期未来利率越低,$r(T)$ 的权重越大。因此,远期利率将低于预期即期利率,如下式所示:

$$f(t,T) \leqslant E_t[r(T)]$$

其中:$E_t\left[r(T) \mid \int_t^T r(s)\,ds\right]$ 是积分 $\int_t^T r(s)\,ds$ 下的一个增函数。

式中,假设利率是不确定的。这个结果对极长期债券的定价有重要影响。由于远期利率低于预期的短期利率水平,因此,若极长期债券交易的收益率为6.20%,则未来短期利率在债券期限内的平均水平必须高于6.20%。否则,长期债券与极长期债券之间20~25个基点的收益率溢价表明极长期债券的价格被低估了。

9.3　对长期债券收益率的进一步分析

上一节根据迪布维格、英格索尔和罗斯的理论说明了极长期债券的收益率不能下降，这对于揭示极长期债券收益率的利率风险水平具有重大意义，下面将对此展开讨论。

假设短期利率沿着所有随机利率路径集 ω 向长期均衡水平 r_{ω}^{∞} 靠拢，而长期均衡水平取决于路径 ω。如果对于 $r_{\omega}^{\infty} \leq r$，利率路径集 ω 具有正的概率，则长期利率水平就是 r。考察长期均衡利率水平 r_{ω}^{∞} 的最小可能值 r^{∞}。根据前面的结论，极长期远期利率不符合无偏预期假设，而是按最低收益率不同比例的加权平均值，这意味着长期利率是由 r^{∞} 决定的。也就是说，当到期期限趋于无限大时，远期利率和零息利率本质上都等于最低长期利率 r^{∞}。随着时间的推移，原本可能出现的某个长期利率水平 r_{ω}^{∞} 也许就不再可能出现了。因此 r^{∞} 可能随时间推移而上升。然而，先前不可能达到的水平 r_{ω}^{∞}，以后仍然不可能达到，而当前能达到的水平，先前也有可能达到。因此，r^{∞} 不可能随时间推移而下降。这意味着极长期远期利率和零息利率是不可能下降的。也就是说，长期收益率本质上是由最低利率决定的，并将在该水平上保持不变，且未来利率预期的变化对长期收益率的影响是有限的。100 年期债券的收益率本质上取决于最低收益率，而预期未来短期利率的下降只有很小的影响。

仍用前面的例子来解释这一点。假设短期利率下降 50 个基点，三种利率情景出现的概率如下：

- 短期利率从 5.50% 上升到长期利率 10% 的概率为零。
- 短期利率从 5.50% 上升到长期利率 8% 的概率为 80%。
- 短期利率从 5.50% 下降到长期利率 4% 的概率为 20%。

短期利率的变化将导致预期未来利率都下降 50 个基点。然而，这并不会使所有债券的收益率以相同幅度下降。对零息收益率曲线和远期利率曲线的影响如图 9.4 所示。

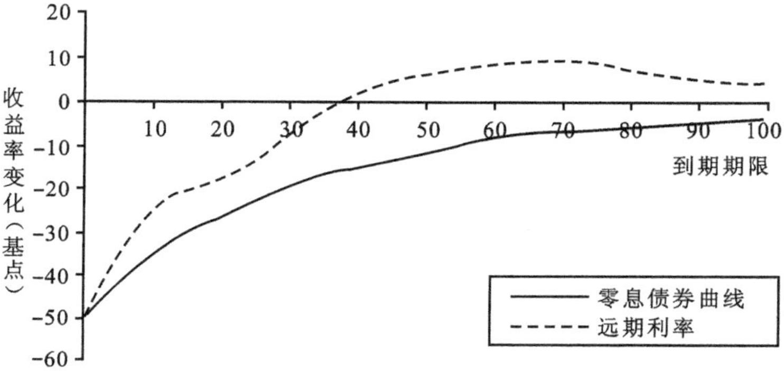

图 9.4 预期短期利率下降对零息债券曲线和远期曲线的影响

由图9.4可以看出，期限最短的收益率将下降50个基点，而100年期即期利率则只下降大约4个基点，100年期远期利率实际上将上升。这是因为在我们所使用的概率下，在所有远期日期中利率为8%的情景的权重最高。

这些结果有什么实际意义呢？归结起来，如果政府债券市场上扬，极长期债券的收益率实际上不会受任何影响。更为重要的是，这些结果表明，一个期限结构模型，如果允许出现极长期收益率下降的结果，就不符合迪布维格—英格索尔—罗斯的理论。这类模型由于允许套利的存在，因而是不正确的模型。这种模型虽然可以为30年期债券准确定价，但不能为100年期债券准确定价。迪布维格—英格索尔—罗斯的理论还符合均值回归的概念，并符合假设长期收益率将向某一不变的长期水平回归的期限结构模型。迪布维格等认为，利率的长期水平必须等于可能的利率平均水平最低值，但是计算该最低可能值存在多种问题。准确地为极长期债券定价所涉及的问题，以及针对极长期债券的期限结构建模尚未得到一致应用这一事实，或许能够解释尽管不存在理论基础，但50年期、90年期以及100年期公司债券的收益率远远高于30年期无风险债券收益率的原因。

参考书目

Burghardt, G. and Hoskins, B., "A question of bias", *Risk*, March 1995.

Dhillon, U. and Lasser, D., "Term premium estimates from zero-coupon bonds: new evidence on the expectations hypothesis", *Journal of Fixed Income*, June 1998, pp. 52-58.

Dybvig, P., Ingersoll, J. and Ross, S., "Long forward and zero-coupon rates can never fall", *Journal of Business* 69(1), 1996.

Dybvig, P. and Marshall, W., "Pricing long bonds: Pitfalls and Opportunities", *Financial Analysts Journal*, Jan-Feb 1996, pp. 32-39.

Lacey, N., Nawalkha, S., "Convexity, risk, and returns", *Journal of Fixed Income*, December 1993, pp. 129-145.

第三篇

收益率曲线拟合

第三篇介绍收益率曲线拟合的概念。本部分将考察按照债券收益率等市场利率将期限结构拟合为尽可能光滑的曲线时所采用的主要方法。我们将说明包括立方样条法在内的各种方法,并提供与回归样条相关的背景信息。

第 10 章　估计和拟合收益率曲线(Ⅰ)

本章介绍用来准确拟合期限结构的一些方法。从理论上讲,我们可以使用第 2 章中所介绍的分步法,然而由于很多原因,这种方法并不能产生准确的结果,因此需要使用其他替代方法。以前各章中介绍的期限结构模型在界定利率过程时需要对用来推导利率的随机过程的性质作出各种假设。然而,根据 Vasicek(1977)、Brennan and Schwartz(1979)以及 Cox,Ingersoll and Ross(1985)提出的模型推导出的零息收益率曲线,并不能拟合实际观察的市场利率或市场收益率所隐含的即期利率,根据期限结构模型推导出来的收益率曲线往往也不能反映出实际的收益率的多样性。因此,第 4 章介绍的利率模型需要根据市场信息进行校准,实际工作中一般按照市场收益率曲线校准。校准有两种方式,其一,按照构建收益率曲线时所使用的货币市场产品和利率掉期产品等金融市场工具校准;其二,如果收益率曲线是根据市场金融工具的利率构建的,就根据所构建的曲线校准。如果采用后一种方式,可以使用多种无参数方法。稍后将考察这些问题。

已有大量学术文献对期限结构的经验估计作出过研究,这些研究有两个目标,一是拟合零息收益率曲线①,即所得到的收益率曲线要能合理准确地拟合市场价格。二是确定一个平滑的函数。这两个目标之间存在一种权衡关系。在推导具有经济意义的曲线方面,两个目标同样重要。换句话说,要想完美地拟合收益率曲线,可能需要牺牲曲线的光滑程度,这将使曲线拟合几乎没有什么意义。

本章大致介绍收益率曲线拟合的一些方法。Anderson *et al.* (1996)对本章所讨论的这些方法有很好的说明,遗憾的是这本书已经脱销。幸运的是,Deacon and Derry(1994)的一篇优秀论文向我们介绍了该书的部分内容。与之前各章一样,本章末还列出了其他参考书目。

---

① 零息收益率曲线和即期利率曲线是一对等价概念,同样,远期利率曲线和贴现函数也是一对等价概率,等价概念本质上描述的是相同的东西。

10.1 收益率曲线平滑

Carleton and Cooper(1976)描述了估计期限结构的一种方法,这种方法假设在规定的离散日期支付无违约风险债券的现金流,先按一组互不相关的贴现系数对这些现金流进行贴现。然后,以债券的每笔现金流为自变量,以同一天的债券价格为因变量①,将这些贴现系数作为回归系数进行估计。根据这种方法,采用简单线性回归法可以产生一个离散的(而不是连续的)贴现函数,根据该函数所估计的远期利率也是不连续的。McCulloch(1971)描述了一个更容易为市场接受的方法,该方法使用多项式样条拟合贴现函数可产生连续的线性贴现函数,因此可以采用普通最小二乘法等回归方法。在一个稍后的研究中,Langetieg and Smoot(1981)②使用扩展的麦卡洛克(McCulloch)方法,即将立方样条拟合为零息利率而不是贴现函数,并采用非线性的估计方法。

以上是早期研究的总结,现在言归正传。我们知道,期限结构可以描述为贴现系数的完整集合,贴现函数可根据市场上实际交易的无违约风险债券的价格计算。前面章节中所介绍的分步法可以用来获得相关的贴现系数,然而由于多种原因,这个方法在实际应用中还存在一些问题。首先,市场中的所有债券不可能是从现在到30年后或更长的时间内正好每6个月支付一次现金流,因此需要对不规则现金流进行调整。另一个问题是,以前介绍的方法中,计算贴现系数所对应的到期期限是6个月或其整数倍数,但实际工作中,有时还需要非标准期间的贴现系数,如到期期限为4个月或14.2年的贴现系数。在为衍生金融工具定价时经常会遇到这种情况。

第三个问题与债券的市场价格有关,市场价格通常反映了投资者的一些考虑因素,包括:

- 债券的流动性或缺乏流动性,造成流动性不足的原因包括发行规模、做市商的支持、投资者的需求、非标准化的到期期限以及很多其他因素。
- 债券的交易是不连续的,因此一些债券的价格是“新的”价格。
- 对债券现金流的税收处理及其对债券价格的影响。
- 报价与要价之间的价差对所用市场价格的影响。

在统计学中,以上各因素对债券价格的影响称为误差,也常称这种影响给市场价格引入了噪音。

为了使所拟合的收益率曲线更好地处理以上因素,应根据债券的市场价格采用平滑法推导完整的贴现系数集合,即所谓的贴现函数。采用第2章中介绍的简

① 附录10.1简短地总结了回归的基本背景知识。

② 参见Vasicek and Fong(1982)。

单方法,可以绘制直到 2000 年 6 月 12 日的英国金边债券价格的贴现函数,如图 10.2 所示,而绘制收益率曲线时所使用的金边债券的赎回收益率如图 10.1 所示,与该贴现函数相对应的零息收益率曲线和远期利率曲线见图 10.3。

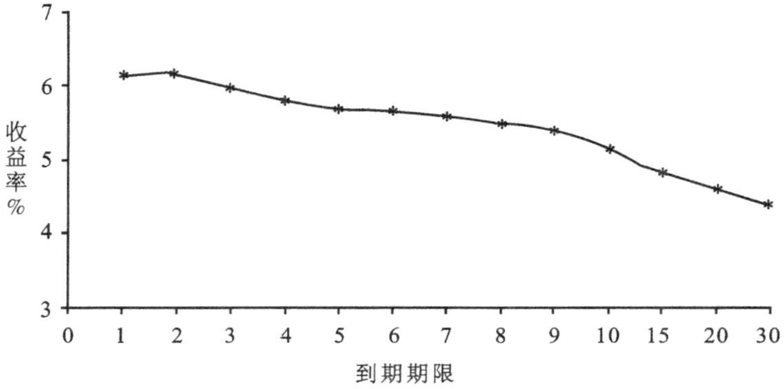

图 10.1　2000 年 6 月 12 日金边债券的毛赎回收益率

资料来源:彭博公司

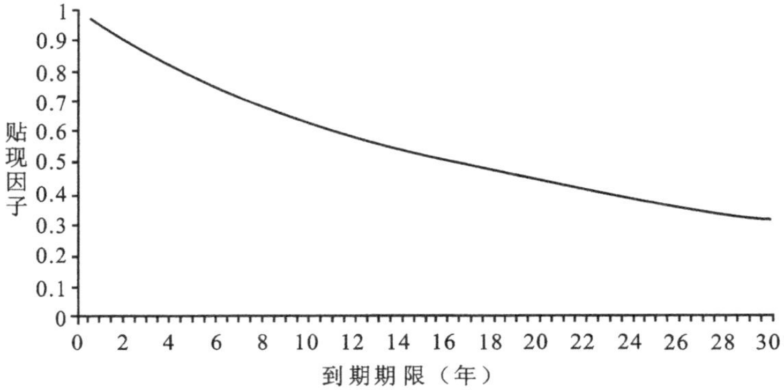

图 10.2　根据 2000 年 6 月 12 日金边债券价格计算的贴现系数

从图 10.2 可以看出,贴现函数是相当光滑的。零息曲线也相对比较光滑,但不如贴现函数那样光滑。远期利率曲线显然不太光滑,存在一些非常明显的错误。实际上,隐含远期利率的跳跃性质是固定收益证券分析师关注的一个主要方面,这种跳跃性首先表明贴现函数和零息收益率曲线并不像看上去那样光滑。使用这种估计方法时,远期利率的振动较大,其主要原因是,计算贴现系数时的很小误差在转化为远期利率时将会放大很多倍。也就是说,计算即期利率时使用的贴现系数如果发生误差(这些误差可能来源于以上所介绍的任何一个原因),这个误差会被

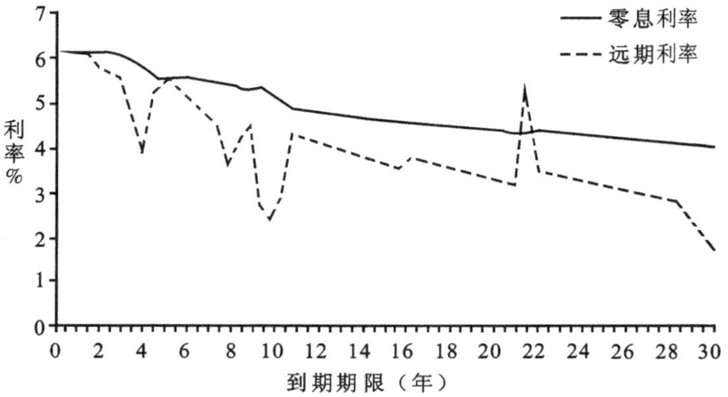

图 10.3 根据 2000 年 6 月 12 日金边债券收益率计算的零息(即期)利率和远期利率

放大，在计算远期利率时这个误差还会被进一步放大。

平滑法

线性插值法是收益率曲线平滑的一种常用但不精确的方法，因此本书并不推荐这种方法。与前面所介绍的方法一样，这种方法根据债券价格集合绘制赎回收益率曲线，如果没有所需到期期限的债券，就根据实际收益率进行插值。根据 1997 年 6 月 26 日金边债券的收益率，我们绘制了如图 10.4 所示的收益率曲线，图中没有用星号标注的收益率是采用插值计算的。对从业人员而言，图 10.4 看起来是合理的。然而，根据该收益率曲线所得到的即期收益率和远期收益率却可能很不切实际，如图 10.5 所示。远期利率曲线非常不光滑，并且每个不光滑点都对应原始集合中的一个债券。即期利率在第 21.5 年时有一个拐点，并因此导致远期利率曲线在该点处有非常大的跳跃，这使远期利率曲线看起来更不切实际。

由于这个原因，市场分析师不愿使用线性插值法，而使用多元回归法或样条法。其中一种方法，先是假设贴现函数为某种形式的函数，然后根据债券的市场价格估计函数中的有关参数。下面将考察这些方法。

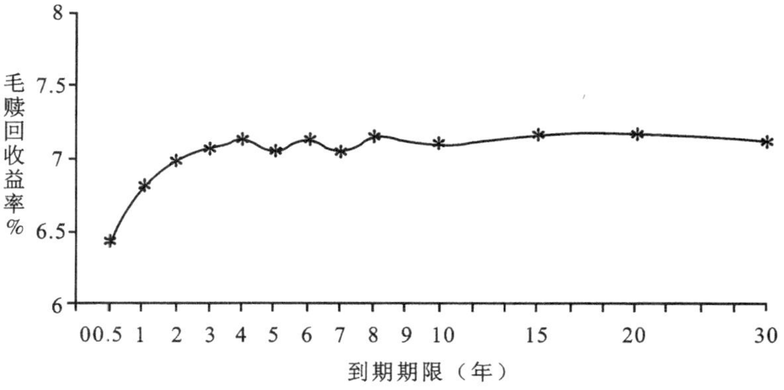

图 10.4 对 1997 年 6 月 26 日的债券收益率进行线性插值

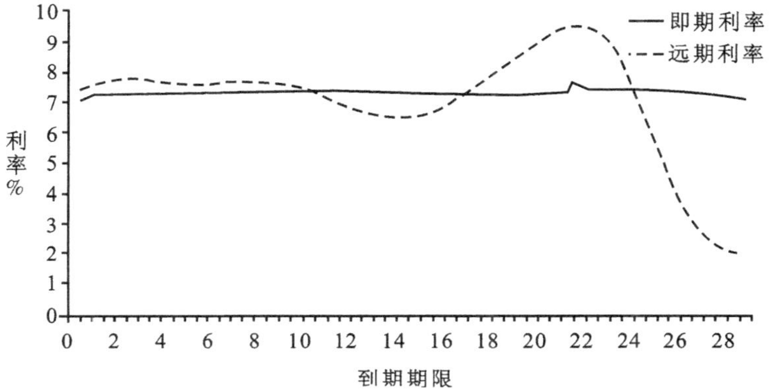

图 10.5 图 10.4 中隐含的即期利率和远期利率

10.2 使用立方多项式

贴现函数的一种简单形式是立方多项式,这种方法用时间的立方函数来近似表示贴现系数集合。如果用 $d(t)$ 表示到期期限为 t 的贴现系数,可采用下式所示的立方函数近似地表示贴现系数集合:

$$\hat{d}(t) = a_0 + a_1(t) + a_2(t)^2 + a_3(t)^3 \tag{10.1}$$

在一些教材中,将系数写为 a、b、c,而不是写作 a_1 等。$t=0$ 时,$a_0=1$,即当前的贴现系数为 1,因此等式(10.1)又可写为:

$$\hat{d}(t) - 1 = a_1(t) + a_2(t)^2 + a_3(t)^3 \tag{10.2}$$

实际交易的附息债券的市场价格还可以用贴现系数来表示，因此，定期支付相同票面利息 C 并且在到期日以价值 M 赎回的 N 期债券的价格，可用等式(10.3)来表示：

$$P = d(t_1)C + d(t_2)C + \cdots + d(t_N)(C + M) \tag{10.3}$$

根据等式(10.2)中的立方多项式，可以将等式(10.3)改写为：

$$\begin{aligned} P &= C[1 + a_1(t_1) + a_2(t_1)^2 + a_3(t_1)^3] + \cdots \\ &\quad + (C + M)[1 + a_1(t_N) + a_2(t_N)^2 + a_3(t_N)^3] \end{aligned} \tag{10.4}$$

为了描述收益率曲线，需要求解立方函数的系数，为此，将等式(10.4)变形，将其表示为系数形式，如式(10.5)所示：

$$\begin{aligned} P &= M + \sum C + a_1[C(t_1) + \cdots + (C + M)(t_N)] \\ &\quad + a_2[C(t_1)^2 + \cdots + (C + M)(t_N)^2] \\ &\quad + a_3[C(t_1)^3 + \cdots + (C + M)(t_N)^3] \end{aligned} \tag{10.5}$$

同理，可以用立方函数中的未知参数来表示数据集中的每个债券的定价方程。根据等式(10.5)，有：

$$P - (M + \sum C) = a_1X_1 + a_2X_2 + a_3X_3 \tag{10.6}$$

其中，X_i 表示等式(10.5)方括号中的项。上式就是一些教科书中常用的表达式。

例 10.1

设某基准债券每半年支付一次票面利息，到期期限为 4 年，息票率为 8%，交易价格为 101.25。假定第一笔票面利息正好在 6 个月之后支付，因此 $t_1 = 0.5$ 且 $t_N = 4$。请根据这些信息建立立方函数的表达式。

我们有 $C = 4$，且 $M = 100$，因此：

$$100 + \sum C = 100 + (8 \times 4) = 132$$

$$P - (100 + \sum C) = 101.25 - 132 = -30.75$$

$$\begin{aligned} X_1 &= (4 \times 0.5) + (4 \times 1) + (4 \times 1.5) + \cdots + (104 \times 4) \\ &= 472 \end{aligned}$$

$$X_2 = [4 \times (0.5)^2] + [4 \times (1)^2] + [4 \times (1.5)^2] + \cdots + (104 \times 4)^2 = 1\ 796$$

$$X_3 = [4 \times (0.5)^3] + [4 \times (1)^3] + [4 \times (1.5)^3] + \cdots + (104 \times 4)^3 = 7\ 528$$

这意味着现在可以得到包括三个系数的表达式，即：

$$472a_1 + 1\ 796a_2 + 7\ 528a_3 = -30.75$$

所有其他债券的价格可以用未知参数来表示。为计算系数的值，可采用最小二乘法等线性回归统计方法，确定立方方程的最佳拟合值。附录 10.1 将介绍这个方法。

立方多项式要求每个债券都有一个方程,又不具备令人满意地拟合市场数据所需的灵活性,因此,这个方法在实际应用中有很大的局限。这种方法所产生的曲线其实并不是一条曲线,而是一组独立的,根据最佳拟合直线所拟合出来的贴现系数。此外,数据的微小变化可能对收益率曲线整体产生重大影响。例如,较早期限的某个数据如果发生变化,可能导致较长期限的曲线发生严重变化。为此,可采用另一种称作"分段立方多项式"的方法。这种方法假设 $d(t)$ 是每个到期范围的不同立方多项式,这意味着参数 a_1, a_2, a_3 在每个到期期限范围内是不同的。稍后将考察的立方样条法就属于这种方法的一个特例。

10.3　非参数方法

除了上一节所描述的立方多项式方法之外,还有两种主要方法可以用来拟合期限结构,使用这两种方法拟合的收益率期限结构通常称为参数曲线和非参数曲线。参数拟合曲线的基础是瓦西塞克模型或隆斯塔夫和施瓦兹模型(Longstaff and Schwartz model)等期限结构模型。非参数曲线不是根据利率模型推导的,而是用一组参数来描述的,是一种一般性的方法。非参数方法包括基于样条的方法。

基于样条的方法

样条是一种统计方法,一种线性插值方法。这种方法有多种应用方式,最简单方式是采用回归法拟合样条函数。这种方法用来构建收益率曲线时,对参数变化过于敏感①,可能导致曲线大幅度跳跃。尽管如此,我们认为它是最容易理解的一种方法,对这一基本方法的介绍可参见 Suits *et al*(1978),附录 10.2 中也有介绍②。

一个 n 阶样条是一个 n 次分段多项式的近似,并且这些 n 次多项式是 $n-1$ 次可微的。分段意味着不同的多项式在任意选择的点处有连接,这些点称为结点(参见附录 10.2)。立方样条是一个三阶样条,是一个分段立方多项式,在所有结点处是两次可微的。

回归中的 x 轴在任意点处被分为不同的部分,这些点称为结点。在每一个结点处,相邻曲线的斜率和曲率必须是匹配的。图 10.6 是一个立方样条,结点为 0、2、5、10 和 25 年处。在每个结点处的曲线是一个立方多项式,结点将整个曲线划分为多个区间(space),每个区间的曲线可由对应的立方多项式函数来确定。

立方样条插值法假设,存在一个立方多项式可用来估计每个到期日缺口的收

---

① 例如,参见 James and Webber(2000),15.3 节。

② Suits *et al.* (1978)的原著非常精彩,值得大力推荐。

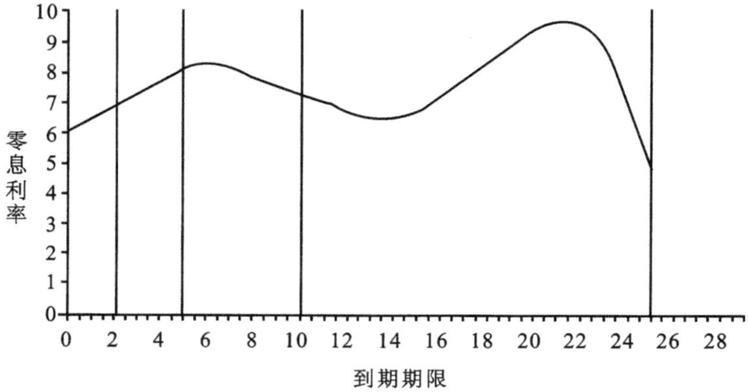

图 10.6 结点为 0、2、5、10 和 25 的立方样条

益率曲线。可以将样条想像为将很多独立多项式 $y=f(X)$ 切割为符合各个使用者需要的几个不同的部分，各部分在结点处可光滑连接，其中 X 表示完整的范围。如果某一债券在到期期限为 $t_0, t_1, t_2, \cdots, t_n$ 处的收益率集合为 $r_0, r_1, r_2, \cdots, r_n$，可按以下方法估计立方样条函数：

- 在 t_i 与 t_{i-1} 这个区间内，债券 i 在时刻 t 的收益率可以表示为形如 $r_i(t)=a_i+b_it+c_it^2+d_it^3$ 的立方多项式。
- 根据 $n+1$ 个数据点间的 n 个区间计算立方多项式的系数，即必须计算 $4n$ 个未知系数。
- 以上各多项式方程是根据实际观察的数据来拟合的，因而是可解的，在各个结点处，它们是两次可微的，且其导数是相等的。
- 规定的限制条件为，曲线在开始处（最短到期期限）和结束处（最长到期期限）是瞬间垂直的，也就是说 $r''(0)=0$。

Van Deventer and Imai（1997）对这种方法作了通俗易懂的说明。

立方样条的一般公式为：

$$s(\tau) = \sum_{i=0}^{3} a_i\tau^i + \frac{1}{3!}\sum_{p=1}^{n-1} a_p(\tau - X_P)^3 \qquad (10.7)$$

其中，τ 是收到现金流的时间，X_p 表示相邻多项式在连接处的结点，在集合 $\{X_0, \cdots, X_n\}$ 中，$X_p < X_{p+1}$，$p=0,\cdots,n+1$。此外，$(\tau - X_p) = \max(\tau - X_p, 0)$。立方样条在结点处两次可微。在实践中，每个样条通常由一组基本函数来描述，总的样条则由各样条组合而成。描述方法之一是采用所谓的 B 样条。对于数量一定的结点 $\{X_0, \cdots, X_n\}$，有：

随机过程

期权定价模型或收益率曲线模型也描述了资产价格的动态变化过程。同样的过程也适用于股票价格、债券价格、利率以及汇率的变化。价格和利率随时间变化的过程称为随机过程,这是金融理论中的一个基本概念①。从本质上说,随机过程是随机变量的一个时间序列。随机过程中的各个随机变量之间一般以一种非随机的形式相互关联,因此我们可以用概率密度函数来捕获这些随机变量。Neftci (1996)对这个方法做了很好的介绍,下面根据这个方法简要地总结其主要特征。

考虑函数 $y = f(x)$。给定 x 的值,就可以得到 y 的值。如果用 W 表示状态集合,其中 $w \in W$,则函数 $f(x,w)$ 就具有如下性质,即如果给定一个 w 的值且 $w \in W$,则该函数就仅仅是 x 的函数。如果用 x 表示时间,由于第二个元素 w 是不同的,$f(x,w_1)$ 和 $f(x,w_2)$ 就是两个不同的函数。如果用 x 表示时间,这两个函数所描述的是两个不同的过程,它们取决于不同的状态变量 W。元素 w 表示一个基本的随机过程,因此函数 $f(x,w)$ 是一个随机函数。随机函数也称为随机过程,其中 x 表示时间并且 $x \geqslant 0$。过程的随机特征是指整个过程,而不是指该过程在任何特定时点的特定值。

函数的例子包括用 $y = e^x$ 表示的指数函数和用 $\log_e(y) = x$ 表示的对数函数。

股价、债券价格和利率的变化过程都是随机过程,也就是说,它们都随着时间的变化而随机变化。建立模型时,要将资产价格的变化分为两个组成部分,一是过程的漂移项,也称作均值,它是过程的主要决定因素;二是随机部分,称为噪音或波动率。②

下面简单介绍漂移项。一般预期,普通资产(如普通股)的价格是逐渐上升的(至少按假定的通胀率上升),因此,普通资产的漂移项可模拟为一个等比递增过程。如不存在噪音,则股票价格在期间 dt 内的变化为:

$$\frac{dS_t}{dt} = \mu S_t \tag{5.1}$$

其中,μ 项表示增长速度。等式(5.1)可以重写为:

$$dS_t = \mu S_t dt \tag{5.2}$$

上述等式还可以改写为积分形式。尽管利率建模通常需要考虑利率在长期内向均值水平或均值水平范围回归这一趋势(这个过程称为均值回归),利率的变化过程也可

---

① “随机过程”的正式定义参见附录 5.1。

② 有两种类型的模型。一种是确定性模型,确定性模型中不包含随机因素,因此变量都是确切确定的;另一种是随机模型,随机模型的变量具有随机性,因此模型本身也具有随机性。

用相同的方式来描述。此处不提供公式的推导过程，利率变化过程的表达式为：

$$dr_t = \alpha(\mu - r_t)dt \tag{5.3}$$

其中，α 是均值回归速度，它决定利率向均值水平回归的速度。如果初始利率小于漂移率，利率 r 就会上升；如果初始利率大于漂移率，利率 r 就会下降。

使用期权定价模型时，通常将资产价格的动态行为描述为一个称作维纳过程或布朗运动的函数。表达式中的噪音或波动率部分可以采用经修正的布朗或维纳过程来描述，还需要在标准随机过程中引入一个随机增量，这些内容将在后文中讨论。

维纳过程或布朗运动

上面简单讨论的随机过程称为布朗运动或维纳过程。维纳过程事实上是一个均值为 0、方差为 1 的过程，现实中一般同时使用这两个术语。维纳过程是连续时间状态下金融理论的一个重要组成部分，有兴趣的读者可以参考 Neftci(1996)和 Duffie(1996)①以及其他一些著作，以获得更详细和更专业的知识。随机过程领域有大量的研究资料可供参考。

维纳过程的一个性质是样本路径具有连续性，即样本没有不连续的变化。不连续变化的一个例子是泊松过程。以下的两个图(图 5.1 和图 5.2)分别展示了连续过程和不连续过程。

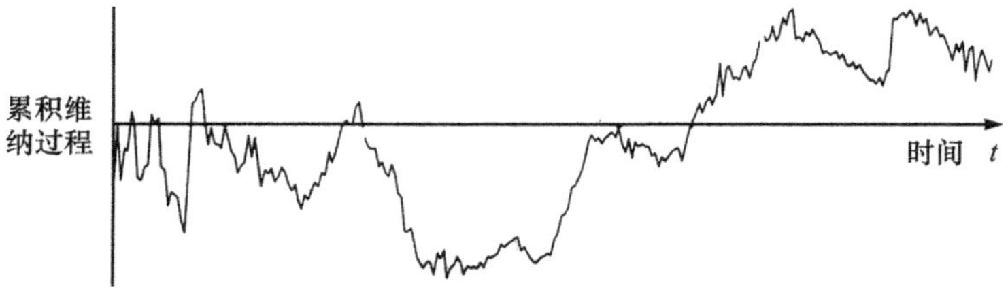

图 5.1 维纳过程的一个例子

以上两例中，两个过程每个时间单位的期望变化都是 0、方差都是 1。维纳过程中没有不连续的现象，它是很多细小随机变化的图示，这在样本路径的模糊性质中得到反映。然而，泊松过程不具有模糊性质，因此看起来随机变化比较少。由此可得的结论是，即资产价格以及利率的动态变化更类似于维纳过程，因此这就是如何模拟资产价格的方法。由观察可知，现实中资产价格和利率确实表现出一些不连续性或跳跃性，尽管如此，假定服从维纳过程还有其他一些好处。并且，在实

① 阅读杜菲(Duffie)的专著需要对与连续时间状态相关的数学知识有一个很好的了解。

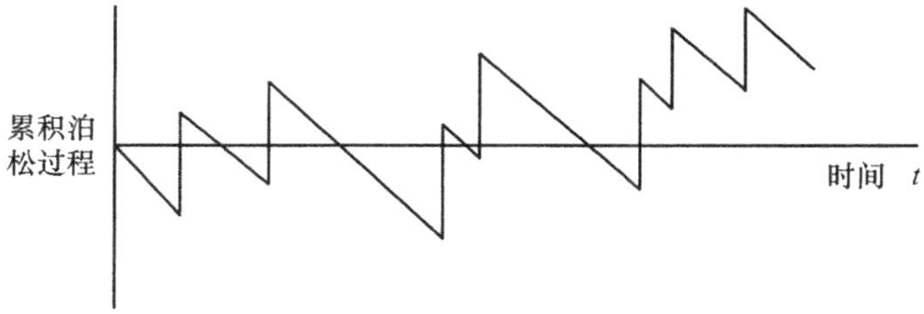

图 5.2　泊松过程的一个例子

际中由于连续时间状态下的随机过程可以由布朗运动与一个泊松过程联合表示,分析师和研究人员可采用布朗运动作为金融工具定价模型的基础。

资产定价理论的第一步以假定资产价格服从布朗运动为基础。布朗运动 W 的性质是连续性,并且 $W_t(t>0)$ 的值在概率为 P 时服从一个参数为 $N(0,t)$ 的正态分布。资产价格在时间增量中的变化可以由 $W_{s+t}-W_s$ 表示,这种变化在概率为 P 时同样服从参数为 $N(0,t)$ 的正态分布,并且时间增量非常小或者说无限小。布朗运动最重要的特征也许就是,价格的变化与截至时刻 s 的历史价格无关。满足上述条件的过程就是一个布朗运动。事实上,资产价格的均值一般不为零,因为我们预期资产价格将随着时间的流逝而提高。因此,模拟资产价格时还应包含一个可以更好地反映价格变动的漂移项,资产价格的变动可以描述为:

$$S_t = W_t + \mu t \tag{5.4}$$

它是一个漂移项为常数 μ 的布朗运动。然后,向该式中添加第二个参数,即噪音因素,用另一个常数指标即标准差 σ 来刻画布朗运动。该过程可以描述为:

$$S_t = \sigma W_t + \mu t \tag{5.5}$$

确定了两个参数之后,上式可用来模拟资产的价格路径。Baxter and Rennie (1996,第 3 章)对此有精彩的解释。该书还指出,等式(5.5)有可能取得负值,这是不符合资产价格实际的,不过,采用等式(5.5)所确定的过程的期望值更为准确。如下式(5.6)所示:

$$S_t = \exp(\sigma W_t + \mu t) \tag{5.6}$$

几乎所有的期权定价模型都运用布朗运动或维纳过程,我们在此介绍其中与变量 W 在一个时间间隔 t 内的变化有关的部分。如果 W 表示服从维纳过程的变量,ΔW 表示该变量在时期 t 内的变化,则 ΔW 与 Δt 之间的关系由下式(5.7)确定:

$$\Delta W = \varepsilon\sqrt{\Delta t} \tag{5.7}$$

其中,ε 是一个服从均值为 0、标准差为 1 的正态分布的随机样本。在一个很短的时间内,ΔW 是一个独立变量,因而服从一个均值为 0、标准差为 $\sqrt{\Delta t}$ 的正态分布。在一个由 N 个长度为 Δt 的期间组成的较长期间 T 内，W 从时刻0 到时刻 T 这个时期内的变化由下式(5.8)确定：

$$W(T) - W(0) = \sum_{i=1}^{N} \varepsilon_i \sqrt{\Delta t} \tag{5.8}$$

W 所取的连续值构成一个独立的序列值，因此由等式(5.8)中可知，变量 W 从时刻0 到时刻 T 的变化过程服从均值为0、标准差为$\sqrt{T}$的正态分布。这就是一个维纳过程，其均值为零或者说漂移率为零，方差为 T。这是一个重要的结果，因为漂移率为零意味着变量（这里是指资产价格）在未来的变化等于当前的变化，这意味着资产报酬率在长期内上升10%或下降10%的概率是相等的。

下一步分析要用到随机微积分方法。这里不继续探讨这一领域，直接引用Baxter and Rennie(1996)的研究结论：随机过程 X 包含一个基于 dt 的牛顿项和一个基于以 dWt 表示的、W 的无限小增量的布朗项。布朗项有一个噪音因素 α_t。X 在 X_t 处的无限小变化可以由以下的微分方程确定：

$$dX_t = \sigma_t dW_t + \mu_t dt \tag{5.9}$$

其中，σ_t 是过程 X 在时刻 t 的波动率，μ_t 是 X 在时刻 t 的漂移量。对利率来说，如果采用均值回归模拟，则这一过程为：

$$dr_t = \sigma_t dW_t + \alpha(u_t + r_t)dt \tag{5.10}$$

其中的均值回归因素同前。这里不介绍这个表达式背后的数学计算过程，等式(5.10)所表示的过程称为奥恩斯坦—乌伦贝克过程，在很多利率模型中都有使用。

这里还要介绍的另一个重点是等式(5.10)所描述的随机过程在连续时间状态下的应用。在连续时间状态数学计算中，当项数为无穷多时（即项数不可数时），积分是一个用于求和的工具。积分的正式定义不在本书的讨论范围之内，前面提及的教科书可作参考，附录5.4对此有一个基本的介绍。等式(5.9)中所给出的连续随机过程 X 可以写为下式所示的积分形式：

$$X_t = X_0 + \int_0^t \sigma_s dW_s + \int_0^t \mu_s ds \tag{5.11}$$

其中，σ 和 μ 的规定同前。波动率和漂移项可能依赖于时间 t，也可能取决于直到 t 时刻的 X 或 W。这是一个非常复杂的问题，感兴趣的读者可以参考本章末的参考书目。

$$B_p(\tau) = \sum_{j=p}^{p+4}\left(\prod_{j=p,i\neq j}^{p+4}\frac{1}{X_i - X_j}\right)(\tau - X_p)^3 \qquad (10.8)$$

其中，$B_p(\tau)$ 是 $\{X_0, \cdots, X_n\}$ 上的近似立方样条，其函数式如下：

$$\delta(\tau) = \delta(\tau \mid \lambda_{-3}, \cdots, \lambda_{n-1}) = \sum_{p=-3}^{n-1}\lambda_p B_p(\tau) \qquad (10.9)$$

其中，$\lambda = \max(\lambda_{-3}, \cdots, \lambda_{n-1})$ 是所需要的系数。到期期间 $\tau_1, \cdots, \tau_n$ 确定了 B 样条，因此 $B = \{B_p(\tau_j)\}_{p=-3,\cdots,n-1,j=1,\cdots,m}$，并且 $\delta = (\delta(\tau_1), \cdots, \delta(\tau_m))$。因此有：

$$\hat{\delta} = B'\lambda \qquad (10.10)$$

并且因此可得回归方程：

$$\lambda^* = \arg\min_{\lambda}\{\varepsilon'\varepsilon \mid \varepsilon = p - D\lambda\} \qquad (10.11)$$

其中，$D = CB'$。

$\varepsilon'\varepsilon$ 是最小误差。等式(10.11)中的回归值可采用普通最小二乘法计算。

Steeley(1991)解释了 B 样条的应用，迪迪尔·乔安娜斯(Didier Joannas)在 Choudhry *et al.* (2001)提供了一个完整的方法。

附录 10.2 介绍了使用回归方法对样条进行拟合的背景知识。

纳尔逊和西格尔曲线

Nelson and Siegel(1985)首次提出的曲线拟合方法已在实践中得到应用，此后其他作者又作了修正，这是有时将这些曲线称为曲线簇的原因。这些曲线可以对完整期限结构提供令人满意的粗略拟合，只是在期限结构的极短端和极长端处不是非常精确。在原始曲线中，两位作者确定了 4 个参数，他们没有采用分步法，而是首先假设远期利率函数，然后根据实际观察的短期国债收益率估计零息利率函数。

纳尔逊和西格尔曲线表明，整个期限结构的隐含远期收益率曲线可以根据以下函数模拟：

$$rf(m,\beta) = \beta_0 + \beta_1\exp\left(\frac{-m}{t_1}\right) + \beta_2\left(\frac{m}{t_1}\right)\exp\left(\frac{-m}{t_1}\right) \qquad (10.12)$$

其中，

$\beta = (\beta_0, \beta_1, \beta_2, t_1)'$ 是描述收益率曲线的参数向量，m 是计算远期利率时的到期期限。上式包括三个组成部分，即常数项、衰减项和反映曲线弓形性质的项。曲线的形状逐渐趋于在期限较长处的渐近线，期限较长处的值为 β_0，期限较短处的值

为 $\beta_0+\beta_1$。

纳尔逊和西格尔曲线的另一个版本是于 1994 年建立的斯文森(Svensson)模型,经过调整,即加入一个扩展项,这个模型允许出现弓形的收益率曲线,如下式所示:

$$rf(m,\beta)=\beta_0+\beta_1\exp\left(\frac{-m}{t_1}\right)+\beta_2\left(\frac{m}{t_1}\right)\exp\left(\frac{-m}{t_1}\right)+\beta_3\left(\frac{m}{t_2}\right)\exp\left(\frac{-m}{t_2}\right) \tag{10.13}$$

斯文森模型在模拟时使用了 6 个参数,额外增加的两个参数是 β_3 和 t_2。

纳尔逊和西格尔曲线的计算非常简单,因而在市场中非常流行,Jordan and Mansi(2000)认为,这些曲线的一个优点是,它们迫使长期远期曲线具有水平的渐近线,另一个优点是,使用者不需要确定结点。在样条法中,结点的选择决定着立方样条曲线的效率。缺点是这些模型不能像样条模型那样准确地拟合实际观察的数据①,因而其灵活性不如基于样条的曲线。James and Webber(2000,第 444 ~ 445 页)也认为,纳尔逊和西格尔曲线由于参数数量的限制而稍微缺乏灵活性,在收益率曲线只有一个弓形部分时,拟合的结果会比较准确,如果收益率曲线既有弓形又有槽形,拟合的结果就显得不够令人满意。因此纳尔逊和西格尔曲线由于只作合理的近似计算,不太适合无套利方面的应用。

收益率曲线的比较

选择何种收益率曲线取决于使用者的要求和建模目的,建模方法的选择通常需要在计算的简单性和便捷性与准确性之间达成一个平衡。从本质上说,曲线必须具有以下特征:

- **准确性**。收益率曲线是否能够合理地拟合市场曲线?是否具有足够的灵活性以容纳各种收益率曲线形状?
- **模型的一致性**。曲线拟合方法是否符合瓦西塞克模型或考克斯—英格索尔—罗斯模型等理论收益率曲线模型?
- **简单性**。收益率曲线的计算是否具有合理的简单性,即是否可跟踪?

以上各种方法都在不同程度上符合这些要求。James and Webber(2000,第 15 章)对常用建模方法的优缺点作了很好的总结。

---

① Jordan and Mansi(2000)是一篇十分优秀的文章,在此强烈推荐。这篇文章的导论部分对曲线拟合作了一个很好的总体性的介绍,而文章的主体部分对收益率曲线分析领域当前正在进行的研究类型作了深入的考察。

附　录

附录 10.1　线性回归:普通最小二乘法

回归分析的主要目的是根据给定自变量或解释变量的值来估计或预测因变量的平均值。回归分析以某种方式度量两组数据之间的关系,比如以收入为自变量、支出为因变量来度量一个家庭的收入与支出之间的关系。就本章而言,回归分析可能是要度量根据基准收益率曲线定价的公司债券的价格变化与短期基准债券和长期债券的价格变化之间的关系。这里,公司债券价格的变化是因变量,而短期和长期政府债券的价格变化是自变量。如果因变量和自变量之间存在线性关系,就可以采用回归函数确定它们之间的关系。本附录对回归分析和普通最小二乘法作一个简单介绍。回归分析是数理金融的重要组成部分,固定收益证券分析中需要大量使用高级计量经济学知识。如果希望了解基本计量经济学的相关知识,我们推荐达摩达尔·古扎拉蒂(Damodar Gujarati)的著作,该书由麦格劳—希尔公司出版(McGraw-Hill,3rd edition,1995)。古扎拉蒂的书通俗易懂,给我们提供了很好的计量经济学基础知识。如果希望了解更高级的计量经济学知识,我们推荐由坎贝尔、罗和迈肯尼所著的《金融市场的计量经济学》(Campbell, Lo and Mackinlay, *The Econometrics of Financial Markets*, Princeton 1997)。

如果一个数据集中包含总体的全部数据,而不是总体的一个统计样本,可以使用总体回归函数估计总体和样本这两组数据之间的关系。对于给定的自变量 X 和因变量 Y,条件均值 $E(Y \mid X_i)$ 是 X_i 的函数,这种关系可以写作:

$$E(Y \mid X_i) = f(X_i) \tag{10.14}$$

其中,$f(X_i)$是自变量 X_i 的函数。等式(10.14)称为双变量总体回归函数。它表明,对于给定的 X_i,Y 的均值是 X_i 的线性函数。该函数还可以表示为:

$$E(Y \mid X_i) = \alpha + \beta X_i \tag{10.15}$$

其中,α 和 β 是回归系数,它们是固定的未知参数。α 是截距系数,β 是斜率系数,如图 10.7 所示。回归分析的目标是根据 X 和 Y 的实际观察值来估计回归系数的值。

等式(10.15)是一个双变量回归式,有时也写作:

$$Y = \beta_1 + \beta_2 X_i \tag{10.16}$$

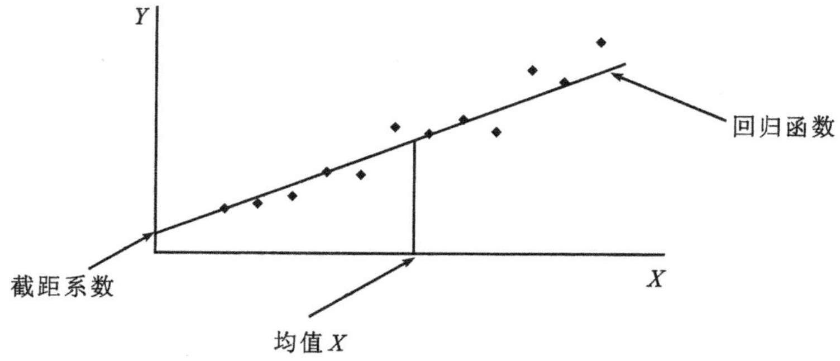

图 10.7 回归直线

如果有两个以上的变量，就需要使用多变量回归。

可以进一步证明，在给定 X_i 的值之后，因变量的值将围绕在 X_i 点 Y 的均值附近，换句话说就是围绕在条件期望值附近。个别 Y_i 值对于其期望值的离差可以表示为：

$$\mu_i = Y_i - E(Y \mid X_i) \quad (10.17)$$

将上式变形可得：

$$Y_i = E(Y \mid X_i) - u_i \quad (10.18)$$

其中，μ_i 是一个未知的随机变量，称为随机干扰项、随机误差项或简称为误差项。在有些教科书中，该项以 ε 表示。

因变量的值是两个组成部分之和，一是系统性或确定性部分，由上面的回归函数确定；二是随机或非系统性部分，即误差项。从本质上说，误差项包括所有遗漏的项或者不包含在回归模型中的项。

实际中通常不可能获得总体的数据，因此用统计样本数据来代替。使用样本数据进行回归分析时，需要使用下式(10.19)所示的样本回归函数(SRF)：

$$Y_i = \hat{\alpha} + \hat{\beta}X_i + \hat{u}_i \quad (10.19)$$

其中，

$\hat{\alpha}$ 是 α 的估计值。

$\hat{\beta}$ 是 β 的估计值。

SRF 可采用普通最小二乘法或 OLS 等统计方法来确定，大部分统计学和计量经济学的教科书中都会介绍这种统计方法，我们推荐参考 Gujarati(1995)的第 3 章。这里只给出一个简短的介绍。

下面扩展前述的回归模型。假设有 N 个观察值和 m 个自变量,并且令 Y_i 表示因变量的第 i 个观察值,X_{it}表示第 t 个自变量的第 i 个观察值。自变量和因变量之间关系的回归函数可以表示为:

$$Y_i = \beta_1 X_{1i} + \beta_2 X_{2i} + \cdots + \beta_m X_{mi} + \varepsilon_i \tag{10.20}$$

我们必须估计回归系数$\beta_1, \beta_2, \cdots, \beta_m$,可采用 OLS 方法。在等式(10.20)中,$\varepsilon_i$是模型中的误差项,即在预测第 i 个因变量值时所遗漏的随机项。根据之前的描述,我们知道:

$$\varepsilon_i = Y_i - \beta_1 X_{1i} - \beta_2 X_{2i} - \cdots - \beta_m X_{mi} \tag{10.21}$$

我们需要得到误差项的平方和,即 $\varepsilon_1^2 + \varepsilon_2^2 + \cdots + \varepsilon_i^2$,并采用 OLS 方法确定使误差项平方和最小的系数。

本章早些时候解释了债券的定价方程,即,$472a_1 + 1796a_2 + 7528a_3 = -30.75$。

上式的结果 -30.75 就是因变量的值,对应的三个自变量的值分别为 472、1796和 7528。由于有三个未知数,为了求解 a_1,a_2 和 a_3,只需要四个这样的债券定价方程。手工计算的工作量比较大,使用软件可以很快得出结果。使用有关的软件包,可以计算使模型中误差平方和最小的系数值。

如果将这些系数值记为 $\hat{a}_1$,$\hat{a}_2$ 和 $\hat{a}_3$,并且给定用来推导系数方程的债券市场价格,则贴现函数的 OLS 估计值就是:

$$\hat{d}(t) = 1 + \hat{a}_1 t + \hat{a}_2 t^2 + \hat{a}_3 t^3 \tag{10.22}$$

附录 10.2　回归样条

本附录介绍 Suits *et al*(1978)所使用的方法。Suits *et al*(1978)出色地阐述了如何使用回归方法拟合样条函数,这篇文章浅显易懂,值得极力推荐。

分段线性回归是一种标准的计量经济学方法,然而,这种方法不宜用来拟合非纯线性关系(如期限结构),如图 10.8 所示。

解决这个问题的一种方法是在使用者指定的任意点加入一系列线性回归,如下式所示:

$$\begin{aligned} Y = {} & [a_1 + b_1(X - X_0)]D_1 + [a_2 + b_2(X - X_1)]D_2 \\ & + [a_3 + b_3(X - X_2)]D_3 + u \end{aligned} \tag{10.23}$$

在等式(10.23)中,D_i 就是所谓的虚拟变量,对于所有 $X_{i-1} \leqslant X \leqslant X_i$的可观察值 D_i 的值都为 1;否则其值就为 0。等式(10.23)在 X_1 和 X_2 处是不连续的,但可

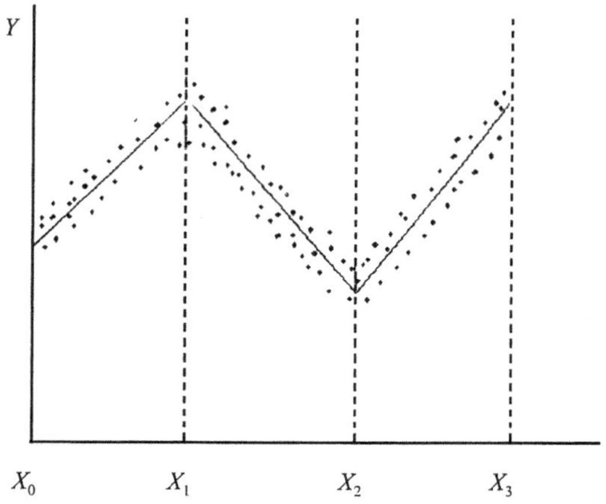

图 10.8 非纯线性关系

通过规定以下的限制条件消除这种不连续性：

$$a_2 = a_1 + b_1(X_1 - X_0)$$
$$a_3 = a_2 + b_2(X_2 - X_1) \tag{10.24}$$

将等式(10.24)代入等式(10.23)中，可得：

$$Y = a_1[D_1 + D_2 + D_3] + b_1[(X - X_0)D_1 + (X_1 - X_0)D_2 + (X_1 - X_0)D_3] + b_2[(X - X_1)D_2 + (X_2 - X_1)D_3] + b_3[(X - X_2)D_3] + u \tag{10.25}$$

等式(10.25)将一个分段线性回归转化为一个多元回归。其中 Y 是因变量，可根据三个复合变量进行回归，这三个复合变量的值可以通过以下途径获得：

- X 的数据集。
- X_i 在曲线弯曲点的值。
- 所选区间的宽度。
- 三个虚拟变量。

正如苏兹等(Suits *et al*)所述，有关系数可采用手工方法计算，也可利用很多标准软件包求解回归方程。

在很多应用场合，包括收益率曲线的拟合，分段线性回归有两个方面的缺点。首先，函数的导数是不连续的，这种不连续性可能严重扭曲在不连续点的曲线，使曲线在这些点处没有意义；其次，也是对收益率曲线应用更为重要的一点，不能明显看出各个线性部分的位置，因为观察值的散点图可能意味着有多种可能。这要求将 X_i 规定为使用者指定的任意点，不适用于线性回归法。

为了解决这些问题，可采用样条函数。为此，必须用一组分段多项式函数替代等式(10.25)中的线性函数。而且,可能使用任意阶的多项式,但最常见的应是使用立方多项式。在样条函数中,x 轴在 X_0、X_1、X_2 和 X_3 四个点被划分为三个区间,这些点称为结点,如图 10.9 所示。

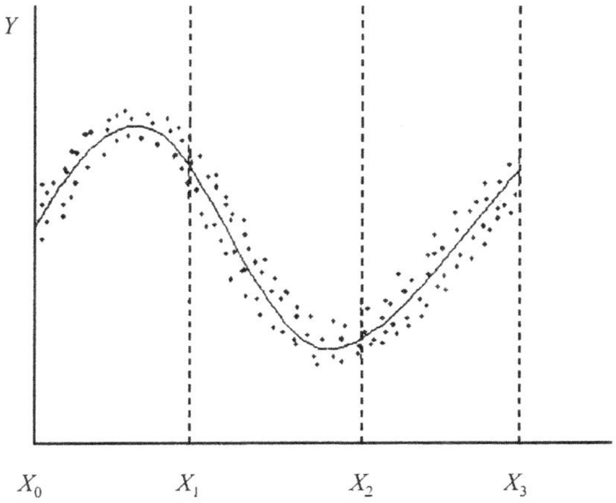

图 10.9　通过四个结点划分三个区间

根据苏兹的方法,图 10.9 所选择的部分是三个间距相等的区间。不过,这样选择结点不是程序所必需的,在用于收益率曲线模拟等应用时,也不这样选择,相反应将结点选择在使用者认为关系变化最大的地方。例如,在期限结构的模拟中,结点可能选择为 0、2、5 以及 10 年的到期期限处。如果需要四个以上的结点,分析师就需要更多的复合变量,例如在对 20 年期和 30 年期债券进行模拟时,稍后将探讨这方面的问题。增加结点的不利之处在于,拟合曲线需要更多的复合变量,这会导致额外自由度的丧失。

现在,回归关系变为:

$$
\begin{aligned}
Y = & [a_1 + b_1(X - X_0) + c_1(X - X_0)^2 + d_1(X - X_0)^3]D_1 \\
& + [a_2 + b_2(X - X_1) + c_2(X - X_1)^2 + d_2(X - X_1)^3]D_2 \\
& + [a_3 + b_3(X - X_2) + c_3(X - X_2)^2 + d_3(X - X_2)^3]D_3 + u \quad (10.26)
\end{aligned}
$$

其中,D_i 是由区间 i 确定的虚拟变量。

此时,等式(10.26)及其导数在结点处都是不连续的,但可通过对系数规定一些限制条件而消除这种不连续性,这些限制条件确保:

- 对于 a_i,很短期限和很长期限在起始结点和结束结点处的值相等。
- 对于 b_i,一阶导数即每个结点左边和右边的斜率相等。

- 对于 c_i，二阶导数相等。

以上限制条件如(10.27)式所示：

$$\begin{aligned}
a_2 &= a_1 + b_1(X_1 - X_0) + c_1(X_1 - X_0)^2 + d_1(X_1 - X_0)^3 \\
a_3 &= a_2 + b_2(X_2 - X_1) + c_2(X_2 - X_1)^2 + d_2(X_2 - X_1)^3 \\
b_2 &= b_1 + 2c_1(X_1 - X_0) + 3d_1(X_1 - X_0)^2 \\
b_3 &= b_2 + 2c_2(X_2 - X_1) + 3d_2(X_2 - X_1)^2 \\
c_2 &= c_1 + 3d_1(X_1 - X_0) \\
c_3 &= c_2 + 3d_2(X_2 - X_1) \qquad (10.27)
\end{aligned}$$

根据以上各式，可将样条函数转化为因变量 Y 对 5 个复合变量的多元回归式，苏兹等描述的多元回归式为：

$$\begin{aligned}
Y =& a_1 + b_1(X - X_0) + c_1(X - X_0)^2 + d_1(X - X_0)^3 \\
&+ (d_2 - d_1)(X - X_1)^3 D_1^* + (d_3 - d_2)(X - X_2)^3 D_2^* \qquad (10.28)
\end{aligned}$$

其中，D_1^* 和 D_2^* 是虚拟变量，在 $X \geqslant X_i$ 时有 $D_i^* = 1$，否则虚拟变量就为 0。可采用最小二乘法计算系数，各种标准软件包中都有相应的计算功能。

最后，如果想选择三个以上的区间，即四个以上的结点，这种情况在收益率曲线的应用中非常普遍，可采用以下的等式(10.29)。该等式的推导可参见 Suits *et al*(1978)。这是一个多元回归，而且所拟合的样条函数有 $n+1$ 个区间，结点分别为 $X_0, X_1, X_2, \cdots, X_{n+1}$，对应的虚拟变量为 $D_1^*, D_2^*, \cdots, D_n^*$：

$$\begin{aligned}
Y =& a_1 + b_1(X - X_0) + c_1(X - X_0)^2 + d_1(X - X_0)^3 \\
&+ \sum_{i=1}^{n} (d_{i+1} - d_i)(X - X_i)^3 D_i^* \qquad (10.29)
\end{aligned}$$

每增加一个区间就需要再增加一个复合变量，同时也会再丧失一个自由度。

参考书目

收益率曲线拟合也是一个得到大量研究的领域。Questa(1999)对此有很好的总体介绍，参见该书的第二部分。Van Deventer and Imai(1997)的第 2 章也对收益率曲线平滑作了出色的介绍，该书本身也是一本优秀的普通教材。James and Webber(2000)概要地介绍了收益率曲线建模的一些主要进展，但要求读者具备较好的微积分和计量经济学知识。Guajarati(1995)通俗地介绍了计量经济学知识。Choudhry *et al*. (2001)附有一张光盘，其中包含一个收益率曲线计算工具，使用者可用来根据实际观察的债券赎回收益率计算即期和远期收益率曲线。我们强烈推荐 Deacon and Derry(1994)以及 Jordan and Mansi(2000),这两篇文章通俗易懂。

Anderson, N., Breedon, F., Deacon, M., Derry, A. and Murphy, M., *Estimating and Interpreting the Yield Curve*, Wiley, 1996.

Carleton, W. and Cooper, I., "Estimation and Uses of the Term Structure of Interest Rates", *Journal of Finance*, September 1976, pp. 1067 – 1083.

Choudhry, M., Joannas, D., Pereira, R. and Pienaar, R., *Capital Market Instruments: Valuation and Analysis*, FT Prentice Hall, 2001.

Deacon, M. and Derry, A., "Estimating the Term Structure of Interest Rates", *Bank of England Working Paper*, No. 24, July 1994.

Goddard, S., *The Smiths: Songs That Saved Your Life*, Reynolds & Hearn, 2002.

Gujarati, D., *Basic Econometrics*, 3rd edition, McGraw-Hill, 1995.

James, J. and Webber, N., *Interest Rate Modeling*, Wiley, 2000.

Jordan, J. and Mansi, S., "How Well do Constant-Maturity Treasuries Approximate the On-The-Run Term Structure?", *Journal of Fixed Income* 10:2, September 2000, pp. 35 – 45.

McCulloch, J. H., "Measuring the Term Structure of Interest Rates", *Journal of Business*, January 1971, pp. 19 – 31.

Questa, G., *Fixed Income Analysis for the Global Financial Market*, Wiley, 1999.

Steeley, J. M., "Estimating the Gilt-Eedged Term Structure: Basis Splines and Confidence Intervals", *Journal of Business Finance and Accounting* 18, 1991, pp. 513 – 530.

Suits, D., Mason, A. and Chan, L., "Spline Functions Fitted by Standard Regression Methods", *Review of Economics and Statistics* 60, 1978, pp. 132 – 139.

Tuckman, B., *Fixed Income Securities*, Wiley, 1996.

Van Deventer, D. and Imai, K., *Financial Risk Analytics*, Irwin, 1997.

Vasicek, O. and Fong, H. G., "Term Structure Modelling Using Exponential Splines", *Journal of Finance* 37(2), May 1982, pp. 339 – 348.

第 11 章　估计和拟合收益率曲线(Ⅱ)

在第二篇,我们讲述了 1977 年奥德里奇·瓦西塞克(Oldrich Vasicek)提出第一个模型以来有关利率模型的一些重要研究。这些模型可以用来为衍生证券定价,均衡模型还可以用来评估债券市场的公平价值。不过,在应用这些模型之前,必须根据收益率曲线对模型进行拟合或校准①。在实际中,可以采用两种方式拟合或校准。最常用的方法是根据现金 LIBOR 存款、期货、掉期以及债券等金融工具的市场利率对模型进行校准,另外一种方法是根据市场利率模拟收益率曲线,然后根据所拟合的收益率曲线对模型进行校准。第一种方法较为常见,如扩展瓦西塞克模型;第二种方法在使用希斯—约罗—默顿模型等整体收益率曲线模型时则更为有用。

拟合收益率曲线有多种方法,包括回归方法和样条方法,第 10 章已介绍了这些方法。核近似法和线性规划法等方法是近年提出的方法,已为从业人员所接受。本章将介绍其中的一些方法,但详细讨论不是我们的目标。本章将讨论即期和远期收益率曲线的拟合,并介绍即期和远期收益率曲线的估计方法。然后讲解根据实际观察的政府债券收益率拟合收益率曲线的立方样条方法。相关的文献很多,读者如果希望获得进一步的信息,可参考 Anderson *et al*(1996)和 James and Webber(2000)的一些重要研究,感兴趣的读者也可参考 Bliss(1996)、Dahlquist and Svensson(1996)以及 Waggoner(1997)。其他拟合方法可参考 Kim(1993)和 Zheng(1994)。

由于很多原因,从业人员、投资者、中央银行以及政府当局对拟合零息收益率曲线或利率的真实期限结构有兴趣。在货币政策分析中使用收益率曲线已成为一种标准做法,出于同样的目的,中央银行还越来越多地使用远期利率。远期利率必须根据收益率曲线来估计,收益率曲线则需要根据短期国债和政府债券收益率等当前市场收益率来构建。根据政府债券价格可推导出非常有用的信息,包括隐含

① 事实上,模型需要根据市场信息进行校准,但最重要的是根据当前期限结构进行校准。

远期利率的收益率曲线,它们反映了市场对未来利率路径的预期①。市场还可根据隐含远期利率为债券定价,并用来确定公司债券信用利差的幅度。然而,货币当局与市场从业人员的要求是不应相同的,中央银行和政府并不非常关心即期利率曲线在证券定价中的准确性,对拟合后的曲线所包含的信息却非常感兴趣,对隐含远期利率和市场关于未来利率以及通货膨胀水平的预期尤为感兴趣。本章将介绍英国金边债券市场收益率曲线中所包含的信息。

11.1　引　言

从第 2 章中我们知道,贴现系数、贴现函数、平价收益率曲线、零息收益率曲线以及远期收益率曲线之间存在一定的关系。只要知道其中一个变量,就可以计算其他变量。在实际中,零息收益率曲线虽然可以直接从零息政府债券的收益率中观察到,但是,理论上讲,由于流动性和投资者偏好的存在,零息收益率曲线应根据市场中的附息政府债券的收益率来推导。拟合零息债券曲线的方法有很多种,有的方法使用贴现函数,有的使用平价收益率曲线。

债务市场中金融工具的定价以收益率曲线为中心。市场和政府当局使用期限结构是为了确定市场对未来利率的预期,这是因为,即期收益率曲线是具有同样到期期限结构的隐含远期利率的几何平均值。本章讨论收益率曲线所包含的信息,以及如何最好地拟合零息收益率曲线以便分析师根据隐含远期收益率曲线获取有关信息。中央政府货币当局以及分析师和经济学家使用收益率曲线有很多目的,例如英国政府债券的收益率可以来确定向地方当局和公共部门实体收取利息的基准。收益率曲线数据也可以用作一般利率模型的一个参数。有关实例请参见 Cox, Ingersoll, Ross(1985)所建立的单因素模型以及 Heath, Jarrow, Morton(1992)所建立的多因素模型。

收益率曲线用于货币政策分析虽然十分常见,但美联储和英格兰银行等中央银行最近已开始将远期利率作为货币政策分析的一个指标。我们知道,远期利率是适用于债务工具的利率,这种债务工具其期限在未来某个时刻开始,并在之后的某个时刻结束。尽管存在远期利率市场,但远期金融工具的报价是根据即期利率推导出来的。也就是说,隐含远期利率是根据即期收益率曲线计算的,而即期收益率曲线是根据金融工具的市场价格模拟的,这里所说的金融工具通常是政府债券。

---

① 根据前面的第 2 章及其他章节的讨论,我们知道远期利率从当前的即期利率期限结构中推导而来,因此尽管远期利率是当前所有已知信息基础上的预期,但它并不是对未来期限结构的预测。但是,远期利率仍然很重要,因为它使做市商可以对金融工具进行定价和对冲。

这意味着即期收益率曲线的形状和位置反映了市场关于未来利率的观点，这就是根据即期利率计算远期利率的原因所在。即期利率期限结构所包含的信息及其预测功能是以这种观点为基础的。远期利率可以使用多种模型来估计，也可以解释为反映了市场对未来短期利率的预期，而未来的短期利率是预期通货膨胀率水平的一个指标。即期收益率曲线中也包含同样的信息，但货币当局通常偏好使用远期利率，因为远期利率在政策分析中更容易使用。即期收益率曲线是远期利率的期望均值，远期利率曲线反映了短期远期利率在未来时段的预期水平，这意味着远期利率曲线比即期利率曲线更容易被划分为一个短期部分和一个长期部分。

由于即期收益率曲线可以作为预测未来利率的一个指标，应尽可能准确地进行拟合。即期收益率曲线的拟合这一领域已有大量研究资料，可以参见 McCulloch（1975）、Deacon and Derry（1994）、Schaefer（1981）、Waggoner（1997）、Nelson and Siegel（1987）、Svensson（1994，1995）以及其他文献。一般地说，研究人员通常使用政府债券市场作为模拟期限结构的基础，这是因为任何国家政府债券市场都是流动性最好的债券市场。另外，发达国家的政府债券通常是没有违约风险的，因此，可将政府借款利率当作无风险利率。无论采用哪种方法拟合期限结构，当其主要用途是制定政府政策，而不是为金融工具定价时，都应满足以下标准：

- 所采用的方法应尽量拟合隐含的远期利率，因为其主要目标是推导远期利率曲线，而不是市场的即期收益率。
- 所得到的远期利率曲线应尽量光滑，这也是因为其目标是提供与未来利率水平和变化方向相关的信息以及与中央银行货币政策相关的预期，而不是沿着到期日的期限结构为金融工具准确定价。
- 所采用的方法应包含尽量少的假设。

可以采用多种曲线拟合方法。在英国金边债券市场中，英格兰银行以前使用内部模型①，但现在已采用一种修正方法，这种方法由 Svensson（1995）首先提出，Fisher，Nychka and Zervos（1995）、Waggoner（1997）以及 Anderson and Sleath（1999）也先后提出了这种方法。稍后将讨论瓦戈纳（Waggoner）方法。在英国，由于存在一个政府零息债券市场，我们可以根据实际的市场即期利率来判断所拟合的即期期限结构的准确性。在判断拟合曲线期限较短处的准确性时，还可以利用金债券回购市场中的一些有用信息，这部分内容在 Anderson and Sleath（1999）中有讨论。

---

① 参见 Mastronikola（1991）。

11.2 债券市场信息

基本概念

中央银行和市场从业人员根据政府债券的市场利率来获取某些特定的信息,其中最重要的信息是隐含远期利率,它是对市场关于短期利率未来走向的预期的估计。隐含远期利率非常重要,因为它们代表市场对未来利率路径的预期。隐含远期利率也可以用于衍生产品的定价以及根据公司债券信用利差的幅度确定债券的价格。

远期利率可根据贴现函数或即期利率计算。若已知即期利率,则债券价格为:

$$P = \frac{C}{(1 + rs_1)} + \frac{C}{(1 + rs_2)^2} + \cdots + \frac{(C + M)}{(1 + rs_n)^n} \tag{11.1}$$

其中,

C 是应付票面利息。

M 是在到期日的赎回支付(面值)。

rs_t 是适用于第 t 期现金流的即期利率($t = 1, \cdots, n$)。

债券价格用贴现系数来表示,即每笔利息支付和到期支付现金流的现值等于每笔支付金额与相关贴现系数的乘积。因此,债券价格的方程式写作:

$$P = \sum_{t=1}^{n} Cdf_t + Mdf_n \tag{11.2}$$

其中,df_t 是第 t 期的贴现系数($t = 1, \cdots, m$),如下式(11.3)所示:

$$df_t = \frac{1}{(1 + rs_t)^t}, \quad t = 1, \cdots, m \tag{11.3}$$

贴现系数是离散时点的值,而市场通常认为,适用于任何时刻 t 的具体贴现系数的值是连续的,这种具有连续值的贴现系数就是贴现函数,它是离散贴现系数的连续集合,可以表示为 $df_t = \delta(t_t)$。

贴现函数可将当前的现货债券收益率曲线与即期收益率曲线和隐含远期收益率曲线联系起来。由等式(11.3)可得:

$$df_t = 1 + (rs_t)^{-t}$$

由于即期利率 rs 是隐含短期远期利率 $rf_1, rf_2, \cdots, rf_t$ 的均值，因此有：

$$
\begin{aligned}
1/df_1 &= 1 + (rs_1) = (1 + rf_1) \\
1/df_2 &= [1 + (rs_2)]^2 = (1 + rf_1)(1 + rf_2) \\
1/df_t &= [1 + (rs_t)]^t = (1 + rf_1)(1 + rf_2)\cdots(1 + rf_t)
\end{aligned}
\tag{11.4}
$$

由等式(11.4)中可知，$1 + rs_t$ 是 $(1 + rf_1)(1 + rf_2)\cdots(1 + rf_t)$ 的几何均值。

隐含远期利率表示期限结构上具体时点所预期的短期（1 个期间）未来利率，它们反映了市场在投资长期或更长期债务工具时所要求的边际报酬率利差。

计算隐含远期利率的的幅度时，需要求解连续贴现函数中所有期间的即期利率期限结构。在现实中这是不可能的，因为债券市场中的附息债券数量有限，到期日也是非常分散的。尽管可以观察到附息债券的收益率曲线，但我们需要将所观察到的曲线与连续期限结构进行拟合。注意，在英国金边债券市场有一些零息债券，因此就有可能直接观察即期利率。但由于流动性等原因，分析师偏好使用经过拟合的收益率曲线或理论上的收益率曲线，并将拟合的收益率曲线或理论上的收益率曲线与所观察到的曲线进行比较。

估计收益率曲线函数

传统的收益率曲线拟合方法需要先根据市场利率计算一组贴现系数，然后根据这些贴现系数估计即期收益率曲线。所使用的市场数据可以是货币市场利率，也可以是期货和掉期利率以及债券收益率。不过，由于缺乏到期日结构的有关数据，这种方法通常会产生锯齿状的即期利率曲线和具有显著锯齿状结点的远期利率曲线①。这种方法的一个改进版本是采用收益率曲线的多项式近似法。

麦卡洛克于 1971 年和 1975 年所提出的方法将贴现函数描述为若干近似函数的线性组合。因此，如果有 k 个这样的函数，其中有 j 个系数需要估计，则由这一组近似函数所得到的贴现函数就是一个 k 次多项式。这种方法的缺陷是，除非市场观察值在到期日的范围内平均分布，否则这样的多项式在拟合收益率曲线的期限较长处时就很不准确。为了说明这一点，麦卡洛克提出使用分段多项式函数或样条近似计算贴现函数。一个多项式样条可以看作几个独立的多项式函数在很多结点处进行的光滑连结。在数学上，“光滑”一词具有精确的意义，但是在分段 r 阶样条函数中，“光滑”通常意味着函数在结点两边的 $(r-1)$ 阶导数是连续的。麦卡洛

① James and Webber(2000，第 15 章)很好地阐述了导致这种方法不尽如人意的原因。

克最初使用二次样条估计贴现函数,所产生的远期利率曲线中存在非常大的跳跃性,这使得该曲线不适合政策分析的目的。为了避免这种效应,必须增加估计函数的数量,即使用立方样条。麦克洛克在第二篇论文中提出了这种方法,附录 11.1 有相关描述。

对立方函数和多项式函数的一种主要批评是,这些函数所产生的远期利率曲线在期限较长处显示出了不合实际的性质,因为此时的曲线通常急剧上升或下降。Vasicek and Fong(1982)所提出的方法避免了这个缺点,可产生更为光滑的远期曲线。这种方法将贴现函数描述为指数形式,这也是多项式样条不能很好拟合贴现函数的原因,因为样条函数与指数函数的曲率是不同的。相反,瓦西塞克和冯(Vasicek and Fong)提出将贴现函数 $V(T)$ 中的 T 作如下转化:

$$T = -(1/\alpha)\ln(1-x),\quad 0 \leqslant x \leqslant 1 \tag{11.5}$$

上式将贴现函数从 T 的近似指数函数转化为 x 的近似线性函数。采用多项式样条就可以估计这个转化后的贴现函数。使用这种转化,对贴现函数设置额外的限制条件就非常简单。参数 α 是远期利率的极限值,可作为估计的一部分与当时的数据进行拟合。瓦西塞克和冯则建议用立方样条估计转化后的贴现函数。对原始变量 T 而言,这就相当于根据三阶指数样条函数来估计贴现函数,即在每对结点之间,$v(T)$ 的形式为:

$$v(T) = b_0 + b_1 e^{-2\alpha t} + b_3 e^{-3\alpha t} \tag{11.6}$$

然而,Shea(1985)指出,实践中,指数样条不能产生比多项式样条更稳定的期限结构估计,谢伊(Shea)还建议使用基本样条或 B 样条,这种函数的值在大部分近似空间内为零,可以防止在曲线期限较长处因缺乏观察值而丧失准确性。

11.3　曲线拟合方法:参数法

第 10 章讨论了样条拟合的基本方法,下面更详细地考察这些方法。

英格兰银行使用斯文森收益率曲线模型的一个变种,即单维参数收益率曲线模型。该模型与纳尔逊和西格尔模型相似,它将远期利率曲线 $f(m)$ 定义为一组未知参数的函数,这些未知参数与短期利率以及收益率曲线的斜率有关。第 10 章对该模型有一个总结性的阐述。Anderson and Sleath(1999)根据 Waggoner(1997)所描述的基于样条的方法对包括斯文森模型在内的参数模型作了一个评估,本章稍后将概述他们的评估结论。

参数法

根据 James and Webber(2000)的第 15 章,曲线拟合方法一般分为两种类型,即参数法和基于样条的方法。之所以称为“参数法”,是因为这种方法根据一个参数函数来模拟远期利率,Nelson and Siegel(1987)描述了一种早期的参数法,用于模拟远期利率曲线。在确定了即期利率与远期利率之间的关系之后,这种方法就与根据远期利率曲线的几何平均值模拟即期利率曲线一样。纳尔逊—西格尔方法描述了一种十分灵活的远期利率函数,即如下式所示带有常数项的拉格朗日函数:

$$f(T) = \beta_0 + \beta_1 e^{-T/\tau_1} + \frac{\beta_2}{\tau_1} T e^{-T/\tau_1} \tag{11.7}$$

其中,T 是需要计算的变量,β_0,β_1,β_2 和 τ_1 是需要估计的参数。我们知道,即期利率是远期利率的平均值,也就是说:

$$rs = \frac{\int_0^T f(u)\,du}{T} \tag{11.8}$$

等式(11.7)意味着即期利率由下式确定:

$$rs(T) = \beta_0 + (\beta_1 + \beta_2)\frac{\tau_1}{T}(1 - e^{-T/\tau_1}) - \beta_2 e^{-T/\tau_1} \tag{11.9}$$

为了解释如何实施这种方法,我们(经允许)采用 Anderson and Sleath(1999)在评价纳尔逊-西格尔方法时首次使用的方法,令参数值为:

$$\beta_0 = 5.0 \qquad \beta_1 = -1 \qquad \tau_1 = 1$$

以 a 表示其余参数,可将等式(11.9)简化为:

$$rs(T) = 5 + (-1 + a)\frac{1 - e^{-T}}{T} - ae^{-T} \tag{11.10}$$

令 β_0 等于 5.0 意味着令即期利率的值是常见的 5.0%。作为一个练习,这里使用与安德森和思利斯(Anderson and Sleath)相同的参数值评估可能的结果,但初始即期利率有所不同,并将到期期限的值设定为 10,20,30 和 1 000 年,同时令 a 的值为 -5,-3,-1,0,1,3 和 5。表 11.1 列出了计算结果。当 T 的值增加到非常大时,即期利率向初始值的收敛速度很慢。计算结果也证明了这一结论。

表 11.1 使用纳尔逊—西格尔模型及使用者自己界定的参数计算即期利率

距离到期日的年数	-5	-3	-1	a 的值 0	1	3	5
10	4.4003	4.6002	4.8001	4.9000	5.0000	5.1999	5.3998
20	4.7000	4.8000	4.9000	4.9500	5.0000	5.1000	5.2000
30	4.8000	4.8667	4.9333	4.9667	5.0000	5.0667	5.1333
1 000	4.9940	4.9960	4.9980	4.9990	5.0000	5.0200	5.0040

纳尔逊—西格尔曲线可以与 1997 年 6 月金边债券的实际收益率进行拟合,稍后将介绍对这种拟合的评价。

Svensson(1994,1995)描述了另一种参数法,这种方法在纳尔逊—西格尔模型中添加了另一个系数,因此也称为扩展的纳尔逊—西格尔模型。这个添加的参数大大提高了模型的灵活性,因此所产生的曲线可以模拟具有一个以上弓形的远期利率曲线。如下式(11.11)所示:

$$f(T) = \beta_0 + \beta_1 e^{-T/\tau_1} + \beta_2 \frac{T}{\tau_1} e^{-T/\tau_1} + \beta_3 \frac{T}{\tau_1} e^{-T/\tau_2} \tag{11.11}$$

在斯文森模型中,有 6 个系数 β_0、β_1、β_2、β_3、τ_1、τ_2 需要进行估计。这个模型已被很多国家的中央货币当局采用,如瑞典央行和英格兰银行,英格兰银行在美国亚特兰大联邦储备银行发表瓦戈纳的论文之后采用了这个模型的一个修正版本(稍后再作介绍)。安德森和思利斯在 1999 年的论文中根据 Fisher, Nychka and Zervos(1995)和 Waggoner(1997)所提出的样条方法评价了以上所介绍的两种参数法,目的是改善这两种方法的灵活性。

用参数表示的收益率曲线

纳尔逊和西格尔提出了一种曲线拟合方法,此后 Svensson(1994)、Wiseman(1994)以及 Bjork and Christensen(1997)对该方法作了改进,这种方法中的参数很少,并且人们得到的一般是收益率曲线的相对近似值。如前所述,纳尔逊和西格尔曲线包含 4 个参数,斯文森曲线包含 6 个参数。怀斯曼(Wiseman)提出的曲线则包含 $2 \times (n+1)$ 个参数,这些参数用 $\{\beta_j, k_j\}_{j=0,1,\cdots,n}$ 表示,这个曲线 $f_2(\tau)$ 为:

$$f_2(\tau) = \sum_{j=0}^{n} \beta_j e^{-k_j \tau} \tag{11.12}$$

最初的纳尔逊和西格尔曲线不能产生所有类型收益率曲线的近似值,因为过少的参数限制了模型的灵活性。这种曲线可以用来模拟即期利率和远期利率曲线,但是用于模拟贴现曲线时不能产生准确的结果。图 11.1 展示了经过拟合的纳尔逊和西格尔曲线的一个例子,该曲线采用了1997年6月的英国金边债券的收益率,表11.2中还列出了金边债券的实际收益率。

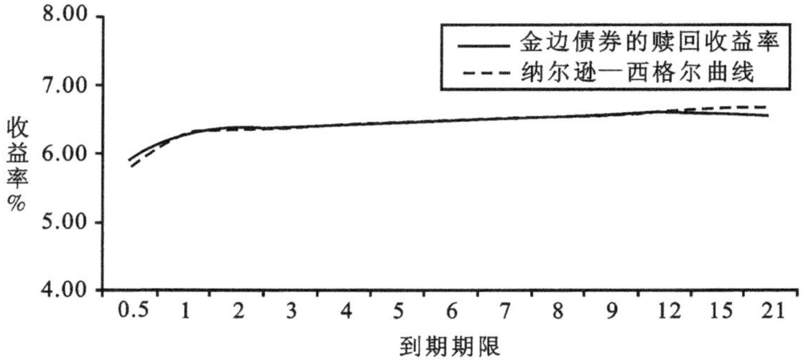

图11.1　使用纳尔逊—西格尔方法拟合的收益率曲线和金边债券的赎回收益率曲线

表11.2　　用于拟合图11.1中收益率曲线的金边债券赎回收益率

到期期限	金边债券赎回收益率%	到期期限	金边债券赎回收益率%
0.5	5.90	7	6.52
1	6.29	8	6.54
2	6.37	9	6.55
3	6.40	12	6.60
4	6.47	15	6.58
5	6.45	21	6.54
6	6.50		

所拟合的曲线是赎回收益率曲线的近似值,也非常光滑。然而,这种拟合在期限极短处不是非常精确,这表明6个月期债券的定价过低。这种拟合也不能近似表示该曲线的较长期限。由于这个原因,*B*样条方法更为常用。

11.4　估计和拟合收益率曲线的立方样条法

从数学上看,样条是一个分段多项式,是由几个多项式线段组成的函数,这些多项式线段在使用者指定的点连接起来,这些点称为结点。这个函数在每个结点处是二次可微的,因此在每个结点处可产生光滑的曲线。拟合样条函数最常见的方法是回归法,Suits *et al*(1978)对此有很好的说明,第10章中也曾作了介绍。1997年美国亚特兰大联邦储备银行发表了瓦戈纳的一篇开创性文章。本节(经允许)概述这篇文章中所描述的样条方法。

本书第 6 章已介绍过样条方法,这种方法通常用来根据市场上实际观察到的债券收益率推导即期和远期利率曲线和贴现函数。一种常用的样条方法由 McCulloch(1975)提出,这种方法使用回归立方样条推导贴现函数。然而,Waggoner(1996)认为,这种方法虽然非常精确和稳定,但是所产生的远期利率曲线是振荡的。实际上,几乎所有的曲线拟合方法都有这种特征,分析师的目标就是获得振荡程度最小的曲线。Fisher,Nychka and Zervos(1995)提出另一种方法,在形成远期利率曲线时使用一个具有“粗糙惩罚项”的立方样条,这种方法所产生的曲线振荡性很小,但也降低了曲线与实际观察到的收益率间的拟合程度。Waggoner(1997)通过使用“可变粗糙惩罚项”对上述方法作了修正,下面介绍瓦戈纳的这种方法。

使用立方样条的瓦戈纳模型

立方样条可以用作贴现函数或远期利率曲线的函数形式。定义一个在$[t_1, t_N]$区间的函数 g 作为立方样条函数,该函数的结点为 $t_1 < t_2 < \cdots < t_n$,并且对于 $1 < j < n$ 该函数在每个小间隔$[t_{j-1}, t_j]$上都是一个立方多项式,而且可以在区间$[t_1, t_N]$上连续微分。结点为 $\tau_1 < \tau_2 < \cdots < \tau_n$,这些结点就是这组债券的现金流支付日期和到期日期。此外,我们假设这些债券每半年支付一次利息。按照 Waggoner(1997)的描述,令 $\tau_0 \equiv 0$,因此该曲线的推导贯穿了从零点直至样本中到期期限最长的点。拟合收益率曲线有可能用到区间中所有的结点,然而立方样条函数中的点数越多,所推导出的远期利率曲线振荡的可能性就越大,到期期限较长的地方尤其如此。我们希望最小化振荡的水平,因为出于货币政策目的,一般将该曲线用于提供与预期未来利率相关的信息。一个波动的收益率曲线意味着预期未来价格是振荡的,这可能产生不合逻辑的结果,尤其是在曲线上期限较长处。例如,一个收益率曲线可能揭示出,若 6 个月短期国债的当前价格为 97.50 英镑,则一年以后其价格将是 98 英镑,两年后其价格可能是 95 英镑,但这不是一个合理的预期。然而,6 个月期债券价格所揭示的意义在 25、26 和 27 年之后的合理性将非常小。因此,拟合的曲线应能平滑到期期限较长处的远期利率,而这需要降低振荡水平。麦卡洛克方法使用回归样条降低远期利率的波动性,而费雪等(Fisher *et al*)和瓦戈纳方法使用光滑样条和修正光滑样条函数来达到同样目的。

在回归样条函数中,为了降低振荡水平,应减少结点的数量。这将影响立方样条函数的灵活性,因为在精确性和振荡水平之间存在一种权衡关系。在减少到期期限较长处结点数量的同时,增加到期期限较短处的结点数量,可以在降低振荡性的同时保证曲线在到期期限较短处的精确性。在实际中,通常采用图 11.2 中所示的方式设定结点。结点的设置显然还可以采用其他多种方式。

1 周	1 个月	3 个月	6 个月	9 个月	1 年	2 年	3 年	4 年	5 年	6 年	7 年	8 年	9 年	10 年

3 个月	6 个月	1 年	2 年	3 年	4 年	5 年	6 年	7 年	10 年	15 年	20 年	25 年	30 年

图 11.2　建议使用的结点

在选择好结点之后，将收益率曲线 ψ 表示为使以下函数最小化的立方样条：

$$\sum_{i=1}^{N}(P_i - \hat{P}_i(\psi))^2 \tag{11.13}$$

McCulloch(1975)的方法用回归立方样条来近似表示贴现函数。他认为，结点的个数应大致等于样本中债券数量的平方根，结点的位置应能保证各区间相等，即保证相邻结点之间到期的债券数量相同。很多作者认为这种方法在实际中可以产生准确的结果①。此外，该贴现函数的限制条件为 $v(0)=1$。在给定这些参数之后，贴现函数应使等式(11.14)中的函数最小化。等式(11.14)是一个贴现函数，而不是一个收益率曲线，因此可以采用最小二乘法求解。

$$\sum_{i=1}^{N}(P_i - \hat{P}_i^{v}(v))^2 \tag{11.14}$$

对于一个光滑的样条，可以通过在函数中设定一个"粗糙惩罚项"来控制振荡水平，而不需要减少结点的个数。此外，所选择的收益率曲线 ψ 应使等式(11.15)中的目标函数最小化，这个函数是在结点 $\tau_0 < \tau_1 < \tau_2 < \cdots \tau_N$ 上所有立方样条的目标函数：

$$\sum_{i=1}^{N}(P_i - \hat{P}_i^{*}(\psi))^2 + \lambda\int_{0}^{t_N}(\psi''(t))^2 dt \tag{11.15}$$

在最小化该函数的过程中，拟合度与光滑度之间存在一种权衡关系，其中拟合度由第一项决定，而光滑度由第二项进行度量。这种权衡关系就是由 λ 表示的"粗糙惩罚项"，是一个正的常数。如果令 λ 为零，这个函数就转化为一个回归样条。并随着 λ 扩大，g 就趋近于一个线性函数。虽然随着 λ 的增加，结点间隔大小的影响将会降低，但样条的灵活性仍然是结点之间间隔大小和 λ 值的函数。对于较大的 λ 值，样条的灵活性在所有期限是基本相似的。但这种相似性未必很理想，因为正如我们在图 11.2 中看到的，我们需要样条在期限较短处更具有灵活性，而在期限较长处的灵活性相对来说较小。因此，Waggoner(1997)提出一个修正的光滑样

① 例如，参见 Bliss(1997)。

条。对于修正的光滑样条,等式(11.16)中的目标函数在包括结点 $\tau_0<\tau_1<\tau_2<\cdots<\tau_N$ 在内的整个期限将达到最小化。

$$\sum_{i=1}^{N}(P_i-\hat{P}_i^*(\psi))^2+\int_0^{t_N}\lambda(t)(\psi''(t))^2dt \qquad (11.16)$$

Fisher(1995)的方法用一个光滑的立方样条来近似表示远期曲线。该方法建议结点的数量应约占样本中债券数量的1/3,结点之间的区间应使两个相邻结点之间到期的债券数量相等。这不同于理论上的方法,理论方法要求在每个有债券现金流的区间内都应有结点。然而,在实践中根据费雪的建议,减少结点数量对远期利率曲线并没有实质影响,却能减少计算量。这种方法所得到的远期利率曲线是使下述函数最小化的立方样条:

$$\sum_{i=1}^{N}(P_i-\hat{P}_i^f(f))^2+\lambda\int_0^{t_N}(f''(s))^2ds \qquad (11.17)$$

λ 的值可以通过一个称为广义交叉验证(GCV)的方法获得,是可以使等式(11.18)最小化的表达式:

$$\gamma(\lambda)=\frac{rss(\lambda)}{(N-\theta ep(\lambda))^2} \qquad (11.18)$$

其中,

N 是样本中债券的数量。

$rss(\lambda)$ 是残差的平方和,其表达式为:$rss(\lambda)=\sum_{i=1}^{N}(p_i+\hat{P}_i^f(f_\lambda))^2$,其中 f_λ 是最小化该表达式的远期利率曲线。

$ep(\lambda)$ 是参数的有效个数。

θ 是成本或调整参数。

θ 的值越大,所得到的样条越严格。费雪等和瓦戈纳都将 θ 的值设定为2。对于固定的期限 λ,表达式(11.17)可以采用非线性最小二乘法求解。此外,GCV方法可以通过使用一个称为一维搜索的方法来实施的。

根据费雪等的观点,Waggoner(1997)建议用立方样条近似表示远期利率函数,结点的数量应大约为样本中债券数量的1/3,结点之间的区间应使相邻两个结点之间到期的债券数量相等。瓦戈纳方法称为可变粗糙惩罚(VRP),所选择的立方样条远期利率曲线应使等式(11.19)中的函数最小化:

$$\sum_{i=1}^{N}(P_i-\hat{P}_i(f))^2+\lambda f_0^{t_N}\lambda(s)(f''(s))^2ds \qquad (11.19)$$

粗糙惩罚 λ 的规定如下:

$$\lambda(t)=\begin{cases}0.1 & 0\leqslant t\leqslant 1\\ 100 & 1\leqslant t\leqslant 10\\ 1\,000\,000 & 10\leqslant t\end{cases}$$

其中,t 用年数度量。VRP 方法是一种非线性方法,可以采用非线性最小二乘法求解。

11.5 安德森—思利斯模型

本节概述安德森和思利斯的一篇论文,该论文首次发表在英格兰银行 1999 年 11 月的《季报》(*Qurterly Bulletin*)上。该论文的主要目的是评估参数方法和样条方法的相对有效性。实际上,不同的应用场合要求使用不同的方法,样条方法的主要优点是结点之间的各个函数能以相对独立的方式移动,所得到的曲线比参数法有更大的灵活性。安德森和思利斯的结论是,采用参数法时,在曲线一端引入的一个振动将产生不太令人满意的结果,我们稍后再作讨论。

安德森—思利斯模型已被英格兰银行所采用,该模型在很多重要方面对瓦戈纳方法进行了修正。瓦戈纳方法中的 $\lambda(t)$ 函数此时变为:

$$\log\lambda(m)=L-(L-S)e^{-m/\mu} \tag{11.20}$$

式中,需要估计的参数为 L,S,μ。此外,债券的市场价格和理论价格之间的差额按债券修正久期的倒数加权计算。这种方法可以说明波动率较大的债券所观察到的定价错误。

因此,该模型所采用的方法是使下式(11.21)最小化:

$$X=\sum_{i=1}^{N}\left(\frac{P_i-\pi_i(c)}{MD_i}\right)^2+\int_0^M\lambda_t(m)(f''(m))^2dm \tag{11.21}$$

其中,P 和 MD 是债券 i 的价格和修正久期,c 是估计的多项式样条的参数向量,M 是到期期限最长的债券距离到期日的时间。

将样条和参数法结合起来是安德森—思利斯方法的显著特征。

应用

本章所讨论的各种方法都可以用来可靠地拟合零息收益率曲线。在实践中,各种方法的使用结果表明,在特定情况下,一些方法比其他方法更合适。一般地说,采用可变粗糙惩罚项,即粗糙惩罚随到期期限而变化,为短期债券的定价更为准确,具体可参见费雪和瓦戈纳方法。麦卡洛克方法具有合理的准确性,是一种线性方法,因此在实施时比其他方法更为简单,它产生的收益率曲线在拟合度和光滑度方面与 VRP 方法相似。因此,在大部分情况下都可以使用麦卡洛克方法。VRP 方法的优点是,这种方法允许使用者选择平滑度。

在决定采用哪种方法时,从业人员需要考虑各种方法在灵活性、简单性以及一致性方面的效果。正如本章开始时所指出的那样,中央货币当局的要求在某些方面不同于投资银行和商业银行。然而,收益率曲线一般来说应能拟合尽可能广泛的期限结构,并应具有可跟踪性或者便于计算。此外,收益率曲线应与收益率曲线模型保持一致,例如 Bjork and Christensen(1997)的方法可以与赫尔—怀特模型或扩展瓦西塞克收益率曲线模型是兼容的。在同一篇论文中,比约克和克里斯滕森(Bjork and Christensen)两位作者还指出,纳尔逊和西格尔方法与任何常用的期限结构模型都不一致。James and Webber(2000)指出,简单既是纳尔逊和西格尔方法的优点,也是它的主要缺点。在这篇评论中,詹姆斯和韦伯(James and Webber)的结论是,B 样条方法与比约克和克里斯滕森的方法更具灵活性和一致性。

11.6　对安德森—思利斯模型的评价

拟合即期曲线

本节将概述 Anderson and Sleath(1999)极具创新性的研究,并将该研究与其他方法进行比较。一般使用拟合度指标测试各个方法的准确性,例如,如果使用 n 个债券对曲线进行拟合,我们就希望下式(11.22)的指标最小化:

$$X_p = \sum_{i=1}^{N}\left(\frac{P_i - \prod_i(\rho)}{MD_i}\right)^2 \tag{11.22}$$

其中,

P_i 是第 i 个债券的市场价格。

MD_i 是第 i 个债券的修正久期。

$\prod_i(\rho)$ 是第 i 个债券的拟合价格 。

收益率曲线拟合中常采用基于样条的方法,第 10 章已作介绍。斯文森参数方法等参数法是用确定的单个短期利率用来描述瞬间远期利率曲线的。与之不同的是,基于样条的方法将曲线与所观察到的分段数据进行拟合,为确保曲线的光滑性和连续性,样条法需设定一些限制条件。基于样条的方法允许曲线的不同分段独立变动，就具光滑性和连续性的优点，这正符合我们确定的目标。图 11.3 和图 11.4 展示了这一点，图中的收益率曲线是根据一组假设的债券价格绘制的，绘制时采用了立方样条方法和斯文森法，长期债券收益率的变化对斯文森曲线有重要影响，尤其是对于曲线中到期期限较短的部分。然而，样条曲线在收益率变化时只在曲线中到期期限较长的部分有轻微变化。

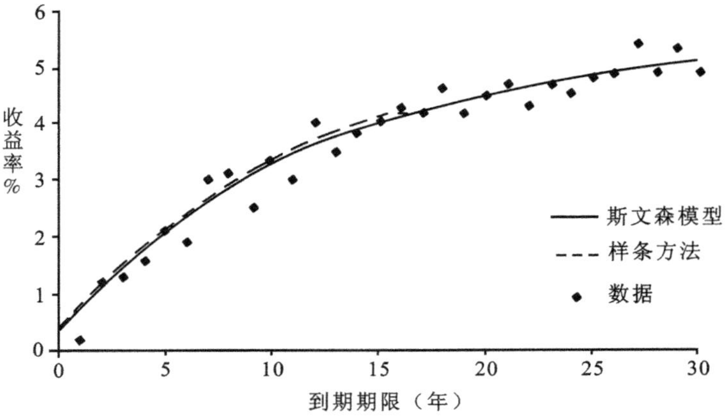

图 11.3 采用立方样条方法和斯文森法拟合的假设债券收益率曲线

收益率变化对斯文森曲线的影响被放大，因为斯文森法规定了一个导致收益率收敛于一个常数水平的限制条件。该限制条件基于以下观点，即远期利率反映了市场对未来短期利率水平的预期，据此，预期 30 年期的远期利率与 25 年期或 20 年期的远期利率没有显著差异，这导致远期利率在大约 10 年以后收敛于一个常数水平。

如果无风险政府零息债券市场交易活跃，就可以将拟合的收益率曲线与实际即期利率曲线进行比较。英国的零息债券市场始于 1997 年 12 月。从理论上说，任何推导的即期利率曲线都可以与实际的即期利率曲线进行比较，以便及时检查收益率曲线模型的准确性。然而，由于分离性债券的收益率实际行为的影响，实际观察到的曲线与拟合出的曲线之间的差异实际上可能没有太大的意义。在英国债券市场中，分离型债券在期限结构中的某些时点具有一定的非流动性。与其他地方的分离型债券一样，英国市场中长期债券的交易价格也比较高。另一个因素是，利息分离型债券在交易时比本金分离型债券便宜。那么，在比较时应使用哪个收

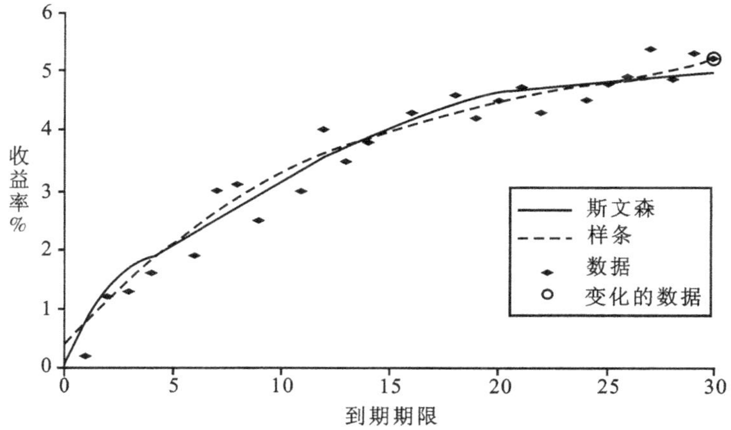

图 11.4　长期债券收益率变化对拟合收益率曲线的影响

益率呢①？在图 11.5 中,我们比较了采用斯文森法拟合的理论即期曲线与 1998 年 7 月实际观察到的利息分离型债券的收益率,同期英国金边债券的收益率曲线是反向的。

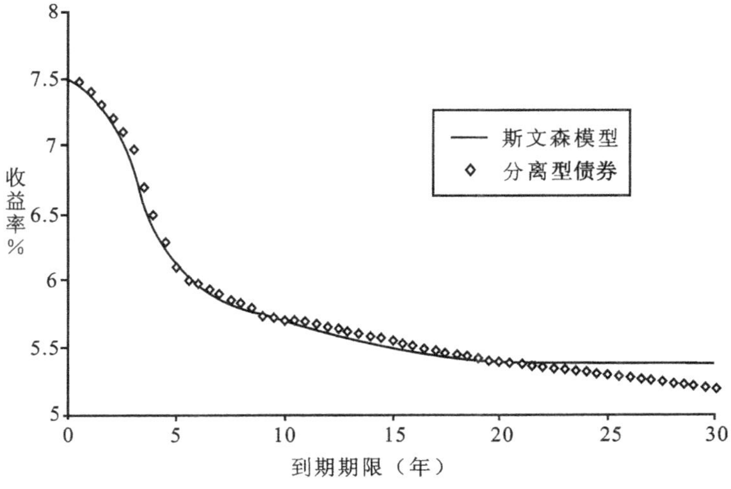

图 11.5　拟合的即期收益率曲线与实际观察的即期收益率曲线的比较

拟合的收益率曲线的长期收益率是一个常数,这与我们在图 11.3 中所看到的假设收益率曲线是一致的。分离型债券的收益率曲线中,到期期限较长的债券交

① 观察认为,由于需求和流动性方面的原因,来自附息债券本金现金流的零息债券,其收益率比具有相同到期期限的来自传统债券息票现金流的零息债券低。

易价格较高,这是一个常见的观察结果。然而,在拟合的精确性方面,参数法与实际观察到的曲线之间有很大的不同。立方样条拟合方法[如 Waggoner(1997)方法]可以产生一个更符合现实的曲线,如图 11.6 所示。

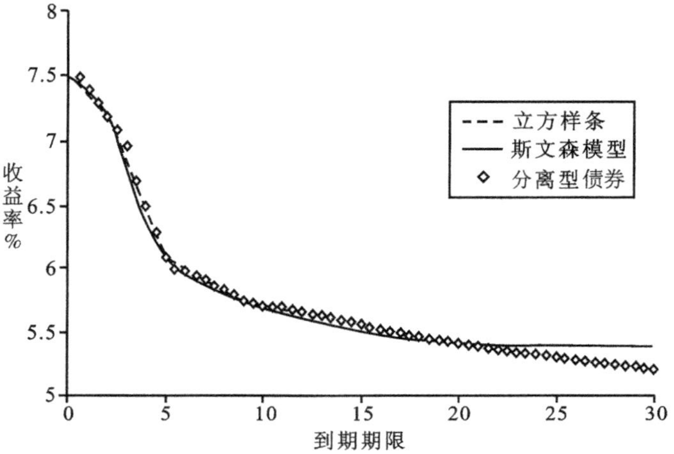

图 11.6 1998 年 7 月拟合的收益率曲线与实际观察的分离型债券收益率曲线

这反映了样条曲线的有关性质,包括用一系列实际上相互关联的线段描述远期收益率这个性质。根据这个性质收益率的变动只对收益率曲线的相关部分有影响,曲线可更好地匹配实际观察到的收益率曲线。基于样条方法的有效性可用下式(11.23)来度量:

$$X_S = X_P + \int_0^M \lambda_t(m)(f''(m))^2 dm \qquad (11.23)$$

式中,$f''(m)$是拟合远期曲线的二次导数,M 是期限最长债券的到期期限,$\lambda_t(m)$是粗糙惩罚项。图 11.6 表明,基于样条方法所产生的收益率曲线更切合实际,可以更好地反映图 11.5 所示的分离型债券的收益率曲线。

回购和估计收益率曲线中到期期限较短的部分

在制定货币政策和中央政府决策时,很少利用收益率曲线中到期期限较短的部分,这是由于以下两个原因。第一,货币政策和政府政策主要关注中期问题,短期曲线在这方面没有实际意义;第二,准确拟合短期曲线所需的数据通常较少,长期期限结构必须根据无风险金融工具来拟合,而短期曲线只能根据短期国债的有关数据来估计。在一些市场,短期国债可能只有很少的市场参与者才能买卖,更为重要的是,短期国债收益率反映的是其无风险和近似现金的状态,因此,如果想了解市场对远期利率的看法,短期国债可能不是非常理想的金融工具。因此,从保持流动性的要求上讲,存在一种短期国债的替代金融工具是有用的。尽管回购市场存在交易对手风险而短期国债市场不存在这种风险,政府回购市场仍然是短期国债的一个令人满意的替代工具,因为回购市场本质上可看作一种无风险金融工具,在资金借出方已经取得对方交付的保证金时尤为如此。因此,普通担保回购本质上可看作一个具有流动性的、短期的、无风险的金融工具①。

根据短期回购的收益率拟合的即期曲线可能有很大的不同,这种影响如图 11.7 所示,该图是根据 Anderson and Sleath(1999)复制的。应注意的是,图中的曲线只是一个短期的即期曲线,其到期期限只包括两年的时间。图中估计了两个立方条收益率曲线,其中一条使用了回购利率数据,另一条则没有使用回购利率数据。前者比后者更接近于货币市场的收益率曲线,二者的差别在于收益率曲线中到期期限非常短的部分。在大约一年以后,两种方法所产生的曲线非常相似。

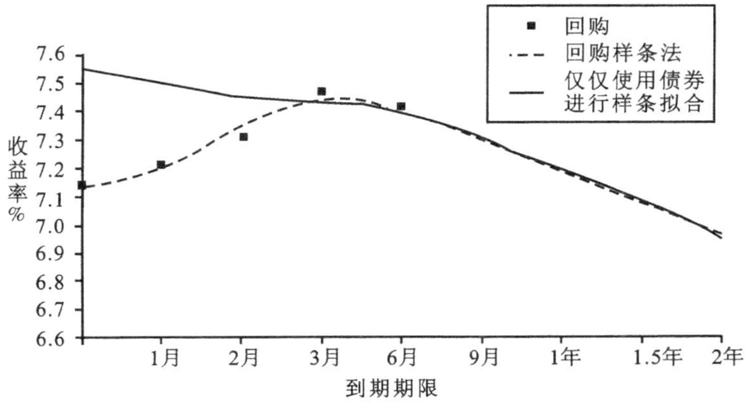

图 11.7　使用政府债券回购利率拟合短期收益率曲线

Barone and Risa(1994)和 Duffie(1993)说明了“特殊”回购利率对期限结构模拟的影响,这两个文献可以从有关机构的网站上获得。

附　录

附录 11.1　麦卡洛克立方样条模型

这个模型由 McCulloch(1975)首次描述,在 Deacon and Derry(1994)中也有提

① 有关回购市场和英国金边债券回购市场的更多信息,请参见 Choudhry(2004)。

及。假设将到期期限结构划分为 q 个结点，即 $q_1,\cdots,q_q$，其中 $q_1=0$，q_q 是到期期限最长债券的到期日。其余结点的分布尽可能使每对结点之间具有相同数量的债券。如果 $j<q$，可以使用以下函数：

- 对于 $m<q_{j-1}$，$f_j(m)=0$ (11.24)
- 对于 $q_{j-1}\leqslant m\leqslant q_j$

$$f_j(m)=\frac{(m-q_{j-1})^3}{6(q_j-q_{j-1})} \tag{11.25}$$

- 对于 $q_j\leqslant m\leqslant q_{j+1}$

$$f_j(m)=\frac{c^2}{6}+\frac{cf}{2}+\frac{f^2}{2}-\frac{f^3}{6(q_{j+1}-q_j)} \tag{11.26}$$

其中，

$c=q_j-q_{j-1}$

$m=m-q_j$

- 对于 $q_{j+1}\leqslant m$

$$f_j(m)=(q_{j+1}-q_{j-1})\left(\frac{2q_{j+1}-q_j-q_{j-1}}{6}+\frac{m-q_{j+1}}{2}\right) \tag{11.27}$$

- 对于 $j=q$

对所有 m 的值，$f_q(m)=m$。

参考书目

Anderson, N., Breedon, F, Deacon, M., Derry, A. and Murphy, M., *Estimating and Interpreting the Yield Curve*, Wiley, 1996.

Anderson, N. and Sleath, J., "New estimates of the UK real and nominal yield curves", *Bank of England Quarterly Bulletin*, November 1999, pp. 384 – 392.

Bank of England, *Quarterly Bulletin*, August 1999.

Barone, E. and Risa, S., "Valuation of Floaters and Options on Floaters under Special Repo Rates", Instituto Mobiliare ltaliano, 1994.

Bjork, T. and Christensen, B., "Interest Rate Dynamics and Cons istent Forward Rate Curves", *University of Aarhus Working Paper*, 1997.

Bliss, R., "Testing term structure estimation methods", *Advances in Futures and Options Research* 9, 1997, pp. 197 – 231.

Brenner, R. and Jarrow, R., "A Simple Formula for Options on Discount Bonds", *Advances in Futures and Options Research* 6, 1993, pp. 45 - 51.

Choudhry, M., *The Global Repo Markets: Analysis and Strategies*, John Wiley, 2004.

Cox, J., Ingersoll, J. and Ross, S., "A Theory of the Term Structure of Interest Rates", *Econometrica* 53, 1985, pp. 385 - 407.

Dahlquist, M. and Svensson, L., "Estimating the Term Structure of Interest Rates for Monetary Policy Analysis", *Scandinavian Journal of Economics* 98, 1996. pp. 163 - 183.

Dothan, U., "On the term structure of interest rates", *Journal of Financial Economics* 6, 1978, pp. 59 - 69.

Deacon, M. and Derry, A., "Estimating the term structure of interest rates", *Bank of England Working Paper*, No. 24, July 1994.

Duffie, D., *Special Repo Rates*, Graduate School of Business, Stanford University, 1993.

Edmister, R. O. and Madan, D. P., "Informational Content in Interest Rate Term Structures", *The Review of Economics and Statistics* 75 (4), November 1993, pp. 695 - 699.

Fisher, M., Nychka, D. and Zervos, D., "Fitting the term structure of interest rates with smoothing splines", *Finance and Economic Discussion Series* 95 - 1, Federal Reserve Board, 1995.

Harrison, J. and Pliska, S., "Martingales and Stochastic Integrals in the Theory of Continuous Trading", *Stochastic Processes and their Applications* 11, 1981, pp. 215 - 260.

Heath, D., Jarrow, R. and Morton, A., "A New Methodology for Contingent Claims Valuation", *Econometrica* 60, 1992, pp. 76 - 106.

James, J., Webber, N., *Interest Rate Modeling*, Wiley, 2000.

Kim, J., "A Discrete-Time Approximation of a One-Factor Markov Model of the Term Structure of Interest Rates", Graduate School of Industrial Administration, Carnegie-Mellon University.

Lancaster, P., and Salkauskas, K., *Curve and surface fitting: an introduction*, Academic Press, 1986.

Mastronikola, K., "Yield curves for gilt-edged stocks: a new model", *Bank of England Discussion Paper (Technical Series)*, No. 49, 1991.

McCulloch, J., "Measuring the term structure of interest rates", *Journal of Business* 44, January 1971, pp. 19 - 31.

McCulloch, J., "The Tax Adjusted Yield Curve", *Journal of Finance* 30, June 1975, pp. 811 - 829.

Nelson, C. and Siegel, A., "Parsimonious modelling of yield curves", *Journal of Business*, Volume 60, 1987, pp. 473.

Schaefer, S., "Measuring a tax-specific term structure of interest rates in the market for British government securities", *The Economic Journal*, Volume 91, June 1981, pp. 415 - 438.

Shea, G., "Interest-rate term structure estimation with exponential splines: a note", *Journal of Finance* 40(1), March 1985, pp. 319 - 325.

Svensson, L., "Estimating and Interpreting Forward Interest Rates: Sweden 1992 - 94", International Monetary Fund *Working Paper* 114, 1994.

Svensson, L., "Estimating forward interest rates with the extended Nelson & Siegel method", *Sveriges Riksbank Quarterly Review*, 1995:3, p. 13.

Waggoner, D., "The robustness of yield and forward rate extraction methods", unpublished working paper, Federal Reserve Bank of Atlanta, September 1996.

Waggoner, D., "Spline methods for extracting interest rate curves from coupon bond prices", *Working Paper*, No. 97 - 10, Federal Reserve Bank of Atlanta, 1997.

Vasicek, O., "An Equilibrium Characterization of the Term Structure", *Journal of Financial Economics* 5, 1977, pp. 177 - 188.

Vasicek, O., Fong, H. G., "Term structure modelling using exponential splines", *Journal of Finance* 37(2), May 1982, pp. 339 - 356.

Wiseman, J., "The Exponential Yield Curve Model", European Fixed Income Research, Technical Specification, JP Morgan, 1994.

第四篇

根据收益率曲线进行相对价值交易

在本书最后一部分中，我们将考察交易商和基金经理等市场参与者如何将收益率曲线分析作为相对价值交易和利差交易的一部分。第12章介绍一些基本的原则，第13章考察英国金边债券市场的一些案例。

第 12 章　收益率曲线与相对价值

债券市场的参与者对现金和零息债券(即期)收益率曲线都非常感兴趣。在一些零息债券交易活跃的市场,分析大多针对所推导的零息收益率与实际收益率之间的相对利差。本章针对无违约风险债券,如美国和英国的政府债券,回顾市场上使用的一些收益率曲线分析方法。下一章(最后一章)将考察一些具体案例。

12.1　政府债券收益率的决定因素

政府债券市场的做市商在确定报价时要分析市场的各种因素。某一客户的业务部门在制定证券买卖决策时要考虑以下因素:

- 市场走向,即长期利率与短期利率的走向。
- 整个期限结构中哪个到期点的价值最大。
- 某一到期点上哪个证券所提供的价值最大。

以上三个方面相互关联,但对特定信息的反应各不相同。例如,政府预算赤字的预计规模对两年期债券的收益率不会造成太大影响,但如果这种预计与市场的预期不同,就可能对长期债券的收益率造成不利影响。分析的起点是收益率曲线,包括根据久期绘制的传统附息债券曲线和零息债券曲线。图 12.1 是 1999 年 10 月金边债券市场的传统收益率曲线。

在第一层面上,很多市场从业人员的分析都不会比图 12.1 更深入。投资者如果对收益率曲线的未来形状或利率水平没有不同看法,很可能会持中性观点,持有久期与其投资时间长度相匹配的债券。投资者如果认为利率可能在一段时期内保持稳定,就可能在收益率曲线向上倾斜时持有久期较长的债券,在承担较高利率风险的同时获得额外的收益率。投资者决定了投资于收益率曲线中哪些到期期限的债券之后,还必须决定具体持有哪些债券,这就需要进行相对价值分析。为此,投资者将分析曲线的某一部分,并考察某些具体的债券,这种方式有时称为考察收益率曲线的局部。

对收益率曲线的局部评估包括考察具体债券的久期和其他特征,这种评估认

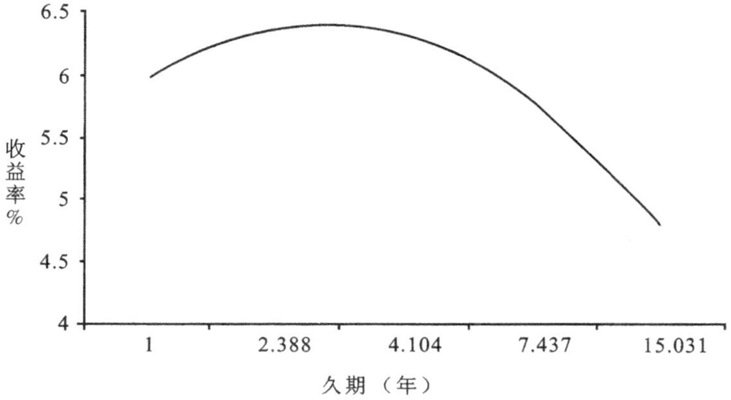

图 12.1　1999 年 10 月 21 日金边债券的收益率和久期

为，某一债券的收益率不仅是其久期的函数，而且两个久期相同的债券可能有不同的收益率。收益率的其他决定因素包括债券的流动性及其票面利率。为了说明票面利率对收益率的影响，可以考察表 12.1。表 12.1 中各种债券具有大致稳定的久期，从中可以看出，债券票面利率的变化对债券收益率有重大影响。

表 12.1　在假设 1999 年 10 月收益率曲线倒置时各种债券的久期和收益率比较

息票率	到期日	久期	收益率
8%	2002 年 2 月 20 日	1.927	5.75%
12%	2002 年 2 月 5 日	1.911	5.80%
10%	2010 年 6 月 20 日	7.134	4.95%
6%	2010 年 7 月 1 日	7.867	4.77%

在这种情境下，持长期债券的投资者可能会缩短久期和提高收益率，这并不是投资者首先预期到的事情。然而，除了流动性问题之外，市场还有一个异常，那就是市场一般不喜欢票面利率高的债券，因此这种债券的交易价格一般较低。

供求关系和流动性是影响收益率的其他因素。在曲线的某个时点如果一个债券供给不足，债券的收益率就会受到抑制。公共部门赤字的减少是造成这种供给短缺的主要原因。此外，经济衰退前或衰退中的利率下降，高息票面利率债券的数量就会增加，因为新发行债券的数量较少，旧债券将以较高的收益率成交。需求主要受投资者对国家经济前景看法的影响，也受政府立法的影响。例如英国的最低基金积累要求（MFR）强制规定养老金基金必须持有一定数量的长期金边债券，这永久性地提高了对长期金边债券的需求①。

两个具有相似久期的债券,其收益率也会因流动性不同而不同。机构投资者倾向于持有基准债券,也就是 2 年期、5 年期、10 年期或 30 年期的债券,这种偏好将抑制基准债券的收益率。流动性强的债券也有较大的需求,因此将导致这些债券的收益率较低,因为这些债券在需要时更容易变现。这一点可以通过估价 6 个月期债券的现金流来说明,该债券的利率就是短期国债市场的利率,因此可以根据 6 个月期国债的利率估价该债券的现金流。实际上,几乎所有市场中短期国债的收益率是最低收益率②,因此按短期国债利率来估计 6 个月期债券的价值时,实际观察价格将低于短期国债利率所隐含的理论价格。原因非常简单,因为短期国债任何时候都容易变现,交易的收益率就低于一般债券,即使两种债券的现金流发生在同一天也是如此。

因此,我们认为,债券的收益率取决于其票面利率流动性水平和久期。综合考虑这些因素与其他分析结果,就可以决定哪些债券的相对价值较高。下面将考察其他分析领域。

刻画完整的期限结构

很多读者也许已注意到,图 12.1 所示的收益率 - 久期曲线并不是有效的市场分析方法。

这是因为该图除了说明收益率曲线的一般形状之外,并没有突出收益率曲线的任何特征,因此,对交易决策没有任何帮助。要更全面地了解收益率曲线,还需要采用下述一些方法。图 12.2 展示了 1999 年 10 月金边债券市场的平价收益率

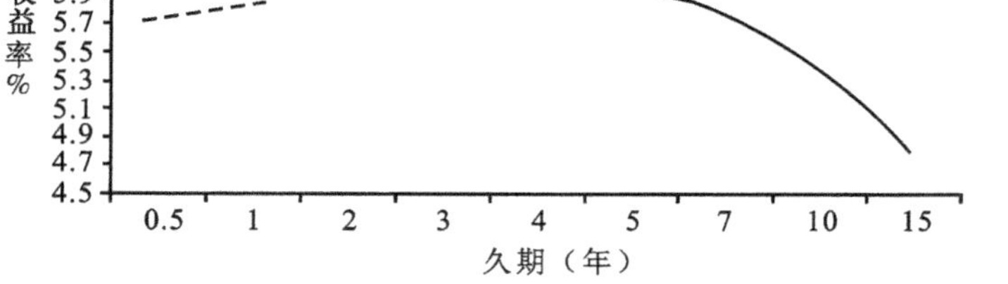

图 12.2 1999 年 10 月短期国债及平价收益率曲线

① MFR 要求于 2002 年被废除。

② 作者还未见过有哪个市场存在低于最短到期期限的短期国债收益率的收益率,但这并不意味着这种市场就不存在。

曲线[①]和短期国债收益率曲线;图 12.3 展示了以下两种债券收益率之间的差别:一种债券的票面利率低于平价收益率 100 个基点,另一种债券的票面利率高于平价收益率 100 个基点。这条曲线展示了"低票面利率"与"高票面利率"债券之间的收益率利差。同时使用这两个图形,投资者就可以理解票面利率和曲线形状对收益率曲线中不同到期时点的影响。

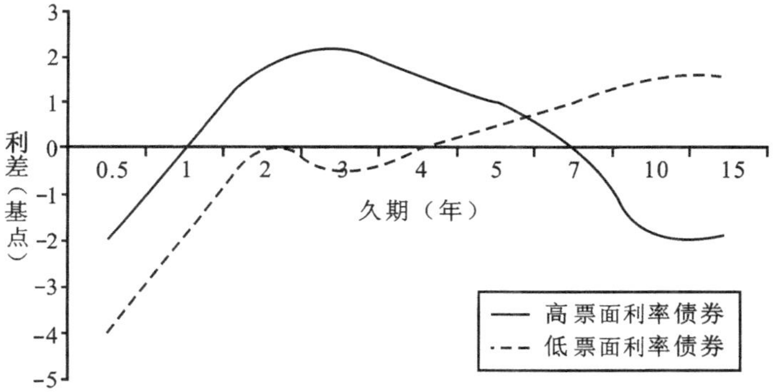

图 12.3　1999 年 10 月的债券收益率结构

确定政府债券的相对价值

零息收益率曲线的构建为市场参与者分析具体债券提供了一个框架。除新兴市场国家之外其他国家的政府债券市场,不需要考虑信用风险,因此不需要考虑信用利差。在确定相对价值时,可以度量很多因素。

债券市场中很多分析的目的是确定债券的价值和应买进或卖出哪些具体的证券。总体上看,这种决策取决于人们对未来利率走势的判断。从局部而言,市场分析更为关注收益率曲线的某一部分,即判断这部分曲线是平坦还是陡峭,久期相似的债券在交易时是否有足够的利差,从一种债券转向另一种债券更有利可图。总体分析与局部分析之间的差别是,前者确定债券的绝对价值,后者确定债券的相对价值。基于预期利率走向的交易决策评估绝对价值,即利率本身是否过高或过低;收益率曲线分析则更注重评估相对价值。在极少数情况下,收益率曲线分析比较简单,例如当两年期债券的收益率为 5.70%、4 年期债券的收益率为 6.15%,3 年期债券的收益率为 5.75%时,3 年期债券的定价看起来就偏高。然而,市场现实很少会这样简单。相反,在评估 3 年期债券的相对价值时,交易商可能会选择期限短

① 参见第 2 章对平价收益率曲线的讨论。

得多或长得多的金融工具作为比较对象。也就是说，将短期债券同其他短期证券进行比较与将2年期债券同30年期债券进行比较有很大的不同。表面看来，x轴上的区间分割意味着1年期债券和5年期债券之间的平滑连接，会在5年期债券到30年期债券这一区间上重复。实际上不能这么看，现实中也经常会遇到这种情况，即收益率曲线上极短期部分的行为与长期部分的行为是互不相关的。

确定相对价值的一种方法是计算债券票面利率对收益率的影响，收益率与票面利率之间的关系如下式(12.1)所示：

$$rm = rm_p + c \cdot \max(C_{PD} - rm_p, 0) + d \cdot \min(C_{PD} - rm_p, 0) \quad (12.1)$$

其中，

rm 是债券的收益率。

rm_p 是特定久期平价债券的收益率。

C_{PD}是与平价债券具有相似久期的任意债券的票面利率。

c 和 d 是系数。系数 c 反映高票面利率对债券收益率的影响。若票面利率大于具有相似久期的平价债券的收益率（$C_{PD} > rm_p$），则等式(12.1)可简化为：

$$rm = rm_p + c \cdot (C_{PD} - rm_p) \quad (12.2)$$

等式(12.2)表明，高票面利率债券的收益率与平价债券的收益率之间的利差，是高票面利率债券的票面利率与平价债券收益率之间的利差的线性函数。现实中，这种关系可能不是纯粹的线性关系，例如当票面利率与收益率之间的差异缩小时，收益率利差可能会扩大。因此，等式(12.2)是高票面利率对收益率影响的一种近似，更适用于按接近面值交易的债券。如果债券的票面利率低于同样久期的平价债券的收益率，也可作同样的分析。

债券的价值可以根据其他有可比性的债券进行度量，也可以根据平价收益率曲线或零息收益率曲线进行度量。在某些情况下，比如票面利率较低的债券相对于收益率曲线来讲定价偏高，但与其他票面利率较低的债券相比又比较公平时，前一种度量方法更为合适。按平价收益率曲线定价偏高是所有票面利率较低的债券所共有的定价现象，并不表示债券的价值不寻常。在考察了收益率曲线的局部结构之后，就可以分析一组相似债券的相对价值，这是市场分析的一个重要组成部分。相对价值可以揭示出某一债券相对于整体收益率曲线是较便宜还是较昂贵。整体收益率曲线对于这种分析来讲可能过于抽象。如果能确认两个中一个较为便宜，另一个较为昂贵，就可以在两个债券之间进行彻底转换，或者在两者之间进行利差交易。采用这种方法，可以确定期限结构中所有债券的超额收益率利差是正数还是负数。我们对1999年10月的5种金边债券和流动性较差的其他债券进行了分析，结果如表 12.2 所示。

表 12.2　1999 年 10 月 22 日部分金边债券的收益率和超额收益率利差

票面利率	到期日	久期	收益率%	超额收益率利差(基点)
8%	07/12/2000	1.072	5.972	-1.55
10%	26/02/2001	1.2601	6.051	4.5
7%	07/06/2002	2.388	6.367	-1.8
5%	07/06/2002	4.104	6.327	-3.8
6.75%	26/11/2004	4.233	6.351	2.7
5.75%	07/12/2009	7.437	5.77	-4.7
6.25%	25/11/2010	7.957	5.72	1.08
6%	07/12/2028	15.031	4.77	-8.7

正如我们可能预期到的，从表 12.2 中可以看出，基准债券相对于平价收益率曲线来说都显得过于昂贵，而流动性较差的债券较为便宜。应注意的是，相对于曲线来说票面利率为 6.25%、到期日为 2010 年的债券较为便宜；但相对于久期更短的债券而言，票面利率为 5.75%、到期日为 2009 年的债券提供了一个收益率利差交易机会，这是一个非常奇怪的反常现象，但这种现象在几天后就消失了①。

12.2　收益率利差交易

在之前关于期货交易的章节中，我们介绍了利差交易的概念，它不是市场指向交易，而是表示关于收益率曲线形状的观点，或者更为具体地说，是关于收益率曲线上两个特定点之间的利差的观点。特定收益率利差变化与一般利率水平变化之间通常不存在必然关系。也就是说，不管利率是下降还是上升，收益率曲线既可能非常平坦，也可能非常陡峭。利差交易的关键要素就是，通过交易获得的利润（或发生的损失）只是利差变化的结果，而不是由于整体收益率水平发生了变化，即利差交易消除了市场指向风险或第一层市场风险。

收益率利差交易中权重的确定

表 12.3 展示了部分金边债券的有关数据，同时列示了关于基点价值（BPV）的

① 换句话说，我们已错过了这个机会。该分析使用的是中间价，而实际交易中无法利用这一数据。

信息,基点价值也称为"1 个基点的美元价值"或 DV01。

表 12.3　　1999 年 10 月 22 日债券的基点价值

票面利率	到期日	久期	收益率%	价格	基点价值
8%	07/12/2000	1.072	5.972	102.17	0.01095
10%	26/02/2001	1.2601	6.051	105.01	0.01880
7%	07/06/2002	2.388	6.367	101.5	0.02410
5%	07/06/2004	4.104	6.327	94.74	0.03835
6.75%	26/11/2004	4.233	6.351	101.71	0.03980
5.75%	07/12/2009	7.437	5.77	99.84	0.07584
6.25%	25/11/2010	7.957	5.72	104.3	0.07526
6%	07/12/2028	15.031	4.77	119.25	0.17834

如果某交易商认为收益率曲线将会趋于平坦,但不能确切地知道这种平坦化会在利率上升时还是在利率下降时发生,同时又认为这种平坦化趋势在 2 年期与 10 年期证券之间的收益率利差上会表现得最为明显,该交易商就会通过持有 2 年期空头与 10 年期多头而实施该利差交易。为消除第一层风险,利差必须按久期加权计算。在这里必须指出以下事实,并且认识到这个事实也非常重要,即用于确定交易权重的基点价值以修正久期指标为依据。根据对债券数学知识的初步了解,我们知道该指标只是一种近似,对收益率的大幅变化不够精确。因此,交易商必须监控利差以确保权重的一致性,在波动率较大的市场环境中尤其如此。

确定权重时,交易商应根据每种债券的 BPV 比率来决定交易量。假设交易商希望购买 1000 万英镑的 10 年期债券,此时他必须卖出(0.07584/0.02410)× 10000000)即 31468880 英镑的 2 年期债券。交易权重也可以根据债券久期确定,但这种情况非常少见。使用 BPV 是常见的做法。

交易的损益取决于 2 年期和 10 年期债券利差的变化。如果两种债券的收益率变化相同,这一交易就不会产生任何利润,尽管还要考虑到融资成本。如果利差确实收窄,交易就会产生利润。注意,规范的交易既要求获得预期的目标利差,也要求预期的固定投资期。例如,设当前的利差是 59.7 个基点,如果利差在 3 个星期的投资期内缩小为 50 个基点,交易商可能会决定进行交易并从中获利。如果利差在 3 个星期之后没有下降到预定的目标,交易商就应平仓,因为没有达到其预定的目标。另一方面,如果利差在 1 个星期之后缩小为 48 个基点,并且看起来还会进一步缩小时,交易商应怎么做呢? 规范的交易还是认为有利可图。如果与预期相反,即利差开始扩大,例如利差扩大为 64.5 个基点,该交易就应平仓,将"止损点"设置为初始利润目标的一半。

在回购市场，交易融资是交易的一个重要方面，它决定着交易的收支平衡点水平。如果空头持有的债券（本例中为 2 年期债券）是特殊债券，就会对交易融资产生不利影响。Choudhry（2002）分析了回购因素。

债券收益率利差的类型

债券收益率利差具有两个基本特征，一是在理论上利润或损失不应因利率的整体变化而产生，二是利润或损失都只能是所交易债券特定利差变化的结果。大部分债券利差交易是收益率曲线交易，必须决定特定利差会扩大还是会缩小。因此，重要的是能够确定应卖出收益率曲线上哪一部分的债券。假定一个交易商能够针对收益率曲线上的任一部分构建交易，有很多因素需要考虑。首先是曲线上两个部分之间的历史利差。简单地讲，如果 2 年期和 10 年期债券间的利差在过去的 6 个月是 40 至 50 个基点，但最近这一利差已缩小到不足 35 个基点，这可能预示利差即将扩大（参见图 12.4）。其他需要考虑的因素是某个债券与其他债券在需求与流动性的比较，还包括交易商的市场智慧。如果客户对某些债券比对其他债券具有更大的兴趣，因为投资者纷纷在抛售这些债券，转而投资于其他债券，这可能意味着一个收益率曲线赌博。这是一个见仁见智的问题。

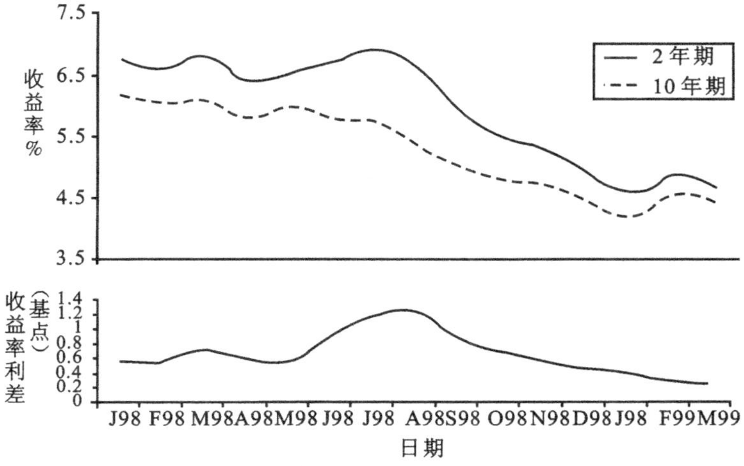

图 12.4　1999 年 3 月英国金边债券市场 2 年期债券和 10 年期债券的收益率利差

注：J=1 月，F=2 月，M=3 月，A=4 月，S=9 月，O=10 月，N=11 月，D=12 月，如“$J98$”表示“1998 年 1 月”

历史分析要求交易商识别收益率曲线中那些他预期为平坦或陡峭的部分。当然，完全可能出现以下的情况，即曲线的一部分非常平坦，而另外一部分却非常陡峭。实际上这种情况非常普遍。这反映了以下事实,即收益率曲线的不同部分对消息和其他事件的反应方式是不同的。

收益率曲线利差的一个更特别的类型是曲率交易。举例来说,某交易商认为3年期债券的表现将会好于相对基差,均以2年期和5年期债券为比较对象。也就是说,他认为与3年期/5年期利差相比,2年期/3年期利差将会缩小,换言之,收益率曲线的曲率将下降,这也称为蝴蝶型或杠铃形交易。在我们的例子中,交易商将买进3年期的债券,卖空2年期和5年期的债券,所有的头寸都按久期加权计算。

下一章将详细考察上述各种利差交易。

第 13 章 收益率利差交易例解[①]

第 12 章介绍了交易商和基金经理分析政府债券收益率曲线时所用到的基本知识,本章以具体实例继续讨论这一主题。我们采用英国金边债券市场作为参考。金边债券的价格目前是以小数表示的,但在案例研究中,我们以“单点”(*tick*)或1/32个基点为单位表示金边债券的价格,每个“单点”等于 0.03125。

13.1 引 言

投资组合经理如果不希望持有市场指向头寸,而认为在两个选定的时点之间收益率曲线的形状将变得更平坦或更陡峭,就会从事相对价值交易。这种相对价值交易需要同时持有几种到期期限各不相同的债券。其他种类的相对价值交易可能需要同时持有到期期限相同但票面利率不同的几种债券,这是出于税收方面的考虑。相对价值交易关注两个或多个债券的收益率利差的变化,而不关注绝对利率水平的变化。关键是,收益率利差的变化并不受利率本身的变动方向的影响,即无论利率本身上升或下降,收益率利差都可能缩小或扩大。

构建一笔利差交易通常需要同时持有一种债券的多头头寸和另一种债券的空头头寸。当收益率曲线的形状发生变化时,一笔构建得正确的利差交易就可能产生利润或损失。这与“第一层风险中性”有关。所谓“第一层风险中性”,是指收益率曲线发生平行移动的条件下,整体市场利率水平的变化不会产生利率风险。本章将考察一些常见的收益率利差交易。

13.2 收益率的决定因素

固定收益证券在交易时的收益率是由市场决定的。这个“市场决定”是以下

---

① 本章内容最初被收入 Frank Fabozzi (editor), *Professional Perspectives in Fixed Income Portfolio Management*, volume 3, John Wiley & Sons, 2002。

三个因素的函数，即债券到期期限、债券的流动性以及债券的信用质量。金边债券等政府债券没有违约风险，因此不受第三个因素的影响。在“正常”情况下，债券的到期期限越长，收益率越高，这反映了预期假设理论和流动性偏好理论。从直觉上看，我们会将高风险与到期期限较长的金融工具联系起来，投资者必须以较高收益率的形式获得补偿。这种较高的风险反映了长期债券在违约率、未来通货膨胀率、利率等方面所面临的不确定性。然而，由于很多原因，收益率曲线可能呈现倒置形状，这时长期债券的收益率反而低于短期债券的收益率①。人们一般预期长期债券的收益率在长期内的波动率将小于短期债券，这主要是因为，经济环境和其他技术因素的增量变化通常只在短期内产生影响，对收益率曲线中到期期限较短的债券的影响较大。

债券的流动性也影响其收益率水平。流动性可通过买卖价差的大小、大量交易债券的难易程度以及大额交易对市场的影响来度量，也可通过回购利率的特殊程度来度量。某一债券的供求关系以及可用于交易的债券数量是影响流动性的主要因素②。流动性较低的债券在交易时一般将获得收益率溢价。

在以下分析中，我们假设债券具有令人满意的流动性水平，也就是说，债券的大量交易是容易的，也不会对市场的走向产生不利影响。

13.3 收益率利差交易的风险权重

相对价值交易通常是指同时持有不同到期期限债券的多头和空头，而且必须按照保持第一层风险为中性的原则确定该交易中多头头寸和空头头寸的权重。如前所述，这意味着要从整体上考虑每一个多头头寸和空头头寸，确保各个头寸的风险敞口相互抵销，而不受一般利率水平变化的影响。

如果收益率利差发生变化，就会产生利润或损失。确定收益率利差交易权重的一个常用方法是使用每个债券的基点价值（BPV）③。图 13.1 展示了 1997 年 6 月 17 日基准金边债券的价格和收益率数据④，同时还展示了每种债券的基点价值，其中的基点价值以每 100 英镑面值为基础计量。为方便讨论，我们只列出中间

---

① 参见第 2 章关于期限结构理论的总结。

② 债券发行数量和可用于交易的债券数量是两个不同的指标。如果特定发行中的大量债券被机构投资者锁定，这可能会损害债券的流动性。然而，既然机构投资者能够持有大量债券，这意味着至少有一部分债券可用于债券借贷和回购市场交易。规模较小的发行通常意味着债券的流动性有限。

③ 基点价值也称为 1 个基点的美元价值（DVBP）或 1 个基点的现值（PVBP）。

④ 金边债券的结算基础是 T+1。

价,并假设投资者能够按这个价格进行交易。图 13.2 展示了 1997 年 6 月 17 日的收益率曲线。

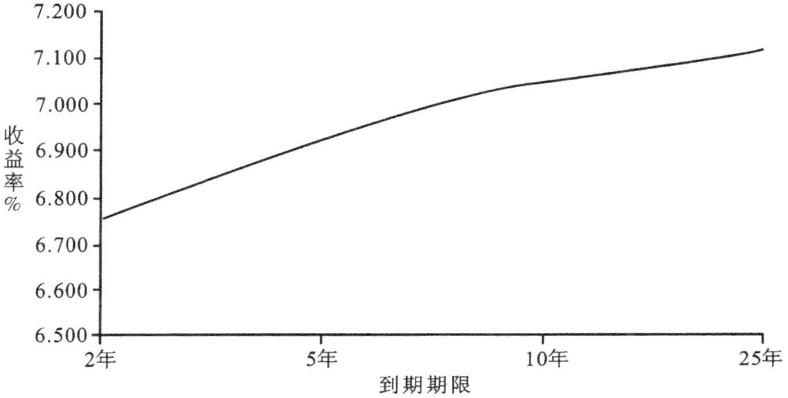

图 13.1　1997 年 6 月 17 日金边债券的价格和收益率

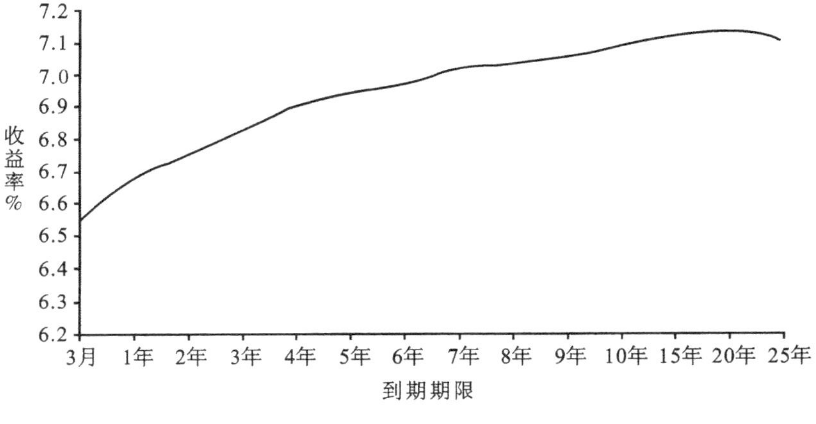

图 13.2　1997 年 6 月 17 日基准金边债券的收益率曲线

期限	债券	价格	应计利息	全价	收益率%	修正久期	基点价值	每 100 万英镑名义价值
2 年	6%10/8/1999	98 - 17	127	100. 62	6. 753	1. 689	0. 016642	166. 42
5 年	7%7/6/2002	100 - 10	10	100. 50	6. 922	3. 999	0. 040115	401. 15
10 年	7. 25%7/12/2007	101 - 14	10	101. 64	7. 052	6. 911	0. 070103	701. 03
25 年	8%7/6/2021	110 - 01	10	110. 25	7. 120	11. 179	0. 123004	1230. 04

图 13.3 展示了这两种债券截至前一日的 3 个月期历史收益率利差。例如,假设某交易商认为收益率曲线在 2 年期和 10 年期之间的部分将会非常平坦,则说明利率为 6%、1999 年到期的债券与利率为 7.25%、2007 年到期的债券之间的收益率利差将在现有的 0.299% 的基础上进一步缩小。

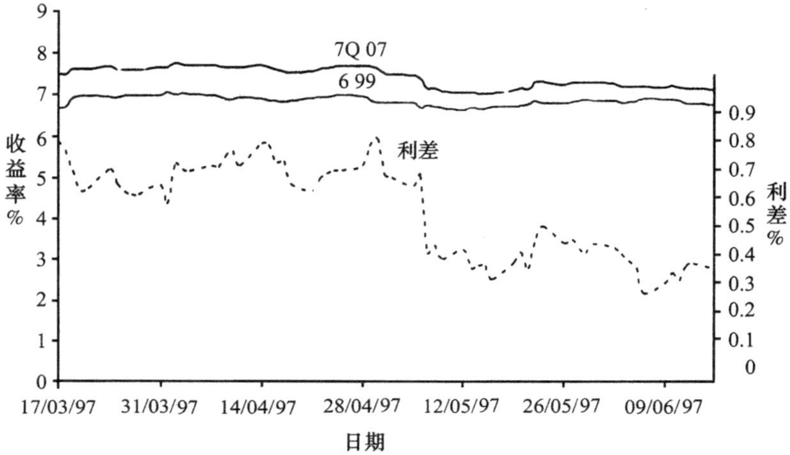

图 13.3　1997 年 6 月 16 日利率为 6%、1999 年到期的债券与利率为 7.25%、2007 年到期的债券在前 3 个月的历史收益率利差

注:收益率的值显示在左边,收益率利差的值显示在右边,为清晰起见采用了较大的刻度。

根据这种看法,该交易商将买进 10 年期的债券,并卖空 2 年期的债券,而且两种债券的交易额要确保第一层风险为中性。假设该交易商买进面值 100 万英镑、利率为 7.25%、2007 年到期的金边债券,如果收益率上升或下降 1 个基点,就会实现 701.03 英镑的损失或利润。为此,利率为 6%、1999 年到期的金边债券空头的名义金额必须能抵销这个风险敞口。100 万英镑面值、2 年期债券的基点价值是 166.42 英镑,这意味着如果两种债券基点价值的比率是确定的,该交易商就必须卖出(701.03/166.42)或 421.24 万英镑的这种债券。该交易商预期将卖空更大金额的短期金边债券,因为这样其风险将更低。这种交易将产生一些利润,因为卖空的收益将超过购买多头所需的资金,收益和所需的资金如下所示:

购买 100 万英镑利率为 7.25%、2007 年到期的债券(-1 102 500英镑)

卖出 421 万英镑利率为 6%、1999 年到期的债券(+4 238 571 英镑)

该交易的可能结果是什么呢?如果收益率曲线发生平行移动,该交易商将既不获利也不发生损失;如果收益率利差缩小 15 个基点,该交易商将会获利,获利的来源既可能是多头债券收益率的下降,也可能是空头债券收益率的上升,或者以上二者兼而有之；相反，收益率利差的扩大将会产生损失。收益率利差的缩小会对该交易商产生有利影响，而收益率利差的扩大则会对该交易商产生不利影响。

两种头寸的交易金额应按相同比率扩大。因此，如果该交易商已经买进 1 亿英镑利率为 7.25%、2007 年到期债券，他就需要卖空 4.21 亿英镑的 2 年期债券。不过，此时所承担的风险也是按相同比例扩大的，即会使风险扩大 100 倍。增大交易金额能提高潜在回报，同时也加大了头寸管理上的压力。

市场实务中常根据基点价值确定相对价值交易的风险权重，但与任何传统的基于久期的指标一样，由于分析时需要用到一些假设，这种方法也有一些缺点。应注意的是，采用这种方法时，债券名义金额的比率必须等于债券基点价值比率的倒数。比如在前面的例子中，基点价值的比率为（166.42/701.03）或 0.23739，其倒数为 4.2124，这意味着两种债券名义价值的比率必须等于 4.21∶1。然而，这种比率不是静止的，我们知道久期指标是对收益率和到期期限等动态特征的静态估计。因此，对除了极短期交易之外的任何交易来说，当基点价值因时间的推移而发生变动时，债券的相对价值也需要进行调整，这就是所谓的投资组合动态调整。

确定交易权重的另一种方法是久期加权，这时需要根据市价确定权重。这一点不同于基点价值方法，后者根据债券的名义价值确定权重。在实践中，久期方法并不能产生更精确的风险权重。

相对价值交易的一个关键要素是每笔头寸的融资成本，这正是债券回购市场的重要性所在。上例的融资要求是：对利率为 7.25%、2007 年到期的债券在回购时必须借款 110 万英镑；交易商必须支付回购利率。为完成卖空操作，必须在回购市场上借入利率为 6%、1999 年到期的债券，交易商可从中赚取回购利率。

如果两种债券的回购利率非常接近于市场中的一般回购利率，就需要支付买卖价利差，但无论收益率利差如何变化，在利率为 6%、1999 年到期的债券上较大额度的资金占用额将产生一个净融资收益。如果利率为 7.25%、2007 年到期的债券是特殊金边债券，由于该债券的市场需求非常大，融资收益将更大。如果利率为 6%、1999 年到期的债券是特殊债券，该交易将产生一个融资损失。

然而，在这种情况下，每种债券所涉及的现金总额将会使融资利率接近理论水平，因为在回购利率为 7.25%、2007 年到期的债券时所支付的利息，远远低于逆回购利率为 6%、1999 年到期的债券时所获得的利息。因此，该交易将不受回购利率买卖价利差或具体利率的影响，除非所借入的债券极其特殊①。图 13.4 和图 13.5 是彭博公司的回购/逆回购菜单 *RRRA*，分别展示了对利率为 6%、1999 年到期的债

① 事实上，利率为 6%、1999 年到期的债券在某些时候的利率的确非常特殊，比如在 1998 年初曾在短时间内出现过负利率。幸运的是，远在利率成为负值之前，作者就已平仓。

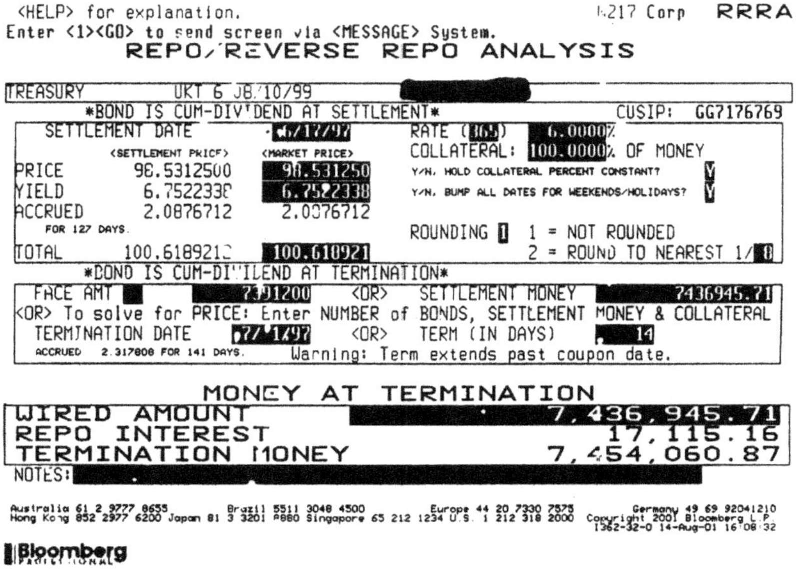

图 13.4 彭博公司 *RRRA* 菜单所显示的某债券从 1997 年 6 月 17 日至 7 月 1 日的回购现金流，该债券的利率为 6%、1999 年到期

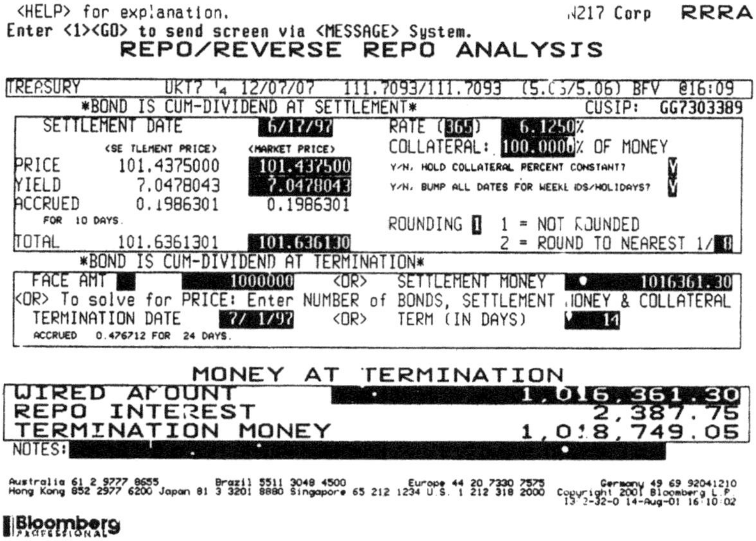

图 13.5 彭博公司 *RRRA* 菜单所显示的某债券从 1997 年 6 月 17 日至 7 月 1 日的回购现金流，该债券的利率为 7.25%、2007 年到期

券和利率为 7.25%、2007 年到期的债券进行回购融资所发生的现金流。这两个图表明，在交易时，该投资者在平仓之前曾预测了一个 14 天的期限。

Choudhry(2002)对收益率利差交易融资所涉及的问题作了详细的说明①。

13.4　构建收益率利差交易

收益率利差交易是交易商可以构建的一种相对价值头寸，目的是从收益率曲线两点之间利差的变化中获利。选择合适的收益率曲线时点非常重要，这种选择应以多种因素为依据。投资者如果对曲线中的 5 年期和 10 年期这两个时点有独到的看法，就自然会选择这两时点来满足投资目标。或者，交易商可能根据自己对收益率曲线上两部分之间的历史利差的研究而得出某些投资结论。

然而，收益率利差并不是平行移动的，在曲线的短期、中期和长期部分的变化之间也不存在完全的相关关系。货币市场的收益率曲线有时也不受债券的收益率曲线的影响。图 13.6 展示了基准收益率在 1996/1997 年度的变化。收益率水平和利差的变化并没有固定的模式。非常明显的是，当收益率曲线的某个部分非常平坦时，另外一部分可能非常陡峭或保持不变。

收益率水平的变化						
	3 个月	1 年	2 年	5 年	10 年	25 年
10/11/1996	6.06	6.71	6.83	7.31	7.67	7.91
10/07/1997	6.42	6.96	7.057	7.156	7.025	6.921
变化	0.36	0.25	0.227	-0.154	-0.645	-0.989
10/11/1997	7.15	7.3	7.09	6.8	6.69	6.47
变化	0.73	0.34	0.033	-0.356	-0.335	-0.451
收益率利差的变化						
	3 个月/1 年	1 年/2 年	2 年/5 年	5 年/10 年	5 年/25 年	10 年/25 年
10/11/1996	-0.65	-0.12	-0.48	-0.36	-0.6	-0.24
10/07/1997	-0.54	-0.457	-0.099	0.131	0.235	0.104
变化	0.11	-0.337	-0.381	0.491	0.835	0.344
10/11/1997	-0.15	0.21	0.29	0.11	0.33	0.22
变化	0.39	0.667	0.389	-0.021	0.095	0.116

图 13.6　1996 年 11 月至 1997 年 11 月的收益率水平和收益率利差

① Choudhry, M., *The Repo Handbook* (Qxford: Uk, Butterworth-Heinemann 2001)。该交易的确有利可图，因为在收益率曲线倒置前一个月，利率 6%、1999 年到期的债券和利率 7.25%、2007 年到期的债券之间的收益率利差的确在缩小。

另一类型的交易是投资者对收益率曲线的某一个部分与其他两个部分的变化有独到的认识，这种认识能够以多种方式得到反映，其中一种是蝴蝶交易，稍后将探讨这种交易方式。

13.5 票面利息利差[①]

票面利息利差在金边债券市场中不是很常见，因为市场上已经没有票面利率较高的金边债券或其他特种金边债券了，市场所关注的重点是基准债券的流动性。票面利息利差在本质上是一种利差交易。美国国债市场为票面利息利差交易提供了更好的机会，因为该市场中存在大量具有相似到期期限的债券。这种交易的基础是到期期限或久期相同，但票面利率不同的两种债券之间的利差。

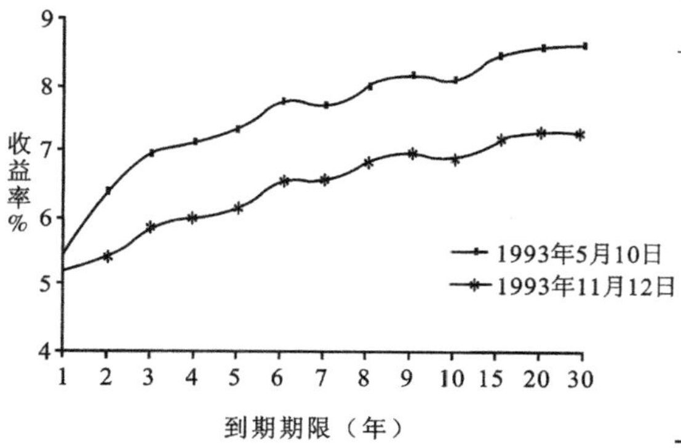

证券	期限	10/05/93	12/11/93
金边债券	1	5.45	5.19
10Q 95	2	6.39	5.39
10 96	3	6.94	5.82
10H 97	4	7.13	5.97
9T98 和 7Q 98	5	7.31	6.14
10Q 98	6	7.73	6.55
9 00	7	7.67	6.54
10 01	8	8.01	6.82
9T 02	9	8.13	6.95
8 03	10	8.07	6.85
9 08	15	8.45	7.18
9 12	20	8.55	7.23
8T 17	30	8.6	7.22

金边债券	到期日	13/05/1993 收益率%	12/11/1993 收益率%	收益率变化%
10Q 95	21-07-95	6.393	5.390	-1.003
14 96	10-07-96	6.608	5.576	-1.032
15Q 96	3-05-96	6.851	5.796	-1.055
13Q 96	15-05-96	6.847	5.769	-1.078
13Q 97	22-01-97	7.142	5.999	-1.143
10H 97	21-02-97	7.131	5.974	-1.157
7 97	6-08-97	7.219	6.037	-1.182

图 13.7 1993 年 5 月至 1993 年 11 月高票面利率金边债券和低票面利率金边债券的收益率变化

① 1995 年 4 月作者曾将本节内容当作内部资料交给荷银浩威英镑债券公司资金部主管，随后收入本章中。

续表

金边债券	到期日	13/05/1993 收益率%	12/11/1993 收益率%	收益率变化%
8T 97	1-09-97	7.223	6.055	-1.168
15 97	27-10-97	7.294	6.113	-1.161
9T 98	19-01-98	7.315	6.102	-1.213
7Q 98	30-03-98	7.362	6.144	-1.218
6 99	10-08-99	7.724	6.536	-1.188
10Q 99	22-11-99	7.721	6.552	-1.179
8 03	11-06-03	8.075	6.854	-1.221
10 03	8-09-03	8.137	6.922	-1.215

图 13.7(续)　1993 年 5 月至 1993 年 11 月高票面利率金边债券和低票面利率金边债券的收益率变化

图 13.7 展示了一组票面利率较高和较低的金边债券在 1993 年 5 月某一天的收益率和同一组金边债券在 6 个月以后的收益率。从收益率曲线中可以看出，一般收益率水平下降了大约 80～130 个基点。该表中的最后一栏表明，除最早的一对金边债券（这些金边债券的到期期限不具有严格的可比性）之外，票面利率较低的金边债券业绩都好于票面利率较高的金边债券。因此，买进票面利率较低的债券相对于票面利率较高的债券的利差，在收益率不断下降的情况下，从理论上来说应该可以产生一定的收益。对这种现象的一个解释是，票面利率较低的债券往往是基准债券，这意味着对这些债券的需求非常高。此外，在牛市时期，往往会将更多的债券作为"高"票面利率债券，因为此时整体收益率水平会下降。

图 13.7 中应注意的一个例外是，票面利率为 14%、1996 年到期的国债业绩好于票面利率为 10.25%、1995 年到期的国债业绩。这并不是一种必然的结果，因为两种债券在到期日上相差 6 个月的时间，而对短期债券来说，6 个月的时间已相当长。然而，在一个利率水平较低或利率不断下降的环境中，银行和保险公司等短期投资者通常偏好于持有票面利率非常高的债券，因为这些债券能够产生较高的收益水平，这或许可以解释对于票面利率为 14%、1996 年到期的国债的需求情况①，尽管当时的证据并不确凿。

① 这只债券在作者心中也具有特别的地位，尽管当资金部主管在该债券上投下巨额头寸时，作者只是交易台上的 2 号交易员。

13.6 蝴蝶型交易①

蝴蝶型交易是交易商用来反映其对不断变化的收益率水平的认识的又一种方法,该方法不需要对利率下赌注,是另一种形式的相对价值交易,投资组合经理将这种交易视为一种提高报酬率的手段。从本质上来说,蝴蝶型交易是同时持有一种债券的空头,另外两种债券的多头,其中一种多头债券的到期期限比空头债券短,而另一种多头债券的到期期限比空头债券长。对蝴蝶型交易,人们通常采用久期加权,以使净头寸不具有第一层风险,同时还会计算各个债券头寸的名义价值,以使买多和卖空现金流的净值为零或非常接近于零。

本节将回顾与蝴蝶型交易相关的一些知识。

基本概念

蝴蝶型交易是一种最高级的收益率曲线交易。如果多头组合在交易维持期间的平均报酬率高于空头的报酬率,该策略就会产生利润。这种交易反映了投资者关于收益率曲线的观点,即曲线中到期期限较短的部分比中间部分会更为陡峭,而到期期限较长的部分会变得更为平坦。由于这个原因,多头头寸更倾向于持有凸性较高的债券,宁可丧失一部分收益。然而,像传统的债券收益率利差交易一样,这种交易也不是没有风险的,从理论上说,当收益率曲线发生平行移动时,蝴蝶型交易是没有风险的,但是,当收益率曲线的形状发生变化时,也可能导致损失。因此,必须对头寸进行动态管理,并监控风险因收益率曲线形状的变化而发生的变化。

在蝴蝶型交易中,交易商多头持有一个短期债券和一个长期债券,并空头持有另一个到期期限介于以上两个多头债券之间的债券。投资组合经理在卖空操作受到限制时,可能通过这种交易将中期债券多头转换为短期债券和长期债券,而短期债券和长期债券的持有金额按久期加权确定。然而,严格地说,将多头组合视为空头的精确替代是不正确的,这是因为,由于流动性因素以及其他原因,在收益率曲线发生变化时这两个头寸的行为方式是不一样的。此外,各种债券之间必须具有可比性,因为必须根据两种多头债券的收益率变化分析空头的收益率变化。

---

① 本节根据一篇论文修改而成,该论文最初于 1997 年 6 月作为内部资料交给汉姆布鲁斯银行的艾德里安·霍华德(Adrian Howard),霍华德是该行资金部负责现金一表外业务的主管。

构建交易

首先考虑多头名义金额的计算问题,并假设使用者在开始时持有的空头金额。表 13. 1 展示了 1997 年 6 月 27 日的三种金边债券。我们希望进行的交易是空头持有 5 年期债券,该债券的利率为 7% 、2002 年到期;并多头持有两种债券,即利率为 6% 、1999 年到期的 2 年期国债和利率为 7. 25% 、2007 年到期的 10 年期国债。假设 5 年期债券的名义金额为 1 000 万英镑,多头的名义金额可按久期、修正久期或基点价值法计算(后两种方法将得到同样的结果,这一点都不奇怪)。更为常见的方法是使用基点价值。

表 13. 1　　蝴蝶型策略中的债券价值

	2 年期债券	5 年期债券	10 年期债券
金边债券	6% 1999	7% 2002	7. 25% 2007
到期日	10-08-1999	07-06-2002	07-12-2007
价格	98 · 08	99 · 27	101 · 06
应计利息	2. 30137	0. 44110	0. 45685
全价	100. 551	100. 285	101. 644
GRY% *	6. 913	7. 034	7. 085
久期	1. 969	4. 243	7. 489
修正久期	1. 904	4. 099	7. 233
基点价值	0. 01914	0. 0411	0. 07352
凸度	0. 047	0. 204	0. 676

* 注:*GRY* 是毛赎回收益率

在蝴蝶型交易中,净现金流应为零或非常接近于零,并且该交易不应受基点价值的影响,我们使用如下所示的符号:

P_1 是空头持有债券的全价。

P_2 是 2 年期债券多头的全价。

P_3 是 10 年期债券多头的全价。

M_1 是空头债券的名义价值,M_2 和 M_3 是多头债券的名义价值。

BPV_1 是空头债券的基点价值。

如果采用基点价值法,每种债券所需的金额如下式所示:

$$M_1P_1 = M_2P_2 + M_3P_3 \qquad (13.1)$$

而风险中性的计算公式为：

$$M_1BPV_1 = M_2BPV_2 + M_3BPV_3 \tag{13.2}$$

M_1 的值是已知的，因为我们已经将其设定为 1 000 万英镑。将上式变形可求解其他两个债券的名义价值，即：

$$M_2 = \frac{P_1BPV_3 - P_3BPV_1}{P_2BPV_3 - P_3BPV_2}M_1$$

$$M_3 = \frac{P_2BPV_1 - P_1BPV_2}{P_2BPV_3 - P_3BPV_2}M_1 \tag{13.3}$$

使用表 13.1 中的全价和基点价值，就可以求出多头债券的值。所需的头寸是利率为 7%、2002 年到期的空头债券，名义价值为 1 000 万英镑；利率为 6%、1999 年到期的多头债券，名义价值为 534.7 万英镑；利率为 7.25%、2007 年到期的多头债券，名义价值为 457.6 万英镑。根据这些值，该交易就可以产生净现金流为零的结果，并且不具有第一层利率风险。使用修正久期可以得到同样的结果，而使用久期可以得到相似的结果。如果采用麦考雷久期，可用下式计算名义价值：

$$D_1 = \frac{MV_2D_2 + MV_3D_3}{MV_2 + MV_3} \tag{13.4}$$

其中，D 和 MV 分别表示每种债券的久期和市场价值。

收益利得

我们知道，普通债券的毛赎回收益率就是下式中的利率 r：

$$P_d = \sum_{i=1}^{N} C_i e^{-rn} \tag{13.5}$$

等式(13.5)的右边是该债券在剩余期限内应付现金流 C 的现值。等式(13.5)给出了按连续复利计算的到期收益率，实践中使用者通常用复利间隔 m 来定义收益率，即：

$$r = (r^{rmn} - 1)/m \tag{13.6}$$

国债和金边债券的复利间隔为半年。

原则上，可以按等式(13.5)采取与计算单个债券完全一样的方式来计算一个债券投资组合的收益率，因为等式(13.5)现在以现值购买一组现金流的收益率。在实践中，市场往往根据投资组合中每个债券的收益率，采用加权平均法计算投资组合的收益率。*Fabozzi*(1993)①介绍了这种方法，并指出了它的缺点。另一种方法是按债券的基点价值确定各种债券收益率的权重。下面以前述蝴蝶型交易为例：

- 空头持有 1 000 万英镑利率为 7%、2002 年到期的债券。
- 多头持有 534.7 万英镑利率为 6%、1999 年到期的债券以及 457.6 万英镑利率为 7.25%、2007 年到期的债券。

根据每半年支付一次利息调整等式(13.5)，可以得出多头的真实收益率为 7.033%。根据下式，可以市场价值为权重计算多头投资组合的收益率：

$$r_{port} = \left(\frac{MV_2}{MV_{port}}\right)r_2 + \left(\frac{MV_3}{MV_{port}}\right)r_3 \qquad (13.7)$$

计算所得到的多头投资组合收益率为 6.993%。如果采用基点价值方法计算加权收益率，可以使用以下等式：

$$r_{port} = \frac{BPV_2M_2r_2 - BPV_3M_3r_3}{BPV_2M_2 - BPV_3M_3} \qquad (13.8)$$

将表 13.1 中的数据代入上式可得：

$$r_{port} = \frac{(1\,914)(5.347)(6.913) + (7\,352)(4.576)(7.085)}{(1\,914)(5.347) + (7\,352)(4.576)} = 7.045\%$$

可见，采用基点价值方法计算的加权收益率更准确，更接近前面计算的真实收益率。此外，投资组合经理可以按基点价值法将利率为 7%、2002 年到期的头寸转换为多头蝴蝶型头寸，与使用市场价值加权所导致的 4 个基点的收益率损失相比，这样做可以将收益率提高 1.2 个基点②。

因此，如果收益率曲线按预期方式变化，蝴蝶型交易除了可以产生资本利得之外，还可以产生收益率利得。

凸性利得

理论上讲，蝴蝶型交易除了可以提高收益率之外，还可以提供一个凸性利得，

---

① Fabozzi, F., *Bond Portfolio Management*, Chapters 10 – 14(FJF Associates, 1996)。

② 这一利差交易的实际收益利得取决于三种债券的融资成本，而融资成本是各个债券的特定回购利率的函数。利率为 6%、1999 年到期的国债在发行后不久，就变成了特殊债券，因此该债券多头的融资利得会十分可观。然而，由于该债券已成特殊债券，需求就会增加，购买该债券时必然要支付一个收益率溢价。如果收益率溢价确实太高，可另外选择利率为 10.25%、1999 年到期的可转换债券，这种债券与利率为 6%、1999 年到期的国债的修正久期十分接近。

即无论利率向哪个方向发生平行移动，都能获得超过空头债券的业绩，如表 13.2 所示。该表显示了当利率上升或下降时，利率为 7%、2002 年到期的债券价值的变化，以及多头投资组合价值的变化。

由表 13.2 可知，无论利率如何变化，在某个点之前，投资组合的价值都将高于空头的价值，虽然这种效应随收益率的上升而加速下降。如果收益率下降，蝴蝶型交易都将获利；在收益率上升到一定水平之前，蝴蝶型交易还可以保护下行风险。这就是凸性的作用，即当利率上升时，投资组合价值的下降小于空头价值的下降；当利率下降时，投资组合的价值会增加更多。从本质上来说，多头组合比空头表现出更大的凸性。收益率下降时这种效应更为明显，而当收益率上升时（直到 +150 个基点）还可以起到保护下行风险的作用。

表 13.2　收益率水平变化引起的债券价值变化

收益率变化（基点）	7%2002 债券的价值（英镑）	投资组合价值（英镑）	*差异（英镑）	7%2002 债券的基点价值(5 年期)	6%1999 债券的基点价值(2 年期)	7.25%2007 债券的基点价值（10 年期）
+250	9 062 370	9 057 175	-5 195	0.0363	0.0180	0.0584
+200	9 346 170	9 243 200	-2 970	0.0372	0.0182	0.0611
+150	9 434 560	9 435 200	640	0.0381	0.0184	0.0640
+100	9 627 650	9 629 530	1 880	0.0391	0.0187	0.0670
+50	9 825 600	9 828 540	2 940	0.0401	0.0189	0.0702
0	10 028 500	10 028 500	0	0.0411	0.0191	0.0735
-50	10 236 500	10 251 300	14 740	0.0421	0.0194	0.0770
-100	10 450 000	10 483 800	33 800	0.0432	0.0196	0.0808
-150	10 668 600	10 725 700	57 100	0.0443	0.0199	0.0847
-200	10 893 000	10 977 300	84 300	0.0454	0.0201	0.0888
-250	11 123 000	11 240 435	117 435	0.0466	0.0204	0.0931

* 此栏为多头债券组合的价值，所使用的债券是利率为 6%、1999 年到期的债券和利率为 7.25%、2007 年到期的债券。
收益率曲线只发生平行移动。

投资组合经理也许希望获得更大的凸性，而不管这种转换是否可以提高收益率。然而,凸性效应只有在收益率发生较大变化时才会比较显著。因此,如果这种转换不能带来相应的收益利得,就不可能使业绩得到改善。正如之前所提到过的,能否提高收益率部分地取决于各个债券的融资情况。图 13.8 展示了每种债券的价格/收益率特征。

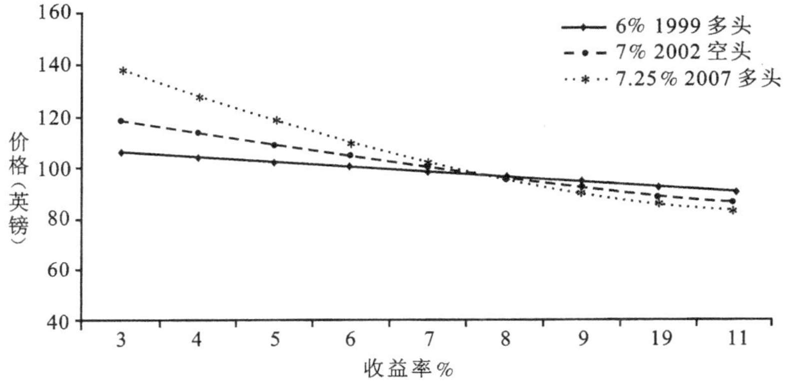

图 13.8　蝴蝶型交易中各种债券在 1997 年 6 月 27 日的凸性图示

从本质上说,与两个债券间的收益率利差交易或直接交易不同,蝴蝶型交易在利率下降时可以控制利率下行的风险,在收益率下降时可以保证获得收益率上行的利得。

使用彭博公司的 *BBA* 系统进行分析

为了总结蝴蝶型交易策略,下面使用彭博公司 BBA 系统的数据进行分析,图 13.9 展示了该交易。

采用这种方法时,两种多头的名义价值就只能按基点价值比率计算,这显示在"风险权重"(RISK WEIGHT)一栏中。我们注意到差异为零。2 年期债券所需的名义价值过大,为 1 076 万英镑,而 10 年期债券的名义价值要小得多,仅为 280 万英镑,这将导致 363.2 万英镑的现金流出。从理论上说,利润得到大幅提高。在图 13.9 的底部,我们可以看到,向上或向下平移 100 个基点后的结果,这就是利润。此外,若向上或向下平移 200 或 300 个基点也可以得到正面结果。图 13.9 还反映了(一致的)融资利率的影响,在本例中融资利率为 6.00%①。注意,BBA 系统也可以反映非平行移动的结果。不过,本例将非平行移动选定为 0 个基点。

① 现实中各个债券的回购利率会略有不同,因此需支付买卖价利差,但只要这些债券都不是特殊债券,图 13.9 中的计算就是大致准确的。

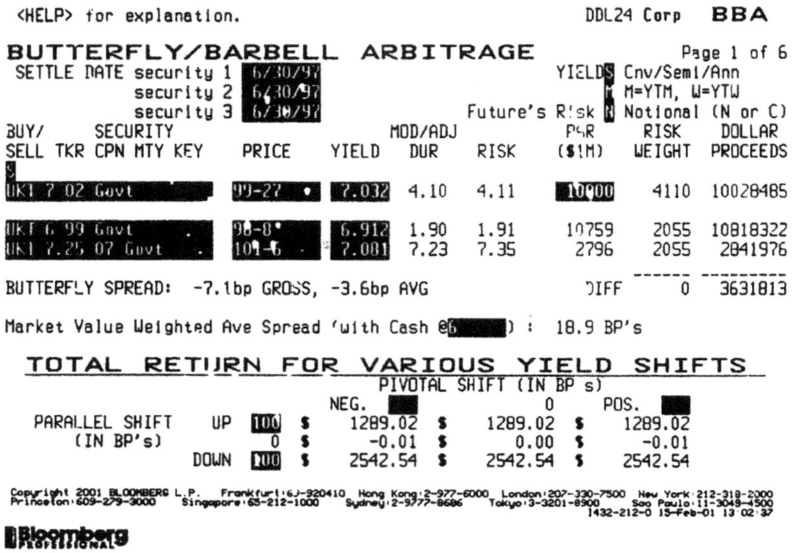

图 13.9 BBA 系统 1997 年 6 月 27 日对蝴蝶型交易的分析

因此,如果假定利率只发生平行移动,则无论向哪个方向移动,这种交易会获利。

图 13.10 展示了直至交易日为止该头寸的历史收益率利差,该图是从彭博公司的 BBA 系统中复制的。

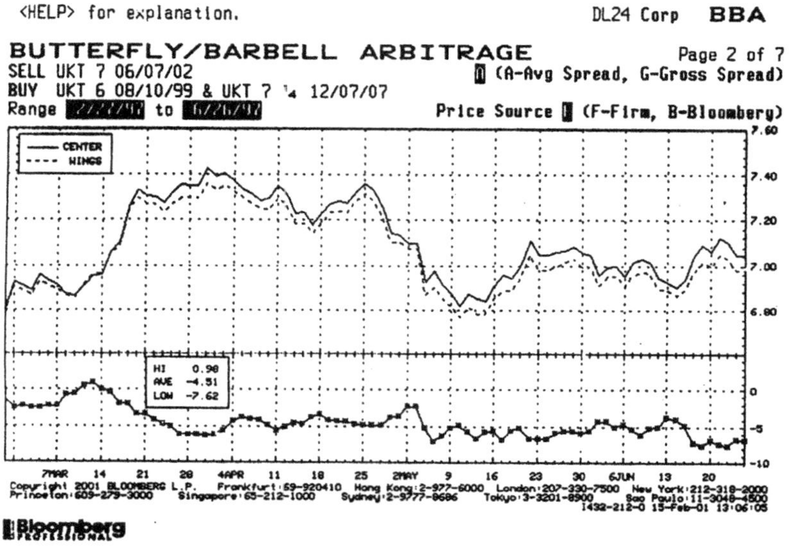

图 13.10 蝴蝶型交易的历史收益率利差